Lightroom-3-Praxis

Als Fotoamateur beschäftigt sich Marc Altmann schon seit langem mit verschiedenen Bereichen der Digitalfotografie und hat sich in Vorträgen und Artikeln für die c't special unter anderem mit Lightroom, Photoshop und Farbmanagement befasst. Lightroom setzt er von der ersten Version an als zentrales Werkzeug für den Fotoworkflow ein. Der Autor hat Filmwissenschaft und Informatik in Berlin und Paris studiert.

Marc Altmann

Lightroom-3-Praxis

Fotoworkflow mit Adobe Photoshop Lightroom 3

Marc Altmann
mail@marcaltmann.com

Lektorat: Barbara Lauer, Bonn
Copy-Editing: Sandra Gottmann, Münster
Umschlaggestaltung: Helmut Kraus, www.exclam.de
Satz: Almute Kraus, www.exclam.de
Herstellung: Nadine Thiele
Druck und Bindung: L.E.G.O., S.p.a., Vicenza, Italien

Bibliografische Information der Deutschen Nationalbibliothek
Die Deutsche Nationalbibliothek verzeichnet diese Publikation in der Deutschen
Nationalbibliografie; detaillierte bibliografische Daten sind im Internet über
http://dnb.d-nb.de abrufbar.

ISBN 978-3-89864-641-3

1. Auflage 2011
Copyright © 2011 dpunkt.verlag GmbH
Ringstraße 19 B
D-69115 Heidelberg

Die vorliegende Publikation ist urheberrechtlich geschützt. Alle Rechte vorbehalten. Die Verwendung der Texte und Abbildungen, auch auszugsweise, ist ohne die schriftliche Zustimmung des Verlags urheberrechtswidrig und daher strafbar.
Dies gilt insbesondere für die Vervielfältigung, Übersetzung oder die Verwendung in elektronischen Systemen.

Es wird darauf hingewiesen, dass die im Buch verwendeten Soft- und Hardware-Bezeichnungen sowie Markennamen und Produktbezeichnungen der jeweiligen Firmen im Allgemeinen warenzeichen-, marken- oder patentrechtlichem Schutz unterliegen.

Alle Angaben und Programme in diesem Buch wurden mit größter Sorgfalt kontrolliert. Weder Autor noch Verlag können jedoch für Schäden haftbar gemacht werden, die in Zusammenhang mit der Verwendung dieses Buches stehen.

5 4 3 2 1 0

Inhalt

Kapitel 1:

Einleitung xiv	**Oberfläche und Programmverhalten** 2

Die neuen Funktionen von Lightroom 3 xv
Bibliothek-Modul xv
Entwickeln-Modul xv
Ausgabe xv
Neue oder geänderte Tastaturkürzel xv

1.1 Oberflächenelemente und Bildschirmmodi 3
1.2 Module und Filmstreifen 7
1.3 Paletten und Werkzeugleiste 10
1.4 Zusatzmodule 12
1.5 Einstellungen 13

Kapitel 2:

Einführung in Fotoverwaltung und -entwicklung mit Lightroom 16

2.1	**Fotos verwalten**	**16**
2.1.1	Dateisystem und Fotobrowser	16
2.1.2	Katalogprogramme	17
2.2	**RGB-Dateien und Bildbearbeitungsgrundlagen**	**20**
2.2.1	RGB-Dateien	20
2.2.2	Grundlagen der Bildbearbeitung und Ausgabe	20
2.2.3	Farbmanagement	22
2.3	**Rohdatenverarbeitung (Raw-Dateien)**	**26**
2.3.1	Warum Raw?	28
2.3.2	Nachteile von Raw	33
2.4	**Metadaten**	**33**
2.4.1	Standardmetadaten	36
2.4.2	Metadaten weitergeben	41
2.5	**Parametrische Bildbearbeitung**	**42**
2.5.1	Bildbearbeitung über Metadaten	42
2.5.2	Umsetzung der parametrischen Bildbearbeitung in Lightroom	43
2.5.3	Möglichkeiten und Einschränkungen des Verfahrens	44
2.5.4	Das DNG-Format	48
2.6	**Bildbearbeitungstechniken**	**49**
2.6.1	Tonwertkorrektur	49
2.6.2	Farbkorrektur	54
2.6.3	Schärfung	54
2.6.4	Masken	55
2.7	**Der Fotoworkflow**	**57**

Kapitel 3:

Im Bibliothek-Modul 60

3.1	**Startkatalog und erster Import**	**61**
3.2	**Organisation der Fotos**	**61**
3.3	**Die Ansichten**	**63**
3.3.1	Die Rasteransicht	64
3.3.2	Die Lupenansicht	65
3.3.3	Die Vergleichsansicht	68
3.3.4	Ansichten auf der Sekundäranzeige	69
3.4	**Sortierung und Filterung**	**71**
3.4.1	Sortierung	71
3.4.2	Filterung	72
3.5	**Die Schnellsammlung**	**76**
3.6	**Fotos auswählen und aktives Foto**	**77**
3.7	**Metadaten und andere Attribute verändern**	**79**
3.8	**Ansichten konfigurieren**	**81**
3.8.1	Rasteransicht	81
3.8.2	Lupen- und Vergleichsansicht	84
3.8.3	Filmstreifen	85

Kapitel 4:

Übertragung und Import — 86

4.1	**Den Importieren-Dialog verwenden**	**87**
4.1.1	Erweiterter und kompakter Dialog	87
4.1.2	Nur importieren oder auch übertragen?	88
4.1.3	Quelle (und Ziel)	88
4.1.4	Fotos vor dem Import sichten	90
4.1.5	Metadaten zuweisen	92
4.1.6	Weitere Einstellungen	93
4.1.7	Importvorgang starten	95
4.2	**Namen für Bilddateien**	**96**
4.2.1	Namensschema über Dateinamenvorlagen erstellen	96
4.2.2	Dateien nach dem Import umbenennen	97
4.2.3	Namensystem für Aufnahmen mit einer Kamera	99
4.2.4	Namensystem für Aufnahmen mit mehreren Kameras	100
4.3	**Ordnerstruktur**	**100**
4.3.1	Automatische Datumsordner	100
4.3.2	Projektordner	101
4.4	**DNG-Konvertierung**	**102**
4.5	**Kamerafernsteuerung**	**104**
4.5.1	Kameras fernsteuern (Tether-Aufnahme)	104
4.5.2	Automatischer Import	108
4.6	**Videos importieren und verwalten**	**108**

Kapitel 5:

Kataloge und Bilddateien — 110

5.1	**Grundlagen zu Katalogen**	**110**
5.1.1	Katalogfunktionen	110
5.1.2	Speicherorte für Kataloge und Bilddateien	111
5.1.3	Katalogeinstellungen	114
5.2	**Die Ordner-Palette**	**115**
5.2.1	Darstellung der Ordnerstruktur	115
5.2.2	Dateioperationen ausführen	117
5.2.3	Ordner synchronisieren	117
5.3	**Vorschauen erstellen**	**119**
5.4	**Offline-Verwaltung und fehlende Bilddateien**	**122**
5.5	**Teilkatalog ausgeben (Als Katalog exportieren)**	**123**
5.6	**Fotos entfernen**	**124**
5.7	**Fotos löschen**	**125**
5.8	**Mit mehreren Katalogen arbeiten**	**126**
5.8.1	Kataloge abgleichen (Aus Katalog importieren)	126
5.8.2	Katalog-Szenarien	128

Kapitel 6:

Metadaten vergeben   132

6.1	**EXIF-Metadaten**	**133**
6.1.1	Drehen um 90° und Spiegeln	133
6.1.2	EXIF-Aufnahmezeit	134
6.1.3	GPS-Daten hinzufügen	135
6.2	**Farbbeschriftungen (Etiketten)**	**137**
6.3	**Bewertungssterne**	**140**
6.3.1	Bewertungssysteme	140
6.3.2	Der Sichtungsprozess	142
6.4	**Entwicklungseinstellungen**	**144**
6.4.1	Ad-hoc-Entwicklung-Palette	145
6.4.2	Entwicklungseinstellungen übertragen	147
6.5	**IPTC-Metadaten**	**149**
6.5.1	Die Metadaten-Palette	149
6.5.2	Die wichtigsten IPTC-Metadaten	150
6.5.3	Metadatenvorgaben verwenden	154
6.5.4	Metadaten übertragen	155
6.6	**Stichwörter**	**156**
6.6.1	Stichwörter vergeben	156
6.6.2	Die Stichwortliste-Palette	159
6.6.3	Nach Stichwörtern suchen	163
6.7	**Metadaten speichern**	**164**
6.7.1	Metadaten speichern und lesen	165
6.7.2	Metadatenstatus anzeigen	166

Kapitel 7:

Organisation im Katalog   168

7.1	**Flaggenmarkierungen**	**168**
7.1.1	Vorgehen beim Markieren	170
7.1.2	Flaggenmarkierungen in Ordnern und Sammlungen	170
7.2	**Stapel**	**172**
7.3	**Virtuelle Kopien**	**174**
7.4	**Sammlungen**	**176**
7.4.1	Mit Sammlungen arbeiten	177
7.4.2	Sammlungen verwalten	179
7.5	**Smart-Sammlungen**	**180**
7.5.1	Neue Smart-Sammlung erstellen	180
7.5.2	Anwendungen für Smart-Sammlungen	183
7.6	**Die Übersichtsansicht**	**184**
7.7	**Fotos als Diashow abspielen**	**186**

Kapitel 8:

Im Entwickeln-Modul 188

8.1	**Die Arbeitsfläche**	189
8.2	**Die Paletten**	191
8.2.1	Schnelles Einstellen über die Tastatur	191
8.2.2	Einstellen über Tastatur und Maus	192
8.2.3	Reglerwerte direkt eingeben	192
8.2.4	Zurücksetzen	192
8.2.5	Wirkung einer Palette ein- und ausschalten	193
8.3	**Die lokalen Werkzeuge im Werkzeugstreifen**	194
8.4	**Tonwerte und Farben beurteilen**	195
8.4.1	Histogramm und Beschnittanzeige	195
8.4.2	RGB-Wert-Anzeige	195
8.5	**Protokoll und Schnappschüsse**	196
8.6	**Die Vorher-Nachher-Ansicht**	199
8.7	**Entwicklungsvorgaben**	200
8.8	**Standardentwicklungseinstellungen**	202
8.8.1	Adobe-Einstellungen	203
8.8.2	Eigene Standardeinstellungen verwenden	204
8.8.3	Standardeinstellungen anhand von Seriennummer oder ISO-Werten ausrichten	205
8.9	**Mit mehreren Fotos arbeiten**	206
8.10	**Prozessversion**	207

Kapitel 9:

Entwicklungseinstellungen 210

9.1	**Weißabgleich**	211
9.2	**Tonwertkorrektur**	213
9.2.1	Die Regler Belichtung, Schwarz, Helligkeit und Kontrast	213
9.2.2	Aufhelllicht- und Wiederherstellung-Regler	219
9.2.3	Lichter betonen	221
9.2.4	Tonwertautomatik	221
9.3	**Präsenz**	221
9.3.1	Klarheit-Regler	221
9.3.2	Sättigung- und Dynamik-Regler	223
9.4	**Freistellen-Werkzeug**	225
9.5	**Gradationskurve-Palette**	229
9.5.1	Parametrische Gradationskurve	229
9.5.2	Punktkurve (klassische Gradationskurve)	231
9.5.3	Gezieltes Vorgehen mit der Zielkorrektur	231
9.6	**Selektive Farbkorrektur (HSL-/Farbe-Palette)**	233
9.7	**Schwarz-Weiß-Umsetzung**	235
9.7.1	Schwarz-Weiß-Modus	235
9.7.2	Selektive Schwarz-Weiß-Umsetzung (S/W-Palette)	235
9.8	**Fotos tonen (Teiltonung-Palette)**	236
9.9	**Schärfung**	238
9.9.1	Die Regler Betrag, Radius, Details und Maskieren	239
9.9.2	Vorgehen beim Schärfen	242

Kapitel 9 (Fortsetzung):

Kapitel 10:

Exportieren-Dialog und Veröffentlichungsdienste 278

9.10	**Korrekturpinsel und Verlaufsfilter**	**245**
9.10.1	Die Entwicklungseinstellungen	245
9.10.2	Korrekturpinsel	247
9.10.3	Verlaufsfilter	255
9.11	**Rauschreduzierung**	**256**
9.11.1	Luminanzrauschen	257
9.11.2	Farbrauschen	259
9.12	**Optische Korrekturen**	**260**
9.12.1	Übersicht Objektivfehler	261
9.12.2	Automatische Objektivkorrektur über Profile	262
9.12.3	Manuelle Objektivkorrekturen	263
9.12.4	Korrektur der Perspektive	265
9.12.5	Rand entfernen: Aberrationen durch Entsättigung unterdrücken	265
9.13	**Retuschen**	**267**
9.13.1	Bereichsreparatur	267
9.13.2	Rote-Augen-Korrektur	270
9.14	**Effekte**	**270**
9.14.1	Vignette nach Freistellen	270
9.14.2	Filmkorn	272
9.15	**Raw-Profile und Farbkalibrierung der Kamera**	**274**
9.15.1	Profil wählen	274
9.15.2	Eigene DNG-Profile erstellen	276
9.15.3	Farbregler	276

10.1	**Der Exportieren-Dialog**	**278**
10.2	**Die Veröffentlichungsdienste**	**282**
10.2.1	Dienste einrichten	284
10.2.2	Veröffentlichen und verwalten	285
10.3	**Einstellungen für Bilddateien**	**287**
10.3.1	Dateinamen	287
10.3.2	Fotos skalieren	288
10.3.3	Ausgabeschärfung	289
10.3.4	Wasserzeichen	289
10.3.5	Metadaten kontrollieren	292
10.3.6	Nachbearbeitungs-Zusatzmodule	292

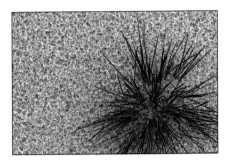

Kapitel 11:

Diashow-Modul   294

11.1	In den Ausgabemodulen arbeiten	295
11.1.1	Alle Fotos des Filmstreifens	295
11.2	Gestaltung der Diafolie im Diashow-Modul	297
11.2.1	Positionierung und Beschnitt der Fotos	297
11.2.2	Verzierungen der Diafolie	298
11.2.3	Positionierung von Elementen	299
11.3	Diashow konfigurieren	300
11.3.1	Einstellungen zum Abspielen	300
11.3.2	Vorschau-Generierung	302
11.4	Diashow abspielen oder exportieren	303

Kapitel 12:

Drucken-Modul   306

12.1	Vorgehensweise im Drucken-Modul	307
12.2	Layout	309
12.2.1	Layoutstil Einzelbild/Kontaktabzug	310
12.2.2	Layoutstil Benutzerdefiniertes Paket	311
12.2.3	Layoutstil Bildpaket	313
12.2.4	Weitere Layoutelemente für alle Layoutstile	314
12.2.5	Hilfselemente einblenden	315
12.3	Direkter Druck	315
12.3.1	Hochwertige Farb- und Schwarz-Weiß-Drucke ausgeben	315
12.3.2	Schwarz-Weiß-Drucke mit dem Druckertreiber anpassen	319
12.3.3	Im Entwurfsmodus drucken	319
12.3.4	Druck starten	320
12.4	JPEG-Ausgabe	321
12.5	Softproof in Photoshop vornehmen	322

Kapitel 13:

Web-Modul 326

13.1	Galerietypen/Layoutstile	326
13.2	Einstellungen zum Layout	330
13.3	Galerie erzeugen und hochladen	332

Kapitel 14:

Bildbearbeitung mit externen Programmen 336

14.1	**Das Übergabe-Menü**	**336**
14.1.1	Allgemeine Vorgehensweise	336
14.1.2	Übergabe an Photoshop	338
14.1.3	Exportoptionen festlegen	340
14.2	**Übergabe per Exportieren-Dialog**	**343**
14.2.1	Dateieinstellungen	344
14.2.2	Metadaten	345
14.2.3	Übergabe an externe Programme	345
14.3	**Farbeinstellungen in Photoshop**	**346**

Kapitel 15:

Sicherung und Archivierung 350

Anhang:

Anhang 372

15.1	**Redundanz schaffen**	351
15.1.1	Drei Kopien zu jeder Zeit	351
15.1.2	Medienredundanz	352
15.1.3	Übertragen von Fehlern verhindern	353
15.2	**Allgemeine Maßnahmen zur Sicherstellung der Datenintegrität**	354
15.2.1	Datenintegrität durch Import überprüfen	354
15.2.2	Backup-/Synchronisationssoftware für wichtige Kopiervorgänge benutzen	356
15.2.3	Festplatten vorbeugend überprüfen	357
15.2.4	Prüfsummen verwenden	359
15.3	**Arbeitsdateien sichern**	360
15.3.1	Sicherung von Bilddateien und Katalogen per Spiegel-Backup	360
15.3.2	Alte Katalogversionen sichern	361
15.4	**Fotos archivieren**	363
15.4.1	Einen separaten Archivkatalog verwenden	363
15.4.2	Archivierung der Original-Bilddateien	366
15.4.3	Fortgeschrittene Archivierung mit »sicherer Übertragung«	367
15.4.4	Derivate archivieren	369
15.5	**Archiv-Backups anfertigen**	370

A.1	Übersicht der Einstellungen in Lightroom	372
A.2	Überblick Elemente für Dateinamenvorlagen- und Textvorlagen-Editor	373
A.3	Adobe-Ressourcen	374
A.4	Andere Webseiten	374
A.5	Bücher	375
A.6	**Software**	376
A.6.1	Fotoverwaltung / Kataloge / Archivierung / Metadaten	376
A.6.2	Übertragung und Geotagging	376
A.6.3	Sicherung	376
A.6.4	Sonstiges	377
A.6.5	Zusatzmodule	377
A.6.6	Webgalerien	377

Index 378

Einleitung

»Weniger Zeit am Computer und mehr Zeit hinter der Linse«
VON DER LIGHTROOM-VERPACKUNG

Lightroom ist eine Software, die alle Arbeitsabläufe in Bezug auf Fotoverwaltung und –bearbeitung umfasst. Dies beginnt beim Einlegen der Speicherkarte in den Kartenleser und endet beispielsweise bei der Entnahme des Fotos aus dem Drucker. Der Aufbau dieses Buchs orientiert sich vor allem an der Reihenfolge dieser Arbeitsabläufe (dem »Workflow«), teilweise auch an Lightrooms Oberfläche.

Das Buch beginnt mit zwei *einführenden* Kapiteln. In Kapitel 1 geht es um die Benutzeroberfläche von Lightroom, in Kapitel 2 folgt eine Einführung zu Fotoverwaltung und -entwicklung, die die technischen Grundlagen des Programms erläutert.

Die nächsten fünf Kapitel drehen sich um die *Fotoverwaltung*. In Kapitel 3 geht es zunächst um die wichtigsten Werkzeuge des Bibliothek-Moduls, anschließend werden in Kapitel 4 die Übertragung der Fotos von der Speicherkarte und der Import erläutert. Kapitel 5 befasst sich näher mit den Bilddateien selbst und den Katalogen, über die sie verwaltet werden. In Kapitel 6 geht es um die Vergabe von Metadaten, den Zusatzinformationen über die Bilddateien. Schließlich wird in Kapitel 7 die Organisation innerhalb von Lightroom erläutert.

Die folgenden beiden Kapitel befassen sich mit der *Bildbearbeitung* (in Lightroom auch Entwicklung genannt). Zuerst geht es in Kapitel 8 um die Werkzeuge im Entwickeln-Modul. Kapitel 9 erläutert anschließend die Bildbearbeitungsfunktionen im Detail.

Anschließend folgen vier Kapitel zur *Ausgabe*. Kapitel 10 befasst sich mit dem Exportieren-Dialog und den

Verweise im Anhang
Die Webadressen der im Buch erwähnten Software und die genauen Angaben zu erwähnter weiterer Literatur finden Sie im Anhang.

Webseite zum Buch
Unter http://www.dpunkt.de/lightroom3praxis finden Sie Fotos aus dem Buch zum Download, damit Sie einige der Beispiele selbst nachvollziehen können. Dort haben wir auch einige Kapitel und Abschnitte aus der Vorauflage hinterlegt, die aus Platzgründen in dieser Auflage entfallen sind. Außerdem steht dort eine Linkliste zur Verfügung, über die Sie die im Anhang genannten Webadressen direkt erreichen können.

Veröffentlichungsdiensten. Die Kapitel 11 bis 13 behandeln die drei Ausgabemodule Diashow, Drucken und Web.

Bleiben noch zwei Kapitel über *fortgeschrittene Themen*: In Kapitel 14 geht es um die Erstellung von Bilddateien für die Weiterbearbeitung mit anderen Programmen (z.B. Photoshop), in Kapitel 15 um das Fotoarchiv und allgemein um die Sicherung.

Die neuen Funktionen von Lightroom 3

Bibliothek-Modul
- Komplett neu gestalteter Importieren-Dialog, Unterstützung von Importvorgaben: Kapitel 4.1.
- Import und Verwaltung von Videos: Kapitel 4.6.
- Kamerafernsteuerung direkt aus Lightroom: Kapitel 4.5.
- Unterstützung der Metadatenfelder nach dem erweiterten IPTC-Standard (IPTC-Extension): Kapitel 6.5.2.

Entwickeln-Modul
- Teilweise stark verbesserte Luminanz- und Farbrauschentfernung; mehr Einstellmöglichkeiten für die Rauschentfernung: Kapitel 9.11.
- Automatische Korrektur von Objektivfehlern (Verzeichnung, chromatische Aberrationen und Vignettierung) mithilfe von Profilen: Kapitel 9.12.2.
- Korrektur von perspektivischer Verzeichnung: Kapitel 9.12.4.
- Künstliches Filmkorn: Kapitel 9.14.2.
- Prozessversion (Version der Entwicklungseinstellungen) auswählen: Kapitel 8.10.

- Gradationskurve-Palette nun auch mit klassischer Punktkurve wie in Adobe Camera Raw: Kapitel 9.5.2.

Ausgabe
- Veröffentlichungsdienste mit neuem Konzept, direkte Anbindung von Webdiensten (z.B. Flickr) an das Bibliothek-Modul: Kapitel 10.2.
- Diashows als Video exportieren: Kapitel 11.4.
- Drucken-Modul mit neuem Layoutmodus **Benutzerdefiniertes Paket**: Kapitel 12.2.2.
- Wasserzeichen-Editor für Export, Veröffentlichungsdienste und alle Ausgabemodule: Kapitel 10.3.4.

Neue oder geänderte Tastaturkürzel
- Q statt N für Bereichsreparatur-Werkzeug, jetzt auch aus dem Bibliothek-Modul heraus aufrufbar
- < statt M für Filterleiste an/aus (zusätzlich ⇧ für Sekundäranzeige)
- M für Verlaufsfilter-Werkzeug, jetzt auch aus dem Bibliothek-Modul heraus aufrufbar
- # und - in der Rasteransicht im Bibliothek-Modul, um Miniaturen zu vergrößern oder zu verkleinern
- H statt # für Flaggenmarkierung wechseln im Bibliothek-Modul

> **Tastaturkürzel-Notation**
> Wir haben im Buch jeweils die Tastaturkürzel für Windows und Mac angegeben. Die Taste ⌫Lösch bezeichnet sowohl die Rücktaste (»Backspace«) als auch »Entf« (beide haben dieselbe Funktion).

Kapitel 1:

Oberfläche und Programmverhalten

Einer der wichtigsten Aspekte einer jeden Software ist, wie sie sich präsentiert und verhält – dementsprechend muss sich auch der Benutzer verhalten. Lightroom ist mit seinem Modulkonzept und seinen fest positionierten Elementen ein eigenwillig gestaltetes Programm, dessen Bedienung nicht immer einfach ist. Damit Sie das Programm besser »bezwingen« können, will ich Sie daher zunächst mit Lightrooms Oberflächenelementen, Verhaltensweisen, seinen Einstellmöglichkeiten, seinen wichtigsten Tastaturkürzeln, seinem Zweimonitorbetrieb, der Erweiterung durch Zusatzmodule und einigen Tipps und Tricks vertraut machen.

▲ Abbildung 1-1:
Lightroom teilt sein Äußeres in die mittige Arbeitsfläche und vier seitliche Bereiche, die »Bedienfelder«.

◄ Abbildung 1-2:
Aufklappmenü »1« im Filmstreifen: Neben dem Bildschirmmodus können Sie in den Bibliothek- und Entwickeln-Modulen zwischen verschiedenen Ansichten wählen.

1.1 Oberflächenelemente und Bildschirmmodi

In der Mitte des Lightroom-Fensters befindet sich die eigentliche Arbeitsfläche; links und rechts davon die Paletten. Oben befindet sich der Modulwähler, mit dem Sie zwischen den fünf Modulen (Bibliothek, Entwicklung, Diashow, Drucken und Web) umschalten können. Unten befindet sich der Filmstreifen, der immer die aktuelle Gruppe von Fotos anzeigt. Modulwähler und Filmstreifen sind in allen Modulen gleich.

Die Lightroom-Oberfläche kann in einem normalen Fenster, bildschirmfüllend mit Menüleiste oder im Vollbildmodus ohne Menüleiste angezeigt werden. Den Bildschirmmodus stellen Sie am einfachsten über die Tastaturkürzel oder über das »1«-Symbol links oben im Filmstreifen ein (siehe Abbildung 1-2, über das »2«-Symbol daneben verstellen Sie den Modus für den zweiten Monitor, siehe unten).

Alle vier Elemente an den Bildschirmrändern (die Bedienfelder), also Modulwähler, Filmstreifen und die Palettenspalten links und rechts, lassen sich ausblenden, um der Arbeitsfläche mehr Raum zu geben. Dazu klicken Sie auf das kleine Dreieck am Bildschirmrand oder benutzen eines der Tastaturkürzel. Ein ausgeblendetes Bedienfeld wird wieder eingeblendet, indem man mit der Maus an den entsprechenden Rand fährt. Auf diese Weise kann man ohne störende Elemente arbeiten und hat trotzdem die Möglichkeit, relativ schnell an sie heranzukommen.

Sie können die Bedienfelder weiter konfigurieren, indem Sie über einem der schwarzen Außenränder die rechte Maustaste drücken und damit das Kontextmenü aufrufen (siehe Abbildung 1-3). Sie können hier festlegen, wie sich ein Bedienfeld verhalten soll: automatisch, halbautomatisch oder manuell ein- und ausblenden. Die Einstellung erfolgt für alle Bedienfelder separat; über **Synchronisierung...** können Sie aber zwei gegenüberliegende Bedienfelder abgleichen – um beispielsweise Modulwähler und Filmstreifen mit einem einzigen Klick ein- oder auszublenden.

Neben der Ausblendung der Seitenteile können Sie die gesamte

4   Kapitel 1: Oberfläche und Programmverhalten

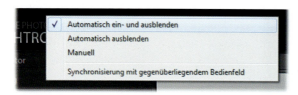

◀ Abbildung 1-3:
Einstellungen für eines der Bedienfelder

▲ Abbildung 1-4:
»Gedämpftes Licht« (rechts)

Benutzeroberfläche schrittweise abdunkeln: mit einem der beiden Modi »Gedämpftes Licht« oder »Licht aus«. Dadurch ist die Oberfläche nur schwach bzw. gar nicht mehr zu sehen, lediglich das ausgewählte Foto bleibt hell. Farbe und Abdunklungsgrad für den Modus »Gedämpftes Licht« können Sie in den

Voreinstellungen unter **Oberfläche** angeben.

Lightrooms Oberfläche besteht immer aus der Hauptanzeige, wie Sie sie in den vorherigen Abbildungen sehen konnten, und wahlweise aus einer »Sekundäranzeige«. Diese ist in erster Linie für die Arbeit mit zwei Monitoren vorgesehen, kann aber auch in einem zusätzlichen

Ein-/Ausblenden der Bedienfelder: F5 ... F8

Linkes und rechtes Bedienfeld ein/aus: Tab

Alle Bedienfelder ein/aus: ⇧+Tab

Vollbildmodus mit ausgeblendeten Bedienfeldern: Strg+⇧+F (⌘: ⌘+⇧+F)

Nächster Bildschirmmodus: F

Fensteransicht direkt: Strg+Alt+F (⌘: ⌘+⌥+F)

Nächster Beleuchtungsmodus: L

Gedämpftes Licht direkt: Strg+⇧+L (⌘: ⌘+⇧+L)

Erkennungstafeln

Das Lightroom-Logo links oben können Sie durch eine sogenannte Erkennungstafel ersetzen. Dies ist ein Schriftzug oder eine Grafik mit dem eigenen Namen oder Logo. Neben dieser rein oberflächlichen Funktion kann man Erkennungstafeln in den Ausgabemodulen einsetzen, um das eigene Logo z. B. für eine Webgalerie zu verwenden. Über **Bearbeiten ▷ Einrichtung der Erkennungstafel** rufen Sie den Erkennungstafel-Editor auf, mit dem Sie mehrere Erkennungstafeln erzeugen und verwalten können.

▲ Abbildung 1-5:
Mit den Erkennungstafeln können Sie die Lightroom-Oberfläche personalisieren.

▲ Abbildung 1-6:
Erkennungstafel-Editor

Kontextmenüs

Oft verbergen sich wichtige Funktionen hinter einem Klick mit der rechten Maustaste (bzw. Mausklick bei gedrückter [Ctrl]-Taste auf Macs mit Ein-Tasten-Maus). Nahezu jedes Oberflächenelement in Lightroom hat ein Kontextmenü: Miniaturen, die Arbeitsfläche, Paletten, einzelne Palettenelemente und viele andere.

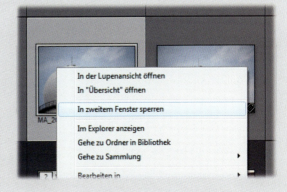

▶ Abbildung 1-7:
Das Kontextmenü ist oft der einfachste Weg, um in Lightroom an eine Funktion zu kommen.

▲ Abbildung 1-8:
Am besten für einen zusätzlichen Monitor geeignet: die Sekundäranzeige (rechts)

Betriebssystemeinstellungen für den Zweimonitorbetrieb

Welcher der angeschlossenen Monitore als erster und welcher als zweiter Monitor eingestellt ist, wird in den Betriebssystemeinstellungen festgelegt. Unter Windows lässt sich dies in der Systemsteuerung unter **Anzeige** einstellen, hinter dem Reiter **Einstellungen**. Mit **Dieses Gerät als primären Monitor verwenden** lässt sich der Hauptmonitor zuordnen. Auf dem Mac geht man unter **Systemeinstellungen ▷ Monitore** auf **Anordnen**. Der Monitor mit der angedeuteten Menüleiste ist der Hauptmonitor. Um ihn zu ändern, zieht man die Menüleiste mit der Maus auf den gewünschten Monitor.

Fenster mit nur einem Monitor benutzt werden. Die Sekundäranzeige ist eine unterstützende Arbeitsfläche: Sie können auf ihr alle Ansichten des Bibliothek-Moduls anzeigen, nicht aber die Entwickeln- oder Ausgabemodule.

Ein- und Ausschalten lässt sich die Sekundäranzeige durch einen Klick auf das »2«-Symbol links oben im Filmstreifen. Auf einem zweiten Monitor lässt sich die Anzeige im Vollbild- oder Fenstermodus betreiben (ähnlich wie bei der Hauptanzeige), auf nur einem Monitor steht lediglich der Fenstermodus zur Verfügung.

Mehr zu den einzelnen Ansichten und den Besonderheiten der Sekundäranzeige siehe Kapitel 3.3.

Sekundäranzeige ein/aus: [F11] (⌘: [⌘]+[F11])

Fenster-/Vollbildmodus: [⇧]+[F11] (⌘: [⌘]+[⇧]+[F11])

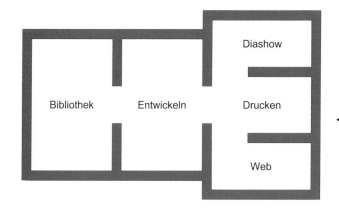

◀ Abbildung 1-9:
Lightrooms Module kann man sich wie verschiedene Räume vorstellen: Man muss einen Raum betreten – und einen anderen verlassen –, um in ihm zu arbeiten.

▲ Abbildung 1-10:
Bibliothek-Modul in der Rasteransicht

▲ Abbildung 1-11:
Entwickeln-Modul

1.2 Module und Filmstreifen

Für die Erledigung verschiedener Aufgaben ist Lightroom in verschiedene Bereiche aufgeteilt: die fünf Module. Die meisten Elemente der Oberfläche und der Großteil der Menübefehle sind von Modul zu Modul unterschiedlich; gleich sind hingegen der Filmstreifen und einige Paletten.

Im *Bibliothek-Modul* geht es um Fotoverwaltung und -management. In der Rasteransicht können Sie viele Fotos miniaturhaft darstellen. So können Sie einen Überblick bekommen und Aktionen auf mehreren Fotos zugleich ausführen. In der Lupenansicht hingegen sehen Sie immer ein einzelnes Foto bildschirmfüllend oder in Vergrößerung.

▲ Abbildung 1-12:
Diashow-Modul: Diashows mit Text- und Grafikelementen und Audiobegleitung gestalten

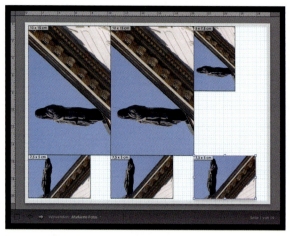

▲ Abbildung 1-13:
Drucken-Modul: Seitengestaltung und Druck von Einzelbildern bis hin zu »Kontaktbögen« oder einfachen Fotobüchern

◀ Abbildung 1-14:
Web-Modul: Webgalerien im HTML- und Flash-Format gestalten

Zu Modul 1-5 wechseln: Strg+Alt+1...5 (⌘: ⌘+⌥)+1...5

Zum vorherigen Modul wechseln: Strg+Alt+↑ (⌘: ⌘+⌥+↑)

Bibliothek-Modul (Rasteransicht): G

Bibliothek-Modul (Lupenansicht): E

Entwickeln-Modul: D

Tastaturbefehle des Moduls anzeigen: Strg+< (⌘: ⌘+<)

Filmstreifen ein/aus: F6

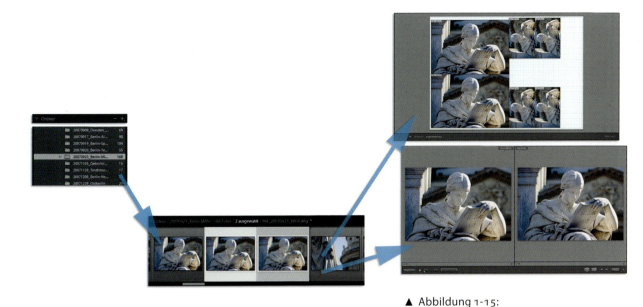

▲ Abbildung 1-15:
Verwendung des Filmstreifens

Im *Entwickeln-Modul* bearbeiten Sie Fotos. Nur hier stehen alle Bildbearbeitungsfunktionen zur Verfügung. Das Modul ähnelt im Aufbau einem klassischen Bildbearbeitungsprogramm. Im Gegensatz zum Bibliothek-Modul steht das einzelne Foto im Mittelpunkt.

Die drei Module *Diashow*, *Drucken* und *Web* sind für die Ausgabe und Präsentation da, also die Gestaltung der Webgalerie, der Druckseiten oder der Diafolien.

Um in den einzelnen Modulen überhaupt arbeiten zu können, benötigen Sie den Filmstreifen. Im Bibliothek-Modul wählen Sie zunächst über die Paletten auf der linken Seite die Fotos aus, die im Filmstreifen angezeigt werden – das heißt, Sie stellen die *Quelle* ein, aus der der Filmstreifen seine Fotos bezieht. In den anderen Modulen (und in einigen Ansichten im Bibliothek-Modul) wählen Sie dann über den Filmstreifen die Fotos aus, mit denen Sie arbeiten möchten (siehe Abbildung 1-15).

Rückgängig machen in Lightroom

Aus irgendeinem Grund ist es in Lightroom nicht so offensichtlich, daher: Sie können wie in anderen Programmen in allen Modulen die meisten Aktionen rückgängig machen (**Bearbeiten ▷ Rückgängig**) und danach gegebenenfalls wiederholen (**Bearbeiten ▷ Wiederholen**).

Rückgängig: Strg+Z (⌘+Z)
Wiederholen: Strg+Y (⌘+Y)

Multithreading

Die meisten Arbeiten, die mehrere Fotos umfassen, dauern recht lange, z.B. exportieren oder importieren. Daher führt Lightroom Arbeitsvorgänge in der Regel im Hintergrund aus, sodass man währenddessen bereits weiterarbeiten kann. Lightroom kann auch mehrere Arbeiten gleichzeitig ausführen. Die einzelnen Vorgänge werden dabei links oben angezeigt (siehe Abbildung 1-16).

▲ Abbildung 1-16:
Bei mehreren Arbeitsvorgängen können Sie über das Dreieck auf der rechten Seite einzelne auswählen und z.B. abbrechen.

1.3 Paletten und Werkzeugleiste

Links und rechts der Arbeitsfläche befinden sich die beiden Bedienfelder mit den Paletten. Die einzelnen Paletten unterscheiden sich zwar von Modul zu Modul, aber generell sind die auf der linken Seite für die Auswahl von Fotos oder das Speichern und Abrufen von Vorgaben da, während man mit denen auf der rechten Seite Einstellungen am Foto oder an der Diashow/Druckseite/Webseite vornimmt oder Werte abliest. Die Paletten auf der rechten Seite sind meist so angeordnet, dass man sie von oben nach unten abarbeiten kann.

Eine einzelne Palette klappen Sie mit einem Klick auf den Titel auf oder zu. Wenn Sie dabei [Strg] ([⌘]) gedrückt halten, öffnen/schließen sich alle Paletten auf derselben Seite.

Über das Kontextmenü (rechte Maustaste) können Sie den *Solomodus* einschalten – dadurch bleibt immer nur eine Palette geöffnet. Wird eine neue aufgeklappt, schließt sich die zuletzt geöffnete. So bleibt die Oberfläche übersichtlicher, weshalb ich den Solomodus für fast alle Bedienfelder eingeschaltet habe. Sie können ihn kurzzeitig umgehen und mehrere Paletten öffnen, wenn Sie dabei die [⇧]-Taste gedrückt halten (hierzu nicht auf das Dreieck, sondern direkt auf den Titel klicken).

Paletten links auf-/zuklappen: [Strg]+[⇧]+[0] ... [5] ([⌘]:[⌘]+[Ctrl]+[0] ... [5])

Paletten rechts auf-/zuklappen: [Strg]+[0] ... [9] ([⌘]:[⌘]+[0] ... [9])

Eingabefelder in Palette durchlaufen: [Tab] / [⇧]+[Tab]

Werkzeugleiste ein/aus: [T]

1.3 Paletten und Werkzeugleiste

▲ Abbildung 1-17:
Umfangreichere Paletten wie die Stichwörter-festlegen-Palette im Bibliothek-Modul sind häufig unterteilt. Dann können Sie meist …

▲ Abbildung 1-18:
… die einzelnen Abschnitte auf- und zuklappen.

▲ Abbildung 1-19:
Die »durchlöcherten« Dreiecke zeigen an, dass der Solomodus eingeschaltet ist.

▲ Abbildung 1-20:
Werkzeugleiste im Bibliothek-Modul

Einzelne Paletten können Sie über das Kontextmenü auch völlig ausblenden, sodass von ihnen nicht einmal der Titel zu sehen ist. Ich habe beispielsweise die Kommentare-Palette im Bibliothek-Modul normalerweise ausgeblendet, da ich sie selten benötige.

Neben den Paletten enthält die *Werkzeugleiste* wichtige Funktionen und Informationen. Sie befindet sich am unteren Ende der Arbeitsfläche. Ihr Inhalt ist ebenfalls vom Modul abhängig. Die gewünschten Elemente wählt man über das Dreieck auf der rechten Seite aus.

▲ Abbildung 1-21:
Verfügbare Werkzeugleistenelemente im Bibliothek-Modul. Ich habe hier nur diejenigen Funktionen eingestellt, die ich wirklich benutze – oft geht das Arbeiten mit Tastaturkürzeln schneller.

Alt-Taste (⌘: ⌥)

Hält man die Alt-Taste (⌘: ⌥) gedrückt, ändert sich teilweise die Belegung der Benutzeroberflächenelemente. So sind beispielsweise die Knöpfe unterhalb der Paletten in manchen Modulen doppelt belegt. Auf ähnliche Weise löst ein Mausklick manchmal eine unterschiedliche Aktion aus, wenn man dabei die Alt-Taste (⌘: ⌥) gedrückt hält.

▲ Abbildung 1-22:
Ohne (links) und mit (rechts) gedrückter Alt-Taste

1.4 Zusatzmodule

Lightrooms Funktionalität ist durch Zusatzmodule erweiterbar. Diese Programmerweiterungen (Addons, Plug-ins …) sind Ihnen sicher aus anderen Programmen, beispielsweise Mozilla Firefox, bekannt. Die Zusatzmodule fügen Funktionen an verschiedenen Stellen von Lightroom hinzu, vorwiegend jedoch im Bibliothek-Modul.

Um Zusatzmodule zu installieren, kann man den Zusatzmodul-Manager (**Datei ▷ Zusatzmodul-Manager**, siehe Abbildung 1-23) benutzen. Dort können Sie über den Hinzufügen-Knopf ein neues Zusatzmodul installieren, egal wo es sich auf der Festplatte befindet; Lightroom muss allerdings auch in Zukunft auf die Stelle zugreifen können.

Ich lege Zusatzmodule lieber direkt in den Unterordner **Modules** des Lightroom-Programmordners. Dann werden sie nach

> **Hinweis**
> Zusatzmodule klingt so, als könnte man zusätzliche Module zu den fünf weiter oben beschriebenen Modulen installieren. Dies ist weder gemeint noch möglich.

> **Hinweis**
> Falls Sie an der Entwicklung von Zusatzmodulen interessiert sind, finden Sie im Anhang die Adobe-Webseite für Lightroom-Entwickler.

Zusatzmodul-Manager: Strg+Alt+⇧+. (⌘: ⌘+⌥+⇧+.)
Voreinstellungen: Strg+U (⌘: ⌘+,)

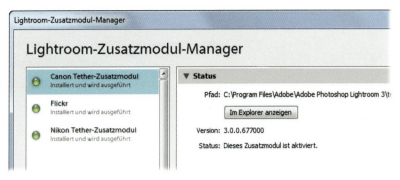

▲ Abbildung 1-23:
Der Zusatzmodul-Manager. Einige Zusatzmodule gehören bereits zum Lieferumfang.

▲ Abbildung 1-24:
Auf einige Zusatzmodule greift man über das Menü Datei ▷ Zusatzmoduloptionen zu.

einem Neustart von Lightroom automatisch erkannt. Hier die entsprechenden Pfade:

- Windows: `C:\Programme\Adobe\Adobe Photoshop Lightroom 3\Modules`
- Mac: `/Library/Application Support/Adobe/Lightroom/Modules`

Über den Knopf **Zusatzmodul-Exchange** im Zusatzmodul-Manager gelangen Sie zur Adobe-Webseite »Lightroom Exchange«, auf der Sie Zusatzmodule und andere Erweiterungen finden. Weitere Webadressen finden Sie im Anhang. Im Verlauf des Buchs werde ich einige Zusatzmodule vorstellen.

1.5 Einstellungen

In Lightroom gibt es zunächst mehrere Orte für die Konfiguration des Programms. Der wichtigste ist der normale Voreinstellungen-Dialog, in dem das grundlegende Programmverhalten festgelegt wird. Ihn ruft man über **Bearbeiten ▷ Voreinstellungen** (Windows) bzw. über **Lightroom ▷ Voreinstellungen** (Mac) auf.

Daneben gibt es Einstellungen für die Ansichten im Bibliothek- und Entwickeln-Modul, die separat getroffen werden unter **Ansicht ▷ Ansicht-Optionen**. Weiterhin wird Lightrooms Verhalten über die Katalogeinstellungen beeinflusst, die sich über **Bearbeiten ▷ Katalogeinstellungen**

▶ Abbildung 1-25:
Die »globalen« Voreinstellungen; sie enthalten Einstellungen für das Verhalten des Programms.

◀ Abbildung 1-26:
Hinter den Vorgaben verbergen sich manchmal Dutzende Einstellungen, wie hier bei den Exportvorgaben.

(Windows) bzw. **Lightroom ▷ Katalogeinstellungen** (Mac) aufrufen lassen.

Neben den obigen Voreinstellungen müssen Sie in Lightroom oft sehr viele Einstellungen für einzelne Arbeitsschritte treffen, beispielsweise beim Importieren oder Exportieren. Diese können Sie meist als *Vorgaben* (an einigen Stellen auch Vorlagen genannt) speichern; später können Sie die Einstellungen aufrufen, indem Sie die Vorgabe auswählen. Es gibt in Lightroom Vorgaben für alle möglichen Arten von Einstellungen: Filtervorgaben, Import- und Exportvorgaben, Metadatenvorgaben, Entwicklungsvorgaben, und viele mehr. Viele sind bereits voreingestellt.

Neben Voreinstellungen, Ansicht-Optionen, Katalogeinstellungen und Vorgaben (dies sind die wichtigsten Einstellungen in Lightroom) gibt es noch weitere Arten von Einstellungen, auf die ich im weiteren Buch zu sprechen komme. Im Anhang finden Sie eine Übersicht über alle Einstellungen.

Ansicht-Optionen: [Strg]+[J] (⌘: [⌘]+[J])

Katalogeinstellungen: [Strg]+[Alt]+[,] (⌘: [⌘]+[⌥]+[,])

1.5 Einstellungen   15

▲ Abbildung 1-27:
In den Voreinstellungen können Sie verschiedene Vorgaben zurücksetzen. Außerdem können Sie sich den Ordner anzeigen lassen, in dem Lightroom alle Vorgaben speichert. Um Vorgaben auf einen anderen Computer zu übertragen, ziehen Sie sie einfach vom Ordner des einen Computers in den des anderen.

Kapitel 2:

Einführung in Fotoverwaltung und -entwicklung mit Lightroom

In dieser Einführung geht es um die grundlegenden Konzepte und Techniken, die Lightroom für die Verwaltung und Entwicklung von Fotos einsetzt. Unter anderem sollen folgende Fragen beantwortet werden:

- Wie kann man Fotos überhaupt auf dem Computer verwalten und wie funktioniert Lightrooms Ansatz der Katalogverwaltung?
- Was sind RGB-Dateien sowie Farbmanagement und wie funktioniert Bildbearbeitung generell auf dem Computer?
- Was sind die Vorteile der Fotografie im Raw-Format?
- Was sind Metadaten, wofür sind sie gut und wie werden sie verwaltet?
- Wie funktioniert Lightrooms Bildbearbeitungsansatz, die parametrische Bildbearbeitung?

Außerdem geht es um grundlegende Bildbearbeitungstechniken, die auch von Lightroom benutzt werden, wie Tonwert- und Farbkorrektur, Schärfung und Masken. Das Kapitel endet mit einem Blick auf den Fotoworkflow.

2.1 Fotos verwalten

Für die Verwaltung von Digitalfotos gibt es drei zentrale Konzepte:

- Über das *Dateisystem* werden Bilddateien in Ordnern auf der Festplatte organisiert. Dies ist die Grundlage jeder Fotoverwaltung.
- *Fotobrowser* arbeiten ähnlich wie der Windows Explorer oder Mac OS Finder. Sie benutzen die Ordnerstruktur des Dateisystems für die Organisation.
- *Katalogprogramme* (auch DAM-Programme genannt, von Digital Asset Management) arbeiten für die Verwaltung mit einer Katalogdatei. Fotos lassen sich damit weitgehend unabhängig von der Ordnerstruktur organisieren.

2.1.1 Dateisystem und Fotobrowser

Die einfachste Art und Weise der Fotoverwaltung ist die Kombination von Ordnerstruktur auf der Festplatte und Benutzung eines Fotobrowsers wie z. B. Adobe Bridge (siehe Abbildung 2-1). Dabei dienen die Ordner auf der Festplatte zur Organisation der Bilddateien. Es kann dabei eine von mehreren möglichen Ordnerstrukturen (sortiert nach Projekten, nach Datum, nach Thema o. Ä.) verwendet werden.

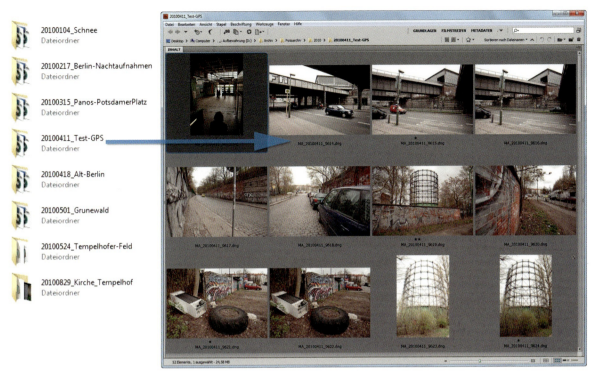

▲ Abbildung 2-1:
Ordner mit Bilddateien und Fotobrowser Adobe Bridge

Mit dem Fotobrowser greift man auf die Ordner zu. Ein Fotobrowser funktioniert ähnlich wie der Explorer oder Finder, bietet aber spezielle Funktionen für Fotos. Er kann z.B. Fotos in verschiedenen Größen anzeigen, Metadaten (Zusatzinformationen) bearbeiten und bietet besondere Möglichkeiten bei der Umbenennung von Dateien. Außerdem zeigt er dank der Verwendung eines Caches (Hintergrundspeicher) die Fotos schneller an als ein normaler Dateibrowser. Die meisten Fotobrowser bringen mittlerweile auch zusätzliche Organisationsstrukturen mit, die sie bereits in die Nähe von Katalogprogrammen rücken.

2.1.2 Katalogprogramme

Lightroom ist ein Katalogprogramm. Solche Programme arbeiten nicht direkt mit den Ordnern und Bilddateien auf der Festplatte, sondern mit einer Repräsentation davon – dem Katalog. Das Konzept kennen Sie womöglich aus Bibliotheken, die noch mit Zettelkatalogen arbeiten. Der Zettelkatalog ist ebenfalls eine Repräsentation, der z.B. die Suche nach Büchern erleichtert. Zur Repräsentation gehören einerseits alle Daten über eine Bilddatei, andererseits eine – meist verkleinerte – Abbildung davon, eine Vorschau. Die Daten werden im Katalog, die Vorschauen zusammen mit der Katalogdatei aufbewahrt.

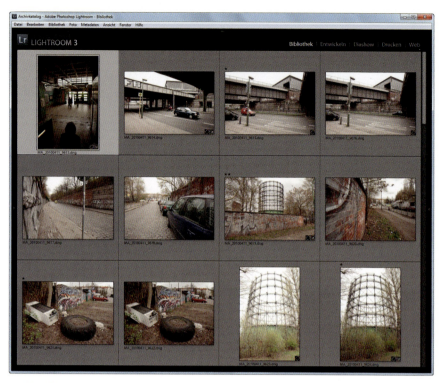

▲ Abbildung 2-2:
Lightroom weist auf den ersten Blick wenige Unterschiede zu Bridge auf. Es arbeitet aber über eine Repräsentation des Fotobestands – den Katalog –, während Bridge mit den Bilddateien selbst arbeitet.

Katalogprogramme sind besonders gut geeignet, um eine große Anzahl von Bilddateien zu verwalten. Wenn Sie z.B. Fotos auf mehreren Festplatten aufbewahren, brauchen Sie nicht immer alle davon angeschlossen lassen. Sie können mit dem Katalog »offline« – ohne Zugriff auf die Bilddateien – arbeiten. Dies funktioniert allerdings nur für Verwaltungsaufgaben – z. B. nach Fotos suchen oder Metadaten eintragen; für Bildbearbeitungen müssen die Dateien vorhanden sein.

Bei Katalogprogrammen muss jedes Foto, das verwaltet werden soll, erst in den Katalog importiert werden, bevor mit der Arbeit begonnen werden kann – man kann also nicht einfach loslegen. Der Begriff »Importieren« ist ein wenig irreführend: Die Bilddateien werden dabei nicht kopiert oder verschoben. Lightroom sammelt dabei lediglich alle Informationen über ein Foto im Katalog – inklusive des Speicherorts der Bilddatei, sodass es auf sie zugreifen kann. Während des Imports werden auch die Vorschauen erstellt.

Katalogprogramme verfügen über eigene Organisationsmittel. Mit diesen lassen sich Fotos flexibler verwalten als über das Dateisystem. In Lightroom

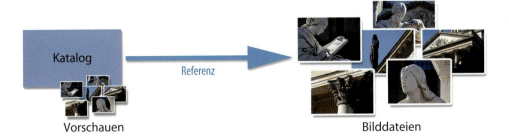

▲ Abbildung 2-3:
Vor dem ersten Import ist der Katalog leer, und die Bilddateien befinden sich irgendwo – auf einer externen Festplatte, auf einem Netzlaufwerk, auf derselben Festplatte wie der Katalog. Nach dem Import befinden sich die Bilddateien immer noch an derselben Stelle. Lightroom hat lediglich Informationen über die Fotos gesammelt und Vorschauen erstellt. So kann es auch ohne die Bilddateien auskommen.

▲ Abbildung 2-4:
Über das Dateisystem kann ein Foto immer nur auf eine Art und Weise einsortiert sein. Über den Katalog lässt sich ein Foto mehrfach einsortieren: Das abgebildete Foto ist z.B. Bestandteil aller drei hervorgehobener Sammlungen auf der rechten Seite – Sammlungen können von Hand oder automatisch anhand von bestimmten Kriterien zusammengestellt werden (Smart-Sammlungen).

▲ Abbildung 2-5:
Mit virtuellen Kopien kann man mehrere Varianten eines Fotos erstellen.

▲ Abbildung 2-6:
Mit Flaggenmarkierungen kann man Fotos positiv oder negativ markieren und so Auswahlprozesse unterstützen.

▲ Abbildung 2-7:
Mit Stapeln kann man ähnliche Fotos zusammenfassen und nur das beste anzeigen (den Rest ausblenden).

lassen sich Fotos beispielsweise in *Sammlungen* organisieren, wobei ein Foto Bestandteil mehrerer Sammlungen zugleich sein kann (siehe Abbildung 2-4). Neben Sammlungen bietet Lightroom als weitere Organisationsmittel *virtuelle Kopien* (siehe Abbildung 2-5), *Flaggenmarkierungen* (siehe Abbildung 2-6) und *Stapel* (siehe Abbildung 2-7).

2.2 RGB-Dateien und Bildbearbeitungsgrundlagen

2.2.1 RGB-Dateien

Es gibt zwei grundlegende Kategorien von Dateien für Digitalfotos:

- RGB-Dateien (fertige Bilder)
- Raw-Dateien (Dateien im Rohdatenformat, dies sind noch keine fertigen Bilder, siehe unten)

Bilder werden auf dem Computer fast immer mithilfe einer RGB-Datei dargestellt, d.h. nach dem RGB-Farbmodell. Die Farbe eines Pixels setzt sich in einem RGB-Bild immer aus den Grundfarben Rot, Grün, Blau zusammen. Für jede der drei Grundfarben hat der Pixel einen *Tonwert*. Der Tonwert ist ein relatives Maß für die Helligkeit, 0 % bedeutet die geringste Helligkeit, 100 % die höchste. Man kann einerseits die Tonwerte für die drei Grundfarben separat betrachten wie in Abbildung 2-8. Oft meint man jedoch mit Tonwerten eines Fotos einfach die relative Gesamthelligkeit eines Pixels, unabhängig von den einzelnen Farben.

2.2.2 Grundlagen der Bildbearbeitung und Ausgabe

In der klassischen Bildbearbeitung ist es üblich, die Originaldateien selbst nicht zu verändern, weil dies in der Regel mit einer Verminderung der Bildqualität einhergeht. Man erstellt hingegen eine neue Bilddatei, ein *Derivat* (Abkömmling) für die Bearbeitung (bzw. auch bei der Raw-Konvertierung, siehe unten). Beispielsweise öffnet man eine JPEG-Datei aus der Kamera in Photoshop, nimmt Veränderungen vor

2.2 RGB-Dateien und Bildbearbeitungsgrundlagen

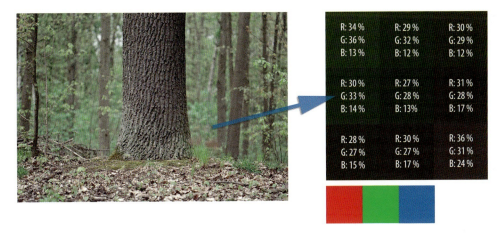

▲ Abbildung 2-8:
Tonwerte, je für die drei Grundfarben Rot, Grün und Blau, für 9 Pixel aus einem Foto (links). Das RGB-Modell ist additiv, d.h. 0% stellt die minimale, 100% stellt die maximale Helligkeit dar. 100% für alle drei Grundfarben ergibt Weiß, 0% Schwarz.

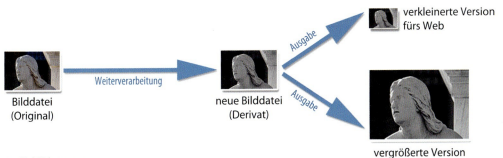

▲ Abbildung 2-9:
Traditionelle Bildbearbeitung erzeugt neue Dateien, die (teilweise) auch verwaltet werden müssen.

Hinweis
Von den RGB-Dateien kann Lightroom neben JPEG die beiden Formate TIFF und PSD verarbeiten, die vor allem in der Nachbearbeitung benutzt werden und z.B. um gescannte Fotos zu speichern.

Rot: 52 %
Grün: 61 %
Blau: 8 %

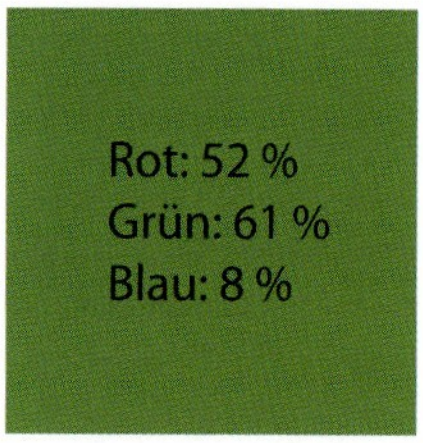

▲ Abbildung 2-10:
Ein Pixel hat die RGB-Werte 52%, 61% und 8% – was heißt das eigentlich? Hierfür muss einerseits definiert werden, welche Farben mit Rot, Grün und Blau genau gemeint sind; andererseits, worauf sich z.B. eine Helligkeit von 50% bezieht – auf die vom Menschen empfundene Helligkeit oder auf die tatsächliche Lichtmenge.

Bittiefe

Unter der Bittiefe einer Bilddatei (oft auch Farbtiefe genannt) versteht man die Auflösung, mit der die Tonwerte der einzelnen Grundfarben gespeichert werden. Bei 8 bit stehen 256 (0–255) Abstufungen pro Tonwert zur Verfügung. Dabei kann man beispielsweise nicht die Tonwerte 61,1%, 61,2%, 61,3% voneinander unterscheiden, sondern nur 61,1%, 61,5%, 61,9% usw. (ca. alle 0,4 %). Bei 16 bit stehen über 65.000 Abstufungen pro Grundfarbe zur Verfügung, diese Bittiefe bietet also über 100 Mal feinere Abstufungen.

Eine feine Abstufung ist in der Weiterverarbeitung wichtig. Wenn mehrere Bildbearbeitungsschritte hintereinander angewendet werden, kann es durch wiederholte Rundungsfehler zu Informationsverlusten und somit zur Verminderung der Bildqualität kommen. Daher verwendet man hier in der Regel 16 bit. Bilddaten für die Ausgabe werden meist auf 8 bit reduziert. Dadurch lässt sich die Dateigröße halbieren.

und speichert mittels **Speichern unter** eine neue Datei (siehe Abbildung 2-9).

Für die Weiterverarbeitung arbeitet man außerdem möglichst ausgabeunabhängig. Ein Bild wird in der Regel nicht nur beispielsweise für eine Webgalerie bearbeitet, sondern so, dass es sich grundsätzlich für alle Ausgabemedien und -größen gleichermaßen eignet. Dafür bearbeitet man es in Originalgröße, also ohne es zu vergrößern oder zu verkleinern, und möglichst in einer Bittiefe von 16 bit (siehe Kasten »Bittiefe«).

Für die Ausgabe werden die Bilddaten dann skaliert (siehe Kasten »Pixelabmessungen ...«) und meist in eine Bittiefe von 8 bit umgewandelt. Bilddateien für die Ausgabe werden bei Bedarf erstellt und im Allgemeinen nicht langfristig aufbewahrt. Oft, beispielsweise beim Drucken, werden sie nicht einmal auf der Festplatte abgelegt und stattdessen direkt ans Ausgabegerät geschickt.

2.2.3 Farbmanagement

Das sogenannte Farbmanagement ist dazu da, dass ein Arbeiten mit Helligkeiten und Farben auf dem Computer überhaupt realisiert werden kann. Ohne Farbmanagement ergeben die bloßen RGB-Werte der Pixel weder konkrete Farben noch konkrete Helligkeiten. Beides, Farb- und Helligkeitswiedergabe, wären abhängig vom ausgebenden Gerät – Monitor, Drucker, Projektor usw. (siehe Abbildung 2-10 und auch Kasten »Wahrnehmung und Speicherung von Helligkeiten« Seite 27).

Farbmanagement verbindet die Zahlen in den RGB-Dateien mit tatsächlichen Farben und Helligkeiten. Dies geschieht über *Farbprofile*, auch ICC-Profile genannt,

2.2 RGB-Dateien und Bildbearbeitungsgrundlagen

vom International Color Consortium. Ein Farbprofil *beschreibt* entweder ein Ausgabegerät (Ausgabeprofil) oder *definiert* Farben und Helligkeiten einer Bilddatei (Standardprofil, siehe unten). Wie man in Abbildung 2-12 sehen kann, spannen Farbprofile einen *Farbraum* auf – beide Begriffe werden in der Regel synonym benutzt. Ein Farbprofil oder -raum gibt die Farben vor, die eine Bilddatei überhaupt enthalten bzw. die ein Gerät ausgeben kann.

Hinweis
Unter http://www.iccview.de/ kann man Farbräume in dreidimensionaler Darstellung betrachten. Die folgenden zweidimensionalen Abbildungen zeigen jeweils repräsentative Ausschnitte.

Pixelabmessungen und physikalische Größe eines Bildes

Solange ein Digitalfoto nicht ausgegeben wird, hat es keine wirkliche physikalische Größe, nur eine abstrakte Größe in Pixeln, z.B. 4368 × 2912 Pixel oder 12 Megapixel. Bei der Ausgabe werden die Bilddaten so *skaliert* (d.h. verkleinert oder vergrößert), dass sie für das Ausgabemedium und die gewünschte Ausgabegröße geeignet sind. Bei der Ausgabe auf elektronischen Medien gibt man in der Regel die Pixelmaße direkt an: z.B. 900 × 600 Pixel für eine Webgalerie.

Für Ausdruck oder Ausbelichtung gibt man die gewünschte physikalische Größe in cm oder Zoll (Inch) an, zusätzlich gibt man die für das Medium optimale Auflösung – oder Informationsdichte – in Pixel pro Zoll (ppi) an. Aus beiden Angaben werden dann die erforderlichen Pixelmaße errechnet, auf die das Bild skaliert wird.

◀ Abbildung 2-11:
Dieses Foto misst, so wie es hier gedruckt ist, 10,0 × 6,7 cm. Die für den Druck verwendete Datei hat eine Auflösung von 300 ppi (Pixel pro Zoll) und Pixelabmessungen von 1181 × 787. Dafür musste das Originalfoto, 4368 × 2912 Pixel (12 MP) umfassend, stark verkleinert werden.

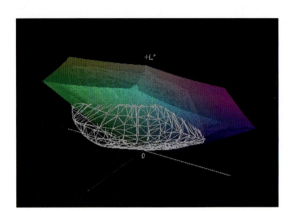

▲ Abbildung 2-12:
Ein Farbprofil definiert den Farbraum des Geräts oder der Bilddatei. Die Gitterlinien in dieser Abbildung stellen den Farbraum eines Fotodruckers dar, die farbigen Flächen den Standardfarbraum sRGB.

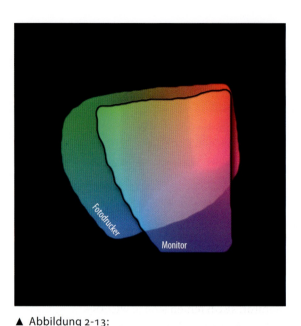

▲ Abbildung 2-13:
Verschiedene Geräte können ganz unterschiedliche Farben darstellen. Monitore können in der Regel nicht alle Farben anzeigen, die ein Fotodrucker ausgeben kann, und umgekehrt. Dies liegt an der unterschiedlichen Art und Weise, wie die beiden Geräte Farben erzeugen.

Ausgabeprofile

Farbprofile für die Ausgabe (*Ausgabeprofile*) beschreiben die Farb- und Helligkeitscharakteristik eines Ausgabegeräts. Ausgabeprofile kann man für alle Ausgabegeräte mithilfe eines Messgeräts und der entsprechenden Software selbst erstellen – für Monitore, Drucker oder Beamer. Teilweise gibt es auch vorgefertigte Profile, z.B. für Drucker, da Hardware zur Druckerprofilierung teuer ist.

Die Ausgabeprofile werden nur verwendet, um die Bilddaten für die Ausgabe zu *konvertieren*. Das Monitorprofil stellt man z.B. im Betriebssystem ein bzw. die Software für die Monitorprofilierung übernimmt dies. Farbmanagementfähige Software wie Lightroom oder Photoshop konvertiert dann die Bilddaten, die an den Monitor geschickt werden, »on the fly«. Die Bilddaten in den Dateien liegen auf dem Computer jedoch nicht in einem solchen Profil vor.

Standardprofile für die Weiterverarbeitung

Da man in der Weiterverarbeitung möglichst ausgabeunabhängig arbeitet, liegt eine RGB-Datei in der Regel nicht in einem Ausgabeprofil vor, sondern in einem geräteunabhängigen Farbprofil – einem sogenannten *Standardfarbprofil* (oder auch synthetisches Farbprofil). Dieses kann in die Bilddatei eingebettet werden – dann sind die Bilddaten darin von den Farben und Helligkeiten her klar definiert; andernfalls sind sie Interpretationssache.

Es gibt verschiedene unterschiedlich große Standardfarbräume. Für die Weiterverarbeitung ist in der Regel ein möglichst großer Farbraum zu empfehlen, der viele Farben darstellen kann (siehe Abbildung 2-14):

sRGB ist der kleinste der drei Farbräume; er orientiert sich am normalen Röhrenmonitor. sRGB fehlen jedoch wichtige Farben, die heutige Tintenstrahldrucker schon lange ausgeben können. Und auch moderne High-End-Monitore reichen heute bereits weit über sRGB hinaus. Daher ist dieser Farbraum für alles andere als das Web nicht mehr gut geeignet. Im Web ist er eine Art Standard. Er wird dort vor allem eingesetzt, weil die Bilddaten dann auch in Webbrowsern ohne Farbmanagement gut aussehen (noch nicht alle Webbrowser unterstützen Farbmanagement).

Adobe-RGB hat in den Bereichen Orange bis Magenta dieselben Abmessungen wie sRGB, ist aber im Grün-Cyan-Bereich wesentlich größer. Er deckt damit wichtige Farben aus dem Bereich des professionellen Drucks, aber auch des Tintenstrahlfotodrucks zu Hause ab. High-End-Monitore orientieren sich heute stärker an Adobe-RGB als an sRGB. Adobe-RGB ist ein guter Standardfarbraum für die Weiterverarbeitung, wenn in 8 bit gearbeitet werden soll. JPEGs aus der Kamera werden in sRGB oder Adobe-RGB ausgegeben, das kann man an der Kamera einstellen.

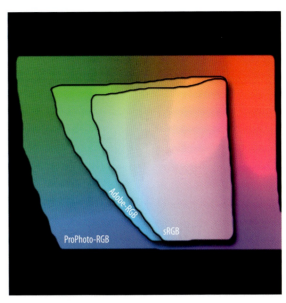

▲ Abbildung 2-14:
Vergleich der drei wichtigsten Standardfarbräume sRGB, Adobe-RGB und ProPhoto-RGB

ProPhoto-RGB übertrifft die beiden obigen Farbräume bei Weitem. Dieser Farbraum umfasst sogar theoretische Farben, die für das menschliche Auge nicht sichtbar sind. Doch seine Größe macht ihn ungeeignet für Dateien, die nur in einer Bittiefe von 8 bit vorliegen: Da er so viele Farben aufnehmen kann, braucht er feinere Abstufungen zwischen den Tonwerten. Er ist deshalb nur für 16-bit-Bearbeitung geeignet. Lightroom arbeitet in diesem Farbraum.

Das eigentliche *Farbmanagement* besteht nun darin, Bilddaten von einem Profil in ein anderes zu konvertieren. Dabei werden die RGB-Werte so verändert, dass die

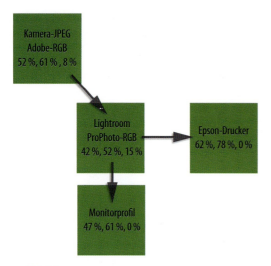

▲ Abbildung 2-15:
Konvertierung von Bilddateien in verschiedene Profile. Dieselbe Farbe, je nach Profil aber verschiedene Tonwerte.

Farben so gut es geht erhalten bleiben. Für die Ausgabe werden die Bilddaten ins entsprechende Ausgabeprofil konvertiert. Aber man kann auch von einem Standardprofil in ein anderes konvertieren (siehe Abbildung 2-15). Da nicht jedes Farbprofil/jedes Gerät alle Farben darstellen kann, muss in manchen Fällen eine Ersatzfarbe verwendet werden. Ziel ist es immer, die Anmutung des Bildes so gut es geht zu erhalten.

2.3 Rohdatenverarbeitung (Raw-Dateien)

Die meisten anspruchsvollen Digitalkameras können sowohl direkt RGB-Dateien – meist JPEGs – als auch Raw-Dateien ausgeben (siehe Abbildung 2-18). Raw-Dateien liegen eine Stufe vor RGB-Dateien. Die Rohdaten, die der Sensor der Kamera wiedergibt, müssen erst in eine normale RGB-Datei konvertiert werden, bevor sie auf dem Computer angezeigt und bearbeitet werden können, ähnlich wie in der Analogfotografie von einem Negativ erst ein Positiv erstellt werden muss.

▲ Abbildung 2-16:
Bei Raw-Dateien muss aus den Messdaten und den Informationen zum Aufbau des Sensors ein Farbbild erst hergestellt werden.

Die Raw-Datei enthält zunächst nur die digitalisierten Messwerte der Sensoren. Diese Messwerte sind noch keine Tonwerte oder Farben, sondern sagen lediglich aus, wie viel Licht an einer Stelle auf den Sensor gefallen ist. Der *Raw-Konverter* kennt zudem den Aufbau des Sensors für jeden Kameratyp. Aus der Raw-Datei und den Informationen über den Sensoraufbau berechnet der Raw-Konverter das RGB-Bild, d.h., er berechnet für jeden einzelnen Pixel die Tonwerte der drei Grundfarben.

> **Hinweis**
> Von den Raw-Dateien verarbeitet Lightroom alle gängigen proprietären Raw-Formate und das DNG-Format.

Es gibt genau zwei Ansätze für diese Raw-Konvertierung: Entweder übernimmt die Kamera die Konvertierung und gibt eine fertige JPEG-Datei aus. Dabei trifft man die Einstellungen für die Konvertierung vor der Aufnahme oder lässt sie automatisch vornehmen. Oder die Kamera gibt die Raw-Datei direkt aus, und die Konvertierung erfolgt im Nachhinein auf dem Computer (d.h. in Lightroom). Die JPEG-Fotografie ist also die Raw-Fotografie, die in der Kamera stattfindet.

Wahrnehmung und Speicherung von Helligkeiten

Mit Helligkeiten umzugehen ist eine recht komplizierte Angelegenheit. Das liegt vor allem daran, dass das menschliche Auge Helligkeitszuwächse nicht linear wahrnimmt. Das heißt, die doppelte Helligkeit (wenn die doppelte Anzahl an Photonen auf das Auge trifft) wird nicht als doppelt so hell empfunden, sondern nur etwas (eine Blendenstufe) heller. Diese sogenannte *logarithmische* Wahrnehmung ist eine praktische Sache: Auf diese Weise kann der Mensch sowohl geringe Helligkeitsunterschiede in dunklen Bereichen als auch insgesamt einen großen Helligkeitsbereich wahrnehmen. Die Genauigkeit der Wahrnehmung nimmt allerdings mit zunehmender Helligkeit ab.

Ganz anders funktioniert der Sensor einer Digitalkamera. Dieser reagiert *linear* auf Licht; die doppelte Anzahl an Photonen, die auf die Sensordiode trifft, erzeugt einen doppelt so hohen Messwert. Die Genauigkeit bei der Aufnahme durch die Digitalkamera ist also überall gleich. Auch in den Raw-Dateien liegen die Helligkeiten linear vor.

In RGB-Dateien speichert man die Helligkeiten in der Regel nicht linear, da es u.a. in Anbetracht der menschlichen Wahrnehmung nicht effizient wäre, die hellen Stellen mit derselben Genauigkeit zu speichern wie die dunklen. Dies gilt insbesondere für die Speicherung in einer Bittiefe von 8 bit. Wie die Helligkeiten genau kodiert werden, bestimmt das Farbprofil der RGB-Datei. In der Regel erfolgt eine logarithmische Kodierung, die mehr oder weniger der des Auges entspricht. Der genaue Exponent wird als *Gamma* bezeichnet. ProPhoto-RGB verwendet z.B. einen Gamma von 1,8, Adobe-RGB von 2,2.

Schließlich arbeiten auch die Ausgabegeräte bei der Erzeugung von Helligkeiten in der Regel logarithmisch oder zumindest nicht linear. Bei einem Monitor führt also der doppelte Ansteuerungswert nicht zur Verdopplung der Lichtmenge. Das genaue Wiedergabeverhalten wird bei der Profilerstellung erfasst und im Ausgabeprofil hinterlegt, meist ebenfalls in Form eines Gamma-Wertes. Das Farbmanagement, also die Konvertierung von Bilddaten von einem Profil in ein anderes, sorgt dann dafür, dass die Helligkeiten immer richtig umgerechnet werden.

▲ Abbildung 2-17:
Der rechte Kasten erscheint als Mittelgrau, also ungefähr halb so hell wie der Kasten links. Dies liegt aber an der menschlichen Wahrnehmung, die logarithmisch arbeitet. Tatsächlich reflektiert der rechte Kasten nur ungefähr 10% der Lichtmenge des linken Kastens.

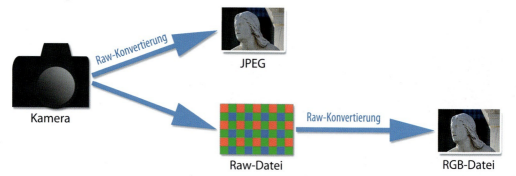

▲ Abbildung 2-18:
Die Digitalkamera kann entweder ein fertiges Bild oder die Rohdaten der Aufnahme ausgeben.

2.3.1 Warum Raw?

Die Raw-Fotografie, bei der die Raw-Dateien direkt ausgegeben werden, hat sich bei professionellen Fotografen und ambitionierten Amateuren weitgehend durchgesetzt. Was sind also die Vorteile von Raw? Vor allem enthält die Raw-Datei mehr Informationen als die konvertierte JPEG-Datei. Durch nachträgliche Anpassung der bereits konvertierten JPEG-Datei kann in vielen Fällen nicht dasselbe Ergebnis erzielt werden wie durch Neukonvertierung der Raw-Datei.

Vor allem in zwei Punkten stellt sich die bessere nachträgliche Anpassbarkeit der Raw-Dateien als Vorteil heraus: a) Raw-Dateien enthalten teilweise Schatten- und Lichterdetails, die bei den JPEGs bereits nicht mehr enthalten sind. b) Bei Raw-Dateien lässt sich die Farbtemperatur nachträglich ohne Qualitätseinbußen anpassen.

Details in den Lichtern und Schatten nutzen

Raw-Dateien verfügen über einen höheren Kontrastumfang als Kamera-JPEGs. Unter Kontrastumfang (oder Dynamikumfang) bezeichnet man den Helligkeitsunterschied zwischen zwei Punkten – entweder zwischen dem dunkelsten und hellsten Punkt eines Motivs oder zwischen dem dunkelsten und dem hellsten Punkt, den ein Medium wiedergeben kann (z.B. Kamera, Fotopapier oder Monitor). Den Unterschied kann man als Verhältnis angeben. So bedeutet ein Umfang von 1:10.000, dass die helle Stelle 10.000-mal so hell ist wie die dunkle.

Da das menschliche Auge Helligkeitsunterschiede nicht linear, sondern logarithmisch wahrnimmt (siehe Kasten Seite 27), ist es vor allem für Fotografen oft nachvollziehbarer, den Kontrastumfang in Blendenstufen anzugeben: Eine Blendenstufe bedeutet eine Helligkeitsverdopplung bzw. -halbierung. Ein Kontrastumfang von 1:10.000 entspricht also etwa 13 Blendenstufen (2 hoch 13 = ca. 8.000).

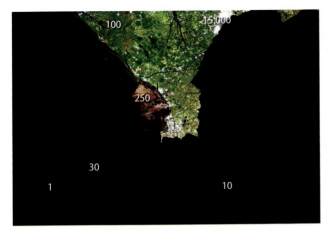

◄ Abbildung 2-19:
Der Kontrastumfang eines Motivs kann sehr verschieden sein. Hier beträgt er ca. 14 Blendenstufen. Die für die Aufnahme verwendete Canon 5D kann in den Raw-Dateien ca. zehn Blendenstufen aufnehmen. Hier wurde aber im JPEG-Modus fotografiert, also sind nur noch ca. acht Blendenstufen zu sehen. Details in den Schatten und den Lichtern gehen verloren, es ergeben sich schwarze und weiße Flächen im Bild.

Bei heutigen Digitalkameras zeichnet eine Raw-Datei zunächst einen Kontrastumfang von zehn bis zwölf Blendenstufen auf. Eine JPEG-Datei aus der Kamera umfasst hingegen nur 8 bis 8,5 Blendenstufen. Das liegt nicht am JPEG-Format oder an RGB-Dateien an sich, sondern daran, dass Digitalkameras JPEG-Dateien so bearbeiten, dass sie möglichst »ausgabefertig« sind. Fotopapier hat z.B. einen Kontrastumfang von maximal acht Blendenstufen, Monitore (wenn sie in der Bildhelligkeit moderat eingestellt sind) haben ca. neun Blendenstufen. Die zehn oder zwölf Blendenstufen der Raw-Datei direkt auf diesen Medien auszugeben würde zu einer sehr flauen, kontrastarmen Darstellung führen. Daher wird der Kontrastumfang absichtlich etwas reduziert.

Bei Raw-Dateien können Sie hingegen den gesamten aufgezeichneten Umfang ausnutzen. Überbelichtete Bildbereiche lassen sich bis zu einem gewissen Grad wieder restaurieren (ca. ein bis drei Blendenstufen, je nach Kamera, siehe Abbildung 2-20). Und auch in den Schatten lässt sich noch meist über eine Blendenstufe hervorholen (siehe Abbildung 2-21).

Nachträgliche Anpassung der Farbtemperatur

Die Farben eines Motivs hängen stark von der Farbe des Lichts ab, welches das Motiv beleuchtet, denn schließlich sehen wir ja immer nur das Licht, das vom Motiv zurückgeworfen wird. Unsere eigene Wahrnehmung passt sich automatisch sehr gut an Licht verschiedener Farbtemperatur an. In der Farbfotografie muss diese Anpassung anders erfolgen. In der Analogfotografie wählt man z.B. zwischen Tageslicht- oder Kunstlichtfilm.

Bei Digitalfotos erfolgt der Weißabgleich, d.h. die Anpassung an die Farbtemperatur des Lichts, während der

Hinweis
Unter www.dpreview.com können Sie nachsehen, welchen Kontrastumfang Ihre Kamera aufzeichnen kann.

▲ Abbildung 2-20:
In der JPEG-Datei sind die meisten Lichterdetails bereits verloren, in der Raw-Datei konnten sie teilweise noch hervorgeholt werden. Beide Fotos sind gleich belichtet.

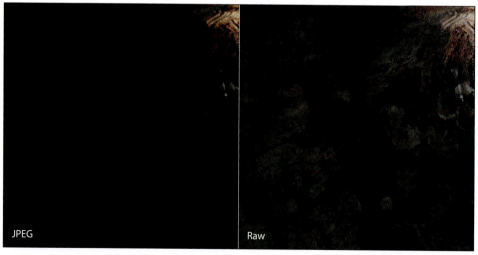

▲ Abbildung 2-21:
Auch in den Schatten stecken bei Raw-Dateien noch Details, die man hervorholen kann.

▲ Abbildung 2-22:
Ein ungünstig eingestellter Weißabgleich lässt sich bei JPEG-Fotos in der Regel nicht ohne Qualitätseinbußen korrigieren. Das JPEG-Foto links ist richtig belichtet, nach der Korrektur fehlen rechts jedoch Details in den Lichtern.

▲ Abbildung 2-23:
Bei Verwendung von Raw hat die Änderung der Farbtemperatur hingegen keinerlei Qualitätseinbußen zur Folge.

Konvertierung der Rohdaten in die RGB-Datei. Man kann zwar die Farbtemperatur in Lightroom auch noch bei RGB-Dateien im Nachhinein anpassen. Je nach Foto und nach Umfang der nachträglichen Korrektur erzielt man dabei jedoch mehr oder weniger große Qualitätseinbußen (siehe Abbildung 2-22).

Daher ist es bei der JPEG-Fotografie wichtig, die Farbtemperatur in der Kamera wie gewünscht einzustellen bzw. dies die Kameraautomatik machen zu lassen. Ein Neufestlegen der Farbtemperatur im Nachhinein ist desto schwieriger, je größer die Änderung ist. Bei Raw-Dateien ist eine nachträgliche Anpassung, egal welchen Umfangs, hingegen kein Problem.

Letztlich muss man also bei der JPEG-Fotografie Belichtung und Farbtemperatur bereits vor der Aufnahme möglichst genau festlegen, während man bei der Raw-Fotografie später mehr Spielraum für nachträgliche Änderungen hat. Daraus ergibt sich eine ganz andere Art des Fotografierens. Bei Raw-Dateien entsteht das Foto – ähnlich wie bei der Negativfotografie – erst richtig mit dem Anfertigen der Abzüge; zudem lassen sich mehrere verschiedene Interpretationen einer Raw-Datei herausarbeiten. Mir gefällt gerade das an der Fotografie, weshalb ich Raw bevorzuge.

Raw ist aber meiner Meinung nach nicht per se »besser«, sondern es hängt stark von den eigenen Vorlieben ab. Viele Fotografen bevorzugen die einfache Arbeitsweise der JPEG-Fotografie, das Gefühl, ein Foto mit dem Auslösen wirklich »im Kasten« zu haben ähnlich wie bei der Diafotografie. Obwohl Lightroom als Lösung für Raw-Fotografen entwickelt wurde, können Sie auch als JPEG-Fotograf sehr gut mit dem Programm arbeiten und auch von den neu entwickelten Techniken wie der parametrischen Bildbearbeitung (siehe unten) profitieren.

Bildstile (Farb- und Kontrastwiedergabe anpassen)

Die Raw-Konvertierung ist immer eine Interpretation der Sensordaten in Bezug auf Tonwerte und Farben: Das umgesetzte RGB-Bild kann mehr oder weniger kontrastreich, oder insgesamt heller, sein – oder von den Farben her stärker oder weniger stark gesättigt.

Bei der JPEG-Fotografie kann man die grundlegende Farb- und Kontrastwiedergabe, oft auch Bildstil, Profil oder einfach »Look« genannt, an der Kamera einstellen (siehe Abbildung 2-24). Hier gibt es meist unterschiedliche Bildstile z.B. für Landschafts- und Porträtfotos. Einige JPEG-Fotografen benutzen die Bildstile bestimmter Kameras sehr gerne bzw. haben ihren Lieblingsstil, ähnlich wie es viele Fans des Diafilms Velvia mit seiner besonderen Farb- und Kontrastwiedergabe gab und gibt.

Bei Raw-Fotos hängt die Farb- und Kontrastwiedergabe normalerweise vom verwendeten Raw-Konverter ab – jeder Konverter hat seinen eigenen »Look«. In Lightroom lässt sich dieser Look seit Version 2 des Programms anpassen. Für jedes Kameramodell liefert Lightroom verschiedene Profile mit (»DNG-Profile« genannt, man benötigt hierfür jedoch nicht das DNG-Format), mit denen man die Farb- und Kontrastwiedergabe ändern kann. Das Profil wird über die Kamerakalibrierung-Palette im Entwickeln-Modul ausgewählt. Mehr zu den DNG-Profilen finden Sie in Kapitel 9.

▲ Abbildung 2-24:
Bildstile für die JPEG-Ausgabe, hier von einer Canon-Kamera

2.3.2 Nachteile von Raw

Auch Raw-Dateien haben Nachteile gegenüber Kamera-JPEGs, z. B. sind sie größer und nehmen mehr Speicherplatz ein. Auch wird der Workflow komplizierter, dadurch dass die Raw-Konvertierung noch erfolgen muss. Bei der JPEG-Fotografie liegen hingegen auf der Speicherkarte bereits fertige Bilder. Eines der größten Probleme mit Raw betrifft die Verwaltung: Wie kann man Fotos verwalten, die noch gar keine richtigen Bilder mit Tonwerten und Farben sind? Dieses Problem war eines der Hauptgründe für die Entwicklung von Lightroom und ähnlich arbeitenden Programmen wie Aperture oder Bibble 5.

Bevor es diese Programme gab, war es recht schwierig, mit Raw-Dateien umzugehen. Eine Möglichkeit dazu boten die Vorschauen, die in jeder Raw-Datei enthalten sind: Jede Kamera bettet ein kleines Vorschaubild in die Raw-Datei ein. Dieses wird z. B. benutzt, um eine Raw-Datei auf dem Kameradisplay anzuzeigen. Ein für die Bildverwaltung verwendeter Fotobrowser oder ein Katalogprogramm kann diese Vorschau ebenfalls nutzen, um Raw-Dateien darzustellen.

Dieser Workflow funktioniert allerdings aus mehreren Gründen mehr schlecht als recht. Daher verwendet Lightroom eine neue Technik, die parametrische Bildbearbeitung, die viele Vorteile für die Verwaltung und Bearbeitung von Raw-Dateien (und auch für JPEG-Dateien) bietet. Diese Technik funktioniert über Metadaten, auf die ich daher vorher zu sprechen kommen will.

2.4 Metadaten

Metadaten sind nichts anderes als zusätzliche Informationen über Bilddateien – größtenteils Informationen, die für den Computer von Bedeutung sind, sodass er bei der Organisation, Suche oder Bildbearbeitung helfen kann. In den letzten Jahren hat der Stellenwert der Metadaten, vor allem für die Bildbearbeitung, stark zugenommen. Für die Aufbewahrung von Metadaten gibt es zwei grundsätzliche Möglichkeiten:

- Fast jede Bilddatei verfügt über einen Bereich, der für Metadaten reserviert ist. Die Metadaten können also in den Bilddateien selbst gespeichert werden. Jede Datei trägt dann ihre Daten mit sich herum.
- Katalogprogramme wie Lightroom speichern die Metadaten für alle verwalteten Fotos zentral im Katalog (und nur optional in den Bilddateien).

Einschränkungen durch das JPEG-Format

JPEG-Fotos haben weitere Nachteile gegenüber Raw-Dateien, die durch das JPEG-Dateiformat bedingt sind:

- JPEG-Dateien werden verlustbehaftet komprimiert, d. h., bei der Komprimierung gehen Farbdetails verloren. In seltenen Fällen kann dies zu sichtbaren Artefakten führen, vor allem in Regionen mit weichen Farbübergängen (Himmel, Haut o. Ä.).
- Eine JPEG-Datei liegt immer in einer Bittiefe von 8 bit vor, Raw-Dateien haben in der Regel eine Bittiefe zwischen 12 und 14 bit. Raw-Dateien verfügen also insgesamt über sanftere Tonwertabstufungen. Dies kann bei starken Tonwertkorrekturen sichtbar werden.

Raw-Fotos optimal belichten

JPEG-Fotos belichtet man im Allgemeinen so, dass sie ohne Nachbearbeitung »gut« aussehen; d.h., dass sie weder unter- noch überbelichtet sind. Bei Raw-Fotos hat man hingegen etwas mehr Spielraum bei der Belichtung, dadurch dass man Details in den Lichtern oder Schatten noch freilegen kann. Das Motiv in Abbildung 2-25 wurde z.B. auf der linken Seite mit der Belichtungsautomatik aufgenommen (Belichtungszeit 1/320 s), auf der rechten Seite mit manueller Belichtung von 1/40 s bei gleicher Blende, also um drei Blendenstufen länger belichtet.

Beide müssen zwar von der Helligkeit und vom Kontrast her noch korrigiert werden, mir kommt es bei diesem Beispiel aber auf etwas anderes an: Beide Aufnahmen erfassen alle Motivhelligkeiten vollständig. Es gibt also im linken Foto keine schwarzen Flächen in den Schatten und im rechten Foto keine weißen Flächen in den Lichtern. Man könnte also (fälschlicherweise) annehmen, dass es egal ist, wie man das Foto aufnimmt, da man es hinterher in Lightroom entsprechend anpassen kann. Dem ist aber nicht so: In Abbildung 2-26 habe ich beide Versionen in Lightroom so korrigiert, dass sie ungefähr gleich aussehen. Wie man sieht, gibt es deutliche Unterschiede in der Bildqualität.

Warum ist das so? Die Gründe sind zweierlei. Zum einen wird durch die nachträgliche Aufhellung beim unterbelichteten Foto das Luminanzrauschen, das zum größten Teil in den dunkleren Tonwertbereichen (am linken Ende des Histogramms) vorkommt, heller und kontrastreicher und damit deutlicher sichtbar. Beim länger belichteten Foto enthält das Motiv gar keine dunklen Bereiche, also auch kaum Rauschen.

▲ Abbildung 2-25:
Ein recht kontrastarmes Motiv, einmal mit der Belichtungsautomatik und einmal manuell belichtet, sodass gerade eben keine Überbelichtung auftritt.

Zum anderen hat der Kamerasensor bei der Aufzeichnung von Helligkeiten umso mehr Tonwertabstufungen zur Verfügung, je weiter in den Lichtern die Details liegen (das liegt daran, dass der Sensor Licht linear aufzeichnet, das Auge aber Helligkeitszuwächse logarithmisch wahrnimmt, siehe Kasten Seite 27). Die Folge: Je heller ein Motivdetail abgebildet wird, desto feiner abgestuft sind dessen Tonwerte.

Beide Phänomene, Rauschen und linear arbeitender Sensor, haben letztlich dasselbe zur Folge: Die dunkleren Tonwertbereiche weisen eine geringere Bildqualität auf. Demnach ist es für die Qualität des Fotos am besten, wenn man während der Belichtung so viele Bildinformationen wie möglich in den hellen und hellsten Tonwertbereichen platziert – also wenn man so weit wie möglich »am rechten Rand des Histogramms« fotografiert. Dabei riskiert man zwar überbelichtete Bildbereiche – diese kann man aber bis zu einem gewissen Grad wieder hervorholen.

▲ Abbildung 2-26:
Wenn man beide Varianten in Lightroom von der Belichtung her angleicht, zeigt die länger belichtete deutlich weniger Rauschen, sanftere Tonwertübergänge und mehr Details.

▲ Abbildung 2-27:
Jede Bilddatei kann ihre Metadaten mit sich herumtragen. So ist man unabhängig von einzelnen Programmen.
(©iStockphoto.com/shorrocks)

▲ Abbildung 2-28:
Lightroom verwaltet die Metadaten zentral im Katalog.
(©iStockphoto.com/simplearts)

Fotobrowser wie Bridge haben keinen Katalog und verwalten die Metadaten direkt über die Bilddateien. Lightroom hingegen verwaltet als Katalogprogramm die Metadaten im Katalog. Dies ist an sich der effizientere und geeignetere Weg, mit den Metadaten von vielen Fotos umzugehen. Es ist z.B. einfacher, nach Fotos anhand von Stichwörtern zu suchen, wenn dazu nicht jede Bilddatei einzeln überprüft werden muss. Ähnlich ist es beim Eintragen oder Ändern von Metadaten.

Es gibt einige Standardmetadaten wie die EXIF- und IPTC-Daten, die von fast allen Bildverwaltungsprogrammen verstanden werden. Wenn man diese benutzt, ist man für die Verwaltung unabhängig von einem einzelnen Programm wie Lightroom. Darüber hinaus kann jedes Verwaltungs- oder Bearbeitungsprogramm eigene Metadaten über den XMP-Standard speichern. Zunächst aber ein Überblick über die Standardmetadaten.

2.4.1 Standardmetadaten

Es gibt drei grundlegende Typen von Metadaten (Beispiele siehe Abbildung 2-29), die standardisiert oder zumindest ein Quasistandard sind. *EXIF-Metadaten* werden von der Kamera bereitgestellt und umfassen vor allem technische

2.4 Metadaten 37

▲ Abbildung 2-29:
Standardmetadaten sind für den Workflow mit modernen Programmen wie Lightroom enorm wichtig.

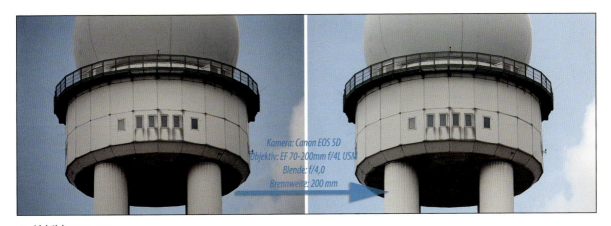

▲ Abbildung 2-30:
Die neuen Objektivkorrekturen in Lightroom 3 korrigieren automatisch z.B. Vignettierung und Verzeichnung. Hierzu zieht Lightroom die EXIF-Metadaten des Fotos heran, u.a. Objektiv, Brennweite und eingestellte Blende.

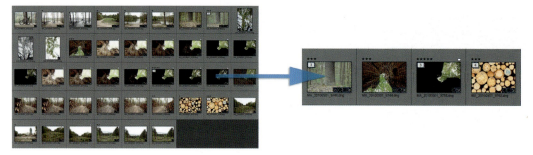

▲ Abbildung 2-31:
Über qualitative Metadaten kann man schnell Fotos herausfiltern, entweder anhand der Bewertung oder der Kategorie. Sie zählen daher im gesamten Workflow zu den nützlichsten Metadaten. Hier werden die Fotos mit mindestens drei Sternen angezeigt.

Informationen zum Foto, z. B. verwendetes Objektiv, Belichtungseinstellungen, ISO-Wert, evtl. GPS-Daten usw. Sie kommen hauptsächlich bei verschiedenen automatischen Bildkorrekturen zum Einsatz (siehe Abbildung 2-30).

Qualitative Metadaten umfassen Bewertungssterne und Farbetiketten. Beide werden vom Benutzer vergeben. Mit den Bewertungssternen schätzt man die Qualität eines Fotos ein. Anschließend kann man z. B. schnell nur die besten Fotos einblenden und sich auf diese konzentrieren (siehe Abbildung 2-31). Die Farbetiketten funktionieren ähnlich. Mit ihnen kann man Fotos verschiedener Kategorien, wie z. B. Fotos, die noch bearbeitet werden müssen, mit unterschiedlichen Farben markieren.

IPTC-Metadaten werden ebenfalls vom Benutzer eingetragen und umfassen auf der einen Seite Informationen zum Bildinhalt des Fotos, z. B. Stichwörter (siehe Abbildung 2-32), Titel und Bildbeschreibung; auf der anderen Seite Informationen zum Foto selbst wie Fotografeninformationen, Urheberrechtsstatus oder Lizenzierungsdetails. Die Stichwörter ermöglichen die Suche im eigenen Archiv und auch in großen Bildarchiven von Agenturen oder Webdiensten wie Flickr.

Wie verhalten sich die weiter oben angesprochenen Katalogorganisationsmittel zu den Stichwörtern oder anderen Metadaten? Der Unterschied ist nicht auf den ersten Blick ersichtlich. Man kann Fotos in Lightroom sowohl mit Katalogmitteln (z. B. Sammlungen) als auch über Metadaten organisieren. Sie können z. B. nach Stichwörtern suchen bzw. browsen oder Fotos anhand von Metadaten filtern (siehe Abbildung 2-33).

Den Unterschied bemerken Sie spätestens dann, wenn Sie Ihre Fotos migrieren wollen – also statt Lightroom ein anderes Programm benutzen möchten. Das Einzige, was Sie dann mitnehmen können, sind die Metadaten, die in den Bilddateien speicherbar sind. Bei Katalogmitteln ist

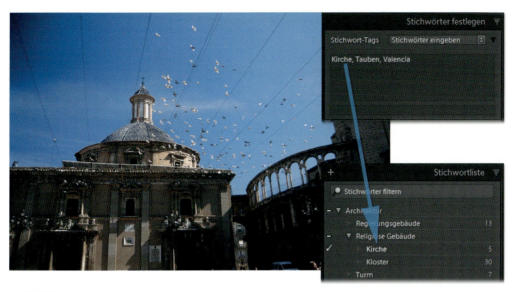

▲ Abbildung 2-32:
Da Lightroom den Bildinhalt eines Fotos nicht erkennen kann, beschreibt man ihn mithilfe von Stichwörtern. So lassen sich Fotos wiederfinden. Stichwörter lassen sich in Lightroom hierarchisch organisieren, sodass man ähnlich wie über Ordner auf Fotos zugreifen kann.

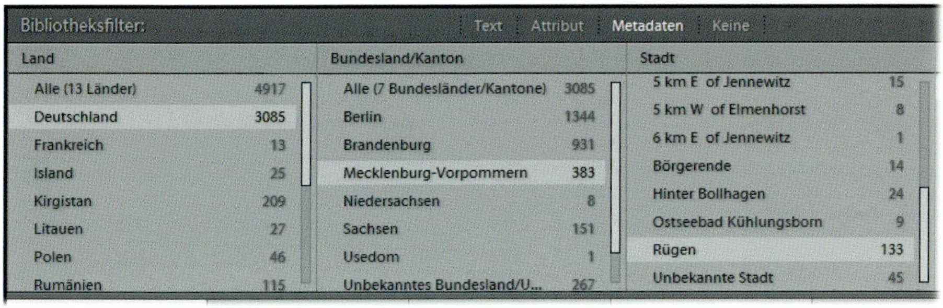

▲ Abbildung 2-33:
Filterung anhand von Ortsmetadaten. Diese gehören zu den IPTC-Daten.

40   Kapitel 2: Einführung in Fotoverwaltung und -entwicklung mit Lightroom

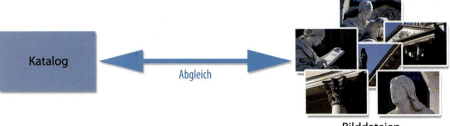

▲ Abbildung 2-34:
Lightroom verwaltet Metadaten zwar über den Katalog, aber um mit anderen Programmen zu kommunizieren, kann es Metadaten zusätzlich in den Bilddateien speichern.

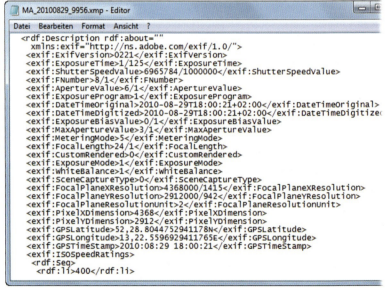

▲ Abbildung 2-35:
EXIF-Metadaten in Lightroom (links) und im XMP-Format (rechts). Die XMP-Daten sind für Menschen durchaus lesbar. Sie können z.B. einfach eine XMP-Filialdatei mit einem Texteditor öffnen und sogar verändern.

das nicht möglich, sie sind also in erster Linie für die kurzfristige Organisation geeignet.

2.4.2 Metadaten weitergeben

Da in den Metadaten wertvolle Zusatzinformationen stecken, deren Vergabe oft viel Arbeit erfordert, ist es wichtig, sie langfristig erhalten zu können – oft über einen Zeitraum von 20, 30 Jahren oder länger. Daher können Sie in Lightroom zusätzlich zur Verwaltung im Katalog die Metadaten auch in den Bilddateien speichern (der Katalog bleibt jedoch immer der Hauptverwaltungsort). So können Metadaten an andere Programme weitergegeben werden. Umgekehrt kann Lightroom in anderen Programmen veränderte Metadaten aus den Bilddateien lesen und so in den Katalog aufnehmen.

Das Speichern in den Bilddateien kommt einerseits in Fällen zur Anwendung, in denen ein anderes Programm nur kurzzeitig benutzt werden soll; beispielsweise um GPS-Daten zu den Fotos hinzuzufügen (was mit Lightroom im Moment noch nicht möglich ist). Darüber hinaus ermöglicht es die Migrierbarkeit zu anderen Programmen: Wenn Sie Lightroom nicht mehr benutzen möchten, können Sie einfach alle Metadaten in den Bilddateien speichern und die Dateien anschließend in ein anderes Katalogprogramm importieren.

In die meisten Bilddateien (JPEG, TIFF, PSD, DNG) lassen sich Metadaten nach dem von Lightroom benutzten XMP-Standard (siehe Kasten) einbetten. Bei den vielen proprietären Raw-Formaten wie NEF oder CR2 können allerdings keine Metadaten eingebettet werden. Daher werden sie hier als nebenstehende Textdatei im XMP-Format, als sogenannte *Filialdatei* oder XMP-Sidecar, gespeichert. Diese zusätzliche Datei hat denselben Namen wie die Raw-Datei, aber die Endung **.xmp** (siehe Abbildung 2-35). Filialdateien machen die Verwaltung von Fotos in einigen Bereichen aufwändiger.

XMP

XMP (Extensible Metadata Platform) ist ein Standard, der definiert, *wie* Metadaten gespeichert werden. XMP gibt nur die Art und Weise der Speicherung vor, definiert aber keine einzelnen Metadatenfelder. Daher kann jedes Programm seine eigenen – entsprechend markierten – Felder hinzufügen. Alle Metadaten für ein Foto werden innerhalb desselben XMP-Textabschnitts, dem »XMP packet«, gespeichert.

Mithilfe von XMP können Bilddateien theoretisch von Programm zu Programm weitergegeben werden, ohne dass dabei jemals Metadaten verloren gehen. Ein anderes Programm kann vielleicht nicht mit allen Metadaten einer Bilddatei etwas anfangen, aber es kann alle lesen, evtl. anzeigen und vor allem: aufbewahren oder weitergeben. Wenn Lightroom beispielsweise eine Bilddatei an Photoshop übergibt und diese in Photoshop als Kopie (mit **Speichern unter**) gespeichert wird, werden dabei alle Metadaten, auch diejenigen, die nur Lightroom versteht, in die neue Bilddatei übertragen.

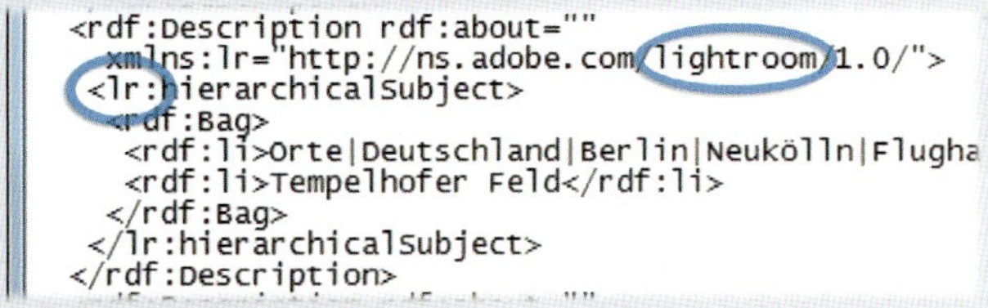

```
<rdf:Description rdf:about=""
   xmlns:lr="http://ns.adobe.com/lightroom/1.0/">
   <lr:hierarchicalSubject>
     <rdf:Bag>
       <rdf:li>Orte|Deutschland|Berlin|Neukölln|Flugha
       <rdf:li>Tempelhofer Feld</rdf:li>
     </rdf:Bag>
   </lr:hierarchicalSubject>
</rdf:Description>
```

▲ Abbildung 2-36:
Hier ist das Lightroom-Metadatenfeld `lr:hierarchicalSubject` zu sehen, das durch das `lr` als Lightroom-Feld markiert ist.

▲ Abbildung 2-37:
Parametrische Bildbearbeitung braucht keine Derivatdateien; sie speichert einfach die »Rezepte« für die Bearbeitung als Metadaten. Das Verfahren wird mittlerweile von einigen Fotoprogrammen verwendet, neben Lightroom zum Beispiel Aperture, Bibble 5 und Capture One.

2.5 Parametrische Bildbearbeitung

2.5.1 Bildbearbeitung über Metadaten

Als ich früher Fotos selbst entwickelt und vergrößert habe, habe ich zunächst immer von einigen Negativen kleine Abzüge gemacht, die mir von da an für die Verwaltung dienten; denn die Negative selbst sind ja keine fertigen Bilder. Zusätzlich habe ich mir die Einstellungen, mit denen ein Abzug erstellt wurde (die *Parameter* wie Belichtungszeit, verwendetes Papier usw.), hinten auf dem Abzug notiert. So konnte ich bei Bedarf weitere Abzüge anfertigen.

Im Grunde funktioniert die *parametrische Bildbearbeitung* oder auch Metadaten-Bildbearbeitung ähnlich. Anstatt für die Bearbeitungen eine Derivatdatei wie weiter oben erläutert zu erstellen, werden dabei nur die Einstellungen oder Parameter für die Bearbeitung gespeichert. Mithilfe der Parameter und der Originaldatei kann Lightroom automatisch eine vollständig bearbeitete RGB-Datei erstellen, sei es eine Vorschau für die Verwaltung oder Bilddateien für die Ausgabe (Druck, Web, Diashow usw.).

Die Parameter, die in Lightroom *Entwicklungseinstellungen* genannt werden, gehören zu den Metadaten eines Fotos und können in den Bilddateien gespeichert werden. So gibt es z. B. ein Metadatenfeld **Helligkeit**, mit dem man die Helligkeit der Mitteltöne steuert, oder ein Feld namens **Kontrast**, mit dem der Gesamtkontrast verändert wird (siehe Abbildung 2-38).

Ursprünglich umfassten die Entwicklungseinstellungen vor allem Einstellungen für die Raw-Konvertierung sowie einige grundlegende Bildbearbeitungsfunktionen (Tonwert- und Farbkorrekturen, Freistellen usw.). Mittlerweile kann man mit Lightroom fast alle wichtigen Bildbearbeitungen ausführen, sogar Perspektivkorrekturen, Retuschen, Effekte und vieles mehr. Der Großteil der Entwicklungseinstellungen lässt sich sowohl mit Raw-Fotos als auch mit normalen Bilddateien ausführen.

2.5 Parametrische Bildbearbeitung   43

▲ Abbildung 2-38:
Die Entwicklungseinstellungen werden im Entwickeln-Modul über Regler eingestellt. Es handelt sich um normale XMP-Metadaten, wie der XMP-Ausschnitt rechts beweist.

▲ Abbildung 2-39:
Links ein unbearbeitetes Raw-Foto, rechts dasselbe Foto mit den obigen Entwicklungseinstellungen

2.5.2 Umsetzung der parametrischen Bildbearbeitung in Lightroom

Damit die Fotos in Lightroom immer so angezeigt werden, dass sie ihren Entwicklungseinstellungen entsprechen, aktualisiert das Programm bei jeder Änderung der Einstellungen die Vorschauen (dieselben Vorschauen, die für den Katalog verwendet werden). Dazu muss bei einer einzigen Regler-Änderung die komplette Abfolge der eingestellten Bildbearbeitungen aufs Neue ausgeführt werden.

Des Weiteren müssen die Bearbeitungen immer dann ausgeführt werden, wenn die Fotos ausgegeben werden sollen, also z.B. wenn eine Webgalerie erstellt oder ein Foto ausgedruckt wird. Dies alles läuft aber recht schnell und außerdem vollautomatisch im Hintergrund ab.

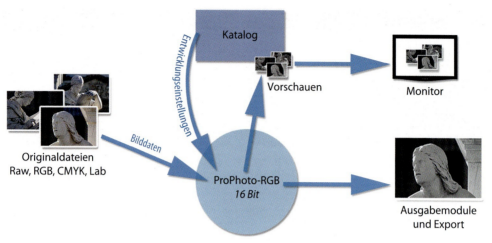

▲ Abbildung 2-40:
Lightrooms Arbeitsweise im Zusammenhang. Lightroom 3 kann neben Raw- und RGB-Dateien auch CMYK- und Lab-Dateien verarbeiten.

Lightroom verwendet für alle Bearbeitungen intern eine Bittiefe von 16 bit und als Farbraum ProPhoto-RGB, also einen sehr großen Farbraum. Genau genommen verwendet Lightroom eine leicht abgewandelte Variante von ProPhoto-RGB, die nach einer Lightroom-Entwicklerin *Melissa-RGB* getauft wurde. Dieser Farbraum speichert die Helligkeiten linear, ProPhoto-RGB kodiert sie hingegen mit einem Gamma von 1,8. Der Farbumfang ist hingegen derselbe.

Wie man in Abbildung 2-40 sieht, ist es ziemlich clever, dass Lightroom Katalogprogramm und parametrische Bildbearbeitung miteinander kombiniert: Die Entwicklungseinstellungen zu den Fotos liegen wie die anderen Metadaten im Katalog vor. Wenn eine Vorschau erstellt werden muss, werden sie und die Original-Bilddatei herangezogen, sodass die Vorschau berechnet werden kann. Die Vorschau wird dann mit der Katalogdatei gespeichert und ermöglicht die Offline-Verwaltung – also die Verwaltung ohne Zugriff auf die Bilddateien.

2.5.3 Möglichkeiten und Einschränkungen des Verfahrens

Die parametrische Bildbearbeitung hat einige Vorteile gegenüber der klassischen Arbeitsweise. Dadurch, dass nur die »Rezepte«, nicht die Ergebnisse der Bildbearbeitung gespeichert werden, kann man beliebig oft nachträgliche Änderungen vornehmen. Andererseits geht nicht verloren, welche Änderungen überhaupt stattgefunden haben. Zerstören oder anderweitig nachteilig beeinflussen kann man die Originale durch die Bearbeitung mit Lightroom ohnehin nicht.

Weiterhin lassen sich verschiedene Versionen eines Fotos (Farbe, S/W usw.) extrem *platzsparend* anfertigen – man legt

▲ Abbildung 2-41:
Mit parametrischer Bildbearbeitung kann man einfach Bildbearbeitungen auf andere Fotos übertragen: Hier wurde die Farbtemperatur innerhalb weniger Sekunden vom Foto oben links auf die übrigen Fotos übertragen.

einfach mehrere Einstellungssätze für dieselbe Bilddatei an. In Lightroom lassen sich verschiedene Versionen z.B. als *virtuelle Kopien* speichern. Ohne parametrische Bildbearbeitung wäre für eine neue Bearbeitungsversion eine neue Bilddatei erforderlich, ein Derivat. Die Entwicklungseinstellungen selbst für viele Varianten belegen aber nur den Bruchteil des Speicherplatzes einer Derivatdatei. Außerdem wird die Verwaltung einfacher.

Ein weiterer Vorteil der parametrischen Bildbearbeitung ist die Möglichkeit, mehrere Fotos gleichzeitig zu bearbeiten oder Einstellungen von einem Foto auf andere Fotos zu *übertragen*. In Lightroom geschieht dies z.B. einfach mittels Kopieren und Einfügen (siehe Abbildung 2-41). Die Arbeit mit mehreren Fotos ändert sich dadurch vollkommen.

Parametrische Bildbearbeitung hat jedoch auch einige Nachteile. Vor allem ist längst nicht alles möglich, was mit traditionell arbeitenden Bildbearbeitungsprogrammen machbar ist. Komplexe Retuschen, Ebenenkonstruktionen, HDR-Fotos, Panoramen und vieles mehr sind mit Entwicklungseinstellungen nicht machbar. Auch wenn sich die Möglichkeiten mit jeder großen Lightroom-Version erweitern, wird es immer Dinge geben, für die man klassische Bildbearbeitungsprogramme benötigt. In diesen Fällen arbeitet man einfach auf die traditionelle

▲ Abbildung 2-42:
Obwohl Lightroom über parametrische Bildbearbeitung arbeitet, werden Sie ab und zu auch Derivate erstellen müssen. Dazu lässt sich z.B. Photoshop direkt aus Lightroom heraus ausrufen.

▲ Abbildung 2-43:
Lightrooms Bearbeitungen sind in der Regel nur in Lightroom zu sehen, wie hier links die Schwarz-Weiß-Umsetzung.

Weise, mit einer neuen Bilddatei (siehe Abbildung 2-42).

Ein weiteres Problem (für das allerdings mit Lightroom 3 eine Lösung gefunden wurde) ergibt sich aus der »Virtualität« der Bearbeitungen, also daraus, dass die Bearbeitungen praktisch nie wirklich vollzogen werden. Dies macht es schwierig, vonseiten des Herstellers Adobe, die hinter den Entwicklungseinstellungen stehenden Algorithmen weiterzuentwickeln. Änderte sich ein Algorithmus, würde sich auch die Anmutung der damit bearbeiteten Fotos leicht ändern. In Lightroom 3 kann man daher die Version der Entwicklungseinstellungen auswählen, die für ein Foto verwendet werden soll (die »Prozessversion«). So bleibt man einerseits rückwärtskompatibel und kann andererseits die neuesten Algorithmen einsetzen.

Schließlich sind die Bearbeitungen überhaupt nur innerhalb von Lightroom sichtbar (siehe Abbildung 2-43). Um sie für alle Programme sichtbar zu machen, müsste man die Fotos exportieren und damit neue Bilddateien erstellen, auf welche die Bildbearbeitungen bereits angewendet sind. Aber genau das will man ja mit der parametrischen Bearbeitung vermeiden. Wenn Sie das DNG-Format für Raw-Fotos verwenden, können Sie diesen Nachteil umgehen; denn in diese lassen sich Vorschauen einbetten, die von vielen Bildverwaltungsprogrammen angezeigt werden können (siehe unten).

Adobe Camera Raw

Adobe Camera Raw ist wie Lightroom ein parametrisch arbeitendes Programm zur Raw-Konvertierung und Bildbearbeitung, allerdings ohne Funktionen zur Bildverwaltung und Ausgabe. Es ist vollständig kompatibel zu Lightroom, d.h., es erzielt mit denselben Entwicklungseinstellungen exakt dieselben Ergebnisse. Entwicklungseinstellungen können zwischen den beiden Programmen ausgetauscht werden, indem man die Metadaten in den Bilddateien speichert. Camera Raw gibt es bereits länger als Lightroom (seit 2002, Lightroom wurde 2007 zum ersten Mal veröffentlicht). Lightroom ist gewissermaßen aus Camera Raw entstanden, mittlerweile werden beide Programme parallel entwickelt.

Camera Raw ist allein nicht lauffähig, sondern wird entweder mit Photoshop oder Bridge verwendet. Mit Photoshop wird es vor allem benutzt, um Raw-Dateien zu bearbeiten und sie danach für die Weiterverarbeitung in Photoshop zu bringen. Dies ist am ehesten vergleichbar mit der Arbeit im Entwickeln-Modul. Mit Bridge wird es benutzt, um z.B. während der Sichtung grundlegende Entwicklungseinstellungen für mehrere Fotos festzulegen und mit den übrigen Metadaten in den Bilddateien zu speichern. Dies kann man mit der Arbeit im Bibliothek-Modul vergleichen.

◄ Abbildung 2-44:
Andere Benutzeroberfläche, aber dieselben Entwicklungseinstellungen: Adobe Camera Raw

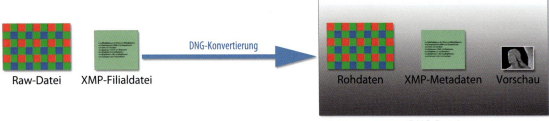

▲ Abbildung 2-45:
Das DNG-Format funktioniert wie ein Container, der die Rohdaten, Metadaten und eine Vorschau mit den angewendeten Entwicklungseinstellungen enthält.

DNG-Vorschauen

Das DNG-Format ermöglicht das Einbetten einer Vorschau, sodass andere Programme die Raw-Datei mit angewendeten Entwicklungseinstellungen anzeigen können. Dies ist sehr nützlich, wenn man neben Lightroom auch mit anderen Programmen an den Fotos arbeitet. Einige Fotografen verwenden z.B. lieber ein separates Katalogprogramm für die Verwaltung. Lightroom selbst benutzt ohnehin nur seine eigenen Vorschauen, die DNG-Vorschauen sind also nur für andere Programme von Vorteil.

DNG ist dabei mehr als ein Raw-Format. Adobe entwickelt das Format im Moment zu einem allgemeinen Bildformat für parametrische Bildbearbeitung weiter. Schon heute kann man neben Raw-Dateien auch RGB-Dateien ins DNG-Format konvertieren, z.B. Kamera-JPEGs, und so auch mit diesen eine Vorschau der angewendeten Entwicklungseinstellungen speichern. Allerdings ist diese Funktion meiner Meinung nach noch nicht ganz ausgereift: Bei konvertierten JPEG-Dateien steigt die Dateigröße stark an, außerdem lassen sich die Dateien nicht zurückkonvertieren.

Die Metadaten, die für parametrische Bildbearbeitung verwendet werden, sind übrigens leider keine Standard-Metadaten wie EXIF oder IPTC. Das gilt nicht nur für Lightrooms Entwicklungseinstellungen, sondern auch für andere Programme, die mit parametrischer Bildbearbeitung arbeiten. Alle verwenden ihre eigenen Parameter und sind daher untereinander nicht kompatibel, sodass man die Bildbearbeitungsrezepte nicht weiterverwenden kann, wenn man zu einem anderen Programm wechselt (eine Ausnahme ist Adobe Camera Raw, siehe Kasten Seite 47).

2.5.4 Das DNG-Format

Das DNG-Format (Digital Negative Format) wurde von Adobe 2004 eingeführt, um einen offenen Standard für die Raw-Formate zu schaffen – eine Antwort auf die zu diesem Zeitpunkt schon zahlreichen proprietären Raw-Formate. Einige Kamerahersteller haben DNG direkt als das von der Kamera verwendete Raw-Format übernommen. Jede andere Raw-Datei lässt sich ins DNG-Format konvertieren. Die Vorteile von DNG liegen vor allem im Bereich der Verwaltung:

- Es lassen sich XMP-Metadaten direkt in die Dateien *einbetten*, anstatt dass man XMP-Filialdateien anlegen muss. Dadurch vereinfacht sich die Verwaltung gegenüber proprietären Raw-Dateien.
- Zusätzlich lassen sich *Vorschauen* in die Dateien einbetten. Andere Programme, die Lightrooms Entwicklungseinstellungen nicht verstehen, können so die DNGs in bearbeitetem Zustand anzeigen.
- Die Rohdaten lassen sich zudem verlustfrei *komprimieren*. Die meisten proprietären Raw-Dateien sind unkomprimiert, sodass sich durch die Umwandlung in DNG einiges an Speicherplatz sparen lässt – bei meiner Canon 5D beispielsweise ca. 20 %.

Der DNG-Standard ist zwar offen im Vergleich zu den proprietären Raw-Formaten der Kamerahersteller, allerdings wird er nicht von einem unabhängigen Konsortium entwickelt wie z. B. der HTML-Standard. Allein Adobe hat bisher die Entscheidungen bezüglich des Formats getroffen. Mittlerweile unterstützen nur wenige Kamerahersteller das DNG-Format direkt (z. B. Pentax und Leica), die großen (Canon, Nikon, Sony) sind nicht darunter.

Proprietäre Raw-Dateien können Sie direkt mit Lightroom an verschiedenen Stellen des Programms ins DNG-Format konvertieren. Dabei bleiben die Rohdaten erhalten. Eine Rückkonvertierung ist in der Regel jedoch nicht möglich (es sei denn, Sie verwenden eine Spezialoption und betten die komplette proprietäre Raw-Datei mit in die DNG-Datei ein).

Wenn die Kamera direkt DNGs ausgibt, gibt es bezüglich der Kompatibilität keine Probleme. DNGs, die durch Konvertierung entstanden sind, werden jedoch von manchen Programmen nicht unterstützt. Dazu zählen die von den Kameraherstellern hergestellten Raw-Konverter wie z. B. Nikon Capture. Das zu Lightroom in Konkurrenz stehende Programm Bibble 5 unterstützt bisher auch keine konvertierten DNG-Dateien, allerdings solche, die direkt aus der Kamera stammen.

Es bleibt abzuwarten, wie sich die Akzeptanz von DNG in den nächsten Jahren entwickelt – und ob sich das Format auch im Hinblick auf die geplante ISO-Zertifizierung langfristig als Standard durchsetzen kann.

2.6 Bildbearbeitungstechniken

2.6.1 Tonwertkorrektur

Eine der wichtigsten Aufgaben in der fotografischen Nachbearbeitung, wenn nicht die wichtigste, ist die Tonwertkorrektur. Noch vor den Farben bestimmen die Tonwerte den Gesamteindruck eines Fotos – ob es flau oder knackig, hell oder dunkel wirkt. Die Tonwertkorrektur ist ein subjektiver Vorgang und eine der großen Künste in der Fotografie. Ich spreche daher anstatt von Korrektur lieber von Tonwertanpassung.

 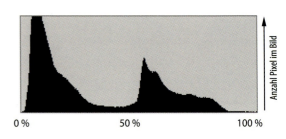

▲ Abbildung 2-46:
Ein Bild mit dazugehörigem Histogramm

Logarithmisches Histogramm

Wie weiter oben erwähnt, verwendet Lightroom für die Bildbearbeitung einen Farbraum, der die Helligkeiten linear speichert. Da das menschliche Auge Helligkeiten ganz anders (logarithmisch) wahrnimmt, wäre die Arbeit mit allen Tonwert-Werkzeugen, also z.B. Histogramm und Gradationskurve, sehr gewöhnungsbedürftig. Lightroom rechnet daher für diese Werkzeuge die RGB-Werte so um, dass sie ungefähr der Wahrnehmung des menschlichen Auges entsprechen. Die Mitte des Histogramms bezieht sich also auf 50 % Helligkeit, so wie sie das Auge wahrnimmt.

▲ Abbildung 2-47:
Das Histogramm und andere Werkzeuge in Lightroom zeigen die Tonwerte so an, wie sie das Auge wahrnimmt.

Histogramm

Das Histogramm ist ein statistisches Werkzeug, das zusammen mit der Tonwertkorrektur verwendet wird. Es zeigt an, wie die Tonwerte in einem Bild verteilt sind. Dazu werden die Pixel mit den Tonwerten von 0 bis 100 % gezählt und in einem Diagramm dargestellt (siehe Abbildung 2-46). Je höher die Erhebung in einem Bereich ist, desto mehr Pixel liegen in diesem Tonwertbereich.

Über das Histogramm kann man auf einen Blick abschätzen, ob ein Foto unter- oder überbelichtet ist (das Foto in Abbildung 2-46 ist z.B. recht dunkel, was man auch am sehr weit links liegenden »Hügel« des Histogramms erkennen kann). Ist links oder rechts im Histogramm noch Platz, bedeutet das, dass nicht der gesamte Tonwertumfang ausgenutzt wird. Dies führt häufig zu einer zu flauen Darstellung.

Wenn es hingegen am linken oder rechten Ende des Histogramms zu »Spitzen« kommt, ist das ein Hinweis auf Tonwertbeschnitt (Clipping). Das heißt, dass viele Pixel im Bild Tonwerte von 0 % oder 100 % haben. Ganze Bildbereiche sind dann schwarz bzw. weiß und weisen keine Details auf, was man im Allgemeinen ebenfalls vermeiden will (normalerweise bewegt sich das Histogramm an den Enden sanft nach unten, wie in Abbildung 2-46).

Alles in allem kann das Histogramm jedoch nur bescheidene Hinweise auf die Beschaffenheit der Tonwerte eines Fotos liefern. Schließlich können Fotos *sehr* unterschiedlich sein: Ein Low-Key-Foto enthält z.B. absichtlich vorwiegend dunkle Tonwerte; allein vom Histogramm ausgehend ist es allerdings einfach unterbelichtet. Das Histogramm kann also nicht ersetzen, dass man seinen Blick schult für das, was mit einem Foto nicht stimmt. Es kann aber sicherlich bei der Schulung dieses Blicks helfen.

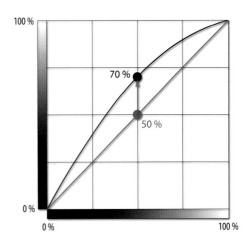

▲ Abbildung 2-48:
Gradationskurven-Beispiel: Die Mitteltöne, d.h. die Bildbereiche mit 50 % Helligkeit, werden hier auf 70 % aufgehellt. Alle anderen Tonwerte werden in Form einer harmonischen Kurve angepasst.

Gradationskurve

Eine Gradationskurve ist ein Steuerungsinstrument, mit dem sich die Tonwerte eines Bildes verändern lassen. Es ist ein absolutes Standardwerkzeug und wird auch in Lightroom für die Tonwertkorrektur verwendet. Dabei gestaltet man die Korrektur »zeichnerisch« über eine Kurve innerhalb eines Diagramms. Die x-Achse im Diagramm repräsentiert die Eingangswerte für die Tonwerte, die y-Achse die Ausgangswerte (siehe Abbildung 2-48).

Die Kurve passt man an, indem man verschiedene Punkte auf ihr »setzt« und verschiebt. Alle gesetzten Punkte werden möglichst harmonisch miteinander verbunden, damit es im Foto von den Tonwerten her keine abrupten Sprünge, nur mehr oder weniger sanfte Übergänge gibt.

Eine Standardprozedur ist die Veränderung der Gesamthelligkeit des Fotos über die Gradationskurve. Dies wird durch Anhebung oder Absenkung der Mitteltöne (die Tonwerte um 50 % herum) erreicht. In der Gradationskurve in Abbildung 2-48 werden z.B. die Mitteltöne auf 70 % angehoben. In der Folge ändert sich das Foto wie in Abbildung 2-49 zu sehen. Wie man erkennt, ändern sich nicht nur die Mitteltöne: Die Prozedur erhöht die Tonwerte überall im Bild, in unterschiedlichem Maße; am stärksten bei den Mitteltönen, am schwächsten bei Lichtern und Schatten.

Die obige Gradationskurve hat weitere Folgen, die gerne übersehen werden: Es wird der Kontrast in den Schatten erhöht (siehe Vordergrund), der in den Lichtern verringert (siehe Himmel). Man spricht

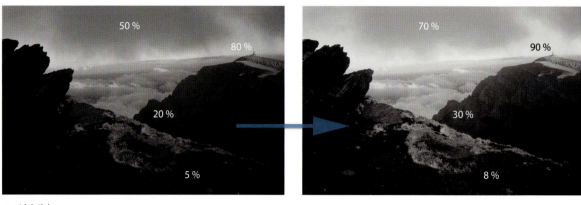

▲ Abbildung 2-49:
Gesamthelligkeit erhöhen

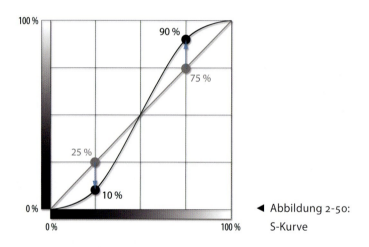

◀ Abbildung 2-50:
S-Kurve

▲ Abbildung 2-51:
Kontrasterhöhung durch die S-Kurve

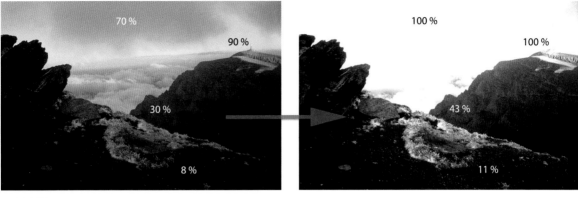

▲ Abbildung 2-52:
Setzen des Weißpunkts; alle Details jenseits davon werden zu reinem Weiß.

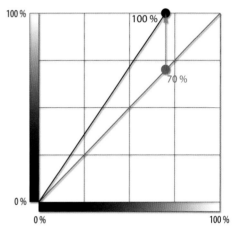

▲ Abbildung 2-53:
Setzen des Weißpunkts

auch vom Spreizen der Tonwerte in den Schatten und vom Komprimieren in den Lichtern. Das kann man auch in der Kurve sehen: Dort, wo die Kurve steiler verläuft als beim linearen Anstieg (45°), steigt der Kontrast an, sodass Details betont werden. Dort, wo sie flacher verläuft, wird der Kontrast abgeschwächt, wodurch die Details in dem Bereich gedämpft werden.

Eine weitere Standard-Gradationskurve ist die S-Kurve wie in Abbildung 2-50. Mit ihr wird der Gesamtkontrast des Bildes erhöht, indem die Lichter und Schatten verändert werden. Die Auswirkungen dieser Kurve zeigt Abbildung 2-51. Gerade hier sieht man, wie sehr die extremen Lichter und Schatten gestaucht (die Kurve ist um 5 % bzw. 95 % herum sehr flach) und die Details in diesen Bereichen abgeschwächt werden.

Eine weitere Standardanpassung ist schließlich das Setzen von Schwarz- oder Weißpunkt. Setzt man einen beliebigen Tonwert auf 0 %, werden alle dunkleren Tonwerte ebenfalls auf 0 % – also reines Schwarz – gesetzt. Dieser Tonwert ist dann der Schwarzpunkt, der Punkt, ab dem alles zu Schwarz wird. Andersherum, wenn ein Tonwert auf 100 % gesetzt wird, werden er und alle helleren Tonwerte auf 100 %, also reines Weiß gesetzt. Dies ist der Weißpunkt, also der Punkt, ab dem alles zu Weiß wird.

In Abbildung 2-53 wurde der Weißpunkt auf 70 % gesetzt. Alle Tonwerte jenseits des Weißpunkts werden auf 100 %

gesetzt und somit zu reinem Weiß (siehe Abbildung 2-52). Diese »Kurve« erhöht ebenfalls den Gesamtkontrast, da sie insgesamt steiler wird, und sie erhöht auch die Gesamthelligkeit des Fotos. Über das Setzen von Schwarz- und Weißpunkt kann man dafür sorgen, dass ein Foto den gesamten Tonwertbereich ausnutzt, falls vor der Korrektur im Histogramm links oder rechts noch Platz war.

Es gibt in Lightroom drei Gradationskurven. Die erste, für die grobe Korrektur, versteckt sich hinter den Tonwert-Reglern in der Grundeinstellungen-Palette im Entwickeln-Modul. Die anderen beiden, für die Feinkorrektur, finden Sie in der Gradationskurve-Palette (für beide Paletten siehe Kapitel 9).

2.6.2 Farbkorrektur

Neben dem RGB-Modell, in dem Bilder auf dem Computer repräsentiert werden, gibt es das HSL-Modell (siehe Kasten), bei dem sich eine Farbe bzw. ein Pixel aus Farbton, Sättigung und Luminanz zusammensetzt. Dieses Modell ist für Menschen wesentlich besser vorstellbar, weshalb es in Lightroom für Farbkorrekturen eingesetzt wird – dabei passt man meist die Sättigung oder den Farbton an. Anpassungen kann man in Lightroom fürs ganze Foto wie in Abbildung 2-55, für einzelne Farbtöne (selektive Farbkorrektur) oder für Lichter und Schatten getrennt vornehmen.

2.6.3 Schärfung

Schärfung ist eine Technik, die aus der Digitalfotografie nicht mehr wegzudenken ist. Wohl fast ausnahmslos jedes Digitalfoto wird geschärft, entweder in der Kamera oder im Raw-Konverter bzw. im Bildbearbeitungsprogramm. Schärfung funktioniert eigentlich über eine Täuschung des Auges, die dadurch erreicht wird, dass der Kontrast an den Kanten erhöht wird (siehe Abbildung 2-57). Sind die Kanten klein genug, stellt sich für das Auge ab einer gewissen Betrachtungsentfernung der Schärfeeindruck ein.

Moderne Schärfung geht in mehreren Schritten vor: Zunächst schärft man nach der Raw-Konvertierung das gesamte Foto, um eine optimale

---

Das HSL-Farbmodell

- **Farbton** (Hue) gibt den »Typ« der Farbe an. Die einzelnen Farbtöne werden in einem Farbkreis (siehe Abbildung 2-54) dargestellt. Rot, Orange, Grün etc., und ihre Zwischenstufen, sind Farbtöne.
- **Sättigung** (Saturation) gibt die Reinheit und Intensität einer Farbe an. Im Farbkreis ist die Sättigung außen am größten. In der Mitte ist die Sättigung 0, hier befinden sich die Graustufen.
- **Luminanz** (Luminance) gibt die Helligkeit einer Farbe an. Die Luminanzachse macht aus dem Farbkreis einen Farbzylinder. Ganz unten ist eine Farbe am dunkelsten, oben am hellsten.

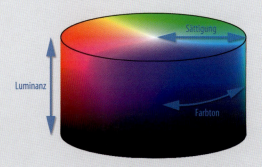

▲ Abbildung 2-54:
Das HSL-Farbmodell

2.6 Bildbearbeitungstechniken 55

▲ Abbildung 2-55:
Über den Dynamik-Regler in Lightroom wird die Sättigung für das gesamte Bild angepasst.

◄ Abbildung 2-56:
Die Schwarz-Weiß-Umsetzung ist eine Art Sonderfall der Farbkorrektur, bei dem alle Farben komplett entsättigt sind.

Grundschärfe herzustellen. Danach kann man bestimmte Bildregionen hervorheben, indem man sie zusätzlich schärft. Bei Porträts werden zum Beispiel häufig die Augen mit zusätzlicher Schärfe versehen. Die Schärfung in diesen beiden Schritten ist ausgabeunabhängig. Für die Ausgabe werden die Bilddaten dann noch einmal geschärft, nachdem sie auf die gewünschte Größe skaliert wurden. Dies macht Lightroom weitgehend automatisch.

2.6.4 Masken

Eine wichtige Technik, die auch von Lightroom ausgiebig eingesetzt wird, ist die Bearbeitung über Masken. Mit einer Maske wendet man einen Bildbearbeitungsschritt auf einzelne Bereiche eines Fotos an. Eine Maske ist so etwas wie »digitales Malerkrepp«. Ähnlich wie

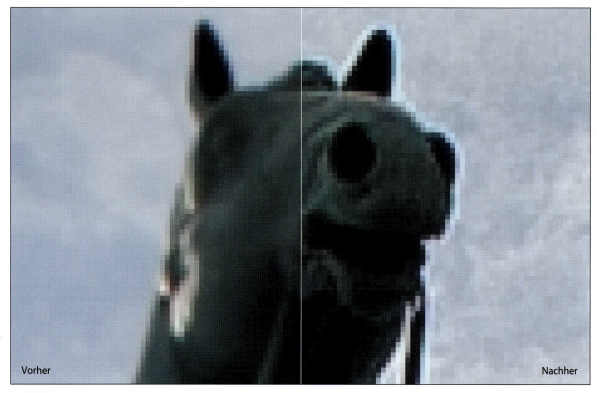

▲ Abbildung 2-57:
Schärfung erfolgt über eine Erhöhung des Kontrasts entlang der Kanten (Hell-Dunkel-Übergänge) des Fotos. Dabei entsteht ein heller bzw. dunkler »Hof« um die Kante herum, der als Halo (»Heiligenschein«) bezeichnet wird – beim rechten Ohr des Pferdes ist dies gut zu sehen. Die Halos sorgen bei normalem Betrachtungsabstand für den Schärfeeindruck, wenn sie die richtige Breite haben. Sind sie zu breit, wirkt das Bild überschärft.

das Klebeband verhindert, dass z. B. die Steckdosen beim Streichen der Tapete mit übermalt werden, sorgen Masken dafür, dass bestimmte Bildbearbeitungen nur auf Teilen des Bildes ausgeführt werden.

Im Unterschied zum Malerkrepp kann eine Maske in der Bildbearbeitung allerdings teildurchlässig sein, also z. B. nur 25 % oder 50 % des Effekts »durchlassen«. So kann man u. a. weiche Übergänge zwischen den maskierten und unmaskierten Bildbereichen herstellen. Masken werden beispielsweise eingesetzt, um nur die Schatten eines Fotos aufzuhellen, ohne dass die anderen Bildbereiche davon beeinflusst werden. Oder man kann beispielsweise nur Bildbereiche eines bestimmten Farbtons verändern, wie in Abbildung 2-58.

▲ Abbildung 2-58:
Selektive Farbkorrektur mithilfe einer Maske. Sehr viele Werkzeuge in Lightroom benutzen Masken, meist sind diese allerdings vor dem Benutzer verborgen.

2.7 Der Fotoworkflow

Der Begriff »Workflow« bezeichnet eine Abfolge von Arbeitsabläufen. Man kann den gesamten Fotoworkflow in mehrere grundlegende Phasen einteilen. Hierzu gibt es verschiedene Einteilungen, die folgende besteht aus drei Phasen.

Übertragung und Import beschreibt die kurze Phase, in der man die Fotos von der Speicherkarte auf die Festplatte überträgt und in einen Lightroom-Katalog importiert. Während der Übertragung erfolgen in der Regel auch die Umbenennung der Dateien und die Ablage in Festplattenordner. Diese Phase ist nicht besonders spektakulär, aber sie legt die Grundlage für die weitere Arbeit. Die Arbeitsabläufe in dieser Phase kann man größtenteils automatisieren (siehe Kapitel 4).

Die *Arbeitsphase* dauert meist einige Wochen oder Monate. Während dieser Phase greift man sehr häufig auf die Fotos zu. Zunächst geht es darum, neue Fotos zu sichten. Dabei wird in der Regel die Bewertung eines Fotos festgelegt. Außerdem wird der Ausschuss markiert und später gelöscht.

Weiterhin geht es um die Vergabe von IPTC-Metadaten und Entwicklungseinstellungen. Um hier die Arbeit zu erleichtern, kann man einerseits Metadaten *massenhaft* für viele Fotos auf einmal vergeben. Andererseits kann man über die bereits erfolgten Bewertungen die

▲ Abbildung 2-59:
Man kann die Arbeit mit Digitalfotos in drei Phasen einteilen. Je nach Phase hat man es mit unterschiedlichen Aufgaben zu tun.

besten Fotos herausfiltern und sich auf diese konzentrieren. Die ausführliche Bildbearbeitung einzelner Fotos findet im Entwickeln-Modul und eventuell, wenn Lightroom nicht ausreicht, in Photoshop oder anderen Bildbearbeitungsprogrammen statt.

Auch die Ausgabe erfolgt in den meisten Fällen größtenteils in der Arbeitsphase, entweder über eines der drei Ausgabemodule oder über den Exportieren-Dialog bzw. die Veröffentlichungsdienste. Im Zuge der Ausgabe kann man die Katalogorganisationsmittel in Lightroom nutzen, um Ausgabeaufträge zusammenzustellen oder Bildvarianten zu verwalten. Der Großteil dieses Buches beschäftigt sich mit der Arbeitsphase.

Die *Archivphase* setzt ein, wenn Metadatenvergabe, Bearbeitungen und Ausgabe weitgehend abgeschlossen sind und die Fotos nicht mehr so häufig benötigt werden. Dann ist es auch sinnvoll, Fotos evtl. auf einer anderen Festplatte aufzubewahren, um Platz zu schaffen für neue Fotos und sie auf eine andere Art und Weise zu sichern. Sicherung und Archivierung ist ein Gebiet, bei dem Lightroom Ihnen bisher leider kaum helfen kann. Hier müssen Sie viel allein und mit Unterstützung von Zusatzsoftware machen – außerdem hilft Kapitel 15.

Um die vielen Arbeitsabläufe in der Digitalfotografie zu bewältigen, ist es sinnvoll, einige Grundregeln zu beachten. Zunächst ist es hilfreich, Arbeiten, wo es geht, an den Computer zu delegieren, vor allem wenn bei mehreren Fotos etwas Ähnliches gemacht werden soll (Bilddateien umbenennen, kopieren usw.). Gleichförmige, sich wiederholende Aufgaben erledigt der Computer schnell und zuverlässig. Gerade bei solchen Aufgaben machen Menschen oft Fehler.

Lightroom arbeitet an vielen Stellen hierfür mit *Stapelverarbeitung* – einer Automatisierung, bei der man Einstellungen einmal für mehrere Fotos angibt und dann dem Programm die Arbeit überlässt, z.B. »Gib mir die zehn ausgewählten Fotos im Format 20 × 30 aus«. Stapelverarbeitung findet vor allem bei der Ausgabe statt, wenn z.B. im Web-Modul eine Galerie erstellt und dazu die entsprechenden Fotos ausgegeben werden, aber auch in anderen Bereichen, z.B. bei der Umbenennung von Fotos.

Weiterhin ist es empfehlenswert, einmal getroffene Einstellungen für wiederkehrende Prozesse entweder zu speichern oder – wenn nicht möglich – aufzuschreiben, sodass man sie wiederholen kann, wenn man mit den Einstellungen zufrieden ist. In Lightroom speichert man Einstellungen über *Vorgaben* (wie schon in Kapitel 1.5 erwähnt). Wenn Sie z. B. bestimmte Entwicklungseinstellungen häufiger nutzen, legen Sie eine Entwicklungsvorgabe an. Wenn Sie eine Filtereinstellung häufig verwenden, richten Sie eine Filtervorgabe ein usw.

Es erfordert zwar immer Überwindung, eine Vorgabe für einen Vorgang anzulegen. Die Schwierigkeit ist außerdem, früh zu wissen, für welche Einstellungen man in der Zukunft eine Vorgabe gebrauchen könnte. Dennoch ist die Verwendung von Vorgaben einer der Schlüssel für die komfortable Arbeit mit Lightroom, da sonst die Arbeit durch die vielen Einstellungen schnell aufwändig und nervtötend werden kann. Zudem vermeiden Vorgaben Fehler und inkonsistente Ergebnisse.

Ich bemühe mich beim Erstellen der Vorgaben in der Regel um einen möglichst einfachen Namen – einen, der nicht die eigentlichen Einstellungen wiederholt, sondern den Zweck angibt: Statt »800 × 600, JPEG, sRGB« bei einer Exportvorgabe würde ich also schreiben: »für E-Mail«. So muss ich mir beim Aufrufen keine Gedanken mehr um die Details machen.

Nicht zuletzt sollte man sich auch die Zeit nehmen, die übrigen Einstellungen in Lightroom – Voreinstellungen, Einstellungen der Ansichten, Katalogeinstellungen (siehe Kapitel 1.5) usw. – so zu treffen, dass man gut zurechtkommt.

Kapitel 3:

Im Bibliothek-Modul

Das Bibliothek-Modul ist die Schaltzentrale für die Bildverwaltung in Lightroom. Über die Paletten auf der linken Seite organisieren Sie die Fotos im Katalog. Hier wählen Sie auch aus, mit welchen Fotos Sie im Moment arbeiten wollen – also welche in den Filmstreifen geladen werden. Neben der Organisation geht es bei der Bildverwaltung um die Vergabe und Kontrolle von Metadaten und anderen Attributen. Um diese zu verändern, stehen hauptsächlich die Paletten auf der rechten Seite und die Werkzeugleiste zur Verfügung.

Fotos können Sie im Bibliothek-Modul in verschiedenen Ansichten betrachten. Die Rasteransicht zeigt viele Fotos im Überblick an, die Lupenansicht erlaubt die Betrachtung und Beurteilung eines einzelnen Fotos. Beide Ansichten lassen

▲ Abbildung 3-1:
Das Bibliothek-Modul in der Rasteransicht

◀ Abbildung 3-2:
Den von Lightroom angelegten Start-Katalogordner können Sie auch an eine andere Stelle verschieben.

sich so konfigurieren, dass sie Metadaten und weitere Informationen über Fotos anzeigen. Daneben geht es in diesem Kapitel um Filterung, Sortierung, Schnellsammlung sowie Auswahl und aktives Foto – Standard-Werkzeuge, die Sie für Organisation und Bearbeitung immer wieder benötigen werden.

3.1 Startkatalog und erster Import

Lightroom legt beim ersten Start unbemerkt bereits einen Katalog an, und zwar im Bilder-Ordner innerhalb des Benutzer-Ordners des startenden Benutzers. Sie können den Katalog-Ordner (**Lightroom**, siehe Abbildung 3-2) aber auch an eine andere Stelle verschieben oder einen neuen Katalog erstellen. Katalogfunktionen wie Neuerstellen und Öffnen von Katalogen verstecken sich im Datei-Menü. Mehr dazu finden Sie in Kapitel 5.

Um Fotos zum Katalog hinzuzufügen, rufen Sie den Importieren-Dialog über den Knopf links unten oder über **Datei ▷ Fotos importieren** auf. Wenn Sie Lightroom zum ersten Mal aufrufen, ist der Dialog so voreingestellt, dass er die Fotos in Ihrem Bilder-Ordner zum Katalog hinzufügt, sodass Sie möglichst schnell mit Lightroom arbeiten können.

Nach dem Import können Sie über **Vorheriger Import** in der Katalog-Palette auf Ihre Fotos zugreifen sowie über die Ordner-Palette. Ausführlich um Importieren und Übertragung geht es in Kapitel 4.

3.2 Organisation der Fotos

Über die Paletten Katalog, Ordner und Sammlungen auf der linken Seite des Bibliothek-Moduls organisiert man den Zugriff auf die Fotos im Katalog.

Über die *Katalog-Palette* können Sie auf einige grundlegende Zusammenstellungen zugreifen. Über **Alle Fotos**

Alte Lightroom-Kataloge aktualisieren

Einen mit einer früheren Version als Lightroom 3 erstellten Katalog muss das Programm aktualisieren, bevor es ihn öffnen kann. Dabei wird ein neuer Katalog angelegt, der alte bleibt also erhalten. Sie können diese Gelegenheit nutzen, um den alten Katalog zu archivieren (siehe Kapitel 15). Benutzer von Photoshop Elements können ihre Elements-Kataloge in Lightroom-Kataloge konvertieren über die Funktion **Datei ▷ Photoshop Elements-Katalog aktualisieren** (nur unter Windows). Dabei wird ebenfalls eine Kopie erzeugt.

▲ Abbildung 3-3:
Über die Paletten auf der linken Seite organisiert man den Fotobestand und wählt die Fotos aus, mit denen man im Moment arbeiten möchte.

▲ Abbildung 3-4:
Über die Katalog-Palette haben Sie Zugriff auf grundlegende Zusammenstellungen.

▲ Abbildung 3-5:
Quellenanzeige im Filmstreifen. Die zuletzt besuchten Quellen können Sie über die Vor- und Zurück-Knöpfe auf der linken Seite aufrufen. Sie funktionieren wie die Knöpfe in einem Webbrowser.

◄ Abbildung 3-6:
Über das Aufklappmenü im Filmstreifen hat man Zugriff auf die wichtigsten Quellen; dies ist nützlich, wenn man sich nicht im Bibliothek-Modul befindet.

Importieren-Dialog: Strg+⇧+I (⌘:⌘+⇧+I)
Vorherige/nächste Quelle: Strg+Alt+←/→ (⌘:⌘+⌥+←/→)

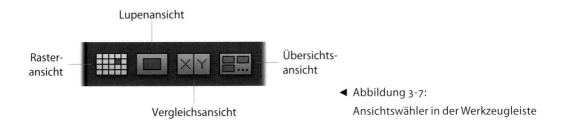

◀ Abbildung 3-7:
Ansichtswähler in der Werkzeugleiste

gelangt man schnell an sämtliche Fotos des Katalogs. **Vorheriger Import** enthält automatisch immer die Fotos des letzten Importvorgangs. Die Fotos in der **Schnellsammlung** können Sie selbst zusammenstellen (siehe Kapitel 3.5). Einige Funktionen in Lightroom fügen weitere Zusammenstellungen zur Palette hinzu (siehe Abbildung 3-4), die Sie über ihr Kontextmenü auch wieder entfernen können.

Über die *Ordner-Palette* kann man auf die Fotos anhand ihrer Ordnerstruktur auf der Festplatte zugreifen. Diese wird in der Regel während des Übertragens der Bilddateien von der Speicherkarte erstellt. Mehr zu den verschiedenen Ordnerstrukturen siehe Kapitel 4.3, mehr zur Ordner-Palette siehe Kapitel 5.2.

In der *Sammlungen-Palette* können Sie im Katalog eine zusätzliche Ordnung aufbauen, alternativ zur Ordnerstruktur im Dateisystem. Dazu können Sie Fotos von Hand zusammenstellen (normale Sammlungen) oder automatisch zusammenstellen lassen (Smart-Sammlungen). Mehr zu Sammlungen siehe Kapitel 7.4.

Die einzelnen Einträge in den Paletten werden in Lightroom Quellen genannt, da über sie auf die Fotos zugegriffen wird, mit denen man arbeitet. Über die Quellen wählt man aus, welche Fotos im Filmstreifen und auch in den Ansichten

im Bibliothek-Modul (und den anderen Modulen) zur Verfügung stehen. Der obere Teil des Filmstreifens zeigt dabei an, welche Quelle im Moment eingestellt ist (siehe Abbildung 3-5).

Auf einige Quellen können Sie auch direkt vom Filmstreifen aus zugreifen, falls Sie sich nicht im Bibliothek-Modul befinden sollten: Hinter der obigen Anzeige verbirgt sich ein Aufklappmenü, über das Sie direkt eine der zuletzt angezeigten Quellen auswählen können. Seit Lightroom 3 können Sie hier auch Favoriten speichern und dann jederzeit über das Menü aufrufen (Abbildung 3-6).

3.3 Die Ansichten

Die vier verschiedenen Ansichten im Bibliothek-Modul stellen den Inhalt einer Quelle unterschiedlich dar. Jede Ansicht hat ihre Stärken bzw. ist für bestimmte Zwecke geeigneter als für andere. Rasteransicht und Lupenansicht sind die wichtigsten, Vergleichs- und Übersichtsansicht sind für speziellere Zwecke vorgesehen. Da die Übersichtsansicht eine Spezialansicht für die Organisation ist, stelle ich sie erst in Kapitel 7.6 vor.

Zwischen den einzelnen Ansichten können Sie über die Werkzeugleiste oder über die Tastaturkürzel wechseln. Die

◀ Abbildung 3-8:
Das Bibliothek-Modul mit der Rasteransicht können Sie von allen Modulen aus über das Symbol oben links im Filmstreifen aufrufen.

Tastaturkürzel funktionieren aus allen Modulen heraus, so können Sie immer direkt die gewünschte Ansicht anspringen.

3.3.1 Die Rasteransicht

Die Rasteransicht (siehe Abbildung 3-1 am Anfang dieses Kapitels) ist die Standardansicht im Bibliothek-Modul. Sie zeigt alle Fotos der momentanen Quelle im Miniaturformat in einem Raster an. Da sie damit dieselben Fotos anzeigt wie der Filmstreifen, kann man diesen ausblenden. Die Rasteransicht ist vielfältig einsetzbar. Einige wichtige Aufgaben, die man mit ihr erledigen kann, sind:

- Überblick gewinnen: Man sieht alle Fotos einer Quelle, und dies wesentlich besser als im Filmstreifen.
- Bestimmte Aufgaben vor und nach der Sichtung erledigen: Kennzeichnen von Fotos, Drehen/Spiegeln, Organisieren

- Schnelle Attributierung: Metadaten, Stichwörter und Entwicklungseinstellungen lassen sich sehr schnell vergeben, besonders für mehrere Fotos zugleich.
- Datenintegrität überprüfen: Nach dem Import kann man sehr schnell sehen, ob alle Fotos in Ordnung sind.

Die Miniaturen sind in der Rasteransicht von einem breiten grauen Rahmen umgeben, der an einen Diarahmen erinnert. In Lightroom heißt dieser Rahmen »Zelle«. Es gibt drei verschiedene Zelltypen: a) kompakt ohne Informationen zum Foto, b) kompakt mit Informationen und c) erweitert (siehe Abbildung 3-9). In den erweiterten Zellen lassen sich mehr Informationen anzeigen als in den kompakten, daher nehmen sie mehr Raum ein. Die Taste J schaltet zum jeweils nächsten Zelltypen weiter.

Innerhalb der Rasteransicht können Sie mit den Pfeiltasten navigieren. Mit

---

Rasteransicht: G (von engl. »Grid« – Raster)

Lupenansicht: E

Vergleichsansicht: C (von engl. »Compare« – Vergleichen)

Nächster Zelltyp: J

Miniaturen größer / kleiner: #/-

Seiten »blättern«: Bild_oben, Bild_unten, Pos1, Ende

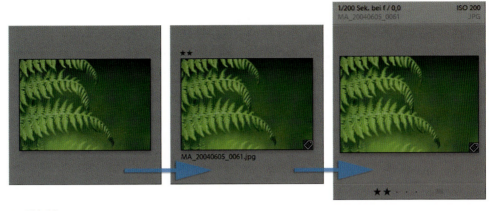

▲ Abbildung 3-9:
Kompakte Zellen (ohne und mit Informationen) und erweiterte Zelle

dem Mausrad können Sie nach oben oder unten »scrollen«; über die Bildtasten blättern Sie eine ganze Seite nach oben oder unten. Die Miniaturengröße lässt sich über den Miniaturen-Regler in der Werkzeugleiste (der evtl. erst hinzugeschaltet werden muss) einstellen.

3.3.2 Die Lupenansicht

Die Rasteransicht zeigt alle Fotos einer Quelle an, die Lupenansicht hingegen nur ein einziges. Mit ihr können Sie ein Foto vollständig oder nur einen vergrößerten Ausschnitt desselben anzeigen. Für längere Arbeiten in dieser Ansicht empfiehlt es sich, den Filmstreifen einzublenden, um zu sehen »wo« innerhalb der Quelle man sich befindet, oder um andere Fotos auszuwählen. Sie können aber auch ohne Filmstreifen mit den Pfeiltasten zum nächsten oder vorherigen Foto wechseln.

Ein Foto kann in mehreren Vergrößerungsstufen angezeigt werden. Es gibt dazu vier Standardstufen, die Sie besonders leicht aufrufen können – ganzes Bild

Tipp

Um in der Lupenansicht schnell zwischen mehreren Fotos umzuschalten, halten Sie eine der Pfeiltasten gedrückt. Das Programm wechselt dann zu den vorherigen oder nächsten Fotos sehr schnell mit deutlich verpixelter Anzeige, bis Sie die Taste wieder loslassen.

Spiegelbildmodus

Die meisten Menschen kennen ihr eigenes Bild am besten aus der seitenverkehrten Darstellung des Spiegels. Im Bibliothek-Modul gibt es daher einen Spiegelbildmodus, der speziell für die Porträt- und Hochzeitsfotografie entworfen wurde. Wenn das Modell beim Sichten der Fotos anwesend ist, können Sie den Modus aktivieren (Ansicht ▷ Spiegelbildmodus aktivieren), um alle Fotos spiegelverkehrt darzustellen und so dem Modell die Beurteilung zu erleichtern. Die Fotos selbst werden hierbei nicht gespiegelt, nur die Anzeige. Der Modus funktioniert in allen vier Ansichten.

▲ Abbildung 3-10:
Die Lupenansicht zeigt immer nur ein Foto an.

einpassen (**Einpas.**), Vorschaubereich ausfüllen (**Ausfül.**), Originalgröße (**1:1**) und die letzte Stufe, die von 1:4 bis 11:1 frei einstellbar ist. Diese vier Vergrößerungsstufen lassen sich direkt über die Navigator-Palette erreichen.

Mit dem Zoom-Regler in der Werkzeugleiste lässt sich die Vergrößerung auch in kleineren Stufen anpassen, also sozusagen stufenlos, von Einpassen bis 11:1.

Manchmal will man einfach nur kurz in ein Foto hinein- und hinauszoomen, um z.B. schnell die Schärfe zu prüfen – bei mir ist das vor allem während der Sichtung der Fall. Mit einem Mausklick auf die Arbeitsfläche zoomen Sie ins Foto hinein, ein weiterer Mausklick zoomt wieder hinaus. Wenn es ganz schnell gehen soll, können

Nächste/vorherige Standardstufe: [Strg] (⌘: [⌘])+[#]/[−]

In kleinen Stufen vergrößern/verkleinern: [Strg]+[Alt] (⌘: [⌘]+[⌥])+[#]/[−]

Hinein-/Hinauszoomen: [Z] oder [ ]

Ausschnitt verschieben: [Bild oben], [Bild unten], [Pos1], [Ende]

▲ Abbildung 3-11:
Navigator-Palette: Das Rechteck markiert den aktuellen Ausschnitt. Oben rechts können Sie eine der vier Standardvergrößerungen auswählen.

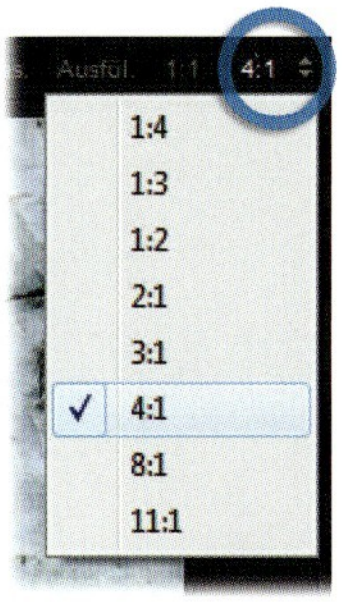

▲ Abbildung 3-12:
Die letzte der vier Standardstufen lässt sich anpassen. Vergrößerungen von mehr als 2:1 sind im Bibliothek-Modul meiner Meinung nach entbehrlich; sie sind eher im Entwickeln-Modul sinnvoll, wo es die Lupenansicht auch gibt.

Sie einfach die Maustaste gedrückt halten und dann loslassen, um herauszuzoomen.

Beim Hinein-/Hinauszoomen richten sich die Vergrößerungsstufen übrigens danach, welche der Standardstufen Sie zuletzt in der Navigator-Palette angeklickt haben: Beim Einzoomen wird entweder die 1:1- oder die benutzerdefinierte Vergrößerung eingestellt, beim Auszoomen **Einpas.** oder **Ausfül.**; wenn Lightroom also z.B. auf 4:1 vergrößert statt wie gewünscht auf 1:1, klicken Sie zunächst auf **1:1** in der Navigator-Palette.

Bei einer Vergrößerung größer als **Einpas.** können Sie bei gedrückter Maustaste den Ausschnitt mit der Maus hin und her bewegen. Sie können auch direkt in der Navigator-Palette auf den gewünschten Bildbereich klicken oder die Tastaturkürzel verwenden. Mit den Kürzeln können Sie ein Foto systematisch von links oben bis rechts unten untersuchen.

Zwischen Raster- und Lupenansicht hin- und herschalten

Raster- und Lupenansicht ergänzen sich. So können Sie schnell zwischen den beiden hin- und herschalten:

- Ein Doppelklick auf eine Miniatur in der Rasteransicht öffnet das Foto in der Lupenansicht; ein weiterer Doppelklick auf die Arbeitsfläche wechselt zurück zur Rasteransicht.
- ⓩ können Sie auch direkt von der Rasteransicht aus verwenden, um in die Lupenansicht zu wechseln und gleichzeitig in ein Foto hineinzuzoomen. Ein weiterer Druck auf ⓩ springt wieder zurück zur Rasteransicht.
- ⏎ rotiert bei mehrmaligem Drücken zwischen der Rasteransicht und den beiden fürs Hinein- und Hinauszoomen eingestellten Vergrößerungsstufen (siehe oben) in der Lupenansicht.

▲ Abbildung 3-14:
Das Schloss ist geöffnet, somit lässt sich der Ausschnitt der beiden Ansichten voneinander unabhängig einstellen. Über den Synchronisieren-Knopf lassen sich die Ausschnitte »von Hand« angleichen.

▲ Abbildung 3-13:
Mit der Vergleichsansicht können Sie zwei ähnliche Fotos gegenüberstellen.

3.3.3 Die Vergleichsansicht

Die Vergleichsansicht ist im Grunde eine zweigeteilte Lupenansicht, mit der Sie zwei verschiedene Fotos nebeneinander, auch vergrößert, betrachten können. Was die Arbeitsweise betrifft, gilt praktisch alles, was für die Lupenansicht gilt, auch für die Vergleichsansicht (auch die Tastaturkürzel) – nur dass Sie es mit zwei Fotos und auch zwei Ansichten tun haben.

Sie müssen also zunächst auf die linke oder rechte Arbeitsfläche klicken (auf die Arbeitsfläche, nicht aufs Foto selbst), um sie zu »aktivieren«. Dann können Sie z.B. ein anderes Foto für die Ansicht aus dem Filmstreifen wählen oder den Ausschnitt verändern. Wenn Sie sich noch in der Rasteransicht befinden und in die Vergleichsansicht wechseln wollen, ist es am

---

Schloss kurzzeitig ein/aus: ⇧

Rasteransicht auf Sekundäranzeige: ⇧+G

Lupenansicht auf Sekundäranzeige: ⇧+E

Vergleichsansicht auf Sekundäranzeige: ⇧+C

Nächster Zelltyp für Rasteransicht: J

◄ Abbildung 3-15:
Die Sekundäranzeige verfügt über dieselben Ansichten wie die Hauptanzeige im Bibliothek-Modul.)

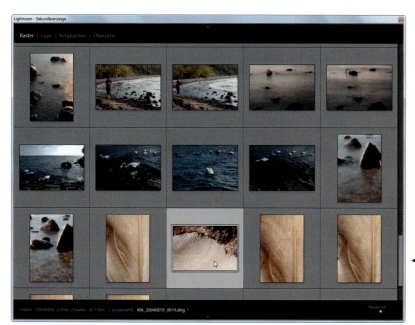

◄ Abbildung 3-16:
Die Sekundäranzeige als »großer Filmstreifen« (Rasteransicht). Unten links wird die Quelle angezeigt.

einfachsten, vorher die beiden Fotos auszuwählen, die Sie vergleichen wollen.

Vergrößerung und Ausschnitt können entweder einzeln oder gemeinsam angepasst werden. Ist das Schlosssymbol in der Werkzeugleiste geschlossen, werden immer beide Teile der Ansicht gemeinsam verstellt. So kann man zwei Fotos genau vergleichen, z.B. in Bezug auf Schärfe in verschiedenen Bildbereichen.

Die Vergleichsansicht enthält in der Werkzeugleiste noch weitere Knöpfe, um aus mehr als zwei Fotos systematisch das beste herauszusuchen. Dies ist eine vor allem für die Sichtungsphase nützliche Funktion. Ich erläutere sie daher in Kapitel 6.3.2.

3.3.4 Ansichten auf der Sekundäranzeige

Wenn Sie über einen zweiten Monitor verfügen, können Sie alle Ansichten des Bibliothek-Moduls darauf anzeigen. Raster- und Lupenansicht sind für die Sekundäranzeige besonders interessant. Wenn Sie hier die *Rasteransicht* einstellen, können Sie auf der Hauptanzeige auf den oft störenden Filmstreifen verzichten, sodass Sie sich mit der Lupenansicht oder im Entwickeln-Modul voll und ganz auf das zu bearbeitende Foto konzentrieren können.

Die Quelle lässt sich wie im Filmstreifen über ein Aufklappmenü (unten links, siehe Abbildung 3-16) auswählen, sodass

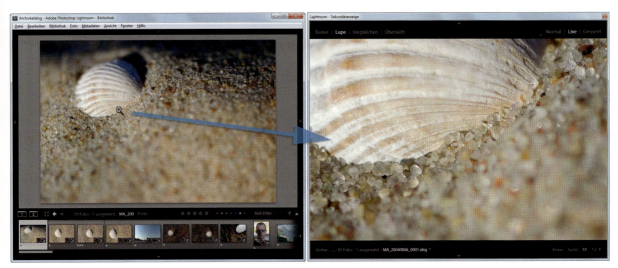

▲ Abbildung 3-17:
Lupenansicht mit Vergrößerung im Live-Modus (als große Lupe)

Sie hierfür nicht ins Bibliothek-Modul wechseln müssen. Unten rechts können Sie über den Miniaturen-Regler die Größe der Miniaturen einstellen.

Die *Lupenansicht* für die Sekundäranzeige bietet zwei zusätzliche Modi, *Gesperrt* und *Live*. Zwischen den drei Modi lässt sich rechts oben im Modulwähler der Sekundäranzeige wählen, solange die Lupenansicht aktiviert ist.

Normalerweise zeigt die Lupenansicht das gerade ausgewählte Foto an. Mithilfe der Sperrfunktion lässt sich ein Foto jedoch auf der sekundären Anzeige festhalten. Auf der Hauptanzeige kann dann ein anderes Foto ausgewählt werden – z.B. ein Foto, das mit dem ersten verglichen werden soll –, ohne dass die sekundäre Anzeige sich ändert. Dazu rufen Sie am besten das Kontextmenü eines Fotos auf und wählen **In zweitem Fenster sperren**.

Im Live-Modus hingegen orientiert sich die Ansicht an der aktuellen Position des Mauszeigers auf der Hauptanzeige. Wechselt der Mauszeiger z.B. von einer Miniatur zur nächsten, wechselt auch das Foto auf der Sekundäranzeige, ohne dass die Miniatur angeklickt werden muss. Nützlich ist der Live-Modus auch, wenn die Hauptanzeige auf Vollbildansicht und die Sekundäranzeige auf 1:1-Ansicht oder größer eingestellt ist. Dann fungiert Letztere als riesige Lupe, die dem Mauszeiger auf der Hauptanzeige folgt.

Mit ⇧+E lässt sich wieder die normale Lupenansicht aktivieren.
Vergrößerungsstufe ändern: Strg+⇧ (⌘: ⌘+⇧)+# bzw. -

◀ Abbildung 3-18:
Sortieren-Element in der Werkzeugleiste; Über das az-Symbol ändern Sie die Richtung der Sortierung.

3.4 Sortierung und Filterung

3.4.1 Sortierung

Die Sortierung bestimmt die Reihenfolge, in der der Filmstreifen und damit auch die Ansichten im Bibliothek-Modul die Fotos anzeigen. Hiermit können Sie einerseits für die nötige Übersicht sorgen, z.B. wenn Sie die Fotos nach Aufnahmezeitpunkt sortieren oder nach Bewertungssternen, sodass die besten Fotos – die mit den meisten Sternen – vorne stehen.

Darüber hinaus ist die Reihenfolge für die Ausgabemodule wichtig. Sie bestimmt direkt die Abfolge der Diashow oder die Anordnung der Fotos auf der Webseite/ Druckseite. Auch die Stapelumbenennung kann die Reihenfolge im Filmstreifen für die Erzeugung von Dateinamen nutzen (siehe Kapitel 4.2.2).

Eine Quelle lässt sich auf zwei verschiedene Arten sortieren: a) automatisch nach einem bestimmten Kriterium, z.B. einem Metadatenfeld (siehe Abbildung 3-18); b) von Hand in freier Reihenfolge (**Benutzerreihenfolge**). Für die automatische Sortierung wählen Sie das gewünschte Kriterium in der Werkzeugleiste oder über das Menü **Ansicht ▷ Sortieren**.

Eine freie Reihenfolge legen Sie einfach über Drag and Drop im Filmstreifen oder in der Rasteransicht fest. Dies funktioniert allerdings nicht bei den automatischen Zusammenstellungen der Katalog-Palette und den Smart-Sammlungen. Weiterhin ist die freie Reihenfolge in Ordnern nur möglich, wenn diese keine

Hinweis
Lightroom merkt sich für jede Quelle die eingestellte Sortierung. Das kann verwirren, wenn Sie nach längerer Zeit eine Quelle wählen, die ungewöhnlich sortiert wurde.

▲ Abbildung 3-19:
Der Filmstreifen enthält nur einen Auszug der Filterungskriterien. Für weitere Möglichkeiten müssen Sie auf die Filterleiste zurückgreifen.

Unterordner enthalten oder wenn Sie die Option **Bibliothek ▷ Fotos in Unterordnern anzeigen** ausschalten. Es empfehlen sich also vor allem die Schnellsammlung und die normalen Sammlungen für die Arbeit mit der freien Reihenfolge.

3.4.2 Filterung

Mithilfe der Filterung lässt einstellen, welche Fotos einer Quelle angezeigt werden. Der Filter lässt nur Fotos hindurch, die den eingestellten Kriterien entsprechen. So können Sie z.B. nur Fotos anzeigen, die über eine Mindestbewertung verfügen, alle Fotos eines bestimmten Dateityps oder alle, die ein angegebenes Stichwort enthalten. Ein Filter ist im Gegensatz zu den Smart-Sammlungen (siehe Kapitel 7.5), die ähnlich arbeiten, eine kurzzeitige Angelegenheit. Meist besteht er nur für die Dauer eines Arbeitsablaufs.

Die Kriterien für den Filter können Sie entweder im Filmstreifen (einfache Kriterien) in allen Modulen oder im Bibliothek-Modul in der Rasteransicht (auch komplexe Kriterien) wählen. Die Wahl der Einstellungen geschieht »ad hoc« oder alternativ über Vorgaben, die sich in der Regel schneller auswählen lassen, aber erst eingerichtet werden müssen.

Filtern per Filmstreifen

Über den Filmstreifen können Sie einfache Filter einstellen. Die Filterungskriterien beschränken sich hier auf Flaggenmarkierungen, Bewertungssterne und Farbetiketten. Dabei wählen Sie die entsprechenden Einstellungen mit der Maus. Über den Schalter ganz rechts oder über das Tastaturkürzel schaltet man den Filter ein oder aus.

Zusätzlich können Sie über das Aufklappmenü auf der rechten Seite Filtervorgaben erstellen und aufrufen. Ich habe

---

Filter ein-/ausschalten: Strg+L (⌃: ⌘+L)

Filterleiste ein/aus: \

Filterleiste für die Sekundäranzeige: ⇧+\

Textsuche aufrufen: Strg+F (⌃: ⌘+F)

Suchfeld verlassen (sodass Lightrooms Tastaturkürzel wieder funktionieren): Esc

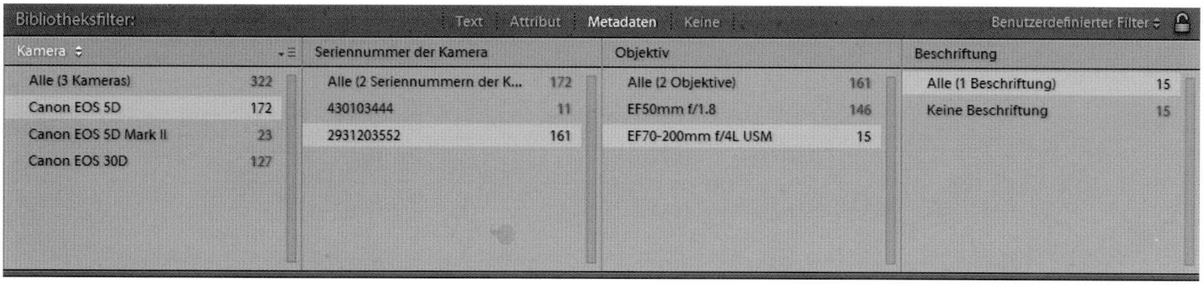

▲ Abbildung 3-20:
Die Filterleiste steht nur in der Rasteransicht zur Verfügung.

▲ Abbildung 3-21:
Die Textsuche ist gut geeignet, um archivierte Fotos zu finden.

mir einige Vorgaben für Filter eingerichtet, die ich regelmäßig verwende (siehe Abbildung 3-25). Einige davon musste ich über die Filterleiste einrichten, aufrufen kann ich sie aber auch über den Filmstreifen.

Filtern per Filterleiste
Wenn Ihnen die Möglichkeiten im Filmstreifen nicht ausreichen, müssen Sie die Filterleiste benutzen. Dies geht nur innerhalb der Rasteransicht.

Die Filterleiste teilt sich in drei Teile: **Text**, **Attribut** und **Metadaten**. Die drei Teile können über die Beschriftungen oben in der Mitte ein- oder ausgeblendet werden. Um mehrere Teile der Leiste auf einmal einzublenden, hält man beim Klicken auf die Beschriftungen ⇧ gedrückt. **Keine** schaltet den Filter aus und blendet die Filterleiste aus.

Die *Textsuche* (siehe Abbildung 3-21) überprüft, ob der oder die angegebenen Begriffe in einem der Metadatenfelder der Fotos vorhanden sind. Sie können mehrere Begriffe auf einmal eingeben. Auch können Sie die Suche auf ein spezielles Metadatenfeld begrenzen. Dies geht über das erste Aufklappmenü links vom Suchfeld. Über das zweite Aufklappmenü geben Sie das Erfolgskriterium für die Suche an:

- **Enthält**: Mindestens einer der Begriffe muss vorkommen, wenn mehrere Begriffe eingegeben wurden (ODER-Verknüpfung).
- **Enthält alles**: Alle Begriffe müssen vorkommen, wenn mehrere Begriffe eingegeben wurden (UND-Verknüpfung).
- **Enthält Wörter**: Schlägt nur an, wenn der Begriff als vollständiges Wort im Foto vorkommt (eine Suche nach »wasser« würde z.B. Fotos mit dem Stichwort »Wasserfall« ausschließen)
- **Enthält nicht / Beginnt mit / Endet mit**

▲ Abbildung 3-22:
Im Attributteil befinden sich die aus dem Filmstreifen bekannten Filterungsoptionen.

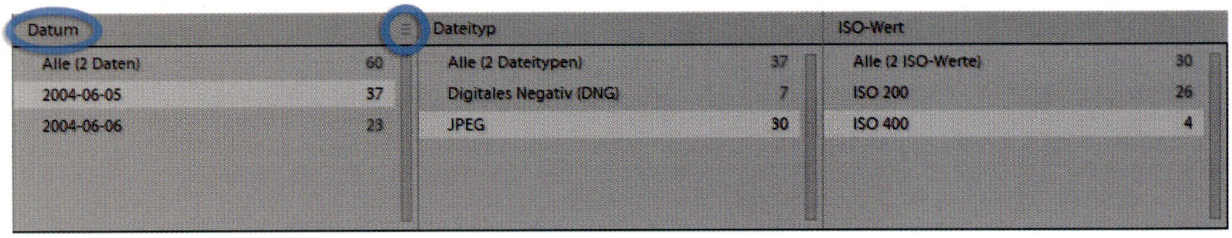

▲ Abbildung 3-23:
Der Metadatenteil lässt sich konfigurieren, was die Anzahl (Markierung Mitte) als auch was den Inhalt der Spalten (Markierung links) betrifft.

Der *Attributteil* (siehe Abbildung 3-22) besteht vor allem aus den auch im Filmstreifen vorhandenen Filterungskriterien: Flaggenmarkierungen, Bewertungssterne, Farbetiketten. Das Attribut **Art** ganz rechts gibt es nur in der Filterleiste. Mithilfe von Art können Sie schnell normale Fotos von virtuellen Kopien oder Videos trennen.

Der *Metadatenteil* der Filterleiste filtert wie die Suche anhand von Metadaten, aber die Funktionsweise ist anders. Man wählt zunächst ein oder mehrere Metadatenfelder aus, und Lightroom zeigt alle Werte an, die bei den Fotos der momentanen Quelle vorkommen. Für das Feld **Dateityp** in Abbildung 3-23 unterscheidet die Filterleiste z.B. DNG- und JPEG-Dateien. Der Metadatenteil ist daher auch geeignet, um zu sehen, wie eine Quelle strukturiert ist: Wie viele 1-, 2- und 3-Sterne-Fotos enthält sie? Haben alle Fotos denselben Dateityp? Das Metadatenfeld wählen Sie über den Titel einer Spalte aus.

Die Filterung erfolgt durch Anklicken eines Eintrags, wobei Sie über ⇧ und Strg mehrere Werte auswählen können. Liegen zwei Spalten nebeneinander, wirkt sich die Wahl in der ersten auf den Inhalt der zweiten (rechts liegenden) Spalte aus. Das obigen Beispiel bedeutet also: »Von den am 05.06. aufgenommenen Fotos zeige die JPEG-Fotos an, die mit ISO 400 aufgenommen wurden.« Sie können insgesamt bis zu acht Metadatenspalten nebeneinanderlegen.

Oben rechts in der Filterleiste lassen sich Vorgaben verwalten und aufrufen. Dies funktioniert wie im Filmstreifen, und die dort gespeicherten Vorgaben können Sie auch hier aufrufen und umgekehrt. In der Filterleiste speichert eine Vorgabe zusätzlich zum eingestellten Filter, welche Spalten im Metadatenteil zu sehen sind. So können Sie schnell eine

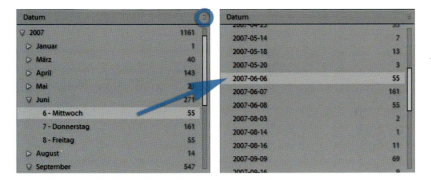

◀ Abbildung 3-24:
Über das Menü im Titel lässt sich teilweise zwischen einer hierarchischen und einer flachen Darstellung der Einträge wählen. Dies funktioniert bei Datum, Stichwörtern und Ortsmetadaten.

▲ Abbildung 3-25:
Die Filterung über Vorgaben geht in der Regel am schnellsten.

▲ Abbildung 3-26:
Über die Filtersperre bleibt der Filter bei Quellenwechsel eingeschaltet.

häufig benötigte Kombination von Spalten aufrufen.

Die Filtersperre

Wenn Sie im Bibliothek-Modul eine neue Quelle aus der linken Palettenspalte wählen, schaltet Lightroom den Filter normalerweise aus. Es merkt sich aber im Hintergrund die Filtereinstellung für jede einzelne Quelle. Wenn Sie den Filter wieder einschalten, sind die für die Quelle zuletzt verwendeten Einstellungen wieder da.

Dieses Verhalten kann lästig sein, wenn man mehrere Quellen nacheinander mit denselben Einstellungen betrachten will, beispielsweise wenn Sie die Fotos mit mindestens drei Bewertungssternen nacheinander in drei Ordnern sehen wollen. Für diese Fälle können Sie das Schloss-Symbol in der Filterleiste schließen oder **Datei ▷ Bibliotheksfilter ▷ Filter sperren** wählen. Daraufhin bleibt der Filter eingeschaltet, und die Kriterien ändern sich nicht, bis Sie das Schloss wieder »öffnen«.

Mit Lightroom 3.2 ist der Menüpunkt **Datei ▷ Bibliotheksfilter ▷ Jeden Filter**

◀ Abbildung 3-27:
Über die Schnellsammlung können Sie Fotos kurzzeitig so zusammenstellen, dass Sie sich voll und ganz auf sie konzentrieren können.

einer Quelle separat merken hinzugekommen. Wenn Sie diese Option zusätzlich zur Filtersperre einschalten, merkt sich Lightroom wie oben für jede Quelle die Filtereinstellungen, lässt den Filter beim Quellenwechsel aber eingeschaltet. Das entspricht übrigens dem Verhalten von Lightroom 2.x.

3.5 Die Schnellsammlung

Die Schnellsammlung ist eine feste Quelle in der Katalog-Palette, deren Inhalt Sie frei aus anderen Quellen zusammenstellen können. Ich benutze sie häufig, um Fotos für die unterschiedlichsten Zwecke zusammenzusuchen, z.B. um Fotos zu vergleichen oder im Entwickeln-Modul zu bearbeiten.

Um Fotos hinzuzufügen, können Sie sie einfach aus einer anderen Quelle per Drag and Drop in die Schnellsammlung ziehen. Schneller geht es vermutlich mit den Tastaturkürzeln. Durch Drücken der Taste B können Sie ein Foto zur Schnellsammlung hinzufügen oder entfernen. Mit Strg+B (⌘+B) wechseln Sie zwischen der Schnellsammlung und der vorherigen Quelle – so können Sie hin- und herschalten, um entweder die Zusammenstellung in der Schnellsammlung zu betrachten oder mehr Fotos aus der anderen Quelle hinzuzufügen.

Wenn Sie lieber mit der Maus arbeiten, können Sie den *Schnellsammlungsmarker* verwenden. Dies ist der kleine ausgefüllte

---

Foto(s) hinzufügen bzw. entfernen: B

Zwischen Schnellsammlung und vorheriger Quelle wechseln: Strg+B (⌘+B)

Schnellsammlung löschen: Strg+⇧+B (⌘+⇧+B)

Schnellsammlung als Sammlung speichern: Strg+Alt+B (⌘+⌥+B)

Alle auswählen: Strg+A (⌘+A)

Auswahl aufheben: Strg+D (⌘+D)

Bereich von Fotos auswählen: ⇧+← u. →

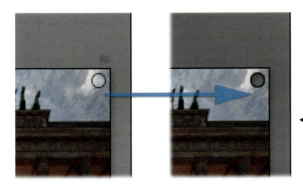

◀ Abbildung 3-28:
Über den Schnellsammlungsmarker fügt man Fotos mit der Maus zur Schnellsammlung hinzu.

oder unausgefüllte Kreis rechts oben in den Miniaturen der Rasteransicht (siehe Abbildung 3-28). Beim Marker handelt es sich um eine Kombination aus Anzeige und Knopf. Ist ein Foto noch kein Bestandteil der Schnellsammlung, kann man die Maus über die Miniatur bewegen, und ein unausgefüllter Kreis erscheint. Per Mausklick auf den Kreis wird das Foto der Schnellsammlung hinzugefügt.

Ist ein Foto bereits Bestandteil der Schnellsammlung, ist der Kreis ausgefüllt und auch zu sehen, wenn die Maus nicht über der Miniatur liegt. So können Sie schnell erkennen, welche Fotos Sie bereits hinzugefügt haben. Ein weiterer Klick auf den Marker entfernt das Foto aus der Schnellsammlung (der Marker ist über die Ansicht-Optionen deaktivierbar, siehe Kapitel 3.8).

Um die Schnellsammlung zu leeren, wählen Sie **Datei** ▷ **Schnellsammlung löschen**. Die Schnellsammlung kann auch in eine normale Sammlung in der Sammlungen-Palette umgewandelt werden, falls Sie sie dauerhaft speichern wollen (**Datei** ▷ **Schnellsammlung speichern**).

3.6 Fotos auswählen und aktives Foto

Um mit Fotos zu arbeiten, z.B. um Metadaten zu verändern, Fotos zu löschen oder sie in eine andere Sammlung zu ziehen, muss man sie in der Regel zunächst über die Rasteransicht oder im Filmstreifen auswählen.

Das Auswählen funktioniert weitgehend wie in anderen Programmen auch. Ein einzelnes Foto wählen Sie beispielsweise per Mausklick aus. Um einen Bereich von Fotos auszuwählen, klicken Sie zunächst das erste Foto an und klicken mit gedrückter ⇧-Taste auf das letzte. Wenn Sie Strg (⌘:⌘) gedrückt halten, können Sie Fotos zur Auswahl hinzufügen oder abziehen. Über **Bearbeiten** ▷ **Alles auswählen** wählen Sie alle derzeit angezeigten Fotos aus, **Auswahl aufheben** entfernt die Auswahl.

Zusätzlich zu diesen Standardtechniken finden Sie im Bearbeiten-Menü eine Vielzahl an Auswahlbefehlen. Dort können Sie Fotos anhand ihrer Bewertungssterne (z.B. alle 2-Sterne-Fotos), Farbetiketten oder Flaggenmarkierungen auswählen. Sie können über das Menü auch eine Auswahl nach diesen Kriterien zu einer

▲ Abbildung 3-29:
Die Miniaturen von ausgewählten Fotos werden in der Rasteransicht und im Filmstreifen hellgrau hervorgehoben. Das aktive erscheint in einem noch helleren Grau.

▲ Abbildung 3-30:
Mit Automatisch synchronisieren können Sie in der Lupenansicht mehrere Fotos gleichzeitig bearbeiten.

Hinweis
Automatisch synchronisieren stammt eigentlich aus dem Entwickeln-Modul. Seit Lightroom 3 gibt es den Modus auch im Bibliothek-Modul.

Aktives Foto weiterschalten: Strg (⌘: ⌘)+← u. →

Automatisch synchronisieren: Strg+Alt+⇧+A (⌘: ⌘+⌥+⇧+A).

Flaggenmarkierungen setzen/entfernen: P, X, U

Bewertungssterne vergeben: 0 ... 5

Farbetiketten setzen/entfernen: 6 ... 9

bestehenden Auswahl hinzufügen (addieren), abziehen (subtrahieren) oder die Schnittmenge zweier Auswahlen bilden. Schließlich können Sie eine Auswahl auch umkehren.

In Lightroom gibt es eine Besonderheit, was das Auswählen der Fotos betrifft. Wenn mehrere Fotos ausgewählt sind, ist eins davon stets »noch mehr« ausgewählt: das sogenannte *aktive* Foto (wenn nur ein Foto ausgewählt ist, ist es automatisch aktiv). Welches Foto aktiv ist, ist für eine Reihe von Funktionen wichtig, z.B. für die Übertragung von Metadaten (das aktive ist dann immer das Quellfoto, die übrigen ausgewählten sind die Zielfotos, siehe Kapitel 6) und die Bildung von Stapeln (das aktive wird oben auf den Stapel gelegt, siehe Kapitel 7.2).

Innerhalb eines Bereichs ausgewählter Fotos können Sie mit den Pfeiltasten navigieren und damit das aktive Foto verändern, ohne dass die Auswahl dabei verloren geht, wenn Sie zusätzlich die Strg-Taste (⌘: ⌘) gedrückt halten. Ähnliches können Sie mit der Maus erreichen: Wenn Sie mehrere Fotos ausgewählt haben und Sie wollen ein anderes davon aktiv machen, ohne dass die Auswahl aufgehoben wird, klicken Sie das Miniaturfoto selbst an. Wenn die Auswahl hingegen aufgehoben werden soll, klicken Sie auf den Rand der Zelle, außerhalb der Miniatur.

In der Rasteransicht kann man grundsätzlich mehrere Fotos bearbeiten – Entwicklungseinstellungen, Stichwörter, Flaggenmarkierungen, Metadaten usw. werden für alle ausgewählten Fotos vergeben. In der Lupenansicht hingegen wird in der Regel nur das aktive Foto berücksichtigt, egal wie viele im Filmstreifen

▲ Abbildung 3-31:
Über die Paletten auf der rechten Seite vergibt man Entwicklungseinstellungen und Metadaten für die ausgewählten Fotos.

ausgewählt sind – es wird also immer nur ein Foto bearbeitet.

Sie können allerdings dieses Verhalten umgehen, indem Sie in der Lupenansicht den Modus **Automatisch Synchronisieren** einschalten. Dies geschieht über den kleinen Schalter im Synchronisieren-Knopf unterhalb der rechten Paletten (siehe Abbildung 3-30) oder über **Metadaten Automatische ▷ Synchronisierung aktivieren**. Solange er eingeschaltet ist, können Sie auch in der Lupenansicht mehrere Fotos gleichzeitig bearbeiten.

3.7 Metadaten und andere Attribute verändern

Die Paletten auf der rechten Seite sind für die Vergabe und die Betrachtung von Metadaten da. Über die *Ad-hoc-Entwicklung-Palette* vergibt man Entwicklungseinstellungen. Man kann mit ihr nicht alle Einstellungen vergeben wie im Entwickeln-Modul, aber für die schnelle Bildbearbeitung reicht sie aus. Über das

Das Sprühdose-Werkzeug

Die Sprühdose ist ein Werkzeug, mit dem Sie in der Rasteransicht Metadaten und andere Attribute vergeben, aber auch z.B. ein Foto der Schnellsammlung zuweisen können. Es funktioniert genau entgegengesetzt zum üblichen Vorgehen: Es werden nicht zuerst die Fotos ausgewählt und dann die Aktion ausgelöst (z.B. Bewertungssterne vergeben usw.); bei der Sprühdose wählt man zuerst die Aktion aus und klickt dann die entsprechenden Fotos an.

Die Sprühdose wird über die Werkzeugleiste eingeschaltet oder über **Metadaten ▷ Malen aktivieren**. Danach wählt man die Aktion über die Werkzeugleiste (siehe Abbildung 3-32), z.B. wählt man »Stichwörter« und trägt daneben das Stichwort ein, das vergeben werden soll.

Nachdem eine Aktion für die Sprühdose ausgewählt wurde, kann man entweder die Miniaturen nacheinander mit der Maus anklicken oder die Maustaste gedrückt halten und ohne abzusetzen »sprühen«.

Mit etwas Übung kann man so recht flüssig mit der Sprühdose arbeiten (übrigens auch mit einem Grafiktablett). Wenn Sie beim Sprühen die falschen Fotos treffen: Einige Aktionen haben eine Radiergummi-Funktion, die das vergebene Attribut wieder entfernt bzw. die Aktion rückgängig macht; dazu klicken Sie die Miniatur nochmals an und halten dabei Alt (⌘: ⌥) gedrückt.

Die Sprühdose kann für manche Aufgaben ungeeignet, für manche wiederum ideal sein, je nach Aufgabe und persönlicher Arbeitsweise. Ich verwende sie gerne mit der Zielsammlung-Aktion, mit der man Fotos zur Schnellsammlung oder zu anderen Sammlungen hinzufügen kann; außerdem für die Vergabe von Metadaten.

Hinweis
Beim Sprühen muss man die Miniaturen, nicht die Ränder der Zellen treffen.

▲ Abbildung 3-32:
Diese Aktionen lassen sich mit der Sprühdose verwenden.

▲ Abbildung 3-33:
Mit der Sprühdose kann man z.B. Stichwörter vergeben, ohne Fotos auszuwählen. Die ersten beiden Fotos wurden bereits mit dem Stichwort versehen, was man am dünnen weißen Rand erkennen kann.

Sprühdose ein/aus: Strg+Alt+K (⌘: ⌘+⌥+K)

Radiergummi-Funktion (während Werkzeug aktiv ist): Alt (⌘: ⌥) gedrückt halten

Sprühdose kurzzeitig einschalten: Alt+⇧ (⌘: ⌥+⇧) gedrückt halten

Radiergummi kurzzeitig einschalten: Strg+Alt+⇧ (⌘: ⌘+⌥+⇧) gedrückt halten

▲ Abbildung 3-34:
Über die Werkzeugleiste können Sie schnell Flaggenmarkierungen, Bewertungssterne und Farbetiketten vergeben sowie Fotos um 90° drehen.

Histogramm darüber kann man vorher die Bilddaten beurteilen.

Über die *Metadaten-Palette* können die meisten Metadaten eines Fotos angezeigt (EXIF-Metadaten) bzw. angezeigt und verändert werden (IPTC-Metadaten). Stichwörter werden dabei über die separaten Paletten *Stichwörter festlegen* und *Stichwortliste* vergeben. Mehr zur Arbeit mit den obigen Paletten siehe Kapitel 6.

Bewertungssterne, Farbetiketten sowie die Flaggenmarkierungen vergeben Sie mit der Maus am einfachsten über die *Werkzeugleiste*, vor allem wenn Sie sich gerade in der Lupenansicht befinden. In der Rasteransicht können Sie die drei Attribute hingegen direkt in den Rasterzellen verändern (siehe unten). Am schnellsten geht die Vergabe jedoch über die Tastaturkürzel.

3.8 Ansichten konfigurieren

In Raster-, Lupen- und Vergleichsansicht und auch im Filmstreifen lassen sich verschiedene Informationen zu den Fotos anzeigen.

3.8.1 Rasteransicht

Über **Ansicht ▷ Ansicht-Optionen** kann man die Zellen der Rasteransicht genau konfigurieren (siehe Abbildung 3-36). Dies erfolgt für die kompakten und die erweiterten Zellen getrennt, sodass Sie die beiden Zelltypen für unterschiedliche Aufgaben einrichten können.

Ich benutze z.B. die kompakten Zellen für die Übersicht. Hier habe ich Bewertungssterne, Dateinamen und Farbetiketten eingestellt. Meine erweiterten Zellen beinhalten vor allem Belichtungs- und ISO-Informationen. Ich benutze sie beim Vergeben von Entwicklungseinstellungen im Bibliothek-Modul (siehe Kapitel 6.4).

Gerade die Rasteransicht ist gut geeignet, um Informationen anzuzeigen. Dadurch, dass man viele Fotos auf einmal darstellen kann, kann man schnell einen Überblick über die Metadaten mehrerer Fotos gewinnen. In den kompakten Zellen lassen sich zwei, bei den erweiterten vier Metadatenfelder anzeigen. Die Metadaten lassen sich wie folgt aufschlüsseln:

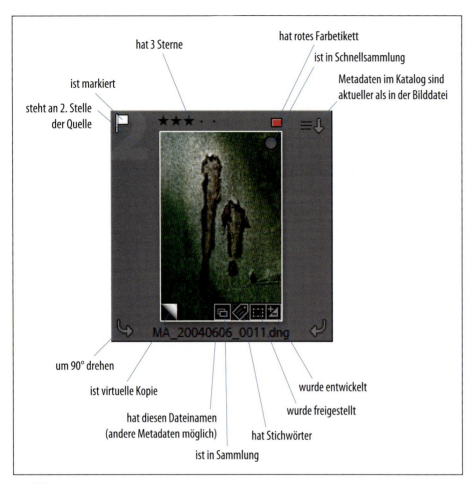

▲ Abbildung 3-35:
Diese Metadaten und Informationen können Sie in der Rasteransicht einblenden.

- Dateieigenschaften (z.B. Dateiname, Ordner, Abmessungen, Dateityp)
- Qualitative Metadaten (Bewertungssterne, Farbetiketten)
- IPTC-Metadaten (z.B. Titel, Aufnahmeort, Fotograf)
- EXIF-Metadaten (z.B. Datum/Uhrzeit, Belichtung und ISO-Wert, Brennweite)

Ansicht-Optionen aufrufen: Strg+J (⌘:⌘+J)

Miniaturkennzeichen ein-/ausblenden: Strg+Alt+⇧+H (⌘:⌘+⌥+⇧+H)

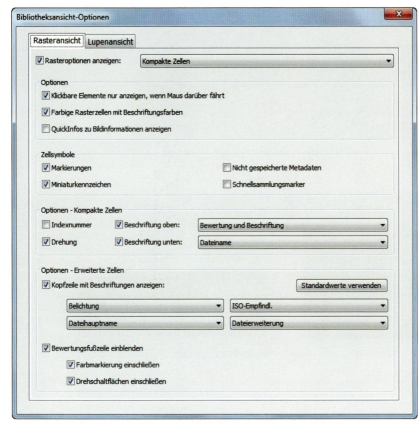

◀ Abbildung 3-36:
Rasteransicht-Optionen. In den kompakten Zellen lassen sich zwei, bei den erweiterten vier Metadatenfelder anzeigen.

Neben den Metadaten lassen sich die folgenden Informationen einblenden (siehe Abbildung 3-36):

- **Markierungen** blendet Flaggenmarkierungen ein oder aus.
- **Miniaturkennzeichen** umfassen verschiedene Informationen über ein Foto, die als kleine Symbole über die Miniatur geblendet werden (enthält es Stichwörter oder Entwicklungseinstellungen; wurde es freigestellt usw.?)
- **Nicht gespeicherte Metadaten** zeigt den Metadatenstatus in Bezug auf die Bilddatei des Fotos an (siehe Kapitel 6.7).
- **Schnellsammlungsmarker** zeigt an, ob ein Foto Bestandteil der Schnellsammlung ist.
- **Indexnummer** zeigt die Position in der Reihenfolge der Quelle an.
- **Farbige Rasterzellen ...** zeigt Farbetiketten zusätzlich als Zellhintergrundfarbe an.

Einige Elemente lösen auch Aktionen aus: **Drehung** zeigt z.B. Drehpfeile an zum schnellen Drehen von Fotos um 90°. Letztlich kann man aber fast alle Informationen in den Rasterzellen mit der Maus anklicken und entweder den Wert manipulieren (z.B. Sternebewertung

▲ Abbildung 3-37:
Metadatenanzeige in der Lupenansicht

▲ Abbildung 3-38:
Eine Filmstreifen-Miniatur mit verschiedenen Informationen und Kennzeichen

▲ Abbildung 3-39:
Die »QuickInfos« zeigen Metadaten im Filmstreifen an, wenn Sie die Maus über eine Miniatur halten.

ändern) oder irgendeine andere Aktion auslösen (klickt man auf das Freigestellt-Miniaturkennzeichen, gelangt man zum Freistellen-Werkzeug im Entwickeln-Modul usw.).

3.8.2 Lupen- und Vergleichsansicht

Auch in der Lupen- oder Vergleichsansicht können Sie Informationen einblenden. Es stehen vor allem Dateieigenschaften und IPTC- und EXIF-Metadaten zur Verfügung. Die Anzeige besteht aus drei Zeilen, die oben links eingeblendet werden (siehe Abbildung 3-37).

Es gibt zwei verschiedene Profile, für die Sie unterschiedliche Metadatenfelder einstellen können, um verschiedenen Aufgaben gerecht zu werden. Konfigurieren lassen sich diese beiden Profile über das Menü **Ansicht** ▷ **Ansicht-Optionen**. Mein

Metadaten ein-/ausblenden: Strg + I (⌘ + I)

Nächstes Profil anzeigen: I

Ansicht-Optionen aufrufen: Strg + J (⌘ + J)

erstes Profil habe ich wie in der Abbildung 3-37 eingestellt. So kann ich vor allem Ordner- und Dateinamen schnell erkennen. Meine zweite Ansicht zeigt Belichtungs- und ISO-Informationen an.

Wenn Sie die Metadaten nicht dauerhaft einblenden wollen, können Sie in den Ansicht-Optionen **Bei Änderungen am Foto kurz anzeigen** wählen. Lightroom blendet dann die Informationen ein paar Sekunden nach dem Umschalten auf ein neues Foto aus.

3.8.3 Filmstreifen

Ähnlich wie in der Rasteransicht lassen sich die Miniaturen im Filmstreifen mit zusätzlichen Informationen versehen, hier stehen aber nur einige wenige zur Verfügung. Welche Informationen angezeigt werden, wählen Sie über das Kontextmenü einer Filmstreifen-Miniatur oder über die Voreinstellungen unter **Oberfläche** aus.

Anstelle der dauerhaften Anzeige können Sie auch die QuickInfos (siehe Abbildung 3-39) einschalten, die nur erscheinen, wenn Sie die Maus über die Filmstreifenminiatur halten. Diese zeigen dieselben Informationen an, die Sie für die Lupenansicht eingestellt haben.

Kapitel 4:

Übertragung und Import

Übertragung und Import von Bilddateien geschehen in Lightroom in erster Linie über den Importieren-Dialog, der in Lightroom 3 komplett neu gestaltet wurde. Hier geht es um zwei Dinge: a) Wie bekommen Sie Ihre Fotos in Lightroom (Import)? b) Wie bekommen Sie Ihre Fotos von der Speicherkarte auf den Computer (Übertragung)? Im Importieren-Dialog sind beide Schritte miteinander verbunden.

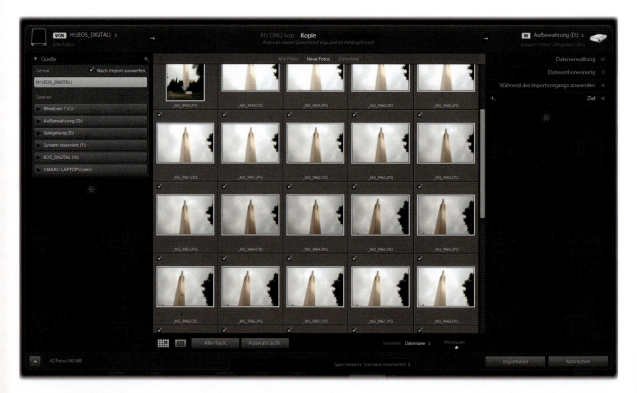

▲ Abbildung 4-1:
Mit dem Importieren-Dialog können Sie Bilddateien übertragen und importieren. Der Dialog ist ähnlich wie der Rest von Lightroom aufgebaut: in der Mitte die Arbeitsfläche, Paletten links und rechts, oben der Moduswähler für den Importmodus.

▲ Abbildung 4-2:
Kompakter Importieren-Dialog

Über den Dialog können Sie bereits Fotos sichten und evtl. vom Import ausschließen und auch bereits die ersten Metadaten vergeben. Im Zuge der Übertragung legen Sie darüber hinaus die grundlegenden Eigenschaften der Bilddateien fest: Dateinamen, Ordnerstruktur und evtl. DNG-Konvertierung.

Über die Kamerafernsteuerung, ebenfalls neu in Lightroom 3, können Sie die Kamera an den Computer anschließen und direkt von dort übertragen und importieren, ohne Umweg über die Speicherkarte.

4.1 Den Importieren-Dialog verwenden

4.1.1 Erweiterter und kompakter Dialog

Der Importieren-Dialog wird über den Importieren-Knopf links unten im Bibliothek-Modul geöffnet. Es gibt ihn in einer kompakten und einer erweiterten (siehe Abbildung 4-1) Version. Über das Dreieck links unten lässt sich der Dialog umschalten.

Nachdem Sie im erweiterten Dialog alles eingestellt haben, können Sie die Einstellungen in einer Importvorgabe

Welche Dateien kann Lightroom importieren?

Lightroom kann importieren:
- Raw-Formate:
  alle gängigen proprietären Raw-Formate + DNG
- Rasterdateien: JPEG, TIFF (8 + 16 bit), PSD (8 + 16 bit), Farbmodelle: RGB, ab Lightroom 3 auch CMYK, Lab- und Graustufen-Dateien
- Videos: MOV, AVI, MP4 mit den gängigsten Codecs

Lightroom kann *nicht* importieren:
- PNG-Dateien
- PDF-Dateien
- PSD-Dateien mit Ebenen, bei denen das Ebenenkompositum fehlt (siehe Kapitel 14.1.3)
- Bilddateien mit einer Bittiefe von 32 bit (HDR-Fotos)
- Bilddateien mit mehr als 65.000 Pixeln Höhe oder Breite oder insgesamt mehr als 512 Megapixeln
- Audiodateien

Diese Dateien werden entweder gar nicht erst im Importieren-Dialog angezeigt oder während des Imports abgewiesen. Lightroom weist dann am Ende darauf hin und gibt eine Liste der Dateien aus.

speichern und von da an in einigen Fällen nur noch den kompakten Importieren-Dialog benutzen. Für Standard-Importvorgänge würde ich mir immer eine Vorgabe anlegen. Ich verwende z.B. eine für den Import von der Speicherkarte.

Auch im kompakten Importieren-Dialog können Sie noch einige Einstellungen ändern. Quelle und Ziel ändern Sie über einen Klick auf die linke bzw. rechte obere Ecke des Dialogs. Bei den Optionen, die Sie nicht ändern können, sehen Sie zumindest in der Mitte des Dialogs die aktuellen Einstellungen. Unten links wird die Anzahl der Fotos angezeigt.

4.1.2 Nur importieren oder auch übertragen?

Oben im Importieren-Dialog legen Sie den Importieren-Modus fest und damit die wichtigste Einstellung. Der einfachste Modus ist **Hinzufügen**: Er importiert lediglich, das heißt, er katalogisiert/referenziert die Fotos, ohne sie zu verschieben oder zu kopieren. Er wird verwendet, um Fotos zu importieren, die schon auf der Festplatte – am richtigen Ort – vorhanden sind. So können Sie beispielsweise Ihren vorhandenen Fotobestand importieren.

Die anderen drei Modi übertragen die Fotos vor dem Import; d.h., sie verschieben oder kopieren die Fotos vor dem Hinzufügen zum Katalog an eine andere Stelle. Sie verfügen daher über zusätzliche Einstellungen auf der rechten Seite, vor allem Zielort, Ordnerstruktur und Dateiumbenennung (siehe Abbildung

4-1). Fotos von Speicherkarten müssen immer zuvor übertragen werden. Die drei Übertragen-Modi:

- **Kopieren** kopiert die Dateien vor dem Import an einen anderen Ort, z.B. von der Speicherkarte auf die Festplatte.
- **Als DNG kopieren** wandelt die kopierten Bilddateien zusätzlich ins DNG-Format um. Wenn Sie Ihre proprietären Raw-Dateien gleich beim Import ins DNG-Format konvertieren wollen, sollten Sie diesen Modus verwenden. Mehr dazu siehe Kapitel 4.4.
- **Verschieben** verschiebt die Dateien (kopiert und löscht die Quelldateien) vor dem Import an eine andere Stelle. Dieser Modus ist einer für Spezialfälle. Er kann nicht mit Speicherkarten verwendet werden.

4.1.3 Quelle (und Ziel)

Um Lightroom zu zeigen, welche Fotos Sie importieren wollen, wählen Sie zunächst eine oder mehrere Quellen über die Quelle-Palette auf der linken Seite aus – die Fotos werden dann zunächst auf der Arbeitsfläche angezeigt, wo Sie sie sichten und eine engere Auswahl treffen können. Sie können über ⌃ (⌘: ⌘) bzw. ⇧ gleichzeitig mehrere Ordner auswählen oder über das Häkchen oben in der Palette alle Unterordner des gewählten Ordners mit einbeziehen.

Vielleicht finden Sie wie ich die Auswahl über die Palette etwas gewöhnungsbedürftig. Dann können Sie die Quelle auch mit dem normalen Betriebssystemdialog

---

Importieren-Dialog: ⌃+⇧+I (⌘: ⌘+⇧+I)

▲ Abbildung 4-3:
Quelle Festplattenordner. Per Doppelklick auf einen Ordner können Sie die angezeigte Ordnerhierarchie übrigens auf die wesentlichen Ordner reduzieren.

▲ Abbildung 4-4:
Quelle Speicherkarte

Hinweis

Wenn Sie eine Speicherkarte anschließen und Lightroom läuft, öffnet sich der Importieren-Dialog vermutlich automatisch. Sie können dieses Verhalten in den Voreinstellungen unter **Allgemein** ▷ **Importoptionen** ein- oder ausschalten.

auswählen. Dazu klicken Sie auf die linke obere Ecke des Importieren-Dialogs und wählen darauf **Andere Quelle…**. Über die Ecke können Sie auch schnell auf die zuletzt verwendeten Ordner zugreifen; das Anlegen von Favoriten ist leider nicht möglich.

Um Fotos zu importieren, die sich auf einem Netzlaufwerk befinden, klicken Sie zunächst auf das +-Symbol rechts neben dem Quelle-Schriftzug und dann auf **Netzlaufwerk hinzufügen**. Nach der Auswahl sollte der Ordner in der Quellen-Spalte auftauchen. Wenn das nicht funktioniert, versuchen Sie zunächst, den Importieren-Dialog zu verlassen und erneut aufzurufen. Erscheint das Laufwerk dann immer noch nicht in der Spalte, können Sie den Ordner auf dem Netzlaufwerk auch über **Andere Quelle…** (siehe oben) auswählen.

Wenn eine Speicherkarte an den Computer angeschlossen ist, erscheint sie in der Quelle-Palette ganz oben unter »Geräte«. Im Gegensatz zur Festplatte können Sie bei der Speicherkarte als Quelle nur die gesamte Karte auswählen, nicht einen einzelnen Ordner. Von mehreren gleichzeitig angeschlossenen Speicherkarten simultan zu importieren, ist mir leider bisher nicht gelungen. Ich nutze immer die Option **Nach Import auswerfen** – sie meldet die Karte nach dem Import automatisch beim Betriebssystem

◀ Abbildung 4-5:
Über die Ziel-Palette rechts wählen Sie den Zielordner für die Übertragung. Bei mir ist das ein Unterordner für neue Fotos innerhalb meines Arbeitsfoto-Ordners.

Übertragungsprogramme

Für die Übertragung von Fotos von der Speicherkarte auf die Festplatte gibt es spezielle Programme. Diese sind in der Regel deutlich flexibler als Lightroom, was z.B. die möglichen Ordnerstrukturen, Namensysteme, Backup-Einstellungen usw. betrifft. Interessant sind aus meiner Sicht die Programme ImageIngester und Downloader Pro. Beide kosten je unter 50 €.

ab, sodass ich sie einfach aus dem Lesegerät ziehen kann.

Für die Übertragen-Modi benötigen Sie zusätzlich zur Quelle ein Ziel: Dieses wählen Sie über die Ziel-Palette auf der rechten Seite aus. Zunächst wählen Sie einen Basisordner über die Ordner-Auswahl. Innerhalb dieses Ordners können Sie dann Unterordner nach Projekt oder automatisch nach Datum anlegen (siehe Kapitel 4.3).

4.1.4 Fotos vor dem Import sichten

Nach der Auswahl der Quelle erscheinen die Fotos zunächst als Miniaturen auf der Arbeitsfläche. Sie können jetzt sofort alle importieren oder zunächst eine weitere Auswahl treffen. Viele Fotografen importieren den Ausschuss nicht gerne in den

Tipp
Über das +-Symbol der Ziel-Palette können Sie einen neuen Ordner erstellen.

Rasteransicht: G

Lupenansicht: E

Foto für Import markieren: P

Foto vom Import ausschließen: X, U

Markierung setzen/löschen: H

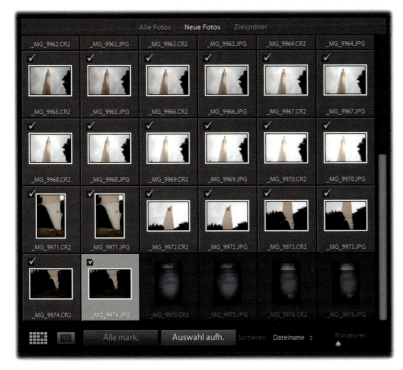

▲ Abbildung 4-6:
Die Rasteransicht im Importieren-Dialog

▲ Abbildung 4-7:
Sie können von jedem einzelnen Foto das Häkchen entfernen und es so vom Import ausschließen.

Katalog. Seit Lightroom 3 können Sie Fotos daher auch im Importieren-Dialog in Vollbild- oder 1:1-Ansicht betrachten, um z.B. die Schärfe zu prüfen und misslungene Fotos so von vornherein auszuschließen.

Die Oberfläche funktioniert dabei ähnlich wie im Bibliothek-Modul. Es gibt eine Raster- und eine Lupenansicht, und auch die dazugehörigen Tastaturkürzel sind größtenteils dieselben. Zwischen den beiden Ansichten können Sie über die Werkzeugleiste umschalten.

In der Rasteransicht können Sie über Strg (⌘: ⌘) und ⇧ auch mehrere Fotos auswählen und für alle gleichzeitig die Importmarkierung setzen oder über die Werkzeugleiste alle markieren bzw. alle Markierungen aufheben. Die Größe der Miniaturen und die Sortierung der Fotos können Sie ebenfalls über die Werkzeugleiste anpassen.

In der Lupenansicht können Sie die Vergrößerungsstufe über den Zoom-Regler wählen oder mit der ▢ zwischen Vollbild- und 1:1-Ansicht hin- und herschalten.

Im Allgemeinen geht die Sichtung im Importieren-Dialog nicht so schnell und komfortabel wie später im Bibliothek-Modul. Wenn Sie ein Problem damit haben, den Ausschuss in den Katalog zu importieren und dann dort evtl. gleich wieder zu löschen, hilft Ihnen

▶ Abbildung 4-8:
Über die Lupenansicht können Sie jedes Foto bis zur Originalgröße (1:1) vergrößern.

vielleicht – wie mir in diesem Fall – die Aufteilung der Fotos in Arbeits- und Archivkatalog (wie in Kapitel 15.4.1 beschrieben). Bei meinem Arbeitskatalog habe ich kein Problem damit, zunächst auch den Ausschuss zu importieren.

4.1.5 Metadaten zuweisen

Über die Palette **Während des Importvorgangs anwenden** können Sie IPTC-Metadaten, Stichwörter und Entwicklungseinstellungen angeben, die dann den Fotos bereits während des Imports zugewiesen werden. Die Einstellungen gelten immer für alle Fotos des Importvorgangs. Dies ist eine sehr effiziente Art und Weise der Metadatenvergabe.

Miniaturengröße ändern: `#` und `-`

Navigation in der Rasteransicht: `Bild oben`, `Bild unten`, `Pos1`, `Ende`

Lupenansicht: Hinein- bzw. Hinauszoomen: `☐`

Lupenansicht: Vergrößerungsstufe ändern: `#` und `-`

Navigation in der Lupenansicht: `Bild oben`, `Bild unten`, `Pos1`, `Ende`

▲ Abbildung 4-9:
Mit dieser Palette auf der rechten Seite im Importieren-Dialog können Sie Fotos während des Imports mit Metadaten versehen.

▲ Abbildung 4-10:
In der Dateiverwaltung-Palette trifft man verschiedene Einstellungen zu Import und Übertragung.

Entwicklungseinstellungen und IPTC-Metadaten geben Sie mithilfe von Vorgaben an (auf die ich ausführlicher in den Kapiteln 6.4 und 6.5 eingehe).

Mit einer Entwicklungsvorgabe können Sie bereits während des Imports die grobe Richtung der Entwicklung vorgeben. Dies kann nützlich sein, wenn Sie verschiedene Kategorien von Fotos machen, z.B. Landschaftsfotos und Porträts, und beide sehr verschieden entwickeln. Wenn Sie Entwicklungseinstellungen bereits während des Imports vergeben, bekommen Sie allerdings die Fotos nicht mehr in ihrem natürlichen Zustand zu Gesicht. Daher sollten Sie für diesen Schritt schon ein wenig Erfahrung mit Lightroom haben (und andernfalls **Keine** wählen und erst später Entwicklungseinstellungen vergeben).

Über eine Metadatenvorgabe können Sie IPTC-Metadaten zum Foto hinzufügen. Da die Metadaten an alle importierten Fotos vergeben werden, eignet sich vor allem eine Vorgabe mit möglichst generellen Metadaten. Informationen zum Fotografen und zum Urheberrechtsstatus bieten sich hier an. Diese Vorgabe können Sie dann immer eingestellt lassen. Sie können aber auch mehrere Vorgaben mit Metadaten für bestimmte Projekte oder Kunden anlegen und bereits hier einstellen.

Weiterhin lassen sich oft ein oder mehrere Stichwörter finden, die auf alle Fotos des Imports zutreffen, beispielsweise der Name des Projekts oder Auftrags, eventuell noch andere Stichwörter, wenn diese auf alle Fotos zutreffen. Diese werden einfach in das große Textfeld eingegeben. Mehrere Stichwörter werden dabei durch Kommata getrennt. Mehr zu Stichwörtern siehe Kapitel 6.6.

4.1.6 Weitere Einstellungen

Über **Vorschau rendern** in der Dateiverwaltung-Palette stellen Sie ein, Vorschauen welcher Größe Lightroom im Anschluss an den Import erzeugen soll. Neben den drei Vorschaugrößen **Minimal**, **Standard** und **1:1** (siehe Kapitel 5.3) gibt es hier noch die Einstellung **Eingebettete und Filialdateien**, mit der Sie die Vorschauanzeige beschleunigen können.

Raw- und JPEG-Workflow

Beim Raw- und JPEG-Workflow speichert die Kamera beide Dateiarten simultan. Die JPEG-Datei kann anschließend sehr schnell beurteilt und verschickt werden, während man die Raw-Datei für die hochwertige Entwicklung und Ausgabe zur Verfügung hat. Diese Arbeitsweise wird vor allem von Journalisten und Berufsfotografen benötigt, bei denen es nach der Aufnahme extrem schnell gehen muss.

Wenn Sie diesen Workflow verwenden, können Sie in Lightroom einstellen, wie das Programm mit den JPEG-Dateien beim Import umgehen soll. Die Raw-Dateien werden ohnehin importiert; um die JPEGs mit zu importieren, müssen Sie in den Voreinstellungen die Option **Allgemein ▷ JPEG-Dateien neben RAW-Dateien als separate Fotos behandeln** aktivieren. Andernfalls bleiben sie außen vor. Wenn Sie so vorgehen, können Sie sich über die Metadaten-Palette oder die Miniaturen in der Rasteransicht anzeigen lassen, ob für ein Foto eine zusätzliche JPEG-Datei vorhanden ist.

Tipp
Es ist üblich und in der Regel auch einfacher, die Speicherkarten in der Kamera zu formatieren, nicht mit dem Betriebssystem.

Hierbei zeigt Lightroom zunächst die von der Kamera in die Raw-Dateien eingebetteten Vorschauen an, bis es seine eigenen Minimalvorschauen erstellt hat. Die Zeitersparnis dadurch ist aber gering.

Ebenfalls in der Dateiverwaltung-Palette befindet sich die Option **Mögliche Duplikate nicht erneut importieren**, die nur in Ausnahmefällen deaktiviert werden sollte: Sie verhindert, dass Fotos mehrfach importiert werden, wenn Sie z.B. versuchen, zweimal hintereinander dieselben Fotos von der Speicherkarte zu importieren. Auch Duplikate von Fotos, die versehentlich doppelt auf mehreren Partitionen oder Festplatten gespeichert wurden, werden so nur einmal importiert.

Zweite Kopie an folgendem Ort anlegen ist eine Backup-Option, die nur für die Übertragen-Modi zur Verfügung steht. Sie legt automatisch eine Kopie aller importierten Bilddateien in einem zweiten Ordner ab. Die in der Ziel-Palette eingestellte Ordnerstruktur wird dabei allerdings nicht berücksichtigt. Stattdessen wird automatisch ein Unterordner für jeden Importvorgang angelegt (ab Lightroom 3.3). Weiterhin sichert die Funktion im Fall einer automatischen DNG-Konvertierung nicht die konvertierten DNGs, sondern die proprietären Raw-Dateien.

Die Funktion ist eher für ein Behelfsbackup geeignet, z.B. wenn Sie kein anderes Backup-Programm installiert haben oder wenn Sie die in den Ordner kopierten Fotos nach dem Import auf optische Datenträger brennen wollen.

Import starten: ⏎

Import abbrechen: Esc

Ein regelmäßiges Backup der Arbeitsdateien ersetzt die Funktion nicht, u.a. da die Integrität der übertragenen Dateien nicht überprüft wird. Ich verwende für die Sicherung daher nach dem Importieren ein Spiegel-Backup mithilfe eines speziellen Backup-Programms (siehe Kapitel 15.3).

4.1.7 Importvorgang starten

Nach dem Start des Importvorgangs beginnt Lightroom, die Fotos im Bibliothek-Modul anzuzeigen. Wenn Sie eingestellt haben, dass es größere Vorschauen erzeugen soll, erstellt das Programm diese nebenher – dieser Prozess dauert in der Regel länger als das Importieren selbst.

Der Import ist gleichzeitig eine Überprüfung der Integrität der Bilddateien. Lightroom macht Sie auf fehlerhafte Bilddateien aufmerksam, soweit es sie erkennt. Darüber hinaus können Sie anhand der Miniaturen erkennen, ob die Fotos von selten auftretenden fehlerhaften Bilddaten betroffen sind – ein Problem, das Lightroom nicht immer erkennen kann – und ob alle Fotos importiert wurden, die Sie importieren wollten. Mehr zum Thema Datenintegrität finden Sie in Kapitel 15.2.1.

Gerade bei der Übertragung von der Speicherkarte ist mir die Überprüfung besonders wichtig, da ich zum ersten Mal sehen kann, ob alle Fotos in Ordnung sind. Ist dies der Fall, fertige ich meine Sicherungen an und formatiere anschließend die Speicherkarten in der Kamera.

Speicherkarte defekt?

Wenn Sie beim Importieren von der Speicherkarte auf fehlerhafte Bilddateien treffen oder den begründeten Verdacht haben, dass auf der Karte Fotos fehlen, ist vielleicht die Speicherkarte defekt. Es ist wichtig, in solchen Fällen nicht in Panik zu geraten und sich evtl. vorher eine bestimmte Vorgehensweise zurechtzulegen, vor allem für den Fall, dass es Sie während des Fotografierens trifft (wenn Sie z.B. mit dem Laptop unterwegs den Fehler bemerken).

Zwei Empfehlungen für solche Fälle:

a) Markieren Sie die Karte, und legen Sie sie beiseite. Wenn Sie ein schlechtes Gefühl haben, ziehen Sie die Karte lieber ganz aus dem Verkehr; vor allem, wenn Sie schnell weiter fotografieren wollen und nicht in Ruhe überlegen können.
b) Erst wenn Sie die Zeit dazu haben und der Rest der Fotos übertragen und gesichert ist, versuchen Sie die Dateien erneut zu lesen, eventuell direkt auf die Festplatte zu kopieren und danach in Lightroom zu importieren; Wenn dies nicht funktioniert, können Sie es mit einem speziellen Programm zur Rettung von Daten von Speicherkarten versuchen. Hier gibt es viele Programme zur Auswahl, die meisten sind allerdings nicht kostenlos.

▲ Abbildung 4-11:
Dateiumbenennung über den Importieren-Dialog

▶ Abbildung 4-12:
Über den Dateinamenvorlagen-Editor wird das Namenschema für die Bilddateien erstellt.

4.2 Namen für Bilddateien

Die Bilddateien aus der Kamera sind in der Regel mit einer vierstelligen Nummer versehen (wie z.B. **DSC_6084.NEF**). Diese Nummer wiederholt sich alle 10.000 Fotos, danach haben Sie keine eindeutigen Dateinamen mehr. Aus diesem Grund empfiehlt es sich, die Dateien während des Imports umzubenennen, sodass die Dateien eindeutig bezeichnet sind. Ich werde im Folgenden zwei Namensysteme vorstellen: Das erste ist für Aufnahmen mit einer, das zweite für Aufnahmen mit mehreren Kameras.

4.2.1 Namenschema über Dateinamenvorlagen erstellen

Lightroom kann Dateien während der Übertragung von Fotos automatisch umbenennen. Hierfür zuständig ist die Palette **Dateiumbenennung** rechts im Importieren-Dialog. In der Palette wählt man eine Dateinamenvorlage, ein Schema, das das zu verwendende Namensystem beschreibt. Sie können Ihre eigenen Vorlagen über den Dateinamenvorlagen-Editor erstellen (siehe Abbildung 4-12).

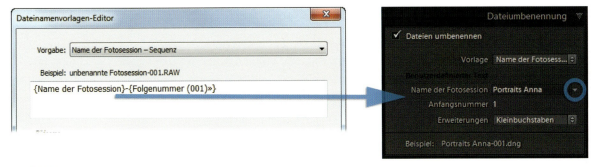

▲ Abbildung 4-13:
In diesem Schema wird das Element Name der Fotosession mit einer laufenden Nummer verbunden. Die Fotosession gibt man direkt in der Palette ein. Lightroom speichert dabei die zuletzt eingegebenen Namen über eine Liste (siehe hervorgehobenes Dreieck).

In der Regel setzen sich Dateinamenvorlagen aus statischen Elementen (die bei jeder Bilddatei gleich sind, z.B. ein Präfix für den Dateinamen) als auch dynamischen (die bei jeder Datei verschieden sein können, z.B. das Aufnahmedatum des Fotos) zusammen. An dynamischen Elementen stehen unter anderem der Originaldateiname, verschiedene Nummern, Datum und Uhrzeit der Aufnahme sowie verschiedene EXIF-Metadaten zur Auswahl. Eine Referenz aller Elemente, die Sie im Dateinamenvorlagen-Editor verwenden können, finden Sie im Anhang.

Wenn Sie die Elemente **Benutzerdefinierter Text** oder – neu in Lightroom 3 – **Name der Fotosession** verwenden, können Sie in der Palette bei jedem Import einen anderen Text eingeben, der dann an der Stelle des Elements in den Dateinamen eingebaut wird – ohne dass Sie hierfür die Vorlage ändern müssen (siehe Abbildung 4-13).

4.2.2 Dateien nach dem Import umbenennen

Die Dateiumbenennung-Palette ist nur in den Übertragen-Modi des Importieren-Dialogs vorhanden, nicht bei direktem Hinzufügen. Sie können Dateien aber auch nach dem Import umbenennen. Dazu wählen Sie mehrere Fotos aus und rufen **Bibliothek ▷ Fotos umbenennen** auf. Der Dialog funktioniert ähnlich wie die Umbenennung im Importieren-Dialog.

Auch wenn Sie theoretisch noch lange nach dem Import umbenennen können, sollten Sie das in der Regel so früh wie möglich tun. Später können sich alle möglichen unangenehmen Probleme ergeben, zum Beispiel falls neue Bilddateien für die Weiterverarbeitung (Derivate) erstellt werden, die einen Teil des Namens der Originaldatei erben. Je früher die Bilddateien über ihren eindeutigen Namen verfügen, desto besser.

Sonderzeichen

Um Dateinamen zwischen allen Betriebs- und Dateisystemen kompatibel zu halten, sollte man ein paar Mindeststandards einhalten, was die verwendeten Zeichen betrifft. Viele Sonderzeichen und auch teilweise Leerzeichen sind nicht mit allen Betriebssystemen kompatibel. Lightroom kann immer, wenn es einen Dateinamen erzeugt, d.h. während des Imports, Exports oder während der Stapelumbenennung, automatisch dafür sorgen, dass diese Mindeststandards eingehalten werden.

In den Voreinstellungen hinter dem Dateiverwaltung-Reiter lässt sich angeben, welche Zeichen Lightroom als unzulässig erkennen und durch welche zulässigen Zeichen es diese ersetzen soll. Ich habe die Regelungen so eingestellt, dass die maximale Anzahl an Sonderzeichen ersetzt wird und auch keine Leerzeichen in Dateinamen vorkommen.

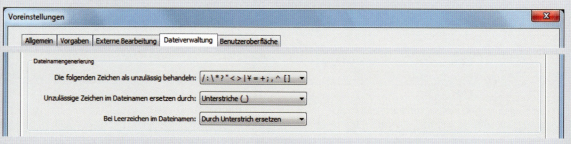

▲ Abbildung 4-14:
Voreinstellungen unter Dateiverwaltung

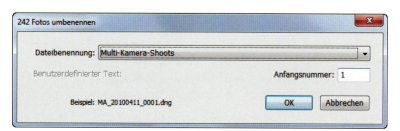

▲ Abbildung 4-15:
Stapelumbenennung nach dem Import

Stapelumbenennung: F2

Sie können übrigens auch einzelne Fotos auswählen und über die Metadaten-Palette umbenennen, indem Sie dort einfach einen neuen Dateinamen eingeben. Nach dem Import sollten Sie Dateinamen nach Möglichkeit nicht mehr von außen (z.B. über den Explorer/Finder) ändern.

4.2.3 Namensystem für Aufnahmen mit einer Kamera

Für die Benennung von Dateien gibt es sicherlich viele Möglichkeiten. Ich will hier eine vorstellen, die ich größtenteils aus Peter Kroghs Buch »Professionelle Bildverwaltung für Fotografen« (siehe Anhang) übernommen habe. Sie sieht so aus wie in Abbildung 4-16 und setzt sich wie folgt zusammen:

Der Dateiname beginnt mit einem persönlichen *Präfix*, in der Regel die Initialen oder der Vor- oder Nachname des Fotografen. Die persönliche Kennzeichnung mag auf den ersten Blick unnötig erscheinen. Doch so lassen sich für andere die eigenen Bilddateien leicht zuordnen. Außerdem kann man auf dem eigenen Computer die eigenen Dateien schnell erkennen. So schickte mir z.B. jemand neulich eine Datei mit dem Namen **20091023_3422.JPG**. Hätte ich dasselbe Namensystem, könnte ich diese Datei leicht mit einer von meinen eigenen verwechseln. Insbesondere wenn man zusammen fotografieren war, kann das aufgrund gleicher Motive verwirren.

Als Nächstes enthält der Dateiname das *Datum der Aufnahme*, das Lightroom aus den EXIF-Daten der Bilddatei entnehmen kann. Das Datum wird in umgekehrter Reihenfolge verwendet (Jahr, Monat, Tag), dadurch werden Bilddateien im Explorer oder Finder richtig sortiert. Es

▲ Abbildung 4-16:
Ein Beispiel für das hier vorgestellte Namensystem. Die Kombination von Datum und Kameranummer macht den Dateinamen eindeutig.

ist auch praktisch, das Aufnahmedatum und dadurch ein wichtiges Metadatum im Dateinamen zu haben, wo man es schnell ablesen kann. So kann man eine Datei auf einen Blick zuordnen.

Das Datum wird mit einem *vierstelligen Zähler* kombiniert, sodass das System theoretisch 10.000 Fotos pro Tag erlaubt. Für Aufnahmen mit einer Kamera kann man einfach die von der Kamera erzeugte Nummer (wie z.B. **DSC_6084.NEF**) weiter verwenden. Dies hat den Vorteil, dass der gesamte Bereich von 0000-9999 ausgenutzt wird, im Gegensatz zu einem Zähler, der bei jedem Import wieder bei 0001 anfängt. Dadurch ist die Nummer zwar vermutlich nicht eindeutig, aber immerhin sehr selten. Sie können z.B. beim Notieren von Fotos sich nur die vierstellige Nummer aufschreiben und finden diese Fotos anhand der Nummer schnell wieder.

In Abbildung 4-17 sehen Sie, wie das Namensystem im Dateinamenvorlagen-Editor zusammengesetzt wird. Das Element Dateinamensuffix bezieht sich auf die Kameranummer, die im Originaldateinamen enthalten ist.

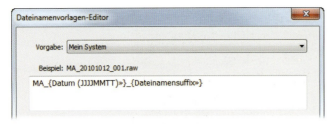

▲ Abbildung 4-17:
Die Dateinamenvorlage für das Namensystem für eine Kamera

4.3 Ordnerstruktur

Wenn Sie den Importieren-Dialog in einem der Übertragen-Modi verwenden, ist neben dem Ziel-Ordner die Struktur der Unterordner von Bedeutung. Die Einstellungen dazu treffen Sie über die Ordnen-Option in der Ziel-Palette. Struktur und Namen der Ordner lassen sich allerdings nicht so flexibel gestalten wie die Dateinamen. Dort können Sie Ihr eigenes Namenschema zusammensetzen – bei den Ordnern lediglich aus einigen vorgegebenen Möglichkeiten wählen:

4.2.4 Namensystem für Aufnahmen mit mehreren Kameras

Wenn Sie mit mehreren Kameras während einer Aufnahmereihe fotografieren, kann es leicht passieren, dass sich die von den Kameras erzeugten Nummern überschneiden. Daher ist es in solchen Fällen meiner Meinung nach besser, von vornherein auf die Verwendung der Kameranummern zu verzichten und stattdessen eine einfache von Lightroom erzeugte Nummerierung von 0001 an zu verwenden. Dafür tauschen Sie das Element **Dateinamensuffix** durch **Folgenummer** im Dateinamenvorlagen-Editor aus. Im Stapelumbenennung-Dialog geben Sie dann die gewünschte Startnummer ein (1 ist Standard, siehe Abbildung 4-15).

Die Vorgehensweise Schritt für Schritt:

1. Alle Speicherkarten des Tages zuerst in Lightroom importieren
2. Fotos ggf. nach Aufnahmezeitpunkt sortieren (siehe Kapitel 3.4.1)
3. Alle Fotos auswählen
4. Stapelumbenennung aufrufen

- Fotos nach Datum ordnen (siehe unten).
- Fotos in einen einzigen Unterordner kopieren; dies ist die Grundlage für mein System der Projektordner, auf das ich weiter unten eingehe.
- Die Ordnerstruktur der Quelle beibehalten (wenn vorhanden). Diese Option ist für Spezialfälle vorgesehen, wenn bereits eine Struktur besteht, diese aber mit Lightroom kopiert oder verschoben werden soll. Sie steht bei der Übertragung von Speicherkarten nicht zur Verfügung.

4.3.1 Automatische Datumsordner

Wenn Sie nach Datum ordnen lassen, legt Lightroom die Ordner automatisch an. Sie brauchen nichts weiter zu tun als im unteren Palettenteil den Basisordner auszuwählen, in dem die Datumsordner erzeugt werden. Unter **Datumsformat** stehen Ihnen vier grundlegenden Strukturen für die Unterordner zur Auswahl (es werden mehr angezeigt, aber dabei handelt es sich zum größten Teil um unterschiedliche Schreibweisen):

▲ Abbildung 4-18:
Ziel-Palette mit Ordnen-Option im Importieren-Dialog

▲ Abbildung 4-19:
Im unteren Teil der Palette können Sie bereits sehen, welche Datumsordner bei der derzeitigen Einstellung angelegt werden. Über die Häkchen können Sie auch einzelne Ordner abwählen und so vom Import ausschließen.

- Jahr/Tag
- Jahr/Monat (seit Lightroom 3)
- Jahr/Monat/Tag
- Tag

Nachdem ich das Datumssystem einige Zeit benutzt habe, vor allem da es vollautomatisch und daher zunächst sehr komfortabel war, bin ich mittlerweile davon abgekommen. Einerseits werden mir die Fotos dadurch zu sehr fragmentiert. Andererseits kann man von den Ordnern nicht auf deren Inhalt schließen. Deshalb bin ich schließlich zu den Projektordnern übergegangen.

4.3.2 Projektordner

Eine beliebte Struktur für die Ordner ist die nach Projekten, Ereignissen oder Aufnahmereihen (»Shoots«). Dabei handelt es sich um thematisch und weitgehend auch chronologisch zusammenhängende Fotos wie z.B. eine Fotoreise oder eine Porträtsitzung. Um Projektordner mit dem Importieren-Dialog zu erzeugen, wählen Sie zunächst **In einen Ordner** über die Ordnen-Option. Im unteren Teil der Ziel-Palette wählen Sie den Basisordner, der stets gleich bleibt. Der Projektordner wird einfach in das Unterordner-Feld eingetragen und dann automatisch erstellt.

Es ist sinnvoll, die Projektordner als chronologische Ordner zu betrachten und vorne das Datum der ersten Aufnahme zu platzieren (in umgekehrter Reihenfolge), z.B. **20050703_Sommerurlaub**. Das Datum im Ordnernamen bezieht sich dann auf das erste, d.h. älteste Foto im Ordner. Eine Aufnahmereihe ergibt dann einen Ordner.

Sie können aber auch weniger ereignisbezogen und mehr projektbezogen organisieren. Nach dem Import kann man die Ordnerstruktur über die Ordner-Palette weiter anpassen (siehe Kapitel 5.2). So kann man zum Beispiel Ordner zusammenlegen oder trennen. In diesem Fall können Sie die Ordnernamen auch

▲ Abbildung 4-20:
Projektordner können Sie auch gut im kompakten Importieren-Dialog anlegen.

▲ Abbildung 4-21:
Ordner-Palette mit Projektordnern

zunächst ohne Datum belassen und später das Datum der Archivierung voranstellen.

Grundsätzlich sind chronologische Ordnerstrukturen klar zu bevorzugen. Bei einer rein thematischen Ordnung wie z.B. `Naturfotos/Tiere/Katzen` können neue Fotos nicht einfach ans Archiv angefügt werden. Dadurch kommt es bei Archivierung und Sicherung zu Problemen, sobald mehrere Festplatten notwendig werden oder auf optischen Datenträgern gesichert wird.

Zudem kann in eine thematische Ordnung ein Foto nur auf eine Weise einsortiert werden, was praktisch nie eindeutig möglich ist. Es ist sinnvoller, die Ordner bestmöglich für Aufbewahrung und Sicherung zu benutzen, während der Katalog und die Metadaten die Fotoverwaltung übernehmen. Da Sie in Lightroom ohnehin zur Benutzung des Katalogs gezwungen sind, wäre eine thematische Ordnerstruktur auch von daher unpraktisch.

4.4 DNG-Konvertierung

Wenn Sie als Importmodus **Als DNG kopieren** wählen, wandelt Lightroom die Bilddateien während der Übertragung ins DNG-Format um, sofern es sich um Raw-Dateien handelt. Die Einstellungen zur DNG-Konvertierung während des Imports werden in den Voreinstellungen unter **Importieren** festgelegt:

- **Kompatibilität:** Hier sollten Sie im Regelfall die Standardeinstellung eingestellt lassen (**Camera Raw 5.4 und höher**). Die niedrigeren Einstellungen sind für Spezialfälle vorgesehen (wenn z.B. ein anderes älteres Programm die DNG-Datei nicht lesen kann), können aber in einigen Fällen die Qualität der Raw-Dateien reduzieren.
- **JPEG-Vorschau:** Hiermit wird eine JPEG-Vorschau in die DNG-Datei eingebettet, sodass andere Programme die DNGs so anzeigen können, wie Lightroom sie bearbeitet hat. Die mittlere Größe reicht bis zu einer bildschirmfüllenden Darstellung, die volle

◄ Abbildung 4-22:
Raw-Dateien können direkt während der Übertragung ins DNG-Format konvertiert werden.

▲ Abbildung 4-23:
Die DNG-Konvertierungsoptionen für den Import

Größe für die Anzeige in Originalgröße (1:1).

- **RAW-Originaldatei einbetten:** Bettet die proprietäre Raw-Datei in die DNG-Datei ein. Diese kann später mit dem Adobe DNG Converter extrahiert werden. Die Dateigröße nimmt dadurch erheblich zu.

Eine JPEG-Vorschau muss für die Benutzung von DNG-Dateien in Lightroom nicht eingebettet werden, da Lightroom seine eigenen Vorschauen erzeugt und zentral verwaltet. Sie ist nur außerhalb von Lightroom sinnvoll. Viele Bildverwaltungsprogramme können die DNG-Vorschauen lesen und so die Fotos im bearbeiteten Zustand anzeigen, ohne dass sie selbst Entwicklungseinstellungen verstehen. Gegebenenfalls muss dazu die Vorschau regelmäßig aktualisiert werden (siehe hierzu Kapitel 6.7).

Leider zeigen nicht alle Programme, die DNG-Dateien lesen können, auch die eingebetteten Vorschauen an – beispielsweise das Vorschau-Programm oder der Finder auf dem Mac. Der Windows Explorer und das Programm Windows-Fotoanzeige sind hingegen dazu in der Lage. Hierzu muss der DNG-Codec von Adobe installiert sein.

Falls Sie die proprietären Raw-Dateien neben den DNG-Dateien behalten wollen, können Sie sie einfach in die DNG-Dateien einbetten, in die sie konvertiert werden. Falls die Originale gebraucht werden sollten, lassen sie sich mit dem Adobe DNG Converter wieder extrahieren. Allerdings werden die DNG-Dateien dadurch erheblich größer, was dazu führt, dass viele Arbeitsschritte, auch in Lightroom, etwas länger dauern.

Als weitere Möglichkeit kann man die proprietären Raw-Dateien während der Übertragung über die Backup-Option in

▲ Abbildung 4-24:
In DNG konvertieren nach dem Import

einen separaten Ordner sichern (siehe Kapitel 4.1.6) und dann beispielsweise auf optische Datenträger brennen. Dadurch wird allerdings der Workflow komplizierter. In jedem Fall benötigen Sie erheblich mehr Speicherplatz, um die proprietären Raw-Dateien aufzubewahren.

Sie können DNGs auch nach dem Import von Lightroom aus erzeugen, z.B. wenn Sie die Kamerafernsteuerung statt des normalen Importieren-Dialogs verwenden. Hierzu wählen Sie die Fotos aus und rufen **Bibliothek ▷ Fotos in DNG konvertieren** auf.

Die Einstellungen sind dieselben wie oben. Zusätzlich haben Sie hier die Möglichkeit, auch normale RGB-Dateien ins DNG-Format umzuwandeln, indem Sie die Option **Nur Raw-Dateien konvertieren** ausschalten. Dies ist eine Spezialanwendung, und für Anfänger ist diese Option keinesfalls empfehlenswert – Sie sollten sich schon länger mit dem Format beschäftigt haben, bevor Sie diesen Schritt gehen.

4.5 Kamerafernsteuerung

Lightroom 3 verfügt mit der Kamerafernsteuerung über eine Funktion zur direkten Verbindung von Kamera und Computer. Einerseits werden dabei die Fotos ohne Umweg über die Speicherkarte direkt auf den Rechner übertragen und in Lightroom importiert. Andererseits lässt sich die Kamera mit Lightroom eingeschränkt fernsteuern – die Funktion erlaubt das Auslösen von Lightroom aus, Funktionen wie Live-View oder die Steuerung der Belichtungseinstellungen unterstützt sie allerdings nicht.

In Lightroom 3.2 wurden nur einige Kameras von Canon, Nikon und Leica unterstützt. Wenn die Fernsteuerung mit Ihrer Kamera nicht funktioniert oder Sie Funktionen wie Live-View benötigen, können Sie eine andere Software für die Fernsteuerung und Übertragung benutzen und den Import in Lightroom über die ältere Auto-Import-Funktion (siehe unten) regeln.

4.5.1 Kameras fernsteuern (Tether-Aufnahme)

Nach dem Anschließen der Kamera rufen Sie **Datei ▷ Tether-Aufnahme ▷ Tether-Aufnahme starten** auf, wo Sie zunächst die wichtigsten Einstellungen treffen (siehe Abbildung 4-26). Unter **Ziel** tragen Sie den Basisordner ein, in den die neuen Fotos übertragen werden. Der **Sitzungsname** wird dabei automatisch als Unterordner verwendet. Weiterhin können Sie im Dialog Metadaten und Stichwörter

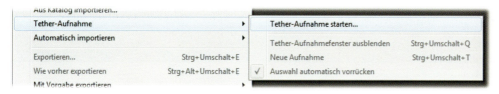

▲ Abbildung 4-25:
Alles zur Kamerafernsteuerung finden Sie im Menü Datei ▷ Tether-Aufnahme.

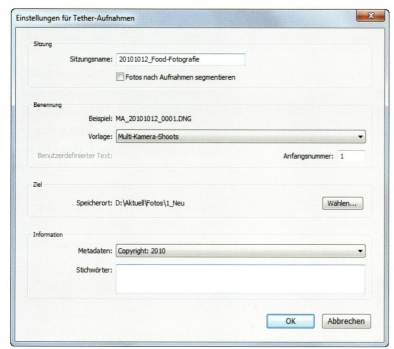

◀ Abbildung 4-26:
Zu Beginn legen Sie Ordner und Dateinamen für die Bilddateien fest, die mit der Kamerafernsteuerung übertragen werden.

vergeben, wie im normalen Importieren-Dialog. Entwicklungsvorgaben hingegen stellen Sie direkt über das Aufnahmefenster ein (siehe unten).

Als Dateinamenschema wird standardmäßig der Sitzungsname mit einer laufenden Nummer kombiniert. Durch das fehlende Datum sind hier jedoch eindeutige Dateinamen nicht unbedingt gewährleistet. Als Alternative bietet sich eines der Namensysteme aus Kapitel 4.2 an, vorzugsweise das zweite System mit der von Lightroom erzeugten Nummerierung, da einige Kameras bei Verwendung der Kamerafernsteuerung keine Dateinamen mit vierstelliger Nummer erzeugen.

Die Kamerafernsteuerung selbst erfolgt über das Aufnahmefenster, wie in Abbildung 4-27 zu sehen. Auf der linken Seite wird der Name der Kamera angezeigt.

▲ Abbildung 4-27:
Über die Kamerafernsteuerung kann man von Lightroom aus fotografieren.

Falls Sie mehrere Kameras angeschlossen haben, können Sie hier die Kamera auswählen. Das Fenster zeigt Blende, Belichtungszeit, ISO-Wert und Weißabgleicheinstellung an, die Einstellungen müssen aber an der Kamera getätigt werden. Auslösen können Sie hingegen auch über den großen Knopf rechts im Aufnahmefenster – wenige Sekunden später erscheint das Foto in Lightroom.

Besonders gut gestaltet ist meiner Meinung nach die Vergabe von Entwicklungseinstellungen. Sie erfolgt direkt im Aufnahmefenster auf der rechten Seite. Dort können Sie eine Entwicklungsvorgabe wählen, die dann auf alle danach importierten Fotos automatisch angewendet wird.

Alternativ zu einer Entwicklungsvorgabe können Sie die Einstellung **Wie vorher** wählen. Mit ihr werden die Entwicklungseinstellungen des zuletzt importierten Fotos vergeben. Dadurch können Sie zunächst ein Testfoto machen und dieses zum Beispiel im Entwickeln-Modul bearbeiten. Danach stellen Sie **Wie vorher** ein und können jetzt einfach fotografieren; alle weiteren Fotos erhalten dann die Einstellungen des Testfotos und erscheinen bereits nahezu perfekt in Lightroom.

Falls Sie eine längere Sitzung mit mehreren verschiedenen Aufnahmereihen planen, können Sie die importierten Fotos mithilfe des Aufnahmefensters gleich in einzelne Unterordner unterteilen lassen. Dazu wählen Sie in den Tether-Einstellungen (über den Zahnrad-Knopf unten rechts im Aufnahmefenster können Sie die Einstellungen nachträglich ändern) **Fotos nach Aufnahmen segmentieren**. Lightroom fragt Sie daraufhin nach dem Namen der ersten Aufnahmereihe und

> **Tipp**
> Die Option Datei ▷ Tether-Aufnahme ▷ **Auswahl automatisch vorrücken** bewirkt, dass immer das zuletzt importierte Foto ausgewählt und somit immer zu sehen ist. Andernfalls können die neuen Fotos irgendwann »aus der Ansicht fallen«.

Ein- und Ausblenden des Aufnahmefensters: Strg+⇧+Q (⌘: ⌘+⇧+Q)
Neue Aufnahmereihe: Strg+⇧+T (⌘: ⌘+⇧+T)

4.5 Kamerafernsteuerung 107

▲ Abbildung 4-28:
Lightroom kann die Sitzungsfotos in Unterordner für einzelne Aufnahmereihen ablegen.

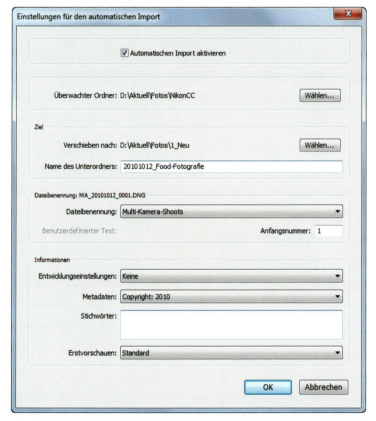

◄ Abbildung 4-29:
Auto-Import-Einstellungen

legt die folgenden Fotos in einen Unterordner mit diesem Namen ab.

Lightroom zeigt den Namen der aktuellen Aufnahmereihe links im Aufnahmefenster an (siehe Abbildung 4-28). Um eine neue Reihe zu beginnen, klicken Sie einfach auf den Namen oder wählen **Datei ▷ Tether-Aufnahme ▷ Neue Aufnahme**. Daraufhin fragt Lightroom Sie nach dem Namen des nächsten Unterordners, in den es alle weiteren Fotos ablegt.

4.5.2 Automatischer Import

Der automatische Import stammt aus Lightroom 1.x. Diese Funktion importiert zwar wie die Kamerafernsteuerung automatisch, ihr fehlt aber die Fernsteuerungsmöglichkeit für die Kamera – hierfür benötigen Sie zusätzliche Software, wie sie meist von den Kameraherstellern angeboten wird (z.B. Nikon Camera Control). Lightroom überwacht dann den Ordner, in den die Software die Bilddateien ablegt, und importiert jedes neue Foto automatisch.

Die Funktion wird zunächst über den Menübefehl **Datei ▷ Automatisch importieren ▷ Einstellungen** konfiguriert (siehe Abbildung 4-29). Danach kann man die Ordnerüberwachung mit **Automatischen Import aktivieren** im selben Menü ein- oder ausschalten. In den Einstellungen legen Sie neben dem zu überwachenden Ordner einen zusätzlichen Ordner fest, in den die neuen Fotos vor dem Import verschoben werden, und den Namen für einen Unterordner (z.B. für die Aufnahmereihe). Wie beim normalen Importieren-Dialog können Sie Entwicklungs- und Metadatenvorgaben sowie Stichwörter festlegen, die den importierten Fotos zugewiesen werden.

4.6 Videos importieren und verwalten

Seit Version 3 können Sie auch Videos in Lightroom importieren. Die Anpassung von Videos über Entwicklungseinstellungen oder gar Videoschnitt sind allerdings nicht möglich. Es geht in erster Linie darum, dass Lightroom auch als Verwaltungslösung für Fotografen dienen soll, die die Videofunktion ihrer Kamera nutzen. Daher kann man zwar die einzelnen Videoclips mit Lightroom organisieren, muss aber für Bearbeitung und Schnitt auf andere Software zurückgreifen.

Was die Verwaltung betrifft, können Sie beinahe alles mit Videos machen, was Sie auch mit Fotos machen können. Sie können dieselben Metadaten vergeben und – bis auf virtuelle Kopien – dieselben Katalogorganisationsmittel verwenden. Ein wesentlicher Nachteil bei der Videoverwaltung ist, dass man im Moment keine Metadaten bei den Videodateien speichern kann. Das ist für die langfristige Verwaltung problematisch (siehe Kapitel 6.7).

4.6 Videos importieren und verwalten 109

▲ Abbildung 4-30:
Videos lassen sich nicht innerhalb von Lightroom abspielen; mit einem Klick auf das Kamera-Symbol wird daher ein externer Videoplayer gestartet. Die Miniatur sucht Lightroom automatisch heraus, sie ist nicht wählbar.

▲ Abbildung 4-31:
Videos lassen sich über die Filterleiste schnell von Fotos trennen.

Tipp
Dateien lassen sich im Importieren-Dialog über die Werkzeugleiste nach Medientyp sortieren. Mithilfe dieser Funktion kann man schnell alle Videos vom Import ausschließen oder nur Videos importieren.

Kapitel 5:

Kataloge und Bilddateien

Kataloge und Bilddateien sind in Lightroom so etwas wie zwei Seiten einer Medaille. Auf der einen Seite können Sie mit Fotos nicht arbeiten, ohne sie in einen Katalog zu importieren. Auf der anderen Seite ist der Katalog eine Repräsentation für die importierten Fotos, mit der Sie auch arbeiten können, ohne auf die Bilddateien selbst Zugriff zu haben.

Zunächst geht es in diesem Kapitel um einfache Funktionen im Zusammenhang mit Katalogen, mögliche Speicherorte für Kataloge und Bilddateien und um die Ordner-Palette, über die Sie auf die Fotos im Katalog anhand ihrer Ordnerstruktur auf der Festplatte zugreifen können.

Dann geht es etwas spezieller um die Vorschauen und wie man sie erstellt. Die Vorschauen benötigen Sie unter anderem für die Offline-Verwaltung, bei der Lightroom keinen Zugriff auf die Bilddateien hat.

Fotos kann man in Lightroom entfernen, dabei werden nur die Daten aus dem Katalog entfernt – die Bilddateien bleiben aber erhalten –, oder löschen, wobei auch die Bilddateien gelöscht werden.

Schließlich geht es um die Arbeit mit mehreren Katalogen. Dabei müssen häufig Daten zwischen Katalogen übertragen werden. Das Kapitel endet mit verschiedenen Benutzungsszenarien für mehrere Kataloge.

5.1 Grundlagen zu Katalogen

Ein Lightroom-Katalog besteht aus der Katalogdatei und einem Ordner mit Vorschaudateien, die beide wiederum in einem Ordner zusammengefasst sind (siehe Abbildung 5-1). Die Katalogdatei mit der Endung **.lrcat** ist der eigentliche Katalog. Auf sie gilt es achtzugeben, da sie alle wichtigen Daten enthält. Der Ordner mit den Vorschaudateien kann hingegen jederzeit neu geschaffen werden, solange Lightroom Zugriff auf die Bilddateien hat.

5.1.1 Katalogfunktionen

Einen neuen Katalog erstellen Sie über **Datei ▷ Neuer Katalog**. Kataloge öffnen Sie über **Datei ▷ Katalog öffnen** oder direkt über **Datei ▷ Letzte Dateien öffnen**. Es kann jedoch immer nur einer gleichzeitig geöffnet sein. Speichern brauchen Sie einen Katalog übrigens niemals, Lightroom schreibt jede Änderung

Katalog öffnen: Strg+O (⌘: ⌘+O)

◀ Abbildung 5-1:
Ein Blick in einen Katalogordner:
rechts der eigentliche Katalog,
links der Ordner mit den Vorschaudateien

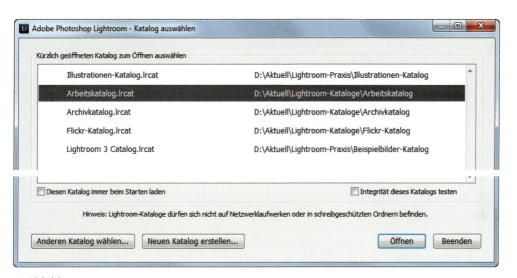

▲ Abbildung 5-2:
Dieser Dialog erscheint bei Drücken der Alt-Taste (⌘: ⌥)
beim Start von Lightroom.

sofort in die Katalogdatei. Auch bei einem Absturz des Programms bleiben normalerweise alle vorhergehenden Änderungen erhalten.

In der Regel wird beim Start von Lightroom der zuletzt verwendete Katalog geöffnet. Sie können aber auch einen anderen einstellen, in den Voreinstellung unter **Allgemein** (**Nach Programmstart folgenden Katalog verwenden**). Um den Katalog beim Programmstart zu wählen, halten Sie beim Starten von Lightroom die Alt-Taste (⌘: ⌥) gedrückt (siehe Abbildung 5-2).

5.1.2 Speicherorte für Kataloge und Bilddateien

Bilddateien können vollkommen unabhängig vom Katalog gespeichert werden. Dadurch ist man flexibler und kann z.B. den Katalogordner, der inklusive Vorschauen deutlich weniger Platz einnimmt

▲ Abbildung 5-3:
Sie können den Katalog auch auswählen, indem Sie einfach die Katalogdatei vom Betriebssystem aus öffnen.

Hinweis
Kataloge dürfen sich nicht auf Netzlaufwerken befinden, ein Mehrbenutzerbetrieb wird von Lightroom nicht unterstützt.

Einstellungen für neue Kataloge übernehmen

Stichworthierarchien (siehe Kapitel 6.6), Sammlungen und Smart-Sammlungen werden in den Katalogen selbst gespeichert. Wenn Sie einen neuen Katalog erstellen, wollen Sie in manchen Fällen vielleicht nicht mit einem komplett leeren Katalog starten, sondern bereits diese Einstellungen zur Verfügung haben. Sie können sie aus einem anderen Katalog übernehmen, indem Sie, um einen neuen Katalog anzulegen, einfach einen alten Katalog duplizieren und alle Fotos aus ihm entfernen.

als die Bilddateien, auf einer internen Festplatte ablegen, die Bilddateien hingegen auf einer externen Festplatte. Auf den Katalog können Sie dann auch zugreifen, wenn die externe Festplatte gerade nicht angeschlossen ist.

Ich stelle im Folgenden meine eigenen Speicherorte vor, um eine von vielen Alternativen zu den Starteinstellungen von Lightroom (Katalog im Bilder-Ordner des Benutzerverzeichnisses) aufzuzeigen.

Ich speichere alle Dokumente im weiteren Sinne, darunter Kataloge und Bilddateien, generell nicht im Benutzer-Verzeichnis auf dem Startlaufwerk (Laufwerk **C:** unter Windows), sondern auf einer separaten internen Festplatte. Dadurch kann ich Betriebssystem und Dokumente separat sichern. Außerdem bringt es Geschwindigkeitsvorteile, wenn z.B. Lightroom-Kataloge nicht auf dem Startlaufwerk liegen (siehe Kasten).

- Meine Arbeitsfotos (d.h. die Bilddateien) liegen in einem Unterordner meines Arbeitsverzeichnisses:
  `D:\Aktuell\Fotos`
- Meine Archivfotos liegen in:
  `D:\Archiv\Fotoarchiv`

Die Unterscheidung von Arbeits- und Archivdateien ist insofern wichtig, als dass man archivierte Dateien evtl. auf einer externen Festplatte speichern möchte. Bei Arbeitsdateien bietet es sich hingegen an, sie auf einer internen Festplatte aufzubewahren, sodass man schnell auf sie zugreifen kann. Letztlich liegen bei mir zwar Arbeits- und Archivdateien auf derselben Festplatte, da mein Fotobestand insgesamt nicht groß ist. Sie sind dennoch über Ordner voneinander

Optimale Geschwindigkeit im Bibliothek-Modul

Die Geschwindigkeit im Bibliothek-Modul hängt vor allem davon ab, wo sich der Katalogordner befindet – wie schnell Lightroom also auf Katalogdatei und Vorschaudateien zugreifen kann.

Die besten Ergebnisse erzielen Sie vermutlich, wenn Sie den Katalogordner auf einem Festkörperlaufwerk (SSD) aufbewahren. Bei Verwendung normaler Festplatten kann man versuchen, Verzögerungen durch die geringe Zugriffszeit zu verringern. Hierzu würde ich nach Möglichkeit den Katalogordner nicht auf das Startlaufwerk, sondern auf eine separate, interne Festplatte legen (separate Festplatten, nicht nur separate Partitionen).

Es kann darüber hinaus Vorteile bringen, auch noch Katalogordner und Bilddateien auf verschiedenen Festplatten zu legen, wenn so viele Festplatten vorhanden sind. Für die Position von Katalogordner und Bilddateien ist mir persönlich aber nicht nur die Geschwindigkeit wichtig. Bei mir spielt die Sicherungsstrategie eine im Zweifelsfall übergeordnete Rolle. Ich bewahre z.B. Arbeitskatalog und Arbeitsfotos auf einer Partition auf, da sie gemeinsam gesichert werden.

Wenn Sie häufig Fotos zu Katalogen hinzufügen und entfernen, können Sie den Katalog von Zeit zu Zeit »optimieren«. Dieser Befehl, erreichbar über **Datei ▷ Katalog optimieren**, macht dasselbe wie das Defragmentieren für die Daten auf einer Festplattenpartition: Es sortiert die Datensätze im Katalog. Mit der Zeit bilden sich durch das Entfernen von Fotos nämlich Lücken, wodurch Lightroom mehr Festplattenzugriffe benötigt, um Daten zu holen. Das Optimieren schließt diese Lücken. Wenn Lightroom auf die Daten von vielen Fotos hintereinander zugreifen muss, wie in der Rasteransicht im Bibliothek-Modul, kann das Optimieren die Arbeit spürbar beschleunigen.

Falls Sie unter Windows arbeiten und Lightroom bei Ihnen ungewöhnlich langsam sein sollte, kann das daran liegen, dass es sich nicht mit einem laufenden Antivirenprogramm verträgt. Die meisten Antivirenprogramme sind in der Lage, bestimmte Ordner von der Überwachung auszuschließen. Dazu empfehlen sich vor allem die Katalogordner (inklusive der Katalogdatei und der Vorschaudateien). Manche Benutzer schließen auch die Ordner mit den Bilddateien aus.

Für die Arbeit in der Lupenansicht ist es abgesehen von diesen Maßnahmen wichtig, dass Sie möglichst vorausschauend Vorschauen anfertigen (siehe unten).

Hinweis
Bei Festkörperlaufwerken (SSDs) ist das Optimieren nicht notwendig und verkürzt ebenso wie das Defragmentieren die Lebensdauer des Laufwerks.

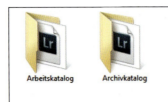

◄ Abbildung 5-4:
Arbeits- und Archivkatalog befinden sich bei mir im Ordner Lightroom-Kataloge meiner Arbeitsdateien.

▲ Abbildung 5-5:
Die Katalogeinstellungen enthalten Informationen und Einstellungen zum geöffneten Katalog.

getrennt, da ich für beide unterschiedliche Sicherungsstrategien verwende (siehe Kapitel 15).

- Meine Kataloge liegen ebenfalls im Arbeitsverzeichnis:
  D:\Aktuell\Lightroom-Kataloge

Ich benutze zwei verschiedene Lightroom-Kataloge, einen für Arbeits- und einen für Archivfotos. Im Arbeitskatalog verwalte ich immer nur die neuesten Fotos, im Archivkatalog alle anderen, d.h. Fotos von 1998 bis zum Datum der jüngsten Archivierung (im Moment Juni 2010, siehe Abbildung 5-4).

Eine andere Möglichkeit wäre, einen gemeinsamen Katalog für alle Fotos zu verwenden. Vor allem für Anfänger ist dies zu empfehlen. In jedem Fall befinden sich die Kataloge (auch der Archivkatalog) bei den Arbeitsdateien.

5.1.3 Katalogeinstellungen

Neben den üblichen »globalen« Voreinstellungen für das Programm Lightroom gibt es auch Einstellungen speziell für die Kataloge. Diese finden Sie unter **Bearbeiten ▷ Katalogeinstellungen** (Windows) bzw. **Lightroom ▷ Katalogeinstellungen** (Mac). Hier finden Sie zunächst (unter **Allgemein**) einige Daten über den Katalog; außerdem können Sie sich die Katalogdatei im Explorer/Finder zeigen lassen. Ich komme im weiteren Buch auf die Einstellungen zurück.

Katalogeinstellungen: Strg+Alt+, (⌘+⌥+,)

Katalogspezifische Vorgaben verwenden

Vorgaben, z.B. Importvorgaben, Filtervorgaben, Entwicklungsvorgaben usw. werden normalerweise global verwaltet, sodass sie für alle Kataloge zur Verfügung stehen. Sie können sie allerdings auch mit den einzelnen Katalogen speichern. Dazu wählen Sie in den Voreinstellungen unter **Vorgaben** die Option **Vorgaben mit Katalog speichern**. Vorgaben, die in einem Katalog angelegt werden, stehen in einem anderen dann allerdings nicht zur Verfügung. Im Normalfall ist die globale Speicherung also die sinnvollere Variante.

In jedem Fall können Sie sich den Vorgabenordner über **Voreinstellungen ▷ Allgemein** anzeigen lassen, um Vorgaben zwischen Katalogen oder Computern auszutauschen.

◀ Abbildung 5-6:
Lokale Vorgaben werden im Katalogordner gesichert.

5.2 Die Ordner-Palette

Die Ordner-Palette auf der linken Seite des Bibliothek-Moduls erlaubt den Zugriff auf die Fotos anhand ihrer Ordnerstruktur auf der Festplatte. Sie ist ein wichtiger Anlaufpunkt, um auf die Fotos im Katalog zuzugreifen, vor allem wenn die Fotos gerade erst importiert sind und weder Metadaten vergeben noch Sammlungen eingerichtet wurden.

5.2.1 Darstellung der Ordnerstruktur

Die Palette stellt die Fotos als Verzeichnisbaum dar, so wie er in den Ordnern auf der Festplatte vorhanden ist. Ein Klick auf einen Ordner zeigt dessen Fotos und die Fotos seiner Unterordner im Filmstreifen/in der Rasteransicht an, sofern die Option **Bibliothek ▷ Fotos aus Unterelementen einschließen** gesetzt ist. Andernfalls

▲ Abbildung 5-7:
Die Ordner-Palette

▲ Abbildung 5-8:
Hier wurden die Laufwerksbalken so konfiguriert, dass sie den freien Speicherplatz und den Gesamtspeicherplatz des jeweiligen Laufwerks anzeigen.

Tipp
Sie können alle Ordner eines Laufwerks gemeinsam auswählen, indem Sie bei gedrückter Alt-Taste (⌘: ⌥) den Laufwerksbalken anklicken.

Tipp
Ein Alt-Klick (⌘: ⌥) auf das Dreieck neben einem Ordnernamen öffnet oder schließt die gesamte Unterordner-Hierarchie in diesem Ordner.

Tipp
Über das Plus-Symbol oben in der Palette können Sie wählen, ob in der Palette nur die Ordnernamen oder der komplette Pfad angezeigt werden.

werden Fotos in Unterordnern nicht angezeigt. Da Lightroom ein Katalogprogramm und kein Fotobrowser ist, sieht man dabei nicht die gesamte Festplatte, sondern immer nur die importierten Ordner und Unterordner – die angezeigte Ordnerhierarchie ist also nur ein Ausschnitt.

Die Ordner sind unter den logischen Laufwerken (Partitionen) zusammengefasst, auf denen sie liegen. Jedes Laufwerk verfügt über einen »Laufwerksbalken« (siehe Abbildung 5-8), über den sich alle Ordner des Laufwerks ein- oder ausblenden lassen. Die Balken zeigen außerdem Informationen an. Auf der rechten Seite lassen sich die Anzahl der Fotos, der belegte Speicherplatz oder der Online-Status (ob das Laufwerk angeschlossen bzw. eingeschaltet ist) anzeigen. Dies lässt sich über das Kontextmenü des Balkens einstellen.

Auf der linken der Seite verfügt jeder Balken über eine kleine »Leuchtdiode«, die in verschiedenen Farben leuchten kann. Grün bedeutet, dass das Laufwerk angeschlossen und alles in Ordnung ist. Gelbe, orange und rote LEDs signalisieren mit zunehmender Dringlichkeit, dass das Laufwerk fast voll ist.

Die Darstellung der Ordner in der Palette hängt davon ab, welchen übergeordneten Ordner man beim Import angegeben hat. Nehmen wir z.B. eine Ordnerstruktur mit einzelnen Ordnern für Jahre, Monate und Tage, z.B. `2008/April/30`. Wenn ich beim Import den Unterordner `30` angebe, wird in der Ordner-Palette

Neuer Ordner: Strg+⇧+N (⌘: ⌘+⇧+N)

direkt dieser Ordner ohne seine beiden übergeordneten Ordner angezeigt. Importiere ich hingegen den ganzen Ordner 2008, wird die gesamte Ordnerstruktur angezeigt.

Der Befehl **Übergeordneten Ordner hinzufügen** im Kontextmenü eines Ordners fügt einen übergeordneten Ordner nachträglich zur Anzeige hinzu. Umgekehrt entfernt der Menüpunkt **Unterordner in eine höhere Ebene verschieben** einen übergeordneten Ordner aus der Ansicht. Beide Befehle ändern nichts an der Ordnerhierarchie – sie verändern nur die Stelle, ab der diese Hierarchie dargestellt wird.

▲ Abbildung 5-9:
Mit der Funktion Ordner synchronisieren passt man den Katalog an die Realität an.

5.2.2 Dateioperationen ausführen

Über die Ordner-Palette kann man verschiedene Dateioperationen erledigen. Verschieben von Ordnern geht einfach per Drag and Drop. Sie können auch Dateien verschieben, indem Sie sie in einen anderen Ordner ziehen. Einen neuen Unterordner erstellen Sie über **Bibliothek ▷ Neuer Ordner** oder über das Aufklappmenü hinter dem Plus-Symbol der Palette. Ordner umbenennen können Sie über das Kontextmenü eines Ordners (siehe Abbildung 5-10). Von dort lässt sich auch der Betriebssystemdialog mit den Ordner-Eigenschaften anzeigen, z.B. um die Ordner-Größe zu ermitteln.

Nach dem Import ist es ratsam, Dateioperationen nur noch in Lightroom auszuführen, da sonst evtl. Bilddateien oder Ordner neu zugewiesen werden müssen.

5.2.3 Ordner synchronisieren

Mit der Funktion **Ordner synchronisieren** (im Kontextmenü eines Ordners) können Sie die Katalogdaten für einen Ordner auf den neuesten Stand bringen. Sie fasst einige Funktionen zusammen, die es auch an anderen Stellen gibt und die man benötigt, wenn man von außen, mit anderen Programmen als Lightroom, an den Bilddateien arbeitet. Nach dem Aufrufen der Funktion öffnet sich ein Dialog mit drei verschiedenen Funktionen (siehe Abbildung 5-9):

- **Neue Fotos importieren:** Wenn seit dem Importieren im Ordner neue Bilddateien hinzugekommen sind, erkennt Lightroom dies nicht automatisch. Über die Funktion bekommen Sie angezeigt, ob neue Dateien im Ordner sind, und können diese nachimportieren. Neue Bilddateien können z.B. von Photoshop im Ordner abgelegt worden sein.

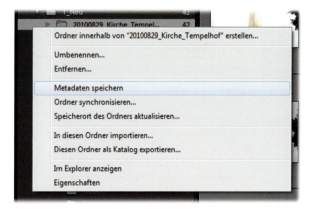

▲ Abbildung 5-10:
Das Kontextmenü der Ordner-Palette ist ein Anlaufpunkt für viele wichtige Funktionen. Gerade wenn man Projektordner verwendet, sind einige davon sehr nützlich. So kann man z.B. über »Metadaten speichern« schnell für alle Fotos im Ordner die Metadaten bei den Bilddateien speichern, usw.

- **Fehlende Fotos aus dem Katalog entfernen:** Löscht die Datensätze von Fotos im Katalog, deren Bilddateien nicht mehr gefunden werden können. Wenn Sie Fotos außerhalb von Lightroom mit dem Explorer/Finder gelöscht haben, können Sie sie auf diese Weise schnell aus dem Katalog entfernen. Achtung: Es kann sich auch einfach nur um Fotos handeln, die gerade »offline« sind oder aus anderen Gründen fehlen. Über **Fehlende Fotos anzeigen** unten links im Dialog können Sie sich die fehlenden Fotos daher im Zweifel zunächst anzeigen lassen.
- **Nach Metadatenaktualisierungen suchen:** Überprüft die Metadaten bei den Bilddateien und aktualisiert gegebenenfalls die Metadaten im Katalog, falls die Daten bei den Bilddateien aktueller sind. Hiermit kann man den Lightroom-Katalog wieder auf den neuesten Stand bringen, wenn die Metadaten mit externen Programmen verändert wurden. Die Option hat eine ähnliche Funktion wie der Menübefehl **Metadaten ▷ Metadaten aus Datei(en) lesen**, der in Kapitel 6.7 beschrieben ist.

Ordner neu zuweisen

Übers Kontextmenü können Sie einen Ordner neu zuweisen. Dies geht über die Funktion **Speicherort des Ordners aktualisieren**. Diese recht spezielle, aber in diesen Spezialfällen sehr wichtige Funktion wird z.B. benötigt, wenn Sie zwei Kopien eines Ordners mit Bilddateien haben und die vom Katalog verwaltete Kopie wechseln wollen.

Dies ist beispielsweise nützlich, wenn Sie einen Ordner kopiert haben und ihn am alten Ort noch nicht löschen, aber im Katalog bereits den neuen Ort verwenden wollen. Ein konkretes Beispiel finden Sie bei der Übertragung von Bilddateien ins Archiv (siehe Kapitel 15.4).

5.3 Vorschauen erstellen

Im Bibliothek-Modul bekommt man stets nur die Vorschauen der eigentlichen Fotos zu sehen, die Lightroom im Katalogordner zusammen mit der Katalogdatei speichert. Es gibt Vorschauen in drei Größen, für drei verschiedene Zwecke:

- Minimalvorschauen für Miniaturen in der Rasteransicht
- Standardvorschauen für die kleinste Ansicht in der Lupenansicht (»Einpassen«)
- 1:1-Vorschauen für jede größere Ansicht

▲ Abbildung 5-11:
Wenn man zu einer bestimmten Stelle in der Rasteransicht scrollt, legt Lightroom bereits Vorschauen in Standardgröße an (in der Miniatur werden dann kurz drei Punkte angezeigt), für den Fall, dass man eines der Fotos in der Lupenansicht öffnet.

Lightroom ist auf Vorschauen für die Anzeige im Bibliothek-Modul angewiesen. Wenn keine Vorschau oder keine in der richtigen Größe existiert, muss es zunächst eine erstellen (dazu muss es auf die Bilddatei zugreifen können). Wenn Sie also beispielsweise ein Foto in der Lupenansicht öffnen und Lightroom noch nicht über eine Standardvorschau verfügt, muss diese berechnet werden. Wenn Sie eine stärkere Vergrößerung wählen und es liegt noch keine 1:1-Vorschau vor, muss Lightroom diese erstellen.

Da es deutlich länger dauert, eine Vorschau zu erstellen, als eine existierende zu laden, können Sie die Geschwindigkeit des Programms in der Lupenansicht erheblich steigern, indem Sie Vorschauen im Vornherein anfertigen. Dies ist vor allem für die Sichtung wichtig (siehe Kapitel 6.3.2), während der man in der Regel alle Fotos hintereinander betrachtet, aber auch zu anderen Zeitpunkten. Dabei können Sie flexibel vorgehen und z.B. nur Standardvorschauen erzeugen, wenn Sie ohnehin während des Arbeitsvorgangs nicht in die Fotos hineinzoomen, oder 1:1-Vorschauen, wenn Sie z.B. während der Sichtung auch die Schärfe von Fotos prüfen.

Vorschauen in der gewünschten Größe lassen sich entweder direkt während des Imports (siehe Kapitel 4.1.6) oder jederzeit danach erstellen. Dazu gibt es die Menübefehle **Bibliothek ▷ Vorschauen ▷ Vorschauen in Standardgröße rendern** (bzw. **1:1-Vorschauen rendern**).

Sie können also bereits während des Imports Vorschauen erstellen lassen, wenn Sie danach gleich die Fotos sichten wollen. Wenn Sie vor der Sichtung bereits Entwicklungseinstellungen vergeben, ist das allerdings nicht sinnvoll. Jede Änderung der Entwicklungseinstellungen erfordert nämlich auch die

Hinweis
Vorschauen beschleunigen nur die Arbeit im Bibliothek-, nicht im Entwickeln-Modul.

▲ Abbildung 5-12:
Vorschauen können vor der Sichtung per Menübefehl erzeugt werden.

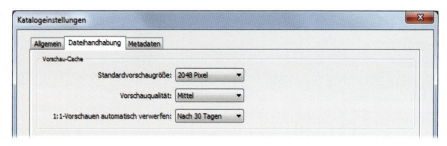

▲ Abbildung 5-13:
Einstellungen zu den Vorschauen

Neuberechnung der Vorschauen. In diesem Fall sollten die Vorschauen erst nach der Vergabe der Entwicklungseinstellungen über einen der Menübefehle erstellt werden.

Da 1:1-Vorschauen recht viel Platz einnehmen, lassen sie sich auch wieder löschen (**Bibliothek ▷ Vorschauen ▷ 1:1-Vorschauen verwerfen**). Die betreffenden Fotos verfügen danach nur noch über Vorschauen in Standardgröße. Sie können Sie über die Katalogeinstellungen auch automatisch nach einiger Zeit löschen lassen (siehe Abbildung 5-13).

Ebenfalls in den Katalogeinstellungen legen Sie die genaue Größe und JPEG-Qualität der Standardvorschauen fest. Die eingestellte Größe sollte wenn möglich mindestens der Breite des Monitors entsprechen, aber nicht größer als diese eingestellt werden. Mein Monitor hat beispielsweise 1920 Pixel in der Breite, also habe ich hier 2048 Pixel eingestellt. Wenn die Standardgröße zu klein eingestellt ist, benötigt Lightroom in der Lupenansicht auch ohne Vergrößerung bereits die 1:1-Vorschauen. Dies kann das Arbeiten stark verzögern, daher ist es wichtig, hier die richtige Einstellung zu treffen.

> **Hinweis**
> Wenn Lightroom in der Lupenansicht für einige Sekunden **Daten werden geladen ...** anzeigt, erstellt es gerade eine Vorschau. Wenn dies häufig in der kleinsten Vergrößerungsstufe geschieht, kann das ein Hinweis darauf sein, dass die Standardvorschaugröße zu klein eingestellt ist.

Wie werden Vorschaudateien gespeichert?

Wie am Anfang dieses Kapitels gezeigt, beinhaltet jeder Katalogordner einen Ordner mit den Vorschaudateien. Die Vorschauen werden im JPEG-Format gespeichert, die Dateien sind aber leicht modifiziert und können nicht einfach in ein Bildbearbeitungsprogramm geladen werden. Mit dem Programm LRViewer (siehe Abbildung 5-14) können Sie Vorschaudateien aus einem Katalog als normale JPEG-Dateien speichern.

Vorschauen liegen im Farbraum Adobe-RGB vor, nicht im Farbraum des Monitors. Dadurch können Sie Kataloge inklusive der Vorschau-Dateien einfach auf einem anderen Computer verwenden.

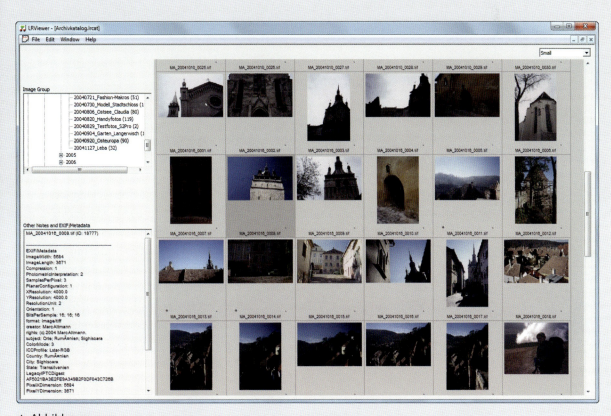

▲ Abbildung 5-14:
Sie benötigen nicht unbedingt Lightroom, um Kataloge anzuzeigen. Das kostenlose Programm LRViewer kann das auch. Dazu benutzt es die Vorschauen und Metadaten des Katalogs. Vorschauen können als JPEG-Dateien gesichert werden. Falls man die Bilddateien verlieren sollte, aber die Fotos noch im Lightroom-Katalog sind, kann man so zumindest die Vorschauen retten.

▲ Abbildung 5-15:
Ein einzelnes Foto mit fehlender Bilddatei. Dies kann sowohl gewollt (durch Offline-Zustand) als auch ungewollt (durch einen Fehler) hervorgerufen sein.

▲ Abbildung 5-16:
Hier sind alle Ordner in der Ordner-Palette als fehlend markiert, weil die externe Festplatte nicht gefunden wurde. In diesem Fall reicht es, die Festplatte zu aktivieren.

5.4 Offline-Verwaltung und fehlende Bilddateien

Wenn Sie Fotos importiert haben und die Vorschaudateien erstellt sind, brauchen Sie die Bilddateien nicht angeschlossen zu lassen (wenn sie sich z.B. auf einer externen Festplatte oder einem Netzlaufwerk befinden), um mit dem Katalog zu arbeiten – Sie können stattdessen *offline* arbeiten. Das erleichtert auch die Arbeit auf mehreren Computern. Sie können einfach den Katalog mit den Vorschaudateien z.B. auf den Laptop ziehen und dort weiter arbeiten und ihn später wieder zurück verschieben.

Lediglich das Entwickeln von Fotos ist ohne die Bilddateien nicht möglich. Sie können aber nahezu alles im Bibliothek-Modul machen (Sichtung, Arbeit an Metadaten und Stichwörtern usw.). Auch das Diashow-Modul arbeitet nur mit den Vorschauen, Sie können also ohne Zugriff auf die Bilddateien z.B. auf dem Laptop eine Diashow abspielen. Ebenso ist im Drucken-Modul das Drucken im Entwurfsmodus möglich.

Wenn ein Foto oder ein Ordner von Lightroom nicht mehr gefunden werden kann, wird das Foto in der Rasteransicht oder der Ordner in der Ordner-Palette mit einem Fragezeichen gekennzeichnet. Wenn Sie mit den Fotos offline arbeiten, ist dieses Verhalten normal. Wenn die Fotos wieder verfügbar sind, merkt Lightroom das von selbst, und das Fragezeichen verschwindet.

Es kann allerdings auch sein, dass in diesem Fall ein Fehler vorliegt und das Fehlen von Dateien oder Ordnern unbeabsichtigt ist, z.B. weil Dateien oder Ordner außerhalb von Lightroom verschoben, umbenannt oder gelöscht wurden. Lightroom kann Offline-Verwaltung

Tipp
Vor der Offline-Arbeit empfiehlt es sich, Vorschauen in der benötigten Größe zu erstellen.

nämlich nicht von unbeabsichtigt fehlenden Bilddateien unterscheiden.

Wenn ein Ordner außerhalb von Lightroom verschoben oder umbenannt wurde, müssen Sie dem Programm den Ordner erneut zeigen, bevor es auf die Fotos zugreifen kann. Dazu rufen Sie das Kontextmenü des Ordners auf und wählen **Fehlenden Ordner suchen**, woraufhin Sie den Ordner im Dateiauswahl-Dialog angeben können.

Ebenso können Sie einzelne fehlende Fotos zuweisen, z.B. wenn Sie außerhalb von Lightroom Bilddateien in andere Ordner verschoben oder umbenannt haben. Dazu klicken Sie das Fragezeichen-Symbol in der Miniatur an, anschließend können Sie Lightroom den neuen Ort der Bilddatei über den Dateiauswahl-Dialog zeigen. Wählt man im Dialog **Nach zugehörigen fehlenden Fotos suchen**, versucht Lightroom, weitere fehlende Bilddateien im selben Ordner neu zuzuweisen.

Das Umbenennen von Bilddateien außerhalb von Lightroom kann übrigens sehr unangenehm werden, da Sie in diesem Fall jede Datei einzeln neu zuweisen müssen. Hier ist es also wirklich sehr empfehlenswert, sich auf die Stapelumbenennung in Lightroom zu beschränken.

Nach fehlenden Fotos suchen

Mit der Funktion Bibliothek ▷ **Nach fehlenden Fotos suchen** können Sie alle Fotos im Katalog anzeigen, deren Bilddateien im Moment fehlen. So können Sie überprüfen, ob alle Bilddateien vorhanden sind. In manchen Situationen ist diese Überprüfung wichtig, z.B. wenn Sie nach einem Festplattenausfall die Bilddateien wiederherstellen müssen und anschließend überprüfen wollen, ob alle berücksichtigt wurden.

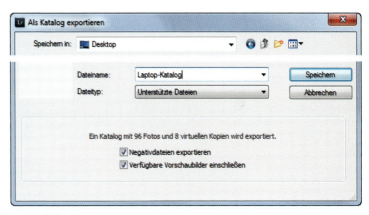

▲ Abbildung 5-17:
Die Funktion Als Katalog exportieren

5.5 Teilkatalog ausgeben (Als Katalog exportieren)

Als Katalog exportieren erstellt einen neuen Katalog, der einen Teil der Fotos des Ausgangskatalogs enthält. Der Ausgangskatalog bleibt dabei unverändert. Die Funktion eignet sich vor allem, um schnell einen kleinen Katalog zu erzeugen, der nur die Fotos enthält, die man für einen bestimmten Zweck benötigt. So kann man einen Katalog auf den Laptop kopieren, um Fotos unterwegs zu bearbeiten oder eine Diashow zu zeigen. Oder Sie könnten einen Katalog an einen Freund oder Kunden weitergeben, der ebenfalls Lightroom-Benutzer ist.

Zunächst wählen Sie die betreffenden Fotos aus und rufen **Datei ▷ Als Katalog**

▲ Abbildung 5-18:
Wenn Sie die Bilddateien mit einbeziehen, werden diese direkt im ausgegebenen Katalogordner abgelegt. Dadurch können sie beim Kopieren oder Verschieben des Ordners nicht verloren gehen.

exportieren auf, woraufhin ein Dialog wie in Abbildung 5-17 erscheint. Hier können Sie einige Einstellungen treffen. Wenn Sie Fotos von den Entwicklungseinstellungen her bearbeiten wollen, müssen Sie die Bilddateien der Fotos einschließen (**Negativdateien exportieren**). Die Vorschaudateien mit zu kopieren (**Verfügbare Vorschaubilder einschließen**) ist fast immer sinnvoll. Eines von beiden sollte mindestens einbezogen werden, sonst ist im exportierten Katalog nicht viel zu sehen.

Als Katalog exportieren lässt sich auch gut einsetzen, um große Archivkataloge zu teilen (siehe Kapitel 15.4.1), d.h. ältere Fotos in einen separaten Katalog abzuspalten.

Hinweis
Über die Paletten im Bibliothek-Modul lassen sich per Kontextmenü auf einfache Weise ganze Ordner, Sammlungen oder Fotos mit einem bestimmten Stichwort als Katalog exportieren.

5.6 Fotos entfernen

Entfernen von Fotos aus dem Katalog ist das Gegenteil vom Importieren – man löst die Verbindung zwischen Katalog und Bilddatei auf, die beim Importieren gesetzt wurde – bzw. der Katalog vergisst alles, was er über die Bilddatei weiß. Zwischen dem Entfernen und Löschen von Fotos (siehe unten) besteht ein grundlegender Unterschied. Beim Entfernen löscht das Programm nur die Datensätze über die Fotos aus dem Katalog – die Bilddateien bleiben erhalten. Alle Metadaten

Hinweis
Sie können das Entfernen über [Strg]+[Z] ([⌘]+[Z]) zurücknehmen.

Fotos aus Katalog entfernen: [Alt]+[Lösch] ([⌘]:[⌥]+[Lösch])

Fotos löschen/entfernen (Dialog): [Lösch]

Fotos löschen (ohne Dialog, auch aus Sammlungen/Smart-Sammlungen heraus): [Strg]+[Alt]+[⇧]+[Lösch] ([⌘]:[⌥]+[⌥]+[⇧]+[Lösc]

Abgelehnte Fotos löschen: [Strg]+[Lösch] ([⌘]:[⌘]+[Lösch])

▲ Abbildung 5-19:
Über die Ordner-Palette lassen sich ganze Ordner aus der Katalogverwaltung entfernen.

▲ Abbildung 5-20:
Ausgewählte Fotos können Sie über die 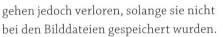-Taste löschen oder entfernen.

gehen jedoch verloren, solange sie nicht bei den Bilddateien gespeichert wurden.

Ausgewählte Fotos entfernt man über den Menüpunkt **Foto ▷ Fotos aus Katalog entfernen**. Sie können auch ganze Ordner entfernen: Dazu wählen Sie den Ordner in der Ordner-Palette aus und klicken auf das Minus-Symbol in der rechten oberen Ecke der Palette bzw. wählen im Kontextmenü des Ordners **Entfernen** aus.

In der Praxis ist die Funktion vor allem für die Arbeit mit mehreren Katalogen wichtig: um Fotos zu entfernen, die von einem anderen Katalog verwaltet werden sollen (siehe Kapitel 5.8). Wenn Sie nur einen Katalog verwenden, werden Sie Fotos vermutlich selten oder gar nicht entfernen müssen.

5.7 Fotos löschen

Beim Löschen von Fotos aus Lightroom werden sowohl Katalogeinträge als auch die Bilddateien gelöscht. Diese Funktion ist für Fotos, die Sie wirklich nicht mehr

Hinweis
In jedem Fall schiebt Lightroom beim Löschen die Bilddateien in den Papierkorb, sodass man bei versehentlichem Löschen den Fehler noch relativ leicht rückgängig machen kann.

benötigen. Am einfachsten kann man löschen, wenn die Quelle aus der Ordner- oder der Katalog-Palette stammt: Beim Drücken der Taste Lösch fragt Lightroom nach, ob die ausgewählten Fotos lediglich aus dem Katalog ausgetragen oder tatsächlich vom Datenträger gelöscht werden sollen.

Aus der Schnellsammlung und normalen Sammlungen (siehe Kapitel 7.4) heraus zu löschen ist hingegen schwieriger, denn über Lösch wird ein Foto nur aus der Sammlung entfernt. Auch aus Smart-Sammlungen heraus kann man Fotos nicht einfach löschen. Es gibt allerdings ein Tastaturkürzel (siehe Seite 124), mit

▲ Abbildung 5-21:
Negative Flaggenmarkierungen lassen sich innerhalb von Ordnern gut für die Kennzeichnung von Löschkandidaten einsetzen.

dem Sie Fotos aus jeder Quelle heraus löschen können.

Das direkte Löschen von Fotos ist im Allgemeinen während des normalen Foto-Workflows nicht besonders effizient und auch fehleranfällig. Es ist sinnvoller, Fotos zunächst als Löschkandidaten zu markieren, z.B. mit einer negativen Flaggenmarkierung oder mit einem Farbetikett.

Auf diese Weise kann man sich alle Fotos noch einmal ansehen, bevor man sie endgültig löscht, sodass versehentliches Löschen weitgehend verhindert wird. Außerdem kann man so alle Fotos in einem Schritt löschen. Am komfortabelsten geht das, wenn man die negativen Flaggenmarkierungen benutzt. Dann kann man dazu einfach den Menübefehl **Foto ▷ Abgelehnte Fotos löschen** aufrufen (hierzu bitte Kapitel 7.1 lesen, da die Flaggenmarkierungen einige Besonderheiten haben, z.B. sollte die Quelle ein Ordner, keine Sammlung sein).

Wann man Fotos löscht, hängt von der persönlichen Vorliebe ab. Manche Fotografen wollen schlechte Fotos gar nicht erst importieren und sortieren sie gleich im Importieren-Dialog aus; andere löschen sie möglichst bald nach dem Import; wieder andere erst nach Monaten.

Das hat den Vorteil, dass nach einem solch langen Zeitraum meist klar ist, dass die Fotos nicht länger benötigt werden.

Der Anteil der gelöschten Fotos ist ebenfalls von Person zu Person verschieden. Hier gibt es meiner Erfahrung nach zwei grundsätzliche Tendenzen: Einige Fotografen löschen möglichst viele Fotos, andere behalten fast alle. Manche behalten von 50 Fotos nur zwei bis drei. Andere (ich z.B.) löschen hingegen nur die wirklich nicht mehr zu gebrauchenden Fotos. Wenn Sie wenige Fotos löschen, ist es umso wichtiger, die Fotos so zu bewerten (mit den Bewertungssternen, siehe Kapitel 6.3), dass Sie die schlechteren Fotos schnell über den Filter ausblenden können.

5.8 Mit mehreren Katalogen arbeiten

5.8.1 Kataloge abgleichen (Aus Katalog importieren)

Die Funktion **Aus Katalog importieren** ist eine Synchronisierungsfunktion. Sie wird benötigt, um Daten zwischen Katalogen abzugleichen, sie kann dabei aber auch Bilddateien übertragen (ähnlich wie der Importieren-Dialog Fotos importieren

5.8 Mit mehreren Katalogen arbeiten

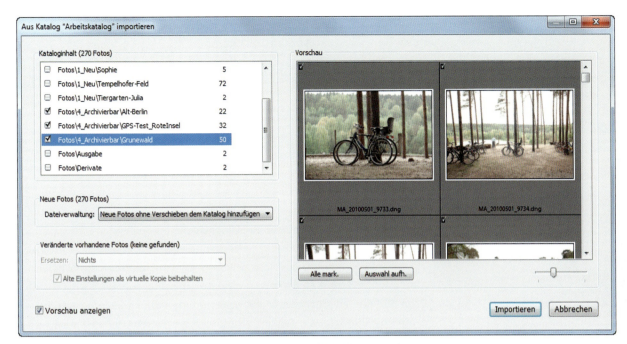

▲ Abbildung 5-22:
Aus Katalog importieren:
Hier wurde der Arbeitskatalog aus dem Archivkatalog heraus geöffnet. Sie können einzelne Ordner (oben) und einzelne Fotos (rechts) auswählen.

und übertragen kann). Die Funktion wird aufgerufen über **Datei ▷ Aus Katalog importieren** oder über den Knopf links unten im Bibliothek-Modul bei gedrückter Alt-Taste (⌥:⌥).

Der Datenabgleich funktioniert immer nur in eine Richtung. Der gerade geöffnete Katalog ist dabei immer der Zielkatalog, in den übertragen wird. Wenn Sie die Funktion aufrufen, geben Sie als Erstes den Quellkatalog an, aus dem Sie die Daten übernehmen möchten.

Im sich anschließend öffnenden Dialog (siehe Abbildung 5-22) trifft man die Einstellungen für den Abgleich. Diese wirken unter Umständen komplizierter, als sie sind. Es gibt auf der einen Seite zwei *Arten von Fotos*, mit denen man es zu tun haben kann. Die Arten werden im Dialog im Bereich links unten aufgelistet:

▲ Abbildung 5-23:
Mit Alt (⌥:⌥) gelangt man über die Knöpfe links unten im Bibliothek-Modul an die Funktionen Aus Katalog importieren und Als Katalog exportieren.

- **Neue Fotos**, also Fotos, die im Quellkatalog, aber nicht im Zielkatalog vorhanden sind; Diese können auf Wunsch in den Zielkatalog importiert werden.
- **Vorhandene/Existierende Fotos**, also Fotos, die bereits in beiden Katalogen vorhanden sind; für diese können die Metadaten im Zielkatalog durch die des Quellkatalogs ersetzt werden.

Auf der anderen Seite gibt es zwei verschiedene *Konstellationen*, mit denen man es zu tun haben kann:

- Man verwaltet mit Quell- und Zielkatalog dieselben Bilddateien. Für jedes Foto gibt es nur eine Bilddatei wie sonst auch.
- Man verwaltet separate Bilddateien. Für jedes Foto gibt es zwei Bilddateien, jeder Katalog verwaltet seine eigene.

Siehe dazu auch die Szenarien unten. Von der Konstellation hängt es dann ab, ob über den Dialog auch Bilddateien übertragen werden oder nicht. Dies stellt man über die Aufklappmenüs und Auswahlkästchen links unten im Dialog ein. Mehr zu den einzelnen Einstellungen siehe unten.

Über den oberen Teil des Dialogs **Aus Katalog importieren** lassen sich übrigens einzelne Ordner und einzelne Fotos auswählen. So können Sie den Abgleich auf bestimmte Fotos begrenzen.

5.8.2 Katalog-Szenarien

Das Arbeiten mit mehreren Katalogen kann für die unterschiedlichsten Zwecke sinnvoll sein. Im Folgenden stelle ich drei grundlegende Szenarien vor, die sich jeweils stark voneinander unterscheiden. Ich gehe dabei auch auf die Einstellungen für den Abgleich über die Funktion **Aus Katalog importieren** (siehe oben) ein.

Die Szenarien beziehen sich alle auf Arbeitsfotos. Auf alles, was mit der Trennung von Arbeits- und Archivfotos zu tun hat, gehe ich gesondert in Kapitel 15 ein. Dabei geht es neben den separaten Katalogen auch um das Übertragen der Bilddateien vom Arbeits- in den Archivordner und um die unterschiedlichen Sicherungsstrategien für Arbeits- und archivierte Dateien.

Verschiedene Arten von Fotos verwalten
Im einfachsten Fall haben die Fotos bzw. die Mediendateien verschiedener Kataloge nichts oder nur wenig miteinander zu tun. Dann brauchen Sie auch keinerlei Daten zwischen den Katalogen auszutauschen. Beispielsweise wenn:

- Sie berufliche und private Fotos trennen wollen.
- Sie jedes Foto-Projekt oder jeden Auftrag als verschiedene Art von Fotos betrachten und daher jeweils in einem eigenen Katalog verwalten.

> **Hinweis**
> Wenn Sie Fotos in verschiedenen Katalogen verwalten, können Sie nicht alle Fotos gleichzeitig durchsuchen, da Lightroom immer nur einen Katalog geöffnet haben kann. Aus diesem Grund ist eine Aufteilung wie hier beschrieben nur sinnvoll, wenn solche Suchen (z.B. in Fotos *und* Videos) nicht erforderlich sind.

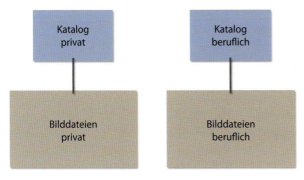

▲ Abbildung 5-24:
Im einfachsten Fall haben zwei Kataloge – und die mit ihnen verwalteten Fotos – nichts miteinander zu tun.

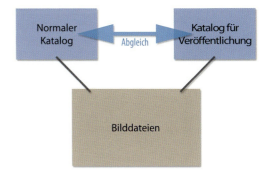

▲ Abbildung 5-25:
In einem weiteren Fall verwalten beide Kataloge dieselben Bilddateien.

- Sie in einem Katalog Ihre Fotos und in einem zweiten Katalog andere Bilddateien verwalten, z.B. Photoshop-Illustrationen.
- Sie Fotos und Videos trennen wollen.

Dieselben Bilddateien mit mehreren Katalogen verwalten

In einigen Fällen ist es sinnvoll, dieselben Bilddateien mit mehreren Katalogen zu verwalten, z.B. wenn:

- die Bilddateien sich auf einem Netzlaufwerk befinden und mehrere Computer je über ihren eigenen Katalog auf sie zugreifen.
- Sie einen zusätzlichen Katalog für englische Metadaten verwenden wollen, z.B. für die Veröffentlichungsdienste (siehe Kapitel 10.2).

Bei diesem Szenario kann man die Kataloge über die Funktion **Aus Katalog importieren** abgleichen. Das Kopieren von Bilddateien muss hierbei ausgeschlossen werden. Fürs Importieren von neuen Fotos in einen der Kataloge (aus dem anderen Katalog) stellt man dazu im Bereich **Neue Fotos** die Einstellung **Dateiverwaltung** auf **Neue Fotos ohne Verschieben hinzufügen**.

Fürs Ersetzen der Metadaten des Zielkatalogs durch die des Quellkatalogs bei bereits vorhandenen Fotos setzt man dazu im Dialog-Teil **Veränderte vorhandene Fotos** die Einstellung **Ersetzen** auf **Nur Metadaten und Entwicklungseinstellungen** (siehe Abbildung 5-26).

Bei der Verwaltung von Fotos über mehrere Kataloge kann es schnell zu »Konflikten« kommen, bei denen man nicht mehr weiß, in welchem Katalog sich die aktuelle Version der Metadaten und Entwicklungseinstellungen befindet. Noch unangenehmer wird es, wenn Sie ein Foto parallel in beiden Katalogen bearbeiten. Das Zusammenführen ist schwierig und lohnt den Aufwand in der Regel nicht. Hier empfiehlt es sich, diszipliniert zu sein, sobald ein Foto von zwei Katalogen

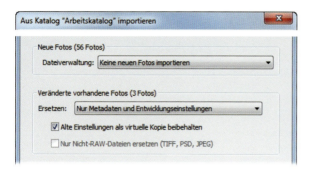

▲ Abbildung 5-26:
Hier werden Fotos, die in beiden Katalogen vorhanden sind, im Zielkatalog aktualisiert; d.h., die Metadaten des Zielkatalogs werden durch die des Quellkatalogs überschrieben.

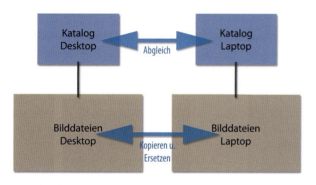

▲ Abbildung 5-27:
Beim Desktop-/Laptop-Workflow verwaltet jeder Katalog seine eigene Bilddatei für ein Foto.

verwaltet wird. Dazu kann man z.B. Veränderungen generell nur in einem der Kataloge machen und diese dann stets auf den anderen übertragen.

Sollte es dennoch zu Konflikten kommen, können Sie beim Ersetzen der Metadaten auch die alten Metadaten in Form von virtuellen Kopien beibehalten (**Alte Einstellungen als virtuelle Kopie beibehalten**). So können Sie sie nach dem Abgleich vergleichen. Mehr zu virtuellen Kopien siehe Kapitel 7.3.

Desktop-/Laptop-Workflow
Viele Fotografen haben einen Lightroom-Katalog auf dem Desktop-Computer und einen auf dem Laptop. Dies ist aus zwei Gründen sinnvoll:

- Sie können Fotos zuerst auf den Laptop importieren und anschließend auf den Desktop (wo der Hauptkatalog liegt) übertragen; diese Situation ergibt sich z.B. auf Fotoreisen, wenn Sie unterwegs die Fotos schon bearbeiten wollen.
- Sie können Fotos vom Desktop auf den Laptop übertragen, um sie unterwegs zu bearbeiten.

Hier können Sie für den Abgleich ebenfalls die Funktion **Aus Katalog importieren** verwenden. Dazu schließen Sie am besten den Laptop per Netzwerk an den Desktop-Rechner an, rufen die Funktion vom Desktop bzw. Laptop auf, je nach Übertragungsrichtung, und wählen dort den Katalog auf dem anderen Rechner direkt aus.

Beim Importieren von neuen Fotos müssen Sie in diesem Fall aufpassen, dass die neuen Bilddateien kopiert werden (unter **Neue Fotos / Dateiverwaltung**

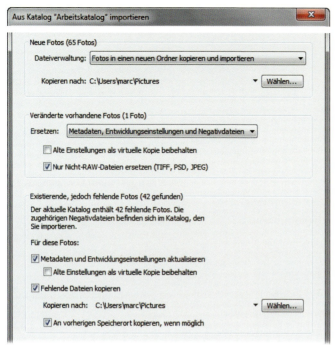

◀ Abbildung 5-28:
Beim Abgleich geht es unter anderem auch darum, Bilddateien zu kopieren und zu ersetzen.

muss dazu **Fotos in einen neuen Ordner kopieren und importieren** eingestellt sein).

Den Metadatenabgleich für vorhandene Fotos können Sie entweder wie für das obige Szenario einstellen (**Ersetzen** auf **Nur Metadaten und Entwicklungseinstellungen** stellen). Sie können aber auch gleich Bilddateien ersetzen lassen, die sich evtl. auf der Quellseite verändert haben, z.B. wenn Sie auf dem einen Rechner RGB-Dateien in Photoshop verändert haben und jetzt auf den anderen Rechner übertragen wollen. Dazu setzen Sie die Einstellung auf **Metadaten, Entwicklungseinstellungen und Negativdateien**.

Es kann außerdem der Fall auftreten, dass der Zielkatalog Fotos enthält, für die im Ziel im Moment keine Bilddateien vorhanden sind, z.B. weil Sie auf dem Laptop aus Platzgründen nicht immer alle Bilddateien vorrätig haben können. Diese tauchen unter **Existierende, jedoch fehlende Fotos** auf, wo Sie die Bilddateien von der Quelle kopieren und/oder die Metadaten ersetzen lassen können (siehe Abbildung 5-28).

Kapitel 6:

Metadaten vergeben

Die Metadatenvergabe ist ein wichtiger Prozess, da dadurch die Fotos auf dem Computer erst vollständig nutzbar werden. Ohne Metadaten sind für Lightroom alle Fotos gleich. Erst nach der Metadatenvergabe können daher schnell die besten Fotos angezeigt, verschiedene Kategorien von Fotos voneinander getrennt oder nach Fotos eines bestimmten Inhalts über Stichwörter gesucht werden. Dann sind die Fotos praktisch archivierbar sowie evtl. schon bereit für die Ausgabe.

Ich habe mir die Metadatenvergabe in mehrere Phasen eingeteilt:

- Während der ersten Phase halte ich mich in der Rasteransicht auf. Dort trage ich teilweise *EXIF-Metadaten* nach, unter anderem GPS-Daten, und markiere evtl. schon Fotos, die ich auf jeden Fall löschen will, über *Farbetiketten*. Außerdem erzeuge ich 1:1-Vorschauen für die nächste Phase, wenn ich das nicht schon gemacht habe.
- In der zweiten, der Sichtungsphase, sehe ich meine Fotos zum ersten Mal in der Lupenansicht durch, eins nach dem anderen. Gleichzeitig vergebe ich *Bewertungssterne* für jedes Foto. Die Bewertung ist also das Resultat der Sichtung.
- Während der dritten Phase, in der ich *Entwicklungseinstellungen*, *IPTC-Metadaten* und *Stichwörter* vergebe, bleibe ich die meiste Zeit in der Rasteransicht, da ich dort am einfachsten Metadaten für mehrere Fotos gleichzeitig vergeben kann. Auch benutze ich teilweise den Filter, um gezielt die besten Fotos bearbeiten zu können.

Grundsätzlich benutze ich die Ordner-Palette, während ich Fotos mit Metadaten ausstatte, und habe währenddessen einfach den entsprechenden Projektordner angewählt. Um Unsicherheit darüber zu vermeiden, an welcher Stelle im Workflow ich gerade bin, habe ich eine Handvoll Ordner für die einzelnen Phasen angelegt, in die ich die einzelnen Projektordner ziehe (siehe Abbildung 6-1).

Alle Metadaten, die in diesem Kapitel behandelt werden, lassen sich übrigens mit den Bilddateien speichern, sodass sie langfristig nutzbar sind.

▲ Abbildung 6-1:
Ordner-Palette mit Workflow-Ordnern für die einzelnen Phasen der Metadatenvergabe

▲ Abbildung 6-2:
Den Großteil der EXIF-Metadaten können Sie über die Metadaten-Palette betrachten.

6.1 EXIF-Metadaten

Obwohl EXIF-Metadaten in der Regel von der Kamera vergeben werden, gibt es einige Fälle, in denen eine Korrektur oder ein Nachtrag notwendig ist. Manchmal muss man die Ausrichtung/Orientierung oder die Aufnahmezeit korrigieren. Auch GPS-Daten muss man normalerweise nachträglich hinzufügen. Solche Korrekturen erledige ich in der Regel so bald wie möglich, damit die EXIF-Daten möglichst schnell in Ordnung sind.

Die meisten EXIF-Metadaten können Sie in Lightroom zwar nicht verändern, aber über die Metadaten-Palette betrachten (siehe Abbildung 6-2). Hierzu können Sie die Palette oben links so einstellen, dass sie nur EXIF-Daten anzeigt (mehr zur Metadaten-Palette siehe Kapitel 6.5.1).

6.1.1 Drehen um 90° und Spiegeln

Einige Foto müssen eventuell zunächst um 90° gedreht oder gespiegelt werden, bevor sie gesichtet werden können. Das können Sie im einfachsten in der Rasteransicht machen: z.B. über die Drehpfeile in den Miniaturen, die Sie über die Ansicht-Optionen ein- oder ausschalten können. Es geht aber auch in der Lupenansicht über die Werkzeugleiste oder die Tastaturkürzel. Spiegeln, vertikal oder horizontal, kann man über die Menübefehle **Foto ▷ Horizontal spiegeln** bzw. **Vertikal spiegeln**.

Die Informationen über Drehung und Spiegelung zählen nicht zu den Entwicklungseinstellungen, sondern zu den EXIF-Metadaten. Beim Zurücksetzen der Entwicklungseinstellungen sind sie also nicht betroffen. Auch können andere Programme, die Entwicklungseinstellungen

▲ Abbildung 6-3:
Auch über die Filterleiste können Sie viele EXIF-Daten nutzen. Seit Lightroom 3 kann man auch über die Brennweite filtern.

▲ Abbildung 6-4:
Drehen um 90° in der Rasteransicht geht sehr einfach über die Drehpfeile.

nicht verstehen, diese Information interpretieren.

6.1.2 EXIF-Aufnahmezeit

Die Anpassung der EXIF-Aufnahmezeit ist manchmal notwendig, um die durch eine falsch eingestellte Kamerauhr oder durch eine nicht erfolgte Zeitzonenanpassung falsche EXIF-Zeit korrigieren zu können. Ich halte es für am besten, solche Fehler so früh wie möglich zu korrigieren, denn man geht normalerweise davon aus, dass mit diesen automatisch erzeugten Metadaten alles in Ordnung ist.

Um die Daten anzupassen, wählen Sie die Fotos aus und rufen den Menübefehl **Metadaten ▷ Aufnahmezeit bearbeiten** auf. Dort können Sie die neue Zeit direkt eingeben (wenn die Kamerauhr falsch eingestellt war) oder um *x* Stunden verschieben (wenn die Zeitzone falsch eingestellt war). Mehrere ausgewählte Fotos mit verschiedenen Zeiten werden in beiden Fällen korrekt angepasst. Sie können die Aufnahmezeit auch auf den Zeitpunkt der Dateierstellung setzen, z.B. für Scans von Dias oder Negativen.

Es ist sinnvoll, nach dem Ändern der EXIF-Aufnahmezeit die Metadaten bei den Bilddateien zu speichern (siehe Kapitel 6.7), damit die Aufnahmezeit auch dort korrigiert wird.

Wenn Sie mit proprietären Raw-Dateien arbeiten, werden die Metadaten dabei normalerweise nur in den XMP-Filialdateien aktualisiert, nicht in den Raw-Dateien selbst. Dadurch steht danach in den Raw-Dateien die alte und in den Filialdateien die neue Zeit. Um solche Inkonsistenzen zu verhindern, können Sie eine Ausnahmeregelung einstellen, die bewirkt, dass Änderungen der Aufnahmezeit auch in die Raw-Dateien selbst eingetragen werden (eine aus meiner Sicht empfehlenswerte Einstellung). Dabei handelt es sich um die Option **Datums- oder Zeitänderungen in proprietäre Raw-Dateien schreiben** in den Katalogeinstellungen unter **Metadaten**.

▲ Abbildung 6-5:
Dialog zur Anpassung der EXIF-Aufnahmezeit

Änderungen der EXIF-Aufnahmezeit können Sie nicht über [Strg]+[Z] (⌘: [⌘]+[Z]) rückgängig machen. Sie können allerdings über **Metadaten ▷ Ursprüngliche Aufnahmezeit wiederherstellen** zumindest die Original-Aufnahmezeit wiederherstellen.

6.1.3 GPS-Daten hinzufügen

Geotagging bezeichnet das Ausstatten von Fotos mit GPS-Daten. Die wenigsten Kameras verfügen allerdings über einen entsprechenden Chip. Daher ist es ein gängiges Verfahren, mit einem separaten GPS-Empfänger einen sogenannten Track bzw. Tracklog aufzuzeichnen – der aus einzelnen Punkten mit Orts- und Zeitinformationen besteht – und mithilfe dieser Datei und der in den Fotos gespeicherten Zeit-Metadaten jeweils die GPS-Position des Fotos zu ermitteln und in die Fotos zu schreiben.

Leider ist Lightroom bisher nicht in der Lage, Geotagging auszuführen, sodass man dafür auf andere Software zurückgreifen muss. Zwei kostenlose Programme sind Microsoft ProPhoto Tools unter Windows (Raw-Fotos kann man über Windows-Raw-Codecs laden) und GPSPhotoLinker auf dem Mac.

GPS-Daten können Sie vor oder nach dem Import hinzufügen. Nach dem Import ist es zwar prinzipiell einfacher, die Prozedur funktioniert aber evtl. nicht mit jedem Geotagging-Programm. Sie sollten daher bei dieser Vorgehensweise beim ersten Mal auf jeden Fall überprüfen, ob alle Metadaten, die Sie bereits vergeben haben, im Anschluss noch da sind.

Vorgehensweise fürs Geotagging:

1. In Lightroom über das Kontextmenü des entsprechenden Ordners in der Ordner-Palette **Metadaten speichern** wählen.
2. Geotagging-Programm benutzen, dort die Tracklog-Datei laden und GPS-Daten mit Fotos in Verbindung

Abbildung 6-6:
Microsoft ProPhoto Tools beim Zuordnen von GPS-Daten zu Fotos

bringen (siehe Abbildung 6-6). Änderungen dort speichern.

3. In Lightroom über das Kontextmenü des Ordners **Ordner synchronisieren** wählen, im folgenden Dialog **Nach Metadatenaktualisierungen suchen** anklicken und auf **Synchronisieren** drücken (siehe Kapitel 5.2.3 für die Ordner-synchronisieren-Funktion).

Falls dies bei Ihnen nicht funktioniert oder danach die bereits vergebenen Metadaten fehlen, können Sie die GPS-Daten auch vor dem Import hinzufügen. Sie müssen die Bilddateien dann mit einem anderen Programm als Lightroom von der Speicherkarte übertragen und nach dem Geotagging die Fotos einfach von der Festplatte importieren.

Für die Übertragung von der Speicherkarte kann man z.B. ein Backup- bzw. Synchronisationsprogramm wie in Kapitel 15.2.2 beschrieben verwenden oder auch ein Programm speziell für die Übertragung kaufen. Die im Kasten »Übertragungsprogramme« in Kapitel 4.1.3 aufgeführte Software ImageIngester kann das Geotagging übrigens während der Übertragung gleich mit erledigen. Die Fotos von Hand zu übertragen, also sie einfach im Explorer/Finder auszuwählen und von der Speicherkarte in den Festplattenordner zu ziehen, ist kritisch: Nicht nur ist das auf die Dauer eine ziemlich stumpfsinnige Aufgabe, es ist auch fehleranfällig, denn Sie könnten aus Versehen ein oder mehrere Fotos von der Auswahl ausnehmen und würden sie so verlieren.

Leider kann man mit GPS-Daten in Lightroom bisher nicht viel machen. Sie können lediglich die Daten mit der Metadaten-Palette anzeigen und sich von da aus die Position auf einer Google-Maps-Karte über den Webbrowser anzeigen lassen. Es ist aber davon auszugehen, dass man in Zukunft auch in Lightroom

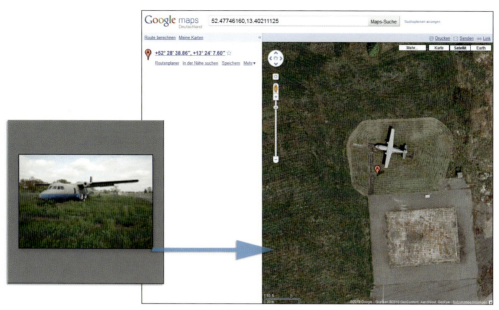

▲ Abbildung 6-7:
Wenn Sie die GPS-Daten in der Metadaten-Palette anklicken,
öffnet sich »Google Maps« und zeigt den Aufnahmeort an.

Fotos anhand der GPS-Daten gruppieren kann, z.B. indem man eine Region auf einer Satellitenkarte auswählt und alle Fotos angezeigt bekommt, die innerhalb der Region aufgenommen wurden. Dann könnten GPS-Daten für die Verwaltung ähnlich nützlich werden wie die Aufnahmezeit.

6.2 Farbbeschriftungen (Etiketten)

Mit den Farbbeschriftungen kann man Fotos in grundlegende Kategorien einteilen. Es gibt fünf Farben (Rot, Gelb, Grün, Blau und Lila). Die Bedeutung der Etiketten ist dabei nicht von vornherein festgelegt. Ein rotes Etikett könnte z.B. Fotos markieren, die gelöscht werden sollen, ein grünes oder gelbes ein Hinweis bezüglich des Workflows sein wie »Foto drucken«, »unscharf« etc. Ein Foto kann genau ein oder kein Etikett, aber leider nicht mehr als ein Etikett besitzen. Man kann also z.B. nicht Grün und Blau vergeben.

Etiketten lassen sich in den Miniaturen der Rasteransicht und/oder in der Werkzeugleiste anzeigen und verändern. Die ersten vier Farbetiketten können zusätzlich über die Tasten 6 bis 9 vergeben werden. Die übrigen Zahlentasten werden von den Bewertungssternen in Anspruch genommen, sodass für das letzte Etikett kein Tastaturkürzel existiert.

Auch wenn es so aussieht, als würden Sie direkt Farben für die Fotos vergeben, werden die Farben nicht direkt gespeichert. Tatsächlich wird nur eine Beschriftung gespeichert, ein Textetikett, also ein einzelnes Wort oder eine Wortgruppe

▲ Abbildung 6-8:
Farbetiketten lassen sich in Miniaturen auf zwei Arten anzeigen: als kleines Symbol oder als Zellhintergrund. Dies lässt sich über die Ansicht-Optionen einstellen.

▲ Abbildung 6-9:
Bei den Farbbeschriftungen handelt es sich tatsächlich zunächst um einfache Text-Metadaten, wie hier in der Metadaten-Palette zu sehen.

▲ Abbildung 6-10:
Über Farbbeschriftungssätze werden den Farben Beschriftungen zugeordnet.

(siehe Abbildung 6-9). Einer Beschriftung kann dann eine der fünf Farben zugeordnet werden.

Die Zuordnung einer Beschriftung zu einer Farbe erfolgt über den eingestellten Farbbeschriftungssatz (siehe Abbildung 6-10). Dieser lässt sich über das Menü **Metadaten ▷ Farbbeschriftungssatz** auswählen oder anpassen. Sie können also auch verschiedene Sätze anlegen, z.B. für Arbeitsfotos und Archivfotos. Falls ein Foto eine Beschriftung hat, die gerade keiner tatsächlichen Farbe zugeordnet ist, wird das Etikett weiß dargestellt. Dann müssen Sie evtl. erst den richtigen Farbbeschriftungssatz einstellen.

Der voreingestellte Farbbeschriftungssatz **Bridge Standard** (siehe Abbildung 6-10) ist z.B. so eingestellt, dass die Beschriftungen mit denen in Adobe Bridge übereinstimmen. Wenn Sie also neben Lightroom regelmäßig Bridge mit denselben Fotos benutzen, kann es sinnvoll sein, diesen Satz einzustellen.

Letztlich können Sie sich natürlich den Beschriftungssatz so gestalten, wie er für Sie nützlich ist. Meiner ist in Abbildung 6-11 dargestellt. Mit dem roten Etikett (**Löschen**) markiere ich Löschkandidaten. Diese könnte man z.B. auch mit einem grünen Etikett (»Zum Löschen freigegeben« o.Ä.) markieren. Am Ende der Arbeitsphase kann man die Löschkandidaten dann endgültig löschen. Fürs Löschen von Fotos siehe Kapitel 5.7.

Ein weiteres Etikett von mir heißt **Genauer ansehen**. Das setze ich z.B. während der Sichtungsphase ein, um Fotos zu markieren, die ich nach der Sichtung aus irgendeinem Grund genauer betrachten muss, z.B. wenn ein Foto viel Staub enthält, der später im Entwickeln-Modul entfernt werden soll.

Für das Markieren von Teilbildern für Panorama- oder HDR-Fotos benutze ich zwei Farbetiketten. Ich benutze das grüne Etikett (**Erstes Teilbild**), um das erste Teilbild zu markieren. Die restlichen Teilbilder markiere ich mit dem blauen Etikett (**Weiteres Teilbild**). Durch die Farbetiketten sieht man sehr schnell, dass es sich bei den Bildern nicht um normale Fotos handelt, und kann sie für die Sichtung ignorieren oder besser noch per Filter ausschließen.

Schließlich habe ich das lilafarbene Etikett mit **Temp** bezeichnet. Ich kann es für verschiedene Dinge einsetzen. So kann ich z.B. das momentane Foto markieren, wenn ich die Arbeit während der Sichtung unterbrechen muss.

Über die Filterleiste oder den Filmstreifen können Sie anhand von Farbetiketten filtern. Wie in Abbildung 6-13 zu sehen

▲ Abbildung 6-11:
Mein eigener Farbbeschriftungssatz

▲ Abbildung 6-12:
Bei HDR-Aufnahmereihen verwende ich ein grünes Etikett für das erste und blaue Etiketten für die restlichen Teilbilder.

▲ Abbildung 6-13:
Filtern nach Farbetiketten

Tipp
Bei Panorama- oder HDR-Fotos fotografieren einige Fotografen zunächst ihre Hand, um zu signalisieren, dass eine neue Teilbild-Reihe beginnt. In Lightroom würde ich dann dieses Foto jeweils löschen und den Anfang der Reihe mit dem grünen Etikett markieren.

▲ Abbildung 6-15:
Filtern nach Bewertungssternen; hier werden nur Fotos mit mindestens drei Sternen angezeigt.

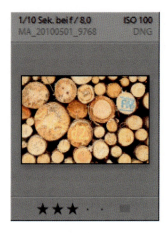

◀ Abbildung 6-14:
Sterne werden z.B. direkt in den Miniaturen angezeigt und verändert.

ist, gibt es im Filter zusätzlich zu den fünf Farben für die fünf Etiketten ein hellgraues und ein dunkelgraues Kästchen. Über das hellgraue Kästchen werden Fotos mit Farbbeschriftungen erfasst, denen im Moment keine Farbe zugeordnet ist. Das dunkelgraue Kästchen erfasst hingegen alle Fotos ohne Farbbeschriftung.

6.3 Bewertungssterne

Die Anzahl der Bewertungssterne beschreibt die subjektive Qualität eines Fotos. Ein Foto kann zwischen einem und fünf Sternen haben – oder keinen; es ergeben sich also insgesamt sechs Abstufungen.

Die Bewertungssterne lassen sich in den Miniaturen der Rasteransicht und in der Werkzeugleiste anzeigen. Dort lassen sie sich jeweils auch mit der Maus anpassen.

Am schnellsten vergibt man die Sterne allerdings mit den Tastaturkürzeln, was übrigens auch sehr gut über den Ziffernblock funktioniert, soweit vorhanden.

Über die Filterleiste oder den Filmstreifen können Sie Fotos anhand ihrer Bewertungssterne filtern. Dazu lässt sich neben der Anzahl der Sterne auswählen, ob jeweils Fotos mit mehr oder weniger Sternen als der eingestellten Anzahl in das Ergebnis einbezogen werden. So lassen sich z.B. alle Fotos mit »genau drei Sternen« anzeigen als auch »alle Fotos mit mindestens drei Sternen« oder »alle Fotos mit höchstens drei Sternen«. Dies lässt sich über das Symbol links neben den Sternen festlegen (siehe Abbildung 6-15).

6.3.1 Bewertungssysteme

Sie müssen keineswegs alle sechs Zustände der Bewertungssterne nutzen. Manche Benutzer benötigen nur zwei

---

Sterne direkt vergeben: 0 … 5
Einen Stern abziehen/heraufsetzen: , und .

▲ Abbildung 6-16:
Binäre Bewertungen: Hierbei werden die Fotos einfach in zwei Gruppen eingeteilt – die guten Fotos und den Rest. Die guten Fotos bekommen einen Stern oder fünf Sterne, der Rest bekommt keinen.

▲ Abbildung 6-17:
A-B-C-System: 1 Stern, 3 Sterne, 5 Sterne

▲ Abbildung 6-18:
Alle Fünf Sterne nutzen: Das System mit fünf Sternen ist selbst für sehr große Fotobestände (mehr als eine Million Fotos) noch gut geeignet, da sich auch bei einer so großen Anzahl noch relativ wenige 4- und 5-Sterne-Fotos ergeben.

Zustände, manche benutzen drei, vier oder sechs. In den Abbildungen 6-16 bis 6-18 finden Sie einige Beispiele.

Sie können die Systeme so erweitern, dass Sie für Löschkandidaten ein rotes oder grünes Farbetikett vergeben (siehe Abbildung 6-18). Schließlich ist die Löschkandidatur auch so etwas wie eine Bewertung (in Adobe Brigde gibt es tatsächlich eine negative Bewertung für abgelehnte Fotos, in Lightroom leider noch nicht).

Das zahlenmäßige Verhältnis von Fotos einer Bewertungsklasse zu Fotos der nächsthöheren Klasse sollte immer groß genug sein, z.B. um die 1:8 oder 1:10 herum. Das heißt, dass beim Fünf-Sterne-System beispielsweise

Umschalt- bzw. Feststelltaste benutzen

Wenn Sie Bewertungssterne hintereinander über die Tastatur vergeben, müssen Sie normalerweise über die Pfeiltasten zum nächsten Foto schalten. Drücken Sie jedoch dabei ⇧, springt Lightroom automatisch zum nächsten Foto, wenn Sie eine der Tasten drücken. Sie können statt ⇧ auch Caps-Lock aktivieren. Beides funktioniert auch für das Vergeben von Farbetiketten und Flaggenmarkierungen mit der Tastatur.

3.000 1-Sterne-Bildern nur 300 bis 400 2-Sterne-Bilder und diesen wiederum ca. 40 3-Sterne-Bilder gegenüberstehen. Auf den ersten Blick mag diese Quote gering erscheinen. Ist sie aber zu hoch, verschwimmen die Unterschiede zwischen Fotos unterschiedlicher Klassen zu stark, und das System sagt nichts mehr aus.

Am besten funktioniert ein System übrigens meiner Erfahrung nach, wenn die Bewertungssterne tatsächlich etwas Konkretes bedeuten, z.B. wenn Sie 2-Sterne-Fotos generell auf Ihrer Webgalerie veröffentlichen, aber nur die 3-Sterne-Fotos auf dem Fine-Art-Drucker ausgeben usw.

6.3.2 Der Sichtungsprozess

Die Bewertung erledige ich während der Sichtungsphase, während der ich in der Lupen- und teilweise in der Vergleichsansicht arbeite (siehe Kasten). Dabei vergebe ich Sterne und markiere Löschkandidaten mit einem roten Farbetikett, in der Regel für Fotos, die unscharf oder anderweitig unbrauchbar sind. Meist zoome ich zumindest kurz in jedes Foto hinein, um dessen Schärfe zu überprüfen. Ich benutze meist die Tastaturkürzel, aber auch manchmal die Maus und die Werkzeugleiste. Den Filmstreifen habe ich stets eingeblendet.

Während der Sichtung habe ich Fotos mit Farbetiketten meist über den Filter ausgeblendet, sodass bereits etikettierte Löschkandidaten sowie Teilbilder für Panoramen/HDR-Fotos aus der Ansicht fallen. Für die Panoramen und HDR-Fotos erstelle ich vor der Sichtung eine Vorabansicht (Proof), um zu sehen, wie das zusammengesetzte Foto aussieht, und um es bewerten zu können (hierfür siehe Kapitel 14).

Die Bewertung hat für ein Foto weitreichende Konsequenzen. Wird es mit dem niedrigsten Zustand bewertet (in der Regel null Sterne), wird es im Laufe seines Lebens vermutlich nur noch selten gesehen. Daher versuche ich, die Bewertung aller Fotos eines Projektordners in einem Stück und ohne Unterbrechung auszuführen, sodass alle Fotos möglichst fair behandelt werden.

Es ist auch sinnvoll, nach der Sichtung die Bewertung einzelner Fotos noch anzupassen. Dazu können Sie z.B. die Fotos verschiedener Klassen, also 1-, 2- oder 3-Sterne-Fotos, voneinander getrennt betrachten. Währenddessen und auch danach, z.B. während der Metadatenvergabe oder der Entwicklung, ist es sinnvoll, Bewertungen vereinzelt noch zu ändern.

> **Tipp**
> Um ein System mit mehreren Sternen umzusetzen, ist es evtl. einfacher, zunächst in Runden vorzugehen. Später gelingt es oft, jedes Foto sofort richtig einzuschätzen.

> **Hinweis**
> Um die Sichtung zu beschleunigen, können und sollten Sie Vorschauen im Vornhinein erstellen lassen. Das dauert zwar eine Weile, aber Sie können in der Zeit etwas anderes machen und brauchen dann während des Sichtens nicht so lange zu warten.

Systematisches Vergleichen mit der Vergleichsansicht

Während der Sichtung stoße ich häufig auf mehrere Fotos desselben Motivs, bei denen ich mich schwertue, mich für einen Favoriten zu entscheiden. Die Vergleichsansicht enthält eine Funktion zum systematischen Vergleichen, die dies sehr erleichtert. Und so gehen Sie dabei vor:

1. Fotos desselben Motivs im Filmstreifen auswählen, danach das erste anklicken, sodass es aktiv ist; in die Vergleichsansicht wechseln. Die nebeneinanderliegenden Fotos betrachten und sich für das bessere entscheiden.
2. Liegt links das bessere Foto, können Sie einfach mit → die rechte Seite der Ansicht um ein Foto weiter schalten
3. Liegt das bessere hingegen auf der rechten Seite, drücken Sie ↑. Dann wird es automatisch auf die linke Seite gelegt, und das nächste Foto erscheint rechts.
4. Sie können auch über die Taste ↓ rechtes und linkes Foto vertauschen.
5. Am Ende des Vorgangs bleibt die rechte Seite leer, und auf der linken liegt das beste Foto.

Mit einem Druck auf ↵ sind Sie wieder in der Lupenansicht. Alle Fotos sind noch ausgewählt, der Favorit ist das aktive Foto. Sie können jetzt einen Stapel aus den ähnlichen Fotos bilden über Strg+G (⌘+G), mit dem Favoriten ganz oben (siehe Kapitel 7.2), oder die Auswahl auf das aktive Foto beschränken (**Bearbeiten ▷ Nur aktives Foto auswählen**).

Danach sollten Sie den Favoriten markieren, sonst wäre die Arbeit umsonst. Dazu können Sie für ihn z.B. eine höhere Bewertung vergeben, oder Sie kennzeichnen ihn über eine Farbbeschriftung oder ein Stichwort. Dabei können Sie durchaus auch einen zweiten Favoriten markieren, z.B. mit einem anderen Stichwort oder einer anderen Beschriftung. Der Farbbeschriftungssatz Bridge-Standard enthält hierfür die Beschriftungen »Auswählen« und »Zweite Wahl«.

▲ Abbildung 6-19:
Systematisches Vergleichen in der Vergleichsansicht. Der derzeitige Favorit liegt immer auf der linken Seite.

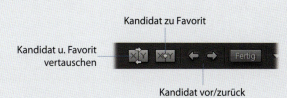

▲ Abbildung 6-20:
Sie können diese Knöpfe oder die Tastaturkürzel wie im Text beschrieben verwenden.

Nur aktives Foto auswählen: Strg+⇧+D (⌘: ⌘+⇧+D)

▲ Abbildung 6-21:
Eine Miniatur in der Rasteransicht kann anzeigen, ob ein Foto freigestellt wurde und ob es weitere Entwicklungseinstellungen enthält.

▶
Abbildung 6-22:
Die Ad-hoc-Entwicklung-Palette

Ich habe schlechte Erfahrungen gemacht, wenn ich den Bewertungsprozess zu lange hinausgeschoben habe. Man ist in Lightroom schnell versucht, sofort mit den guten Fotos ins Entwickeln-Modul zu gehen und diese zu bearbeiten. Leider habe ich dann keine Lust mehr, die Sichtungsphase überhaupt durchzuführen. Außerdem sind die Fotos nicht mehr vergleichbar, einige bereits entwickelt, andere noch vollkommen unbearbeitet. Hinzu kommt, dass ich die guten, schon bearbeiteten Fotos schlecht wiederfinden kann, weil ich die Bewertungssterne noch nicht vergeben habe.

6.4 Entwicklungseinstellungen

Nach der Sichtung und Bewertung ist eine wichtige Phase abgeschlossen, und es können die übrigen Metadaten vergeben werden. Dazu zählen die Entwicklungseinstellungen. In diesem Unterkapitel geht es zunächst nur um das, was man vom Bibliothek-Modul aus machen kann. Die detaillierte Ausarbeitung von Fotos sollte im Entwickeln-Modul erfolgen, das mehr wie ein Bildbearbeitungsprogramm funktioniert (siehe Kapitel 8).

Farb-/Schwarz-Weiß-Behandlung: ⟨V⟩
Weißabgleich-Automatik: ⟨Strg⟩+⟨⇧⟩+⟨U⟩ (⌘+⟨⇧⟩+⟨U⟩)

6.4.1 Ad-hoc-Entwicklung-Palette

Die Ad-hoc-Entwicklung-Palette bietet die wichtigsten Entwicklungseinstellungen, sodass man einige grundlegende Bearbeitungen bereits im Bibliothek-Modul ausführen kann. Die Veränderungen wirken sich in der Rasteransicht (und in der Lupenansicht im Modus **Automatisch synchronisieren**) auf alle ausgewählten Fotos aus. Man kann also ohne Weiteres mehrere Fotos gemeinsam bearbeiten.

Im Gegensatz zum Entwickeln-Modul, in dem man mit Reglern arbeitet, stehen in dieser Palette Knöpfe zur Verfügung: Ein einfaches »Dreieck« ändert den Wert einer Einstellung nur geringfügig, ein doppeltes deutlich stärker. Da man die Werte für ein Foto in der Palette nicht ablesen kann, erlaubt diese nur grobe Bildbearbeitungen. Die Einstellungen im Einzelnen:

Über **Gespeicherte Vorgabe** wendet man eine Entwicklungsvorgabe an. Mit Entwicklungsvorgaben werden Entwicklungseinstellungen gespeichert, sodass Sie sie immer wieder anwenden können. Dies geht oft schneller, als ein oder mehrere Fotos mit den Knöpfen in der Ad-hoc-Palette zu bearbeiten. Auch über das Kontextmenü eines Fotos lassen sich schnell Entwicklungsvorgaben anwenden, auch für mehrere Fotos; ebenso mit dem Sprühdose-Werkzeug. Eigene Vorgaben können Sie im Entwickeln-Modul erstellen (siehe Kapitel 8.7).

Mit **Freistellungsfaktor** wählt man ein anderes Seitenverhältnis aus. Freistellen und Ausrichten ist allerdings nur im Entwickeln-Modul mit dem Freistellen-Werkzeug möglich (siehe Kapitel 9.4).

Behandlung legt fest, ob das Foto als Farb- oder Schwarz-Weiß-Foto behandelt

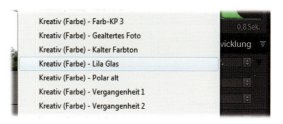

▲ Abbildung 6-23:
Lightroom wird bereits mit vielen Entwicklungsvorgaben ausgeliefert. In Version 3 sind viele neue Vorgaben hinzugekommen, sodass die Auswahl über die Ad-hoc-Entwicklung-Palette etwas schwerfällt.

wird. Mehr zur Schwarz-Weiß-Umsetzung siehe Kapitel 9.7.

Für den **Weißabgleich** (Anpassen der Farbtemperatur) können Sie in der Palette zwischen mehreren Voreinstellungen wählen. Außerdem können Sie die Weißabgleich-Automatik einschalten, welche die Farbtemperatur automatisch einstellt. Mehr zum Weißabgleich finden Sie in Kapitel 9.1.

Die nächsten sechs Knöpfe sind für die Tonwertkorrektur zuständig. Ausführlich behandle ich die Tonwert-Einstellungen in Kapitel 9.2. Im Bibliothek-Modul benutzt man die Knöpfe sozusagen für die »schnelle Tonwertkorrektur« wie folgt:

- **Belichtung**: Wenn ein Foto unter- oder überbelichtet ist
- **Wiederherstellung**: Um überbelichtete Details in den Lichtern hervorzuholen (bei Raw-Fotos)
- **Aufhelllicht**: Um Schatten in Gegenlicht-Aufnahmen aufzuhellen

▲ Abbildung 6-24:
Bei Drücken der ⟨Alt⟩-Taste (⌘: ⟨⌥⟩) werden aus den Reglern Klarheit und Dynamik die Regler Schärfen und Sättigung.

- **Schwarz**: Wenn ein Foto kein richtiges Schwarz enthält (wenn im Histogramm links noch Platz ist)
- **Helligkeit**: Wenn ein Foto in den Mitteltönen zu hell oder zu dunkel ist
- **Kontrast**: Wenn ein Foto zu flau oder zu kontrastreich ist, nachdem Belichtung und Schwarz richtig stehen

Mit der *Tonwertautomatik* werden die sechs obigen Einstellungen automatisch gesetzt. Man aktiviert sie über den Knopf **Autom. Tonwert** in der Palette. Die Tonwertautomatik eignet sich vor allem, um mehrere unterschiedlich belichtete Fotos (z.B. wenn man die Belichtungsautomatik der Kamera verwendet hat) automatisch zu korrigieren – für Fälle also, in denen man nicht die Entwicklungseinstellungen von einem Foto auf die anderen übertragen kann (siehe unten).

Die verbleibenden beiden Einstellungen in der Ad-hoc-Entwicklung-Palette machen ein Foto »knackiger« oder weniger knackig: **Klarheit** regelt den Konturenkontrast. **Dynamik** hingegen erhöht bzw. verringert die Sättigung. Mehr zu den Einstellungen siehe Kapitel 9.3. Über die ⟨Alt⟩-Taste (⟨⌥⟩) gelangen Sie an zwei weitere Einstellungen (siehe Abbildung 6-24): **Sättigung** funktioniert ähnlich wie Klarheit. **Schärfen** regelt den Schärfeeindruck und wird am besten bei einer Vergrößerung von 1:1 betrachtet. Mehr zur Schärfung siehe Kapitel 9.9.

Über **Alles zurücksetzen** ganz unten in der Palette schließlich stellen Sie wieder die Ausgangswerte des Fotos ein. Die Ausgangswerte, d.h. die Standardentwicklungseinstellungen, eines Fotos lassen sich im Entwickeln-Modul genau anpassen (siehe Kapitel 8.8).

Manchmal reichen die Einstellungen in der Ad-hoc-Entwicklung-Palette auch für die schnelle Bearbeitung nicht aus. Einige Werkzeuge des Entwickeln-Moduls lassen sich daher per Tastaturkürzel direkt aus dem Bibliothek-Modul heraus anspringen. So können Sie beispielsweise über ⟨R⟩

Tonwertautomatik: ⟨Strg⟩+⟨Alt⟩+⟨U⟩ (⌘: ⟨⌘⟩+⟨⌥⟩+⟨U⟩)

Zurücksetzen: ⟨Strg⟩+⟨⇧⟩+⟨R⟩ (⌘: ⟨⌘⟩+⟨⇧⟩+⟨R⟩)

Freistellen-Werkzeug im Entwickeln-Modul: ⟨R⟩

Weißabgleichauswahl …: ⟨W⟩

Bereichsreparatur …: ⟨Q⟩

Korrekturpinsel …: ⟨K⟩

Verlaufsfilter …: ⟨M⟩

direkt das Freistellen-Werkzeug im Entwickeln-Modul aufrufen, damit das Foto freistellen und mit dem fertig beschnittenen Bild über G oder E wieder ins Bibliothek-Modul zurückkehren.

6.4.2 Entwicklungseinstellungen übertragen

Man kann zwar mehrere Fotos auswählen und über die Ad-hoc-Entwicklung-Palette gleichzeitig bearbeiten. Aber oft »läuft« es doch anders. Ich wechsele z.B. häufig mit einem interessanten Foto ins Entwickeln-Modul und bearbeite es dort bereits recht gründlich. Wenn Sie ein Foto auf diese Weise bearbeitet haben, können Sie evtl. dessen Entwicklungseinstellungen auf andere Fotos übertragen. Das können auch Teileinstellungen sein wie z.B. Farbtemperatur, Belichtung, Tonwertkorrektur, aber auch Schärfung, Rauschentfernung usw.

Zum Übertragen von Einstellungen gibt es zwei einander ähnliche Verfahren. Beim *Synchronisieren* wählt man die Zielfotos aus (es müssen für diese Funktion mehrere Fotos ausgewählt sein) und macht das Quellfoto, also das Foto, von dem die Einstellungen übertragen werden sollen, aktiv. Dann drückt man **Einstell. syn.** unten in der rechten Palettenspalte. Im folgenden Dialog (Abbildung 6-27) lässt sich genau festlegen, welche Einstellungen in den Zielfotos überschrieben werden und welche erhalten bleiben. Bei gedrückter Alt-Taste (⌘:⌥) wird dieser Dialog übersprungen, und die zuletzt gewählten Einstellungen werden synchronisiert.

Ähnlich wie das Synchronisieren, nur in einem Zwei-Schritt-Verfahren, funktioniert das *Kopieren und Einfügen*. Das

▲ Abbildung 6-25:
Über den Einstell.-syn.-Knopf können Sie Entwicklungseinstellungen übertragen.

Hinweis
Wenn Sie mehrere Fotos ausgewählt haben und eins davon aktiv machen wollen, klicken Sie direkt auf die Miniatur, nicht auf den Rand der Rasterzelle, sonst geht die Auswahl verloren.

Histogramm im Bibliothek-Modul
Oberhalb der Ad-hoc-Entwicklung-Palette befindet sich das Histogramm. Es zeigt die Tonwertverteilung des aktiven Fotos an und macht dabei auf über- oder unterbelichtete Fotos aufmerksam. Bei Änderungen der Tonwerte über die Ad-hoc-Entwicklung-Palette kann es nützlich sein, auf Veränderungen im Histogramm zu schauen. Für eine genauere Erklärung des Histogramms siehe Kapitel 2.6.1.

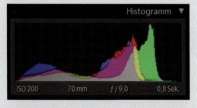

▲ Abbildung 6-26:
Das Histogramm im Bibliothek-Modul. Unterhalb des Histogramms werden vier wichtige Metadaten dargestellt: ISO-Wert, Brennweite, Blende und Belichtungszeit.

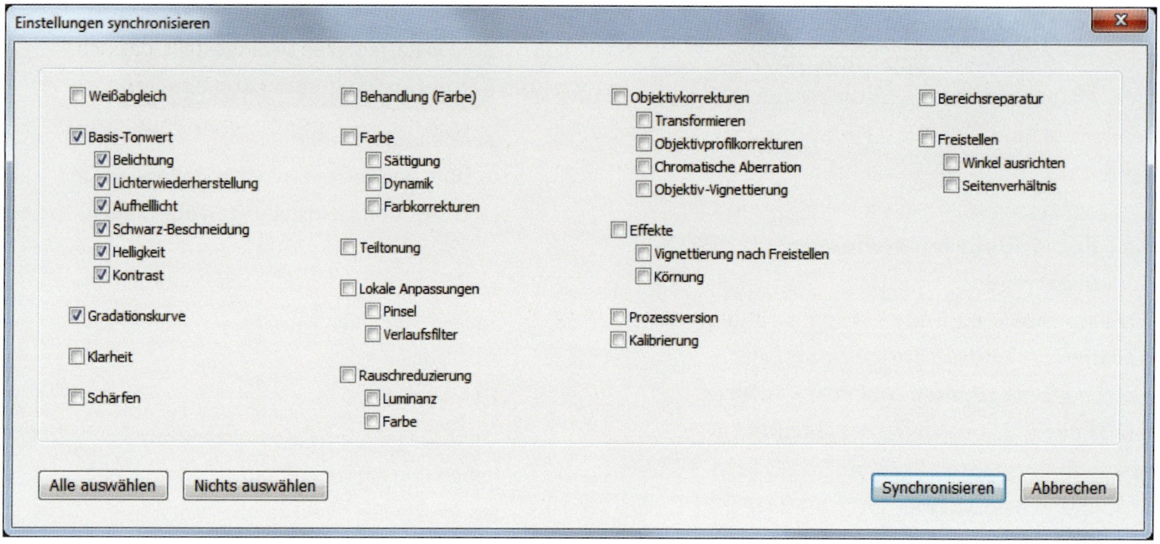

▲ Abbildung 6-27:
Dialog für die Auswahl der zu synchronisierenden Einstellungen

Prinzip ist aus den meisten Computerprogrammen bekannt. Man wählt ein Foto aus und ruft **Foto ▷ Entwicklungseinstellungen ▷ Einstellungen kopieren** auf, daraufhin erscheint derselbe Dialog wie oben. Einfügen kann man die kopierten Einstellungen für alle ausgewählten Fotos mittels **Einstellungen einfügen**.

Das Einfügen von Entwicklungseinstellungen geht übrigens auch ohne expliziten Kopieren-Schritt. Lightroom merkt sich in einem Zwischenspeicher automatisch die Einstellungen des zuletzt aktiven Fotos. Mit der Funktion **Vorherige Einstellungen einfügen** werden diese Einstellungen auf die ausgewählten Fotos angewendet. Sie können also zunächst ein Foto bearbeiten, das nächste auswählen und dann die Entwicklungseinstellungen des zuletzt bearbeiteten Fotos als Ausgangswerte übernehmen.

Das Übertragen von Entwicklungseinstellungen funktioniert meiner Erfahrung nach mit Abstand am besten, wenn man manuell belichtet, wo dies möglich ist: Nicht nur bei Kunstlicht, sondern auch draußen, so oft es geht. Dann kann man, nachdem man ein Foto im

---

Einstellungen synchronisieren: Strg+⇧+S (⌘: ⌘+⇧+S)

Einstellungen kopieren: Strg+⇧+C (⌘: ⌘+⇧+C)

Einstellungen einfügen: Strg+⇧+V (⌘: ⌘+⇧+V)

Vorherige Einstellungen einfügen: Strg+Alt+V (⌘: ⌘+⌥+V)

◄ Abbildung 6-28:
Ich habe die erweiterten Rasterzellen so eingestellt, dass ich die Belichtungsdaten der Fotos schnell überblicken kann. So kann ich sehen, bei welchen Fotos eine Übertragung von Entwicklungseinstellungen möglich ist.

Entwickeln-Modul bearbeitet hat, eine ganze Reihe von 20 oder mehr Fotos mit ein paar Mausklicks oft in einen nahezu perfekten Zustand versetzen – das ist schon toll.

Ich benutze also lieber das Übertragen von Entwicklungseinstellungen als die gemeinsame Bearbeitung mehrerer Fotos über die Ad-hoc-Entwicklung-Palette. Letztere hat aber einen Vorteil: Es ist egal, welche Werte vorher schon eingestellt waren, die Bearbeitung erfolgt relativ (z.B. Kontrast *um* 5 Punkte erhöhen), nicht absolut (wie z.B. Kontrast *auf* 25 stellen). Daher kann man zunächst die Tonwertautomatik verwenden und dann bei Bedarf mehrere Fotos gleichzeitig nachkorrigieren. Dies geht mit der Synchronisieren-Funktion nicht, da dort die durch die Automatik gefundenen individuellen Werte überschrieben würden.

6.5 IPTC-Metadaten

Die Vergabe von IPTC-Metadaten ähnelt der Vergabe von Entwicklungseinstellungen. Metadaten für einzelne oder mehrere Fotos geben Sie über die Metadaten-Palette ein. Darüber hinaus können Sie Vorgaben anlegen und Metadaten von einem Foto auf andere übertragen.

6.5.1 Die Metadaten-Palette

IPTC-Metadaten lassen sich am einfachsten über die Metadaten-Palette anzeigen und eintragen. Die Zahl der Metadaten, die für ein einzelnes Foto zur Verfügung stehen und angezeigt werden können, ist sehr hoch, zumal auch EXIF-Daten und andere Informationen über die Palette angezeigt werden können. Es lässt sich daher über das Aufklappmenü ganz oben links (siehe Abbildung 6-30) einstellen, welche Metadaten die Palette anzeigt. Wenn keine der verfügbaren Ansichten Ihren Vorstellungen entspricht, können

Hinweis
Wenn Sie Teilbilder aufnehmen, für Panoramen oder HDR, sollten Sie ohnehin manuell belichten und die Entwicklungseinstellungen vor der Zusammensetzung synchronisieren.

◀ Abbildung 6-29:
Die Metadaten-Palette ist der zuverlässigste Anlaufpunkt, wenn man Informationen über ein Foto ablesen möchte.

▲ Abbildung 6-30:
Es lässt sich einstellen, welche Metadaten die Palette anzeigt.

Sie mit dem Zusatzmodul Metadata-Viewer Preset Editor Ihre eigene erstellen.

Die veränderbaren Metadaten, also im Wesentlichen die IPTC-Daten, lassen sich direkt über die Textfelder in der Metadaten-Palette editieren. Wenn mehrere Fotos ausgewählt sind, zeigt Lightroom in der Palette normalerweise die gemeinsamen Metadaten an. Die Felder, in denen es Unterschiede zwischen den Fotos gibt, werden dann mit **<gemischt>** gekennzeichnet. Wenn Sie etwas in ein Feld eintragen, wirkt es sich auf alle Fotos aus (in der Rasteransicht und in der Lupenansicht im Automatisch-synchronisieren-Modus). Um immer nur die Daten des aktiven Fotos anzuzeigen oder zu verändern, egal wie viele ausgewählt sind, kann man die Option **Metadaten ▷ Metadaten nur für Zielfoto anzeigen** aktivieren. Diese Option bezieht sich speziell auf die Metadaten-Palette.

6.5.2 Die wichtigsten IPTC-Metadaten

Autor- und Urheberrechtsmetadaten sind vor allem wichtig, wenn Fotos weitergegeben oder ins Web gestellt werden. Außerdem können Sie über Lightrooms

Nächstes/vorheriges Feld in der Palette: Tab / ⇧+Tab
Nächstes/vorheriges Foto: Strg (⌘:⌘)+← / →

Ausgabefunktionen die Urheberrechtsangabe automatisch als Wasserzeichen in ausgegebene Fotos einprägen.

Titel und Bildbeschreibung lassen sich ebenfalls für die Ausgabe verwenden, besonders im Zusammenhang mit den Webgalerien oder den Veröffentlichungsdiensten. Eine Bildbeschreibung ist auch ein geeigneter Ort, um in der Reisefotografie Informationen über die besuchten Orte unterzubringen, die man später für Diavorträge, Webgalerien oder Fotoausstellungen braucht.

Ortsmetadaten bezeichnen die vier IPTC-Felder **Land**, **Bundesland**, **Stadt** und **Region** (manchmal wird auch **Ort** statt Region verwendet). Mit Region/Ort ist eine weitere Aufteilung der Stadt gemeint. Es ist sinnvoll, an dieser Stelle Namen von Plätzen, Stadtteilen oder berühmten Gebäuden einzutragen. Ist das Foto nicht innerhalb einer Stadt aufgenommen, lasse ich das Stadt-Feld frei und trage die Region oder die Sehenswürdigkeit in das Region-/Ort-Feld ein. Die Ortsmetadaten sind unter anderem für die Suche im Archiv nützlich. Sie können über die Filterleiste nach Orten suchen oder die vier Felder hierarchisch anzeigen lassen (siehe Abbildung 6-34).

Unter *Job-Kennung* können professionelle Fotografen die Kennzeichnungsnummer des Fotoauftrags eintragen. Man kann hier aber auch sehr gut den Namen eines Kunden oder als Amateur den Namen des Projekts eingeben, zu dem das Foto gehört. Zum Beispiel habe ich ein Projekt mit Panorama-Fotos in Berlin, das ich mit »Berlin-Panos« bezeichnet habe. Das Schöne an diesem Metadatenfeld ist, dass Sie wie bei den Ortsmetadaten in der Filterleiste danach filtern können; dort

▲ Abbildung 6-31:
In der Palette befindet sich rechts neben den meisten Metadaten ein Knopf. Ein Klick darauf löst eine Aktion aus, die im Zusammenhang mit dem Metadatum steht. Der Knopf neben den GPS-Daten ruft z.B. Google Maps im Webbrowser auf.

▲ Abbildung 6-32:
Autor- und Urheberrechtsinformationen in der Metadaten-Palette

▲ Abbildung 6-33:
Titel und Bildbeschreibung sind recht aufwändig zu vergeben, da sie sehr individuell sind. Es lohnt sich in der Regel nur für die besten Fotos.

152   Kapitel 6: Metadaten vergeben

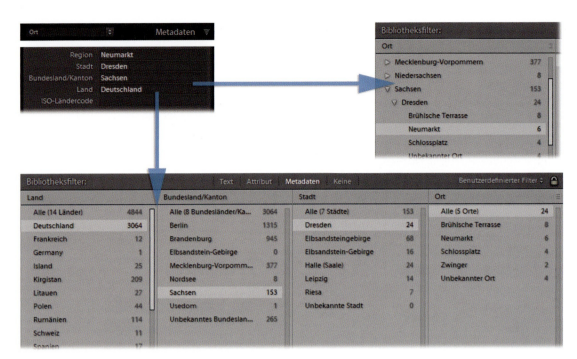

▲ Abbildung 6-34:
Die Ortseinträge können in einer Spalte der Filterleiste als aufklappbare Hierarchie oder über vier verschiedene Spalten angezeigt werden.

◀ Abbildung 6-35:
Job-Kennung-Feld in der Palette bzw. Auftrag im Metadatenfilter

◀ Abbildung 6-36:
IPTC-Extension – die neuen Metadatenfelder sind teilweise so beschaffen, dass man mehrere Werte bzw. mehrere Sätze von Werten vergeben kann; hier zum Beispiel mehrere abgebildete Orte (Tempelhof u. Neukölln).

heißt das Feld **Auftrag** (siehe Abbildung 6-35).

2008 hat die IPTC zusätzliche Metadatenfelder spezifiziert und diese unter der Bezeichnung *IPTC Extension* zusammengefasst (die bisherigen Felder heißen »IPTC Core«). Diese werden seit Lightroom 3 unterstützt, sodass Sie Metadaten dieser Art eintragen und danach suchen können. In der Filterleiste lässt sich allerdings keines der neuen Felder einstellen. IPTC Extension umfasst abgesehen davon zumeist recht spezielle Metadatenfelder für professionelle Fotografen:

- Lizenzierungsdetails, v.a. für Fotos mit Modellen
- Bildinhalt, z.B. abgebildete Person, abgebildetes Ereignis
- Ein zusätzliches Ortsmetadatenfeld, »Weltregion«, außerdem getrennte Ortsmetadaten für Ort der Kamera und Ort des Motivs
- Detaillierte Informationen über Abbildungen von Kunstwerken, z.B. Titel, Art usw.

Hinweis
Eine ausführliche Erläuterung aller IPTC-Core und IPTC-Extension-Felder finden Sie im Dokument *IPTC Photo Metadata Standards* auf http://www.iptc.org/.

Inkonsistenzen vermeiden

Beim Eintragen von Metadaten kann es leicht zu Inkonsistenzen kommen. Wenn man z.B. einmal »Copyright 2004« und einmal »© 2004« schreibt, meint man eigentlich dasselbe, hat aber unterschiedliche Bezeichnungen verwendet. Im Fall des Urheberrechtshinweises hat dies keine sichtbaren Auswirkungen. Handelt es sich aber beispielsweise um eine Ortsangabe, tauchen diese Inkonsistenzen in der Filterleiste als doppelte Einträge auf. Auch bei der Suche werden u.U. nicht mehr alle Fotos gefunden, die mit einem Suchbegriff gemeint sind.

Um Inkonsistenzen von vornherein zu vermeiden, lässt sich in den Katalogeinstellungen unter **Metadaten** einstellen, dass Lightroom sich an zuletzt eingegebene Werte erinnert (**Vorschläge von zuletzt eingegebenen Werten anbieten**). Lightroom schlägt dann zuletzt eingegebene Werte anhand der bereits eingegebenen Buchstaben vor, ähnlich wie in einem Webbrowser. Sie können meist auch auf den Namen eines Metadatenfeldes klicken und erhalten eine Liste mit den zuletzt eingegebenen Werten.

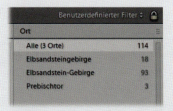

▲ Abbildung 6-37:
Hier ist »Elbsandsteingebirge« unterschiedlich eingetragen worden, was zu zwei Einträgen in der Filterleiste führt.

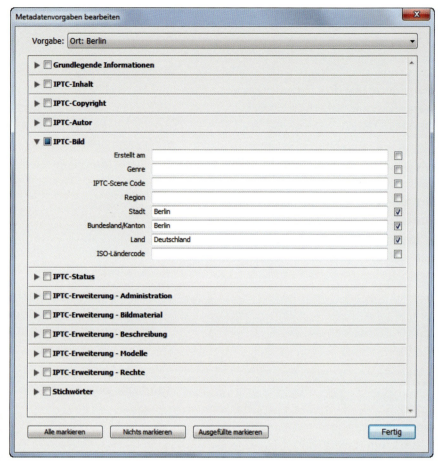

Abbildung 6-38: Erstellung einer Metadatenvorgabe. Nur die drei markierten Felder werden in die Vorgabe aufgenommen.

6.5.3 Metadatenvorgaben verwenden

Eine komfortable Möglichkeit zur Metadatenvergabe sind Vorgaben. Metadatenvorgaben speichern Metadaten, die häufig vergeben werden, z.B. Autor- und Urheberrechtsinformationen, aber auch z.B. Ortsmetadaten oder Lizenzierungsdetails.

Um die Verwaltung aufzurufen, wählt man **Metadaten ▷ Metadatenvorgaben bearbeiten**, woraufhin ein Dialog wie in Abbildung 6-38 erscheint. Die Daten des aktiven Fotos werden bereits in den Dialog eingetragen. Über das Aufklappmenü oben im Dialog können Sie die eingegebenen Daten als Vorgabe speichern oder

Metadaten kopieren: Strg+Alt+⇧+C (⌘:⌘+⌥+⇧+C)

Metadaten einfügen: Strg+Alt+⇧+V (⌘:⌘+⌥+⇧+V)

vorhandene Vorgaben umbenennen oder löschen.

Mit den Häkchen auf der rechten Seite lassen sich einzelne Felder, mit denen auf der linken ganze Gruppen an- oder ausschalten. Nur die eingeschalteten Felder wirken sich beim Anwenden der Vorgabe auf die Metadaten der Fotos aus, die anderen bleiben unberührt. Auf diese Weise können Sie Vorgaben erstellen, die nur bestimmte IPTC-Informationen, z.B. Ortsmetadaten, enthalten.

Angewendet werden Vorgaben auf ein oder mehrere Fotos z.B. direkt in der Metadaten-Palette (ganz oben über das Vorgabe-Aufklappmenü) oder über das Kontextmenü eines Fotos unter **Metadaten ▷ Vorgaben**. Eine weitere Möglichkeit ist die Verwendung des Sprühdose-Werkzeugs. Wenn es auf »Metadaten« gestellt wird, kann man eine Vorgabe auswählen und diese mit der Sprühdose auf die Fotos anwenden.

Am komfortabelsten kann man die Vorgaben sicherlich im Importieren-Dialog vergeben. Ich habe dort meine Vorgabe »Copyright: 2010« mit Autor- und Urheberrechtsinformationen eingestellt, sodass diese wichtigen Metadaten möglichst früh und garantiert bei allen Fotos eingetragen werden.

6.5.4 Metadaten übertragen

Eine weitere Möglichkeit der Metadatenvergabe ist die Übertragung von einem Foto auf andere, ohne dass dazu Vorgaben verwendet werden. Wie bei den Entwicklungseinstellungen gibt es hierfür zwei ähnliche Funktionen: Synchronisieren und Kopieren/Einfügen.

Fürs *Synchronisieren* wählt man mehrere Fotos aus und drückt den Knopf

▲ Abbildung 6-39:
Über die Metadaten-Palette können Vorgaben angewendet werden.

Metadaten syn. unten in der rechten Palettenspalte oder ruft den Menübefehl **Metadaten ▷ Metadaten synchronisieren** auf. Daraufhin öffnet sich ein Dialog ähnlich dem in Abbildung 6-38, der bereits die Einträge des gerade aktiven Fotos enthält. Diese sind hier übrigens noch editierbar, bevor sie auf die Fotos übertragen werden. Ein Druck auf **Synchronisieren** trägt die Daten im Dialog dann in alle ausgewählten Fotos ein (inklusive des aktiven).

Kopieren/Einfügen funktioniert grundsätzlich genauso, nur läuft dabei die Bedienung in mehr als einem Schritt ab: einmal kopieren und dann ein (oder auch mehrere Male) in Fotos einfügen. Fürs Kopieren steht kein Knopf zur Verfügung, dafür gibt es zusätzlich zu den Menübefehlen Tastaturkürzel. Der Eintrag **Metadaten ▷ Metadaten kopieren** kopiert in den Zwischenspeicher. **Metadaten ▷ Metadaten einfügen** überträgt die Werte dann vom Zwischenspeicher auf ein oder mehrere Fotos.

Abbildung 6-40:
Die Palette Stichwörter festlegen

▲ Abbildung 6-41:
Über Stichwortsätze lassen sich Stichwörter per Mausklick oder Tastaturkürzel eintragen.

6.6 Stichwörter

Stichwörter sind wichtig fürs Fotoarchiv und für die Weitergabe von Fotos an Bildagenturen und auch Webdienste wie Flickr – also überall dort, wo nach Fotos gesucht wird. Sie werden über die Palette **Stichwörter festlegen** vergeben und über die Stichwortliste-Palette verwaltet. Lightrooms Stichwörter lassen sich in einer Hierarchie organisieren.

6.6.1 Stichwörter vergeben

Für ein oder mehrere ausgewählte Fotos kann man einzelne Stichwörter über die Palette **Stichwörter festlegen** vergeben. Dazu trägt man sie einfach in eines der beiden Textfelder im oberen Teil der Palette ein. Das kleine Textfeld weiter unten ist nur für die Eingabe da, im großen Textfeld werden außerdem die bereits eingegebenen Stichwörter angezeigt. Mehrere Stichwörter werden durch Kommas voneinander getrennt.

Im Palettenteil **Stichwortvorschläge** empfiehlt Lightroom Stichwörter, die seiner Meinung nach zum momentan ausgewählten Foto passen. Dabei geht es recht intelligent vor und schlägt z.B. Stichwörter vor, die in umliegende Fotos bereits eingetragen wurden.

Stichwortsätze
Wenn Sie bestimmte Stichwörter häufig verwenden, können Sie dafür *Stichwortsätze* anlegen. Sie ähneln entfernt den Vorgaben für Metadaten. Ein Stichwortsatz besteht aus neun Stichwörtern, die in

---

Großes Textfeld aktivieren: Strg+⇧+K (⌘: ⌘+⇧+K)

Kleines Textfeld aktivieren: Strg+K (⌘: ⌘+K)

Stichwörter zuweisen: Alt (⌘: ⌥)+1...9

Stichwortsatz wechseln: Alt+0 (⌘: ⌥+0) und ⇧+Alt+0 (⌘: ⇧+⌥+0)

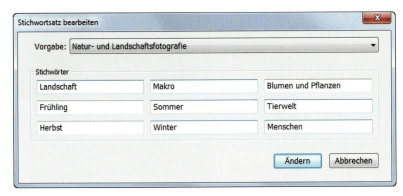

◀ Abbildung 6-42:
Stichwortsatz bearbeiten; hier können Sie Ihre eigenen Sätze erstellen.

einem 3×3-Raster angeordnet sind (siehe Abbildung 6-41). Wenn ein Stichwortsatz eingestellt ist, kann man dessen Stichwörter durch einfaches Anklicken oder über die Tastaturkürzel zuweisen. Gerade mit den Tastaturkürzeln kann man recht schnell arbeiten: dazu [Alt] bzw. [⌥] gedrückt halten und dann einfach die Zahlentasten drücken.

Über das Aufklappmenü in der Stichwörter-festlegen-Palette oder über die entsprechenden Tastaturkürzel kann man den eingestellten Stichwortsatz schnell wechseln. In Lightroom sind drei Stichwortsätze bereits voreingestellt (Hochzeits-, Natur- und Porträtfotografie). **Letzte Stichwörter** ist hingegen ein spezieller Satz, mit dem Sie schnell auf die zuletzt vergebenen Stichwörter zugreifen

Voreinstellungen für die Stichwortvergabe

In den Voreinstellungen unter **Benutzeroberfläche** verstecken sich zwei Einstellungen zur Eingabe von Stichwörtern. **Stichwörter trennen durch** legt fest, wie Stichwörter im Eingabefeld getrennt werden:

durch Kommas oder durch Leerzeichen. Über **Text im Stichwort-Tags-Feld automatisch vervollständigen** kann man das automatische Vervollständigen bei der Eingabe im großen Eingabefeld ein- oder ausschalten.

▲ Abbildung 6-43:
Voreinstellungen für die Stichworteingabe

▲ Abbildung 6-44:
Als Stichwortkürzel trägt man ein einzelnes Stichwort ein, das man dann sehr schnell vergeben kann.

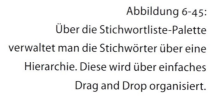

Abbildung 6-45:
Über die Stichwortliste-Palette verwaltet man die Stichwörter über eine Hierarchie. Diese wird über einfaches Drag and Drop organisiert.

können. Um eigene Sätze zu erstellen, wählen Sie **Metadaten ▷ Stichwortsatz ▷ Bearbeiten**.

Stichwortkürzel

Wenn man ein Stichwort in sehr viele Fotos eintragen will, empfiehlt sich das *Stichwortkürzel*. Das ist ein kleiner Zwischenspeicher, in den man ein oder mehrere Stichwörter einträgt, die man anschließend besonders schnell vergeben kann. Da man das Kürzel erst einstellen muss, eignet es sich nur dann, wenn man ein Stichwort wirklich für viele, womöglich sogar in mehreren Quellen liegende, Fotos einträgt.

Um das Stichwortkürzel festzulegen, rufen Sie **Metadaten ▷ Stichwortkürzel festlegen** auf, woraufhin man das oder die Stichwörter (durch Kommas getrennt) in einen kleinen Dialog eingibt. Daraufhin kann man das Kürzel durch Drücken von ⇧+K einem oder mehreren ausgewählten Fotos zuweisen bzw. wieder entfernen. Als Alternative können Sie auch das Sprühdose-Werkzeug aktivieren, dort **Stichwörter** auswählen und das Kürzel direkt daneben in die Werkzeugleiste

---

Stichwortkürzel festlegen: Strg+Alt+⇧+K (⌘: ⌘+⌥+⇧+K)
Stichwortkürzel zuweisen: ⇧+K

eintragen. Mit der Sprühdose weist man es dann den Fotos zu.

Stichwörter übertragen
Um Stichwörter von einem auf mehrere Fotos zu übertragen, können Sie direkt die Palette **Stichwörter festlegen** benutzen. Wenn Sie mehrere Fotos ausgewählt haben und dabei ein Stichwort im großen Textfeld mit einem Stern (*) angezeigt wird (siehe Abbildung 6-40), heißt das, dass es nur in einigen der ausgewählten Fotos vorkommt. Sie können es in die restlichen eintragen, indem Sie das *-Symbol entfernen und ⏎ drücken. Sie können Stichwörter aber auch über die normale Metadatensynchronisation übertragen und sie in Metadatenvorgaben speichern (siehe Kapitel 6.5).

6.6.2 Die Stichwortliste-Palette
Ein kontrolliertes Vokabular einrichten

Die Stichwortliste-Palette ist in erster Linie dazu da, dass Sie Stichwörter langfristig konsistent vergeben können. Sie dient Ihnen als Orientierung und zeigt Ihnen, welchen Begriff Sie normalerweise (auch in welcher Schreibweise) für ein Motiv verwenden sollten. Mit der Hierarchie legen Sie sich also auf eine Ordnung von Begriffen fest, mit der Sie sozusagen die Welt beschreiben. Man spricht hierbei auch von einem »kontrollierten Vokabular«.

Damit dies funktioniert, enthält die Palette nicht nur alle Stichwörter, die in den Fotos des Katalogs gerade vorkommen. Sie kann darüber hinaus auch Stichwörter enthalten, die im Moment noch gar nicht verwendet werden. Neue Stichwörter können Sie dazu über das

Welche Stichwörter vergeben?

Sie können zwar theoretisch alle möglichen Informationen in das Stichwortfeld eintragen, es ist aber üblich, Stichwörter nach Möglichkeit auf Beschreibungen des Bildinhalts zu beschränken, evtl. erweitert um die Angabe von technischen Besonderheiten des Fotos.

Welche Stichwörter nützlich sind, ergibt sich oft erst mit der Zeit durch die positiven und negativen Erfahrungen bei der Suche nach Fotos. Wenn Sie z.B. denken: »Ich würde jetzt gerne alle Fotos mit Steinen im Wasser sehen, wie finde ich die jetzt?«, dann wissen Sie, welche Stichwörter Ihnen womöglich fehlen: »Steine« und »Wasser«.

Die genauen Schreibweisen ergeben sich in der Regel mit der Zeit. Ob es »Spanien«, »Spanien-Urlaub« oder »Spanien-Urlaub 2007« heißen soll, wird sich irgendwann zeigen. Dennoch sollten Sie am Anfang bereits irgendetwas eintragen. Sie können den Namen eines Stichworts später über die Stichwortliste-Palette ändern (siehe unten).

Bei der Eingabe von Ortsinformationen überlege ich vorher, ob der Ort für den Bildinhalt wichtig ist – dann wird er als Stichwort *und* in den Ortsmetadaten aufgenommen: d.h., ein Foto mit dem Kölner Dom hätte sich auf jeden Fall das Stichwort »Köln« verdient. Wenn der Ort für den Bildinhalt hingegen unwichtig ist, trage ich ihn nur über die Ortsmetadaten ein.

Hinweis
Über Metadaten ▷ **Nicht verwendete Stichwörter löschen** können Sie alle Stichwörter aus der Palette entfernen, die im Moment in keinem Foto eingetragen sind.

▲ Abbildung 6-46:
Für jedes Stichwort lassen sich Synonyme angeben.

▲ Abbildung 6-47:
Wenn Sie überprüfen wollen, ob ein bestimmtes Stichwort bereits in der Hierarchie ist, können Sie es in das Suchfeld oben in der Palette eingeben.

Stichworthierarchien in Arbeits- und Archivkatalog

Die Stichworthierarchie ist jeweils Bestandteil des Katalogs, nicht der globalen Voreinstellungen. Dadurch ist es sehr aufwändig, Hierarchien in verschiedenen Katalogen genau aufeinander abzustimmen. Selbst wenn Sie in zwei Katalogen mit derselben Hierarchie beginnen, weichen die beiden Hierarchien durch Anpassungen vermutlich mit der Zeit immer mehr voneinander ab.

Wenn Sie mit einem separaten Archivkatalog arbeiten, ist es daher evtl. einfacher, die Stichwörter erst dort hinzuzufügen, da Sie sich dann nur um eine Hierarchie kümmern müssen. Wenn Sie Fotos bereits im Arbeitskatalog mit Stichwörtern versehen und die Hierarchien nicht übereinstimmen, gerät die Hierarchie im Archivkatalog in Unordnung, wenn Fotos aus dem Arbeitskatalog übertragen werden.

Plus-Symbol in der Palette einrichten, ohne dass sie in ein Foto eingetragen werden.

Für jedes Stichwort können Sie außerdem Synonyme vergeben. Oft hat man ja das Problem, dass es mehrere Bezeichnungen für ein und dieselbe Sache gibt. Welches Stichwort vergeben Sie in diesem Fall? Wählen Sie »Schmetterling« oder »Falter«? Oder beides? In Lightroom entscheiden Sie sich für eines und tragen den anderen Begriff als Synonym ein. Bei der Suche und auch bei der Ausgabe werden Synonyme berücksichtigt.

Synonyme tragen Sie über den Dialog **Stichwort-Tag bearbeiten** ein, den Sie über das Kontextmenü eines Stichworts oder per Doppelklick auf ein Stichwort aufrufen (siehe Abbildung 6-46). Hier können Sie neben den Exportoptionen (siehe unten) mehrere Synonyme pro Stichwort, per Komma getrennt, angeben.

Stichwortvergabe über die Palette

Sobald Sie ein kontrolliertes Vokabularium eingerichtet haben, ist es sinnvoll, bei der Stichwortvergabe von diesem auszugehen und sich recht strikt daran zu halten. Um beim Beispiel mit »Schmetterling« und »Falter« zu bleiben: Nach einigen Jahren wissen Sie vermutlich nicht mehr, welchen der beiden Begriffe Sie in Ihren früheren Fotos verwendet haben. Deshalb orientieren Sie sich einfach an der Hierarchie und sehen nach, welcher der beiden Begriffe bereits unter Tiere → Insekten → ... (oder wie auch immer Sie Ihre Hierarchie aufgebaut haben) eingetragen ist.

Hierbei können Sie Stichwörter gleich über die Stichwortliste-Palette vergeben anstatt über die Palette **Stichwörter**

Stichworthierarchien exportieren und importieren

Da die Erstellung von Stichworthierarchien viel Zeit und Aufwand kostet, ist es wichtig, diese gut weiterverwenden zu können, wenn Sie ein anderes Programm für die Bildverwaltung benutzen möchten. Hierzu kann man die Hierarchie selbst exportieren (**Metadaten ▷ Stichwörter exportieren**). Beim Exportieren speichert Lightroom die Hierarchie in einer Unicode-Textdatei, in der die einzelnen Hierarchiestufen durch Tabulator-Zeichen gekennzeichnet sind.

Lightroom kann Textdateien, die auf diese Weise formatiert sind, auch importieren (**Metadaten ▷ Stichwörter importieren**). Dabei wird die importierte Hierarchie zur bereits bestehenden hinzugefügt. Auf diese Weise lassen sich Hierarchien aus anderen Programmen oder aus anderen Lightroom-Katalogen verwenden oder auch von Drittanbietern erstellte kontrollierte Vokabularien laden, wie Sie z.B. für die Verschlagwortung für Bildagenturen eingesetzt werden (siehe Anhang).

Wenn Sie Fotos in Lightroom importieren wollen, die Sie zuvor mit einem anderen Programm verwaltet haben, müssen Sie dieses Programm zusätzlich die Stichworthierarchie in den Metadaten der einzelnen Bilddateien speichern lassen. Dies geschieht über Trennzeichen. Das Stichwort »Natur|Bäume|Buchen« erkennt Lightroom so z.B. als Hierarchie »Natur« -> »Bäume« -> »Buchen«.

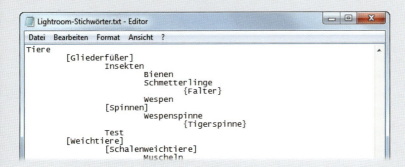

▲ Abbildung 6-48:
Lightroom kann Stichworthierarchien als UTF8-Textdatei ausgeben. Die geschweiften Klammern sind Synonyme, die eckigen Klammern sind Stichwörter, die nicht in exportierten Fotos auftauchen sollen.

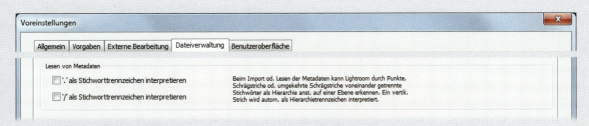

▲ Abbildung 6-49:
Unter Voreinstellungen ▷ Dateiverwaltung lassen sich zusätzliche Zeichen einstellen, die als Trennzeichen erkannt werden sollen.

▲ Abbildung 6-50:
Auch das Stichwortkürzel (siehe oben) lässt sich per Kontextmenü über die Stichwortliste-Palette auswählen; das Stichwort wird daraufhin mit einem + markiert.

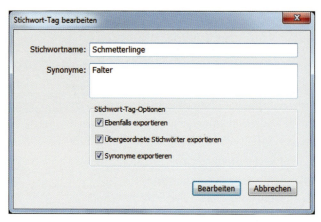

▲ Abbildung 6-51:
Für jedes Stichwort lassen sich die drei Exportoptionen einzeln anpassen.

festlegen. Wenn man die Maus über ein einzelnes Stichwort in der Liste bewegt, erscheint auf der linken Seite des Stichworts ein Auswahlkasten. Klickt man darauf, wird dieser abgehakt und das Stichwort in das ausgewählte Foto eingetragen.

Wenn Sie Stichwörter umbenennen oder aus Fotos entfernen wollen, können Sie das ebenfalls über die Stichwortliste-Palette (per Kontextmenü) tun. Ein Umbenennen bewirkt, dass sich das Stichwort in allen Fotos ändert, denen es zugewiesen wurde. Analog dazu bewirkt das Löschen eines Stichworts aus der Liste, dass es aus allen Fotos entfernt wird.

Stichwörter in exportierten Fotos
Wenn Sie Fotos an Bildagenturen weitergeben (aber auch bei Webdiensten wie z.B. Flickr), ist es wichtig, den Bildinhalt von Fotos ausreichend mit Stichwörtern zu beschreiben. Die Stichworthierarchie dient hier nicht nur der Übersicht und der Konsistenz der Stichwörter, sondern kann auch eine Erleichterung für die Ausgabe darstellen, indem z.B. in der Hierarchie übergeordnete Stichwörter automatisch mit ausgegeben werden.

Welche Stichwörter in exportierten (ausgegebenen) Fotos erscheinen, wird über die Exportoptionen kontrolliert. Für jedes Stichwort lassen sich die Optionen individuell setzen. Dazu rufen Sie den Dialog **Stichwort-Tag bearbeiten** auf (siehe Abbildung 6-51). Die drei Exportoptionen haben folgende Auswirkungen:

- Über **Ebenfalls exportieren** stellt man ein, ob ein Stichwort überhaupt in exportierten Fotos auftauchen soll. So kann man verhindern, dass private oder nur für die Organisation bestimmte Stichwörter ausgegeben werden.
- Mit **Übergeordnete Stichwörter exportieren** wählt man, ob Lightroom in der Hierarchie darüber liegende Stichwörter automatisch mit in exportierte Bilddateien einträgt: So enthält z.B. ein

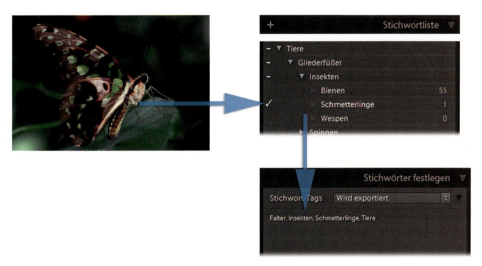

▲ Abbildung 6-52:
Für dieses Foto wurde in Lightroom nur das Stichwort »Schmetterlinge« vergeben, aber es werden auch das Synonym »Falter« und übergeordnete Stichwörter (»Insekten«, »Tiere«) in exportierte Bilddateien eingetragen. Das übergeordnete Stichwort »Gliederfüßer« wurde ausgeschlossen, da es nur der internen Organisation dient.

Foto in Lightroom nur das Stichwort »Schmetterlinge«, in den exportierten Fotos erscheinen aber zusätzlich »Insekten« und »Tiere« (siehe Abbildung 6-52).

- Mit **Synonyme exportieren** stellt man ein, ob die Synonyme eines Stichworts ebenfalls in exportierte Dateien eingetragen werden: Demnach enthält ein Foto in Lightroom z.B. nur »Schmetterlinge«, in den exportierten Fotos erscheint aber auch »Falter«.

Welche Stichwörter insgesamt für ein Foto exportiert werden, können Sie dabei in der Palette **Stichwörter festlegen** sehen. Dazu stellen Sie im Stichwort-Tags-Aufklappmenü **Wird exportiert** ein.

6.6.3 Nach Stichwörtern suchen

Stichwörter können Sie auf zwei Arten benutzen, um Fotos zu finden: Sie können direkt nach einem Begriff suchen oder anhand von Stichwörtern nach Fotos »browsen«.

Die direkte Suche erfolgt über die Textsuche in der Filterleiste, die einfach mit [Strg]+[F] (⌘: [⌘]+[F]) aufgerufen wird. Dabei lassen sich verschiedene Suchkriterien einstellen. Einerseits lässt sich die Suche auf Stichwörter begrenzen. Vor allem aber lassen sich mehrere Suchbegriffe über die UND- bzw. die ODER-Verknüpfung kombinieren (siehe Abbildung 6-53). Für die genaue Einstellung der Suchkriterien siehe Kapitel 3.4.2.

▲ Abbildung 6-53:
Hier wird ausschließlich innerhalb von Stichwörtern gesucht, und es müssen beide Suchbegriffe im Foto vorkommen, also »Steine« und »Wasser«.

▲ Abbildung 6-54:
Über die Stichwortliste-Palette gelangt man schnell zu allen Fotos mit einem bestimmten Stichwort.

Das »Browsen« anhand von Stichwörtern geht z.B. direkt über die Hierarchie in der Stichwortliste-Palette. Über den Pfeil rechts eines Stichworts können Sie direkt auf alle Fotos zugreifen, die das Stichwort enthalten. Vorher können Sie das Suchfeld in der Palette benutzen, um die Stichwörter einzugrenzen (siehe Abbildung 6-54). Auch in der Filterleiste können Sie Stichwörter hierarchisch anzeigen lassen. Während die Stichwortliste-Palette sich immer auf den gesamten Katalog bezieht, bezieht sich die Filterleiste dabei nur auf die momentane Quelle.

Ich gehe meist über die direkte Suche vor. Dazu wähle ich zunächst die Quelle »Alle Fotos« in der Katalog-Palette aus, damit im gesamten Katalog gesucht wird.

Wenn ich die gesuchten Fotos gefunden habe, klicke ich in der Regel eins der Fotos mit der rechten Maustaste an und wähle im Kontextmenü **Gehe zu Ordner in Bibliothek**. Daraufhin wechselt Lightroom in den entsprechenden Projektordner, wo ich dann auch die in Zusammenhang stehenden Fotos sehen kann.

Manchmal kombiniere ich die Suche nach Stichwörtern auch mit der Sortierung. Ich suche zum Beispiel nach einem bestimmten Stichwort und sortiere dann nach Bewertungssternen, sodass die am besten bewerteten Fotos oben stehen, ich aber bei Bedarf auch nach unten scrollen kann, um alle anderen zu sehen.

6.7 Metadaten speichern

Alle in diesem Kapitel behandelten Metadaten können Sie mit den Bilddateien speichern. Dies ist wichtig für die Migrierbarkeit. Wenn Sie Lightroom eines Tages nicht mehr benutzen möchten, können Sie die Metadaten speichern und die Fotos anschließend in ein anderes Verwaltungsprogramm importieren (alle Katalogorganisationsmittel gehen dabei allerdings verloren).

Weiterhin können Sie die Funktion benutzen, wenn Sie zwischenzeitlich mit anderen Programmen an den Fotos

Metadaten für ausgewählte Fotos speichern: Strg+S (⌥:⌘+S)

▲ Abbildung 6-55:
Die Migrierbarkeit der Metadaten ermöglicht Freiheit von einer einzelnen Softwarelösung wie Lightroom.
(©iStockphoto.com/dkorolov)

arbeiten wollen, z.B. beim Geotagging (siehe Kapitel 6.1.3), oder wenn Sie Fotos direkt mit Adobe Bridge und/oder Camera Raw bearbeiten. Wenn Sie ausschließlich Lightroom verwenden, benötigen Sie die Funktion in der Regel nicht.

6.7.1 Metadaten speichern und lesen

Um die Metadaten aus dem Katalog in den Bilddateien zu speichern, wählen Sie **Metadaten ▷ Metadaten in Datei(en) speichern.** Dies betrifft alle ausgewählten Fotos. Sobald die Sicherung erfolgt ist, lassen sich die Metadaten von anderen Programmen erkennen und bearbeiten.

Metadaten ▷ Metadaten aus Datei(en) lesen macht das Gegenteil des obigen Befehls – es überschreibt die Katalogmetadaten mit den Metadaten der Bilddateien. So lassen sich Metadaten, die mit anderen Programmen verändert wurden, wieder in den Katalog holen.

Über die Ordner-Palette können Sie auch alle Fotos eines Ordners abgleichen. Fürs Speichern der Metadaten wählen Sie über das Kontextmenü eines Ordners die Funktion **Metadaten speichern.** Um Metadaten aus den Bilddateien zu lesen, können Sie die Ordner-synchronisieren-Funktion verwenden, ebenfalls über das

Kontextmenü (mehr zu dieser Funktion siehe Kapitel 5.2.3).

Wenn Sie das DNG-Format benutzen, können Sie beim Speichern der Metadaten auch gleich die DNG-Vorschau aktualisieren, sodass die Lightroom-Bearbeitungen auch von anderen Programmen aus zu sehen sind. Hierfür wählen Sie den Menübefehl **Metadaten ▷ DNG-Vorschau und Metadaten aktualisieren**.

Für Videos funktioniert das Speichern von Metadaten übrigens gar nicht. Im Moment lassen sich Metadaten für Videos zwar im Katalog vergeben, aber beim Speichern werden sie nicht berücksichtigt. Da die Videofunktion noch recht neu ist, bin ich zuversichtlich, dass dies in eine spätere Version von Lightroom eingebaut wird und man die Metadaten dann als XMP-Filialdatei exportieren kann. Bis dahin verbleiben die Metadaten aber im Katalog, was die langfristige Bildverwaltung für Videos zum Problem macht.

Sie können das Speichern von Metadaten auch automatisch ausführen lassen. Dazu stellen Sie in den Katalogeinstellungen (**Datei ▷ Katalogeinstellungen**) hinter dem Metadaten-Reiter die Option **Änderungen automatisch in XMP speichern** ein. Sie bewirkt, dass Lightroom bei jeder Änderung der Metadaten eines Fotos diese sofort bei den Bilddateien speichert. Ist die Option aktiviert, stimmen Metadaten des Katalogs und der Bilddateien immer überein, ein manuelles Speichern ist unnötig. Wenn Sie die Option zum ersten Mal setzen, wird Lightroom zunächst sehr lange zu tun haben, da alle Bilddateien aktualisiert werden müssen.

Meiner Ansicht nach ist die Option nur in Spezialfällen sinnvoll, beispielsweise wenn Sie für einen begrenzten Zeitraum ständig zwischen Lightroom und Bridge bzw. Camera Raw wechseln. Ansonsten halte ich es für besser, Metadaten nur im Bedarfsfall, und zwar von Hand, zu speichern; also immer dann, wenn Sie sie extern brauchen. Das erhöht die Arbeitsgeschwindigkeit und schont das Dateisystem, da weniger Schreibzugriffe stattfinden.

6.7.2 Metadatenstatus anzeigen

Den Status der Metadatenspeicherung können Sie sich für jedes Foto anzeigen lassen. Er wird z.B. in der Metadaten-Palette unter **Metadatenstatus** angezeigt. Der Status ist einer der folgenden:

- **Aktuellster Stand**: der Katalog und die Bilddatei-Metadaten sind gleich; dies ist der Fall, nachdem abgeglichen wurde oder bei automatischer Speicherung.

Entwicklungseinstellungen und RGB-Dateien

RGB-Dateien sind im Gegensatz zu Raw-Dateien fertige Bilder, und manche Benutzer ziehen es vor, beim Speichern von Metadaten etwaige Entwicklungseinstellungen für diese Dateien nicht mit einzuschließen. Das Verhalten können Sie in Lightroom in den Katalogeinstellungen verändern unter **Metadaten ▷ Entwicklungseinstellungen in Metadaten innerhalb von JPEG-, TIFF- und PSD-Dateien einschließen**.

Die Wahl wirkt sich übrigens darauf aus, wie Photoshop eine RGB-Datei öffnet: Wenn sie Entwicklungseinstellungen enthält, wird sie mit Camera Raw geöffnet, andernfalls direkt mit Photoshop. Dieses Verhalten können Sie auch in den Voreinstellungen von Camera Raw ändern.

- **Wurde geändert**: der Katalog ist aktueller als die Bilddatei-Metadaten; dies ist der Normalzustand, wenn nicht oft gespeichert wird.
- **Extern geändert**: die Bilddatei-Metadaten sind aktueller als der Katalog, d.h., sie wurden von einem anderen Programm als Lightroom verändert.

Auch die Miniaturen in der Rasteransicht machen auf den Metadatenstatus aufmerksam. Bei externer Änderung der Bilddatei-Metadaten zeigt Lightroom ein Symbol mit einem Pfeil nach oben an; bei Änderung der Katalogmetadaten einen Pfeil nach unten. Das Pfeil-nach-unten-Symbol können Sie auch über die Ansicht-Optionen ausschalten, da es ohnehin den Normalzustand anzeigt.

▲ Abbildung 6-56:
Die Metadaten-Palette zeigt an, ob die gespeicherten Metadaten denen im Katalog entsprechen.

▲ Abbildung 6-57:
Der Status wird auch in den Miniaturen angezeigt: links »wurde geändert«, rechts »extern geändert«.

Stichwörter hierarchisch gespeichert

Stichwörter gehören normalerweise zu den IPTC-Metadaten. Dort gibt es aber keine hierarchischen Stichwörter. Lightroom speichert daher die Stichwörter zusätzlich in einem speziellen Metadatenfeld, indem der Hierarchiezweig des Stichworts mitgespeichert wird (siehe Abbildung 6-58). Das Feld ist zwar kein Standardfeld, sondern wurde von Adobe eingeführt, es wird aber mittlerweile von vielen anderen Programmen gelesen.

Durch Nutzung dieses Metadatenfeldes kann Lightroom Stichwörter weitergeben und die Hierarchie dabei erhalten. Das ist nicht nur wichtig, wenn Fotos mit einem anderen Programm weiter verwaltet werden sollen, sondern teilweise auch für die Verwaltung in Lightroom, z.B. wenn Bilddateien für die Weiterverarbeitung in Photoshop erstellt werden (siehe hierzu Kapitel 14.2).

```
xmlns:lr="http://ns.adobe.com/lightroom/1.0/">
  <lr:hierarchicalSubject>
    <rdf:Bag>
      <rdf:li>Landschaften|Naturphänomen|Schnee</rdf:li>
      <rdf:li>Orte|Deutschland|Berlin|Grunewald</rdf:li>
    </rdf:Bag>
  </lr:hierarchicalSubject>
</rdf:Description>
```

```
</dc:rights>
<dc:subject>
  <rdf:Bag>
    <rdf:li>Berlin</rdf:li>
    <rdf:li>Deutschland</rdf:li>
    <rdf:li>Grunewald</rdf:li>
    <rdf:li>Landschaften</rdf:li>
    <rdf:li>Naturphänomen</rdf:li>
    <rdf:li>Schnee</rdf:li>
  </rdf:Bag>
</dc:subject>
</rdf:Description>
```

▲ Abbildung 6-58:
Stichwörter hierarchisch (links) und »normal« (rechts) gespeichert.

Kapitel 7:

Organisation im Katalog

Lightroom bietet über den Katalog verschiedene Organisationsmittel an, die die Arbeit zum Teil erheblich erleichtern. Der Nachteil ist, dass diese Mittel nicht zu den Standardmetadaten zählen und damit auch nur in Lightroom verwendet werden können.

Zunächst geht es um die Flaggenmarkierungen, eine Art permanentes Markierungswerkzeug, das das Zusammenstellen von Fotos erleichtert. Mit Stapeln können Sie innerhalb von Ordnern für mehr Übersicht sorgen. Mit virtuellen Kopien hingegen lassen sich verschiedene Versionen bzw. Varianten von Fotos verwalten.

Ein wichtiges Werkzeug sind die Sammlungen, mit denen Sie eine zu den Ordnern auf der Festplatte alternative Ordnung für Ihre Fotos aufbauen können. Mit normalen Sammlungen lassen sich Fotos von Hand zusammenstellen, mit Smart-Sammlungen können Sie Fotos automatisch gruppieren lassen.

Am Schluss des Kapitels finden Sie außerdem die Übersichtsansicht, die das Auswählen von Fotos erleichtert, und die Diashow im Bibliothek-Modul.

Alle in diesem Kapitel erläuterten Organisationsmittel werden beim Übertragen von Fotos zwischen Katalogen mit der Funktion **Aus Katalog importieren** berücksichtigt. Auch die Funktion **Als Katalog exportieren**, mit der ein Teilkatalog ausgegeben wird, erhält diese.

7.1 Flaggenmarkierungen

Das Zusammenstellen einer Auswahl von Fotos ist manchmal gar nicht so einfach. Oft handelt es sich beispielsweise um sehr viele Fotos, unter denen man auswählen muss, mehr, als man komfortabel überblicken kann. Oder man möchte eine Auswahl über einen längeren Zeitraum entwickeln, weil sie besonders wichtig ist,

---

Foto markieren: P (von engl. Pick)

Foto ablehnen: X

Flagge entfernen: U

Zustand erhöhen/verringern: Strg+↑ (⌘: ⌘+↑) bzw. ↓

Zwischen markiert und unbeflaggt wechseln: H

7.1 Flaggenmarkierungen

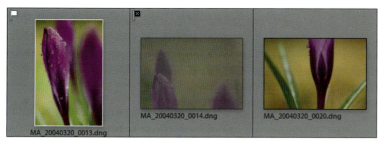

▲ Abbildung 7-1:
Fotos mit Markiert- bzw. Abgelehnt-Flagge und unmarkiert (v.l.n.r.). Ein markiertes Foto hat einen weißen Rand um die Miniatur, ein abgelehntes wird leicht grau dargestellt.

▲ Abbildung 7-2:
Filtern anhand von Flaggenmarkierungen

z.B. wenn man Fotos für eine Ausstellung zusammenstellt.

Die Flaggenmarkierungen können bei solchen Auswahlprozessen helfen. Mit ihnen lassen sich Fotos mit zwei verschiedenen Flaggen markieren: Markiert (»Ja, kommt hinein«) und Abgelehnt (»Nein, kommt nicht hinein«). Darüber hinaus gibt es den unmarkierten Zustand, der entweder »Vielleicht« oder »Noch nicht entschieden« bedeuten kann. Es sind also insgesamt drei Zustände möglich. Dadurch hat man etwas mehr Spielraum (Sie können ein Foto als »noch nicht entschieden« einstufen und später darauf zurückkommen), außerdem kann man dadurch beim Auswählen auf mehrere Weisen vorgehen (siehe unten). Die Markierungen sind zudem dauerhafter als das einfache Auswählen. Fotos bleiben so lange markiert, bis die Markierungen entfernt werden.

Sie können die Flaggenmarkierungen in den Miniaturen und/oder über die Werkzeugleiste anzeigen und verändern. Die Vergabe geht aber am einfachsten über die Tastaturkürzel.

Schnelles Auswählen anhand von Attributen

Über den Filmstreifen und die Filterleiste lassen sich über die Strg-Taste (⌘: ⌘) Fotos anhand ihrer Flaggenmarkierungen, Bewertungssterne oder Farbetiketten auswählen. So wählt z.B. Strg (⌘: ⌘) und ein Klick auf den ersten Stern bei den Bewertungssternen alle 1-Sterne-Fotos aus, ein Klick auf die markierte Flagge selektiert alle Fotos mit positiver Flaggenmarkierung usw.

Wenn Sie zusätzlich die ⇧-Taste drücken, wird die Auswahl zu einer bestehenden Auswahl hinzugefügt. Drücken Sie hingegen zusätzlich Alt (⌘: ⌥), wird die Auswahl von der bestehenden abgezogen.

▲ Abbildung 7-3:
Mit der Strg-Taste (⌘: ⌘) können Sie schnell Fotos anhand ihrer Attribute auswählen.

Über den Filmstreifen oder die Filterleiste können Sie anschließend anhand von Flaggenmarkierungen filtern. Dabei lässt sich jede mögliche Kombination einstellen, z.B. kann man alle angenommenen und unmarkierten Fotos anzeigen, indem man das linke und das mittlere Flaggensymbol anklickt (siehe Abbildung 7-2). Weiterhin können Sie Fotos anhand von Flaggenmarkierungen auswählen über das Menü **Bearbeiten ▷ Nach Markierung auswählen** oder direkt über Filmstreifen oder Filterleiste (siehe Kasten Seite 169).

7.1.1 Vorgehen beim Markieren

Fotos auszuwählen bzw. auszusortieren, kann ein Prozess sein, der nicht in einem Stück vollzogen wird, sondern evtl. in mehreren Schritten. Auch ist es manchmal nicht ganz einfach, Fotos wegzuwerfen bzw. auszuschließen. Die Flaggenmarkierungen tragen beidem Rechnung. Dabei können Sie den Auswahlprozess auf verschiedene Weise gestalten, z.B.:

- Abzulehnende Fotos direkt markieren.
- Fotos entweder als angenommen oder abgelehnt markieren und solche, bei denen man sich nicht entscheiden kann, zunächst unmarkiert lassen. Diese dann später filtern und noch einmal durchsehen.
- Nur die Fotos annehmen, die einem wirklich gefallen, und nachher die unmarkierten als abgelehnt markieren lassen.

Mir gefällt besonders die letzte Möglichkeit. Wenn es Ihnen wie mir schwerfällt, sich von Fotos zu trennen, kann Lightroom Ihnen dabei helfen. Sie benutzen dabei nur die positiven Flaggen und rufen anschließend die Funktion **Fotos verbessern** auf (**Bibliothek ▷ Fotos verbessern**). Dadurch werden alle Flaggenmarkierungen der im Moment eingestellten Quelle um einen Zustand heruntergesetzt, d.h., die angenommenen Fotos werden auf »unmarkiert« und die unmarkierten auf »abgelehnt« gestellt.

7.1.2 Flaggenmarkierungen in Ordnern und Sammlungen

Die Flaggenmarkierungen haben eine Besonderheit gegenüber den normalen Metadaten: Sie hängen teilweise von der Quelle ab, die gerade eingestellt ist. Es ist daher nicht gleichgültig, *wo* Sie eine Markierung vergeben.

Lightroom speichert für jede normale Sammlung und die Schnellsammlung den Markierungsstatus separat ab. Das heißt, Sie können ein Foto, das in zwei verschiedenen Sammlungen liegt, jeweils unterschiedlich markieren. An dieses Verhalten muss man sich zunächst gewöhnen, zumal es nicht für alle Quellen, sondern nur für Sammlungen und Schnellsammlungen gilt. Für Ordner, Smart-Sammlungen und die automatisch zusammengestellten Quellen aus der Katalog-Palette gilt insgesamt ein Status (d.h., hier verhalten sich die Markierungen wie die normalen Metadaten).

Fotos verbessern: Strg+Alt+R (⌘: ⌘+⌥+R)

Abgelehnte Fotos löschen (Ordner-/Katalog-Palette): Strg+Lösch (⌘: ⌘+Lösch)

 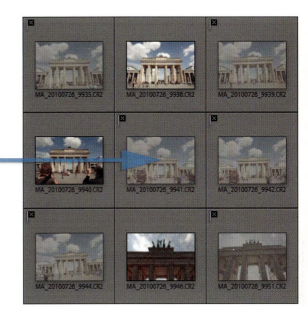

▲ Abbildung 7-4:
Fotos verbessern: Hierbei markiert man nur die Fotos, die man behalten will, und lässt Lightroom dann den Rest ablehnen.

Unter anderem mit diesem Verhalten gibt Lightroom in gewisser Weise vor, wie die Flaggenmarkierungen einzusetzen sind. Innerhalb von Ordnern (oder in Quellen der Katalog-Palette, beispielsweise **Vorheriger Import**) sind sie am besten geeignet, um Löschkandidaten zu markieren – bzw. mit den positiven Markierungen die Fotos, die Sie behalten wollen. Daher können Sie auch über **Foto ▷ Abgelehnte Fotos löschen** alle als abgelehnt markierten Fotos permanent löschen, wenn dabei die Quelle aus der Ordner- oder Katalog-Palette stammt.

In Sammlungen und der Schnellsammlung geht es hingegen nur darum, welche Fotos für einen bestimmten Zweck verwendet werden sollen, z.B. für eine Webgalerie oder eine Ausstellung.

Die Arbeit mit Flaggenmarkierungen kann durch ihr ortsabhängiges Verhalten ein bisschen verwirrend sein. Meiner Erfahrung nach kommt man mit ihnen besser zurecht, wenn man beim Vergeben und Ablesen der Markierungen ein Auge auf der eingestellten Quelle hat. Daraus ergibt sich dann die Bedeutung: Behalten/Löschen (in Ordnern) oder Verwenden/nicht verwenden (in Sammlungen). Mehr zum Einsatz von Flaggenmarkierungen innerhalb von Sammlungen finden Sie in Kapitel 7.4.

▲ Abbildung 7-5:
Ein Stapel im (noch) aufgeklappten Zustand: Innerhalb eines Stapels haben die Miniaturen keine Trennlinien, sodass man den Stapel besser erkennen kann. Über die »Griffe« links und rechts kann man ihn einklappen.

◀ Abbildung 7-6:
Nun ist er eingeklappt. Oben links kann man leicht erkennen, wie viele Fotos er enthält.

7.2 Stapel

Mittels Stapeln lassen sich Fotos innerhalb einzelner Ordner gruppieren. Diese Gruppen lassen sich dann in der Rasteransicht und im Filmstreifen zusammenklappen, sodass sie nur den Platz eines einzigen Fotos einnehmen. Dabei lässt sich festlegen, welches Foto »oben« liegt. Dies ist sehr nützlich, um bei vielen Fotos den Überblick zu behalten.

Für die Stapelung eignen sich Fotos, die etwas miteinander zu tun haben, z.B.:

- mehrere Fotos desselben Motivs, das beste oben liegend
- Varianten desselben Fotos (virtuelle Kopien, Derivatdateien)

Stapel bilden: Strg + G (⌘: ⌘ + G)
Stapel auflösen: Strg + ⇧ + G (⌘: ⌘ + ⇧ + G)
Foto an Stapelanfang schieben: ⇧ + S
Im Stapel nach oben verschieben: ⇧ + [
Im Stapel nach unten verschieben: ⇧ +]
Stapel auf-/zuklappen: S

▲ Abbildung 7-7:
Im Dialog wählt man die Zeit, die zwischen zwei Fotos vergangen sein muss (hier fünf Minuten), damit ein neuer Stapel erstellt wird. Insgesamt werden hier fünf Stapel erstellt.

▲ Abbildung 7-8:
Die angezeigte Anzahl der Fotos im Filmstreifen weist auf (zugeklappte) Stapel hin.

- Teilbilder für HDR- oder Panoramafotos; dabei kann man das zusammengesetzte Bild an die Spitze legen

Um einen Stapel zu bilden, wählen Sie mehrere Miniaturen aus und dann **Foto ▷ Stapeln ▷ In Stapel gruppieren**. Das aktive Foto wird dabei zum obersten im Stapel gemacht; dies ist wichtig, schließlich ist es das einzige Foto, das man bei geschlossenem Stapel sehen und bearbeiten kann. Sie können auch nachträglich ein Foto zum obersten machen: Dazu klicken Sie auf das Stapel-Symbol oben links in der Miniatur.

Ein Stapel wird mit der Maus über die »Griffe« an den Seiten der Miniaturen auf- und zugeklappt. Sie können auch alle Stapel eines Ordners auf einmal auf- und zuklappen (**Foto ▷ Stapeln ▷ Alle Stapel ein-/ausblenden**). Um einen Stapel wieder aufzulösen, wählen Sie irgendein Foto aus dem Stapel aus und dann **Stapel aufheben**. Weitere Befehle finden Sie ebenfalls im Menü **Foto ▷ Stapeln**.

Lightroom kann Fotos auch automatisch stapeln, anhand der Zeit, die zwischen zwei Aufnahmen liegt. Dies geht über die Funktion **Foto ▷ Stapeln ▷ Automatisch nach Aufnahmezeit stapeln** (siehe Abbildung 7-7). Dabei werden grundsätzlich alle Fotos eines Ordners einbezogen. Die Funktion eignet sich, um Aufnahmereihen automatisch voneinander zu trennen, z.B. bei Porträtsitzungen oder bei Panorama- oder HDR-Aufnahmen.

So schön Stapel für die Organisation sein mögen, sie haben leider einige Nachteile. Abgesehen davon, dass sie nur in Ordnern funktionieren, kann man beispielsweise schwer erkennen, ob in einer Quelle überhaupt Stapel enthalten sind. Immerhin weist die Quellenanzeige im Filmstreifen auf zugeklappte Stapel hin (siehe Abbildung 7-8), aber diese

Hinweis

Stapel funktionieren nicht in Sammlungen. Dort werden sie weder angezeigt noch kann man sie bilden.

▲ Abbildung 7-9:
Masterfoto und zwei virtuelle Kopien; virtuelle Kopien sind gut geeignet, um mehrere Varianten eines Fotos zu erstellen und zu vergleichen.

Information ist leicht zu übersehen. Das Problem ist, dass bei einem zugeklappten Stapel nur die obersten, sichtbaren Fotos ausgewählt werden können. Übersieht man einen zugeklappten Stapel, kann das dazu führen, dass versehentlich Fotos bei der Metadatenvergabe unberücksichtigt bleiben.

Weiterhin gibt es leider auch keine Möglichkeit, nach Stapeln innerhalb des Katalogs zu suchen.

7.3 Virtuelle Kopien

Mit virtuellen Kopien lassen sich mehrere Varianten eines Fotos anlegen. Technisch gesehen ist eine virtuelle Kopie eine Art zusätzlicher Katalogeintrag für ein und dieselbe Bilddatei. Sie bezieht sich auf dieselbe Bilddatei, verfügt aber über ihre eigenen Entwicklungseinstellungen, Stichwörter und übrigen Metadaten – und über eine eigene Vorschau. Virtuelle Kopien werden in Lightroom somit fast als eigenständige Fotos behandelt – im Filmstreifen oder in der Rasteransicht sind sie z.B. nur am »Eselsohr« (siehe Abbildung 7-9) erkennbar.

Mehrere Varianten eines Fotos kann man aus verschiedenen Gründen erstellen, z.B.:

Virtuelle Kopie(n) anlegen: Strg + T (⌘: ⌘ + T)

7.3 Virtuelle Kopien

▲ Abbildung 7-10:
Im Feld Name der Kopie werden virtuelle Kopien zunächst automatisch nummeriert: Kopie 1, Kopie 2 usw., können aber danach frei benannt werden. Ein Klick auf den Pfeil rechts bringt Sie zum Masterfoto.

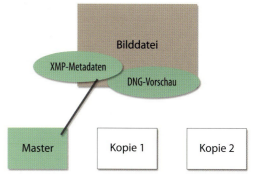

▲ Abbildung 7-11:
Beim Speichern von Metadaten und beim Erstellen von Vorschauen für DNG-Dateien wird immer das Masterfoto herangezogen.

◄ Abbildung 7-12:
Über Filtern nach Art in der Filterleiste können Sie schnell virtuelle Kopien von Masterfotos trennen.

- um unterschiedliche Entwicklungsvarianten für ein Foto zu verwalten, z.B. eine Farb- und eine Schwarz-Weiß-Version (siehe Abbildung 7-9).
- um ausgabespezifische Entwicklungseinstellungen zu treffen, die manchmal notwendig sind, z.B. um den Kontrast für die Druckausgabe zu erhöhen.
- um alternative Bewertungen für ein Foto vom Kunden oder vom Modell zu verwalten.

Virtuelle Kopien von ausgewählten Fotos legt man über den Menübefehl **Foto ▷ Virtuelle Kopie(n) anlegen** an. Metadaten und Entwicklungseinstellungen werden zunächst vom Ursprungsfoto übernommen. Virtuelle Kopien werden dabei mit ihren jeweiligen Ursprungsfotos automatisch in Stapeln gruppiert.

Das ursprüngliche Foto, von dem die virtuelle Kopie abstammt, heißt in Lightroom *Masterfoto*. Virtuelle Kopie und Masterfoto sind eng miteinander verbunden, da sie zur selben Bilddatei gehören. Daher lassen sich die beiden auch vertauschen: Dazu wählt man eine virtuelle Kopie aus und dann **Foto ▷ Kopie als Master festlegen**. Danach ist die virtuelle Kopie das neue Masterfoto, und das alte Masterfoto eine virtuelle Kopie.

Virtuelle Kopien liegen immer im selben Ordner und haben denselben Dateinamen wie ihre Masterfotos. Daher gibt es in Lightroom ein spezielles Metadatenfeld, um virtuelle Kopien zu identifizieren: **Name der Kopie**. Damit können Sie nicht nur mehrere virtuelle Kopien in Lightroom auseinanderhalten; Sie

Hinweis
Von Videos lassen sich keine virtuellen Kopien anlegen.

▲ Abbildung 7-13:
Sammlungen werden über die Sammlungen-Palette verwaltet. Diese funktioniert ähnlich wie die Ordner-Palette.

▲ Abbildung 7-14:
Seit Lightroom 3 können Sie sich in der Rasteransicht die Sammlungen anzeigen lassen, in denen ein Foto liegt.

können das Feld auch bei der Erzeugung von Namen für exportierte Bilddateien benutzen, z.B. um den ursprünglichen Dateinamen mit dem Kopiennamen zu kombinieren (siehe Kapitel 14.2).

Sie können die Entwicklungseinstellungen von virtuellen Kopien langfristig speichern, indem Sie sie in Schnappschüsse umwandeln (Schnappschüsse lassen sich bei den Bilddateien speichern, siehe Kapitel 8.5). Vorher können Sie über die Filterleiste leicht virtuelle Kopien von anderen Fotos trennen.

7.4 Sammlungen

Mit Sammlungen können Sie eine Zusammenstellung von Fotos permanent speichern, um später evtl. wieder auf sie zurückzukommen. Sammlungen funktionieren ähnlich wie Ordner aus dem Dateisystem, existieren aber im Gegensatz zu diesen nur in Lightroom selbst. Ein Foto lässt sich aber im Unterschied zu Ordnern beliebig vielen Sammlungen gleichzeitig zuordnen, ohne dass es dafür mehrfach vorhanden sein muss.

Viele Fotografen benutzen Sammlungen ausgiebig, ich halte mich in der Regel eher an die Ordner-Palette; das ist letztlich Geschmackssache. Für einige Dinge

Neue Sammlung erstellen: Strg + N (⌘: ⌘ + N)
Fotos aus Sammlung entfernen: Lösch

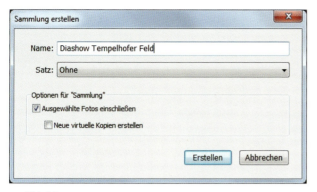

▲ Abbildung 7-15:
Sammlungen sind normalerweise Gruppierungen für einen bestimmten Zweck. Dieser Zweck schlägt sich bestenfalls im Namen der Sammlung nieder.

▲ Abbildung 7-16:
Eine als Zielsammlung eingestellte Sammlung wird in der Sammlungen-Palette mit einem kleinen + markiert.

sind Sammlungen aber objektiv weniger geeignet als Ordner: a) Man kann keine Stapel in ihnen bilden und b) Fotos nicht so komfortabel löschen. Sehr gut eignen sich Sammlungen, um Fotos für die Arbeit in anderen Modulen zusammenzustellen. Die Sammlungen-Palette gibt es auch im Entwickeln-Modul und in den Ausgabemodulen, sodass man dort sehr schnell auf sie zugreifen kann.

7.4.1 Mit Sammlungen arbeiten
Sammlungen erstellen
Neue Sammlungen lassen sich über das +-Symbol der Sammlungen-Palette oder über **Bibliothek ▷ Neue Sammlung** erstellen (siehe Abbildung 7-15). Dann ist die Sammlung zunächst leer und Sie können Fotos per Drag and Drop hinzufügen. Am elegantesten arbeitet man aber, indem man zunächst Fotos auswählt und diese Auswahl als Sammlung speichert. Dazu wählt man im obigen Dialog **Ausgewählte Fotos einschließen**. Vorher können Sie

auch gut die Übersichtsansicht verwenden, siehe Kapitel 7.6.

Darüber hinaus können Sie über **Neue virtuelle Kopien erstellen** gleich für alle Fotos virtuelle Kopien anlegen, die dann anstelle der eigentlich Fotos der Sammlung hinzugefügt werden. Dies ist sinnvoll, wenn Sie Fotos zusammenstellen, um z.B. Schwarz-Weiß-Varianten oder ausgabespezifische Versionen anzufertigen. In diesem Fall brauchen Sie die virtuellen Kopien, die Sie dafür benötigen, nicht von Hand anlegen.

Sammlung als Zielsammlung einstellen
Eine andere Möglichkeit für die Zusammenstellung ist, die Sammlung vorher anzulegen und dann Fotos mit dem Zielsammlung-Werkzeug hinzuzufügen. Im Kapitel über das Bibliothek-Modul habe ich bereits die Schnellsammlung eingeführt, mit der Sie Fotos schnell zusammenstellen können, z.B. über Tastaturkürzel oder den Schnellsammlungsmarker in der Rasteransicht.

▲ Abbildung 7-17:
Die Schnellsammlung lässt sich auch als normale Sammlung speichern.

Sie können eine Sammlung als Zielsammlung festlegen, wodurch diese zwischenzeitlich die Stelle der Schnellsammlung einnimmt. Dazu wählen Sie im Kontextmenü einer Sammlung **Als Zielsammlung festlegen**. Solange eine Sammlung als Zielsammlung eingestellt ist, beziehen sich die für die Schnellsammlung zur Verfügung stehenden Tastaturkürzel und der Schnellsammlungsmarker auf diese Sammlung. Außerdem können Sie das Sprühdose-Werkzeug auf Zielsammlung stellen, sodass es Fotos zur Sammlung hinzufügt.

Die Arbeitsweise sieht dann ungefähr so aus: Angenommen, ich möchte einige Fotos zum Ausbelichten zusammenstellen. Ich habe dazu eine Sammlung »Auswahl Saal Digital« angelegt und zur Zielsammlung gemacht. Jetzt wähle ich den Projektordner über die Ordner-Palette, aus dem ich Fotos ausbelichten will, und füge über B Fotos zur Sammlung hinzu. Über Strg+B (⌘+B) kann ich zwischen Sammlung und Projektordner wechseln und so z.B. die Auswahl kontrollieren oder über B wieder Fotos entfernen.

Um wieder die eigentliche Schnellsammlung als Zielsammlung einzustellen, wählen Sie **Datei ▷ Schnellsammlung als Ziel festlegen**. Sie können auch, wenn Sie für die Zusammenstellung die Schnellsammlung verwendet haben, diese als normale Sammlung speichern über **Datei ▷ Schnellsammlung speichern**.

Flaggenmarkierungen in Sammlungen verwenden

Eine weitere Möglichkeit ist das Zusammenstellen mit Hilfe von Flaggenmarkierungen. Dies bietet sich auch für langwierige Auswahlprozesse an, z.B. um Fotos für eine Ausstellung zusammenzustellen. Flaggenmarkierungen funktionieren in Sammlungen ähnlich wie in Ordnern, nur dass es hier nicht darum geht, welche Fotos Sie löschen, sondern darum, welche

Foto(s) hinzufügen bzw. entfernen: B

Zielsammlung anzeigen bzw. zwischen Zielsammlung und vorheriger Quelle wechseln: Strg+B (⌘+B)

Schnellsammlung als Ziel festlegen: Strg+Alt+⇧+B (⌘+⌥+⇧+B)

Schnellsammlung speichern: Strg+Alt+B (⌘+⌥+B)

Abgelehnte Fotos aus Sammlung entfernen: Strg+Lösch (⌘+Lösch)

Markierte Fotos auswählen: Strg+Alt+A (⌘+⌥+A)

Auswahl unmarkierter Fotos aufheben: Strg+Alt+⇧+D (⌘+⌥+⇧+D)

Sie für einen bestimmten Zweck verwenden wollen.

Wie im Kapitel über Flaggenmarkierungen (Kapitel 7.1) erläutert, speichert Lightroom dabei für jede normale Sammlung und die Schnellsammlung den Flaggenstatus separat ab. Wenn Sie also in einer Sammlung ein Foto markieren, wirkt sich das weder auf den Status in anderen Sammlungen noch in den übrigen Quellen aus. Mit anderen Worten, wenn Sie z.B. ein Foto jeweils in einer Sammlung »Diashow« und in einer Sammlung »Druck« haben, können Sie für die Diashow das Foto annehmen, für den Druck aber ablehnen.

Beim Anlegen der Sammlung ist es sinnvoll, bereits alle in Frage kommenden Fotos hinzuzufügen (z.B. alle des Projektordners). Dann können Sie die in Kapitel 7.1.1 beschriebenen Verfahren (z.B. **Fotos verbessern** usw.) verwenden, um die Fotos zu markieren. Am Ende können Sie den Befehl **Foto ▷ Abgelehnte Fotos löschen** aufrufen, der in diesem Fall die als abgelehnt markierten Fotos aus der Sammlung entfernt.

Sie können die Markierungen übrigens auch so verwenden, dass Sie nur die positiv markierten Fotos als zur Zusammenstellung gehörig betrachten. Man kann dafür die Ausgabemodule direkt so einstellen, dass sie nur die markierten Fotos verwenden. Für andere Aktionen, z.B. den Export oder um ein Stichwort zu vergeben, können Sie schnell alle markierten Fotos auswählen über **Bearbeiten ▷ Markierte Fotos auswählen**. Nützlich in diesem Zusammenhang kann auch **Bearbeiten ▷ Auswahl der unmarkierten Fotos aufheben** sein. Es reduziert die bestehende Auswahl auf die markierten Fotos, bildet also die Schnittmenge zwischen beiden.

7.4.2 Sammlungen verwalten

Innerhalb der Sammlungen-Palette lassen sich Sammlungen entweder anhand des Namens oder anhand der Art der Sammlung sortieren. Dies lässt sich über den +-Knopf oben rechts in der Sammlungen-Palette umstellen. Insgesamt gibt es fünf verschiedene Arten von Sammlungen: normale Sammlungen, Smart-Sammlungen und die drei ausgabespezifischen Sammlungen (Diashows, Druckaufträge und Webgalerien, siehe unten).

Um Sammlungen übersichtlicher verwalten zu können, lassen sie sich in eine Art Ordner, sogenannte Sammlungssätze, legen (siehe Abbildung 7-13). Ein neuer Sammlungssatz wird über den +-Knopf der Sammlungen-Palette erstellt (**Sammlungssatz erstellen**). Einzelne Sammlungen lassen sich durch Drag and Drop hinein- oder herausziehen. Sammlungssätze können selbst keine Fotos enthalten, nur andere Sammlungen oder weitere Sätze. Das direkte Verschachteln von Sammlungen ist nicht möglich.

Einige Fotografen (die Sammlungen ausgiebiger benutzen als ich) erstellen für jedes neue Projekt zunächst einen Sammlungssatz. Wenn man eine neue Sammlung anlegt, kann man im Dialog (siehe Abbildung 7-15) gleich den Sammlungssatz für die neue Sammlung einstellen. Er bleibt dann bei den folgenden Sammlungen voreingestellt. Sie können so schnell mehrere projektbezogene Sammlungen für verschiedene Zwecke anlegen, z.B.:

- Sylt
  - Auswahl
  - Diashow
  - Abzüge 10×15
  - Flickr

Über den Minus-Knopf in der Palette können Sie eine Sammlung und damit die Zusammenstellung schließlich wieder entfernen. Auf die von mir erstellten Sammlungen greife ich nach einer gewissen Zeit nicht mehr so häufig zu und entferne sie dann auch. Vorher kann man den Inhalt einer Sammlung (oder nur die markierten Fotos) auswählen und den Fotos ein Stichwort zuweisen, um die Gruppierung langfristig zu sichern.

Es fehlen jetzt noch zwei Sammlungstypen:

- die ausgabespezifischen Sammlungen, deren Aufgabe es ist, Fotos für Diashows, Druckaufträge oder Webseiten zu verwalten. Sie verhalten sich weitgehend wie normale Sammlungen. Ich werde in Kapitel 11.1 auf sie zurückkommen.
- die Smart-Sammlungen, die automatisch mit Fotos anhand von bestimmten Kriterien gefüllt werden (siehe unten)

Hinweis
Filter als Smart-Sammlungen zu speichern ist leider nicht möglich.

7.5 Smart-Sammlungen

Während die normalen Sammlungen von Hand gefüllt werden, man also Fotos selbst hinzufügt oder entfernt, geschieht dies in Smart-Sammlungen automatisch. Die Regeln, nach denen sich der Inhalt einer Smart-Sammlung bestimmt, werden beim Erstellen der Smart-Sammlung festgelegt. Smart-Sammlungen werden laufend aktualisiert, ihr Inhalt entspricht also immer dem neuesten Stand.

Die Regeln einer Smart-Sammlung beziehen sich auf die Metadaten der Fotos, ähnlich wie beim Filter. Dabei lassen sich nahezu alle Metadaten eines Fotos in die Regeln einbeziehen, von Dateiinformationen über EXIF- und IPTC-Metadaten bis hin zu einfachen Entwicklungseinstellungen. Smart-Sammlungen beziehen sich dabei nicht wie der Filter auf eine einzelne Quelle – sie filtern vielmehr den gesamten Katalog und bilden selbst eine neue Quelle.

Während die normalen Sammlungen eher für spontane Zusammenstellungen und für die Untergliederung einzelner Projekte geeignet sind, eignen sich Smart-Sammlungen vor allem für Fotos, auf die man regelmäßig zugreift, z.B. »alle Fotos ohne Stichwörter« in der Sichtungsphase oder »alle 3-Sterne+-Fotos« für das Fotoarchiv.

7.5.1 Neue Smart-Sammlung erstellen

Eine neue Smart-Sammlung wird wie die normalen Sammlungen über den +-Knopf der Sammlungen-Palette erstellt. Neben dem Namen der Sammlung geben Sie daraufhin die Regeln an, nach denen sich der Inhalt zusammensetzen soll. Im Dialog ist bereits eine Regel vorhanden, die

◀ Abbildung 7-18:
Smart-Sammlungen eignen sich für den Zugriff auf Kategorien von Fotos, die man immer wieder braucht, z.B. Fotos mit einer bestimmten Anzahl von Sternen.

▲ Abbildung 7-19:
Smart-Sammlung erstellen: Eine Regel setzt sich nach dem Prinzip »Subjekt, Verb, Objekt« zusammen, wobei Subjekt für ein Metadatenfeld des Fotos und Objekt für einen möglichen Wert dieses Feldes steht. Das Verb bestimmt, in welchem Verhältnis die beiden zueinander stehen müssen.

sich frei verändern lässt (siehe Abbildung 7-19). Weitere Regeln lassen sich über den +-Knopf ganz rechts hinzufügen.

Oberhalb der Regeln lässt sich der Auswertungsmodus einstellen, wenn mehrere Regeln angegeben werden: **jeder** oder **mindestens einer**. **jeder** bedeutet, dass alle Regeln zutreffen müssen, damit das betreffende Foto in der Smart-Sammlung auftaucht, **mindestens einer** hingegen, dass eine einzige zutreffende Regel ausreicht, damit das Foto in die Smart-Sammlung aufgenommen wird. Dies entspricht den logischen Operatoren UND und ODER.

Wenn Sie beispielsweise alle Fotos aus dem Jahr 2005 mit dem Stichwort »Urlaub« zusammenstellen wollen, müssen Sie **jeder** verwenden, damit nur Fotos eingeschlossen werden, die beide Kriterien erfüllen. Verfügen Sie hingegen über zwei Zoomobjektive und wollen in einer

Smart-Sammlung alle Fotos festhalten, die Sie mit Zoomobjektiven gemacht haben, tragen Sie beide Objektive ein und müssen jetzt **mindestens einer** wählen (**jeder** würde gar keine Fotos anzeigen, da ein Foto immer nur mit einem Objektiv aufgenommen wird).

Lightroom verfügt neben dieser recht einfachen Kombination von Regeln über einen komplexeren Modus: Drückt man während des Klicks auf das +-Symbol die Alt-Taste (⌥: ⌥), wird nicht eine weitere Regel, sondern ein weiterer »Knoten« oder Hierarchiezweig hinzugefügt, den man dann auf **mindestens eine**, **alle** oder **keine** (bzw. UND, ODER oder NICHT) setzen kann (siehe Abbildung 7-20).

Die Regeln einer Smart-Sammlung lassen sich über das Kontextmenü auch im Nachhinein anpassen. Ebenfalls im Kontextmenü befinden sich zwei Menüpunkte zum Exportieren und Importieren von Smart-Sammlungen, sodass Sie sie zwischen mehreren Computern oder Katalogen austauschen können. Die Funktion **Aus Katalog importieren**

Metadaten für Smart-Sammlungen

Es würde etwas übers Ziel hinausschießen, alle für Smart-Sammlungen verfügbaren Metadatenfelder einzeln zu beschreiben (hier hilft nur selbst ausprobieren) – stattdessen hier eine Kategorisierung:

- Für *Stichwörter* lässt sich abfragen, ob ein bestimmtes Stichwort enthalten ist (als eigenständiges Wort oder als Teilwort), oder ob mehrere Stichwörter enthalten sind. Zusätzlich lässt sich abfragen, ob ein Foto überhaupt Stichwörter enthält (diese Smart-Sammlung ist schon voreingestellt: »Ohne Stichwörter«).
- Fürs *Aufnahmedatum* lassen sich absolute Angaben (z.B. alle Fotos zwischen dem 1.1.05 und dem 31.3.06) und relative Angaben (z.B. alle Fotos, die in den letzten 30 Tagen aufgenommen wurden) verwenden.
- Es lässt sich nach *Sternen*, *Farbetiketten* und *Flaggenmarkierungen* filtern (bei Farbetiketten entweder nach dem Text des Etiketts oder der Farbe selbst). Da ein Foto mehrere Flaggenmarkierungen haben kann, eine für die Ordner und eine für jede Sammlung, bezieht sich die Smart-Sammlung immer auf die Ordner.

- *Ordner-*, *Sammlungs-* oder *Dateinamen*: Hiermit lässt sich die Zugehörigkeit zu einem Ordnernamen und einem Sammlungsnamen oder einem Veröffentlichungsdienst überprüfen. Außerdem lassen sich Dateiname, Name der Kopie (siehe Kapitel 7.3) und der Dateityp abfragen.
- *EXIF-Metadaten*: Kameramodell, Seriennummer der Kamera, Objektiv, Brennweite, Blende, ISO-Wert, Belichtungszahl und ob das Foto über GPS-Daten verfügt.
- *IPTC-Metadaten*: z.B. Titel und Bildbeschreibung, Fotograf, die vier Ortsmetadaten-Felder und das Feld Auftrag/Job-Kennung.
- Bestimmte *Entwicklungseinstellungen* lassen sich ebenfalls verwenden, z.B. ob ein Foto bereits bearbeitet ist, ob es freigestellt wurde, ob es sich um ein Farb- oder ein Schwarz-Weiß-Foto handelt oder welche Ausrichtung (Hoch- oder Querformat) es hat. Außerdem lässt sich das Datum der letzten Bearbeitung abfragen.
- *Zusatzmodul-Metadaten*: Lightroom-Zusatzmodule können dem Katalog eigene Metadatenfelder hinzufügen – diese können Sie auch für Smart-Sammlungen verwenden.

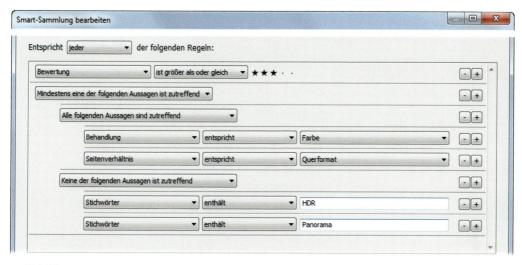

▲ Abbildung 7-20:
Mit der Alt-Taste (⌥: ⌥) lassen sich auch komplexe Regeln erzeugen.

überträgt übrigens bei jedem Abgleich alle Smart-Sammlungen des Quellkatalogs in den Zielkatalog.

7.5.2 Anwendungen für Smart-Sammlungen

Da Smart-Sammlungen sich auf den gesamten Katalog beziehen, sind sie gut geeignet, um Kataloge grundlegend zu strukturieren. Beispielsweise kann man verschiedene Smart-Sammlungen für die Arbeitsphase oder für Archivfotos erstellen (egal ob man dabei mit einem oder mit getrennten Katalogen arbeit). Nachdem man die Smart-Sammlungen eingerichtet hat, ist der Zugriff sehr komfortabel und einfacher als über die Filterleiste. Darüber hinaus gewinnt man statistische Informationen zu den Fotos (siehe Abbildung 7-21).

Für die Arbeitsphase lassen sich Smart-Sammlungen verwenden, mit denen man – zusätzlich zu den Ordnern – die

▲ Abbildung 7-21:
Sammlungen-Palette mit Smart-Sammlungen für die Arbeitsphase; Dadurch, dass Lightroom jeweils die Anzahl der enthaltenen Fotos anzeigt, kann man schnell sehen, wie viele Fotos z.B. noch keine Stichwörter enthalten.

Vergabe von Metadaten organisieren und kontrollieren kann. Dabei können Sie u.a. einfach diejenigen Metadaten abfragen lassen, die Sie normalerweise während der Vergabe zu den Fotos hinzufügen, und so z.B. Fotos erfassen, die noch keine Ortsmetadaten haben. Einige Beispiele:

- Fotos, denen bestimmte Metadaten fehlen, zum Beispiel Fotos ohne GPS-Daten, Stichwörter, Ortsmetadaten oder Entwicklungseinstellungen
- Alle Löschkandidaten (über Farbetiketten oder Flaggenmarkierungen)
- Verschieden bewertete Fotos, um schnell auf sie zugreifen zu können und für statistische Informationen (»Wie viele 3-Sterne-Fotos habe ich?« usw.)
- Fotos, die mit einem bestimmten Farbetikett markiert sind, z.B. »Genauer ansehen« oder »Löschen«
- Panorama-Teilbilder (über Farbetiketten) und/oder zusammengesetzte Panorama-/HDR-Fotos (über Stichwörter)
- Alle TIFF/PSD-Dateien (also Derivate, die in Photoshop bearbeitet wurden)

Für die archivierten Fotos geht es vor allem darum, möglichst schnell an die besten Fotos heranzukommen. Zusätzlich können weitere Smart-Sammlungen erstellt werden, die das große Archiv in grundlegende Kategorien einteilen, z.B. nach Zeit und Ort. Einige Beispiele für Archivsammlungen (siehe auch Abbildung 7-18):

- Die besten Fotos des Archivs (z.B. mindestens drei Bewertungssterne)
- Aktuelle Fotos (< 1 Jahr o.Ä.)
- Einzelne Projekte oder Kunden über das Job-Kennung-/Auftrag-Metadatenfeld
- Länder oder Orte über Ortsmetadatenfelder

7.6 Die Übersichtsansicht

Mit der Übersichtsansicht können Sie Fotos für einen bestimmten Zweck zusammenstellen, z.B. einen Ausgabeauftrag. Mit ihr kann man gut sehen, welche Fotos zusammenpassen, da die Fotos immer die ganze Arbeitsfläche einnehmen.

Im Grunde arbeitet man so, dass man mit vielen Fotos anfängt und diese dann immer weiter reduziert. Sie wählen z.B. zunächst einige in Frage kommende Fotos in der Rasteransicht aus und wechseln dann in die Übersichtsansicht. Über die x-Symbole können Sie dann einzelne Fotos aus der Ansicht (siehe Abbildung 7-23) entfernen, bis Sie mit der Zusammenstellung zufrieden sind.

Die Ansicht funktioniert dabei so, dass sie immer die ausgewählten Fotos einer Quelle anzeigt. Wenn Sie ein Foto aus der Ansicht entfernen, entfernen Sie es

---

Übersichtsansicht: [N]

Übersichtsansicht auf Sekundäranzeige: [⇧]+[N]

Navigieren: [←] / [→]

Aktives Foto entfernen: [⇧]+[D]

▲ Abbildung 7-22:
Mit der Übersichtsansicht lassen sich Fotos zusammenstellen.

◀ Abbildung 7-23:
Über die x-Symbole entfernt man Fotos aus der Ansicht – und aus der Auswahl.

tatsächlich aus der Auswahl. So können Sie auch Fotos über den Filmstreifen hinzufügen, wenn Sie dabei [Strg] (⌘: [⌘]) gedrückt halten. Außerdem können Sie über Drag and Drop die Anordnung der Fotos verändern, wenn die Quelle des Filmstreifens eine benutzerdefinierte Reihenfolge zulässt (siehe Kapitel 3.4.1).

Die Übersichtsansicht lässt sich gut mit Sammlungen einsetzen: Sie können, wenn die Auswahl fertig ist, diese einfach über [Strg]+[N] (⌘: [⌘]+[N]) als neue Sammlung speichern.

▲ Abbildung 7-24:
Die Diashow in Aktion

▲ Abbildung 7-25:
Dieses Vorschaufenster können Sie auf dem Hauptmonitor einblenden. Es zeigt den Inhalt der Sekundäranzeige.

7.7 Fotos als Diashow abspielen

Sie können im Bibliothek-Modul Fotos als Diashow anzeigen, um z.B. eine soeben zusammengestellte Sammlung nochmals zu sehen oder eine Auswahl von Fotos einem anwesenden Kunden oder Modell zu zeigen. Gestartet wird die Diashow mit einem Klick auf das Abspielen-Symbol aus der Werkzeugleiste (dieses muss evtl. erst zugeschaltet werden) oder über **Fenster ▷ Frei gestaltete Diashow**. Während der Diashow funktionieren alle Tastaturkürzel für die Bewertung oder Farbetikettierung (P, X, U, 0 ... 9 etc.).

Die Diashow ist allerdings keine Ansicht des Bibliothek-Moduls, vielmehr wird dabei das Diashow-Modul aufgerufen. Für das Layout und die übrige Konfiguration der Diashow verwendet Lightroom die Einstellungen, die in diesem Modul für die Sammlung oder den Ordner zuletzt eingestellt wurden. Dies kann ein bisschen verwirrend sein, denn dort stellt man auch ein, welche Fotos der Quelle abgespielt werden: alle Fotos im Filmstreifen, alle markierten oder alle ausgewählten Fotos. Wenn also nicht die richtigen Fotos abgespielt werden, müssen Sie eventuell ins Diashow-Modul wechseln und die Einstellungen dort ändern (siehe auch Kapitel 11.1).

Sie können die Diashow auch, wenn vorhanden, auf dem zweiten Monitor laufen

---

Diashow starten: Strg+↵ (⌘: ⌘+↵)

Diashow beenden: Esc

Vorschau auf zweitem Bildschirm anzeigen: Strg+⇧+F11 (⌘: ⌘+⌥+⇧+F11)

lassen. Die Sekundäranzeige verfügt dazu über eine Diashow-Ansicht, die auch mit den grundlegendsten Knöpfen zur Steuerung ausgestattet ist. Während die Diashow läuft, kann man auf dem Hauptmonitor bereits andere Fotos sichten oder bearbeiten.

Wenn sich Ihr zweiter Monitor nicht in Ihrem Blickfeld befindet, z.B. weil er auf den Kunden gerichtet ist, können Sie über **Fenster ▷ Sekundäranzeige ▷ Vorschau auf zweitem Bildschirm anzeigen** eine Vorschau der Sekundäranzeige in einem kleinen Fenster auf dem Hauptmonitor anzeigen (siehe Abbildung 7-25). So können Sie sehen, was der Kunde im Moment sieht. Von diesem Fenster aus lässt sich die Diashow ebenfalls steuern.

Kapitel 8:

Im Entwickeln-Modul

Auch im Bibliothek-Modul kann man mit Entwicklungseinstellungen arbeiten, aber nur im Entwickeln-Modul stehen alle davon zur Verfügung. Außerdem ist das Entwickeln-Modul mehr wie ein klassisches Bildbearbeitungsprogramm aufgebaut, bei dem das einzelne Foto im Vordergrund steht.

Dazu bietet es einige Werkzeuge, die die Bildbearbeitung leichter machen. Histogramm und RGB-Wert-Anzeige sind hilfreich bei der Einschätzung von Tonwerten und Farben, Protokoll und Schnappschüsse zeichnen einzelne Arbeitsschritte auf, über die Vorher-Nachher-Ansicht

Das Entwickeln-Modul beschleunigen

Wenn Sie die Arbeit im Entwickeln-Modul beschleunigen wollen, müssen Sie andere Schritte vornehmen als für die Beschleunigung des Bibliothek-Moduls. Vor allem Ort und Größe des Camera-Raw-Caches sind entscheidend. Der Cache wird von Lightroom und – sofern installiert – Camera Raw benutzt. Die Einstellungen treffen Sie in den Voreinstellungen unter **Dateiverwaltung**.

Eine Vergrößerung des Caches kann Geschwindigkeitsvorteile bringen, wenn Fotos im Entwickeln-Modul angewählt und verändert werden. Der Cache lässt sich seit Lightroom 3 auf bis zu 200 GB erweitern; je größer er ist, desto länger merkt sich das Programm Fotos, die einmal im Entwickeln-Modul bearbeitet wurden. Neben der Größe des Caches spielt der Ort eine Rolle. Er sollte auf einem schnellen Laufwerk liegen, idealerweise auf einem Festkörperlaufwerk (SSD). Voreingestellt ist die Systempartition.

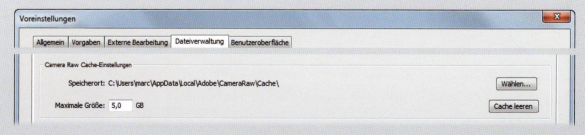

▲ Abbildung 8-1:
Einstellungen zum Camera-Raw-Cache

▲ Abbildung 8-2:
Vorschaubereich mit Werkzeugleiste; im Entwickeln-Modul bearbeitet man normalerweise immer nur ein Foto auf einmal.

kann man die Wirkung einer Bearbeitung beurteilen.

Zwei Dinge, die Sie ebenfalls nur im Entwickeln-Modul erledigen können, sind die Erstellung von Entwicklungsvorgaben und Standardentwicklungseinstellungen – zwei verwandte Konzepte, die u.a. die Arbeit im Bibliothek-Modul vereinfachen, aber hier eingerichtet werden.

Am Ende dieses Kapitels geht es schließlich um das Arbeiten mit mehreren Fotos und die neue Prozessversion-Einstellung, mit der man die Version der Entwicklungseinstellungen auswählt.

8.1 Die Arbeitsfläche

Das Herzstück des Entwickeln-Moduls ist die Arbeitsfläche in der Mitte. Sie entspricht weitgehend der Lupenansicht im Bibliothek-Modul (siehe Kapitel 3.3.2). So funktionieren die Vergrößerungsstufen, die Auswahl des Ausschnitts über die Navigator-Palette, die Einblendung von Metadaten und die Tastaturkürzel genauso.

Das Entwickeln-Modul arbeitet jedoch nicht mit Vorschaudateien wie im Bibliothek-Modul, sondern mit seinem eigenen System. Das ermöglicht z.B., dass Lightroom in vergrößerter Ansicht immer nur den Teil berechnet, der wirklich zu

Monitorprofilierung für genaue Darstellung von Tonwerten und Farben

Alles in allem überwiegt in Lightroom die visuelle Beurteilung des Fotos. Messinstrumente wie Histogramm, Beschnitt- und RGB-Wert-Anzeige (siehe Kapitel 8.4) können nur wenig über ein Foto aussagen. Daher fällt der Abbildung des Fotos auf der Arbeitsfläche die größte Bedeutung zu. Ein Monitor, der nicht profiliert ist, kann jedoch das angezeigte Foto verfälschen. Beeinflusst werden davon Tonwerte und Farben. Insofern ist zumindest für die *genaue* Bearbeitung eines Fotos eine Profilierung notwendig.

Hardwarelösungen zur Monitorprofilierung gibt es im Preisbereich von ca. 80–250 Euro, z.B. das **Spyder3 Pro (Datacolor)**, das **Eye-One Display 2 (X-Rite)** oder das **Pantone Huey (Pantone)**. Mit einer reinen Softwarelösung wie Adobe Gamma unter Windows oder dem Kalibrierungsassistenten auf dem Mac lassen sich keine genauen Profile erstellen. Diese arbeiten sehr grob und benutzen das Auge als Messgerät, das durch seine hohe Anpassungsfähigkeit nicht dazu geeignet ist.

sehen ist. Das Entwickeln-Modul arbeitet außerdem mit einem speziellen Cache, um unlängst bearbeitete Fotos schneller aufrufen zu können (siehe Kasten Seite 188). Beides macht die Arbeit mit Entwicklungseinstellungen zum Teil spürbar schneller als im Bibliothek-Modul.

Die Arbeitsfläche ist das zentrale Werkzeug, um ein Foto und dessen Entwicklungseinstellungen zu beurteilen. Für genaue Bearbeitung von Tonwerten und Farben sollte Ihr Monitor profiliert sein, damit Sie sich tatsächlich auf die Anzeige verlassen können (siehe Kasten links). Da die meisten Monitore nur ungefähr den sRGB-Farbraum wiedergeben können, kann es sein, dass Ihr Monitor nicht immer alle Farben eines Fotos darstellen kann. Lightroom zeigt dann die nächstmöglich darstellbaren Farben an. Es gibt momentan leider keine Möglichkeit, sich Bildbereiche anzeigen zu lassen, die davon betroffen sind.

Für die Beurteilung vieler Einstellungen ist eine vergrößerte Darstellung notwendig: Schärfung, Rauschentfernung und evtl. Entfernung von chromatischen Aberrationen benötigen eine Vergrößerung von 1:1 oder 2:1, aber auch andere Einstellungen sind bei Vergrößerung evtl. besser zu beurteilen, beispielsweise der Filmkorn-Effekt oder der Klarheit-Regler, der den Konturenkontrast regelt. Für die bessere Beurteilung kann außerdem die Vorher-Nachher-Ansicht nützlich sein, mit der sich zwei Zustände desselben Fotos vergleichen lassen (siehe Kapitel 8.6).

▲ Abbildung 8-3:
Tonwerte und Farben können auf einem unprofilierten Monitor zum Teil spürbar abweichen.

▲ Abbildung 8-4:
Mit den fünf Werkzeugen im Werkzeugstreifen (oben) und den acht Paletten auf der rechten Seite des Entwickeln-Moduls lassen sich alle in Lightroom verfügbaren Entwicklungseinstellungen anpassen.

▲ Abbildung 8-5:
Regler und Wert werden bei Tastatursteuerung im Vorschaubereich kurz eingeblendet. Das ermöglicht die Arbeit im Vollbild- oder abgedunkelten Modus.

▲ Abbildung 8-6:
Sie können einen Reglerwert auch anpassen, indem Sie den Wert direkt anklicken und bei gedrückter Maustaste die Maus nach links oder rechts ziehen.

8.2 Die Paletten

Mit den Paletten auf der rechten Seite legen Sie die Entwicklungseinstellungen für ein Foto fest. Im Folgenden einige Tipps, mit denen Sie in den Paletten besonders effizient arbeiten können. Die meisten Tipps gelten auch für die Werkzeuge im Werkzeugstreifen, einige auch für die Paletten in anderen Modulen.

8.2.1 Schnelles Einstellen über die Tastatur

Sie können die Regler in den Paletten teilweise über die Tastatur steuern. Am einfachsten kommen Sie dabei an die Regler in der Grundeinstellungen-Palette:

- Durch wiederholtes Drücken von [+] wählen Sie den Regler aus, den Sie anpassen wollen.
- Mit [#] und [-] können Sie den Wert des aktiven Reglers in kleinen Schritten korrigieren.
- Drücken Sie zusätzlich [⇧], erfolgt die Korrektur in großen Schritten.
- Mit [;] setzen Sie den aktiven Regler zurück.

Sie können auch Regler in anderen Paletten aktivieren. Dazu klicken Sie bei gedrückter [Alt]-Taste (⌥: [⌥]) auf den Namen des Reglers. Anschließend können Sie den Reglerwert mit [#] und [-] verstellen.

Wenn man das Foto wechselt, bleibt der Regler aktiv. So können Sie mit den Pfeiltasten mehrere Fotos durchgehen und beispielsweise überall die Belichtung anpassen.

▲ Abbildung 8-7:
Reglerwerte können direkt mit der Tastatur eingegeben werden.

▲ Abbildung 8-8:
Durch Druck auf Alt (⌘: ⌥) erscheint bei manchen Palettenüberschriften das Wort »Zurücksetzen«.

8.2.2 Einstellen über Tastatur und Maus

Immer wenn man den Mauszeiger über einen Regler bewegt (und dessen Name aufleuchtet), kann man mit ↑ und ↓ den Wert erhöhen bzw. verringern. Dabei kann man ⇧ für sehr große Schritte oder Alt (⌘: ⌥) für sehr kleine Schritte gedrückt halten. In der Gradationskurve-Palette kann man mit dem Mauszeiger auch über die entsprechende Region der Kurve fahren.

Weiterhin kann man die Maus direkt über den Wert rechts neben dem Regler bewegen, woraufhin sich der Mauszeiger in einen Doppelpfeil verwandelt. Daraufhin kann man klicken und nach links bzw. rechts ziehen und so den Regler bewegen. Auf diese Weise lässt sich der Regler mit einer kürzeren Mausbewegung auf die gewünschte Position bringen.

8.2.3 Reglerwerte direkt eingeben

Wenn man direkt auf einen der Reglerwerte klickt, wird dieser zu einem Eingabefeld, in das man den gewünschten Wert direkt mit der Tastatur eingeben kann. Solange das Feld aktiviert ist, kann man außerdem mit den Tasten mit ↑ und ↓ den Wert in kleinen Schritten, bei zusätzlich gedrückter ⇧-Taste in größeren Schritten ändern.

Sie können außerdem, solange ein Eingabefeld aktiviert ist, mittels Tab zum nächsten Regler und mittels ⇧+Tab zum vorigen Regler gelangen. Auf diese Weise können Sie sich mit der Tab-Taste von oben nach unten durch eine Palette hangeln, um z. B. alle vier Werte in der Gradationskurve-Palette einzutragen. Es ist ebenfalls möglich, sich durch mehrere geöffnete Paletten zu hangeln. Am untersten Regler angekommen, springt Lightroom beim nächsten Tab zum obersten Regler zurück. Analog funktioniert es für ⇧+Tab.

8.2.4 Zurücksetzen

Jeder Regler im Entwickeln-Modul lässt sich einzeln mittels Doppelklick auf seine Ausgangsposition (d. h. auf die Position der Standardentwicklungseinstellungen, siehe Kapitel 8.8) zurücksetzen. Ein einfaches Vorher-Nachher für einzelne Regler erzielt man durch Klick und einen

Foto zurücksetzen: Strg+⇧+R (⌘: ⌘+⇧+R)

◀ Abbildung 8-9:
Palette ein- und ausschalten

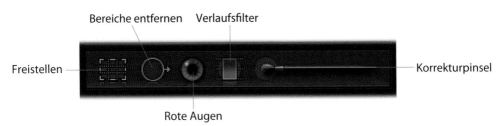

▲ Abbildung 8-10:
Lightrooms fünf Werkzeuge im Werkzeugstreifen arbeiten – mit Ausnahme des Freistellen-Werkzeugs – lokal, nicht global wie die übrigen Regler im Entwickeln-Modul. Man kann jeweils mehrere Korrekturstellen anlegen und separat einstellen.

anschließenden Doppelklick, dabei muss man sich mit der Maus über der gewünschten Reglerposition befinden. Mit einem Klick wird der Regler in die gewünschte Position gebracht, mit einem Doppelklick wird er zurückgesetzt. So kann man zwischen den beiden Zuständen hin- und herschalten.

Sollen mehrere Regler auf einmal zurückgesetzt werden, z.B. von bestimmten Palettenteilen wie dem Präsenz-Teil der Grundeinstellungen-Palette oder den vier Regionen in der Gradationskurve-Palette, so kann man direkt auf den Namen des Palettenteils doppelt oder bei gedrückter Alt-Taste (⌥: ⌥) einfach klicken. Die Werkzeuge im Werkzeugstreifen lassen sich genauso zurücksetzen.

Sämtliche Entwicklungseinstellungen eines Fotos setzt man über den Zurücksetzen-Knopf unten rechts zurück (siehe Abbildung 8-33).

8.2.5 Wirkung einer Palette ein- und ausschalten

Der Effekt jeder Palette (bis auf denjenigen der Grundeinstellungen-Palette) lässt sich vorübergehend über den Knopf links oben deaktivieren. Gleiches gilt für die meisten Werkzeuge im Werkzeugstreifen. Damit kann man die Wirkung aller Regler und Einstellungen in der Palette vorübergehend ausschalten, ohne sie gleich zurücksetzen zu müssen. Außerdem kann man so den Effekt beurteilen, indem man die beiden Zustände durch Ein- und Ausschalten vergleicht.

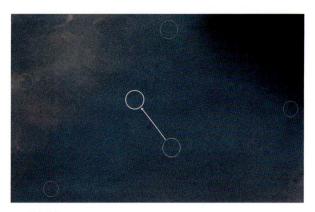

▲ Abbildung 8-11:
Mehrere Korrekturstellen des Bereichsreparatur-Werkzeugs für die Staubentfernung; die Stelle in der Mitte ist ausgewählt, …

▲ Abbildung 8-12:
… sodass ihre Einstellungen über die Palette angepasst werden können.

8.3 Die lokalen Werkzeuge im Werkzeugstreifen

Bei den Paletten auf der rechten Seite gibt es jede Entwicklungseinstellung nur einmal; sie gilt immer für das gesamte Foto. Die vier lokalen Werkzeuge im Werkzeugstreifen funktionieren anders: Bei ihnen kann man mehrere Korrekturstellen im Foto erzeugen und für jede Korrekturstelle andere Einstellungen treffen.

Zum Beispiel kann man für die Bereichsreparatur die Größe der Korrekturstelle, den Korrekturmodus und die Deckkraft für jeden Bereich separat einstellen. Jede Stelle lässt sich auch im Nachhinein anpassen. Es gibt im Allgemeinen zwei Arbeitsweisen: Entweder wählt man die Einstellungen vorher und erzeugt dann mit der Maus die Korrekturstelle; oder man entscheidet sich für eine bereits erzeugte Korrekturstelle und verändert die Werte in der Palette. Über die Werkzeugleiste können Sie die Korrekturstellen ein- oder ausblenden.

Jede Korrekturstelle lässt sich einzeln mit der Maus auswählen und über ⌫ Lösch entfernen. Alle Stellen entfernt man über **Zurücksetzen** in der Palette.

Korrekturstellen ein-/ausblenden: H
Ausgewählte Korrekturstelle entfernen: Lösch
Beschnittanzeige ein/aus: J

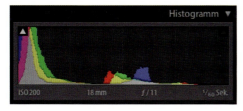

◄ Abbildung 8-13:
Histogramm eines unterbelichteten Fotos. Auf der rechten Seite ist noch Platz, während es auf der linken bereits zum Tonwertbeschnitt kommt.

8.4 Tonwerte und Farben beurteilen

Neben der Beurteilung des Fotos über das Auge und die Arbeitsfläche gibt es einige Hilfsmittel in Lightroom, mit denen sich Tonwerte und Farben mit »mathematischer Sicherheit« beurteilen lassen.

8.4.1 Histogramm und Beschnittanzeige

Rechts oben finden Sie das *Histogramm*. Wie in Abbildung 8-13 zu sehen ist, zeigt das Lightroom-Histogramm die Tonwerte für die verschiedenen Grundfarben – Rot, Grün und Blau – separat an. (Treffen zwei Grundfarben in einem Bereich aufeinander, entstehen die entsprechenden Mischfarben Gelb, Cyan und Magenta, bei allen drei Farben wird das Histogramm hellgrau dargestellt.)

Wenn ganze Bildbereiche des Fotos Tonwerte von 0% bzw. 100% aufweisen, spricht man vom *Tonwertbeschnitt* oder »Clipping«. Dies zeigt sich durch Spitzen am linken oder rechten Ende des Histogramms. Zusätzlich verfügt Lightroom über eine separate Beschnittanzeige: Die beiden Dreiecke oben links und rechts im Histogramm leuchten auf, sobald es zu Tonwertbeschnitt kommt (siehe Abbildung 8-13). Das Dreieck leuchtet dabei in der Grundfarbe auf, in der der Beschnitt auftritt.

Durch Anklicken der Dreiecke können Sie außerdem die Bereiche im Foto farblich hervorheben, die durch den Tonwertbeschnitt durchgehend schwarz oder weiß sind (siehe Abbildung 8-14).

8.4.2 RGB-Wert-Anzeige

Als weiteres Hilfsmittel gibt es unterhalb des Histogramms die RGB-Wert-Anzeige (siehe Abbildung 8-15) – sie zeigt die Tonwerte für die drei Grundfarben Rot, Grün und Blau direkt an einer bestimmten Position des Fotos an. Dazu wird einfach der Mauszeiger an die auszulesende Stelle geschoben. Die Anzeige ist nicht pixelgenau, denn es wird immer ein Durchschnittswert für die Region um den Mauszeiger herum angezeigt. Für große Genauigkeit müssen Sie also in eine Vergrößerung oberhalb der 1:1 wechseln.

> **Tipp**
> Wie im Bibliothek-Modul zeigt die Histogramm-Palette vier wichtige Metadaten des aktiven Fotos an (wenn der Mauszeiger sich nicht über dem Foto befindet): ISO-Wert, Brennweite, Blende und Verschlusszeit.

▲ Abbildung 8-14:
Durchgehend schwarze oder weiße Bildbereiche lassen sich über die Beschnittanzeige hervorheben.

▲ Abbildung 8-15:
RGB-Wert-Anzeige unterhalb des Histogramms

> **Hinweis**
> Lightroom gibt die Werte in der RGB-Wert-Anzeige in Prozent an und nicht wie z.B. Photoshop von 0–255. Ein solcher Bereich ist aber ohnehin ein Überbleibsel aus 8-bit-Zeiten und für 16-bit-Bearbeitung nicht mehr sinnvoll.

Die RGB-Wert-Anzeige kann für Tonwerte und Farben gleichermaßen genutzt werden. Ich benutze sie oft vor der Tonwertkorrektur, um zu untersuchen, in welchen Tonwertregionen die unterschiedlichen Bildbereiche eines Fotos liegen. Daneben kann man sie für die Farbanalyse verwenden, um beispielsweise zu sehen, ob eine Region neutral ist oder ob sie einen Farbstich hat, den man vielleicht mit dem bloßen Auge nicht erkennt. Dies ist vor allem nützlich im Zusammenhang mit dem Weißabgleich.

8.5 Protokoll und Schnappschüsse

Das *Protokoll* auf der linken Seite merkt sich für ein Foto jede einzelne Änderung der Entwicklungseinstellungen, sodass man Änderungen nachvollziehen und wieder rückgängig machen kann, ähnlich dem aus Photoshop oder anderen Bildbearbeitungsprogrammen bekannten Protokoll. Aber da in Lightroom nur die Entwicklungseinstellungen selbst gespeichert werden und diese kaum Platz einnehmen, verbleibt das Protokoll eines Fotos dauerhaft im Katalog und steht auch beim nächsten Programmstart noch zur Verfügung.

Protokollschritte bleiben aber nicht in jedem Fall erhalten. Greift man auf einen früheren Schritt zurück und macht danach auch nur eine weitere Reglerbewegung, gehen alle jüngeren Schritte verloren (wenn man dies sofort bemerkt, kann man es durch Strg+Z (⌘: ⌘+Z)

Schnappschuss erstellen: Strg+N (⌘: ⌘+N)

8.5 Protokoll und Schnappschüsse

▲ Abbildung 8-16:
Die Protokoll-Palette zeigt ganz genau an, in welchen Schritten ein Foto bearbeitet wurde.

▲ Abbildung 8-17:
Verschiedene Versionen oder Bearbeitungsschritte lassen sich als Schnappschüsse speichern.

▲ Abbildung 8-18:
Man kann übers Kontextmenü (unter Entwicklungseinstellungen) vom Bibliothek-Modul aus auf Schnappschüsse zugreifen.

▲ Abbildung 8-19:
In Lightroom erstellte Schnappschüsse werden beim Speichern von Metadaten bei den Bilddateien berücksichtigt und sind so auch in Camera Raw sichtbar.

wieder rückgängig machen). Aus diesem Grund ist es sinnvoll, wichtige Schritte als Schnappschuss über das Kontextmenü des Protokollschritts zu speichern. Rechts oben in der Palette können Sie das Protokoll komplett löschen.

Schnappschüsse funktionieren ähnlich wie Protokollschritte, nur legt man sie von Hand an und bezeichnet sie mit einem Namen. Außerdem können sie nicht verloren gehen, wie das bei Protokollschritten möglich ist. Neben der Verwendung zur Speicherung wichtiger Arbeitsschritte kann man sie gut einsetzen, um unterschiedliche Varianten von Fotos zu verwalten, z. B. unterschiedliche Kontrasteinstellungen für den Druck oder eine Farb- und eine Schwarz-Weiß-Version.

Im Gegensatz zu virtuellen Kopien tauchen Schnappschüsse nicht als eigenständige Fotos im Filmstreifen auf. Seit Lightroom 3 kann man zwar auch vom Bibliothek-Modul aus auf sie zugreifen (siehe Abbildung 8-18), aber richtig komfortabel geht dies dort nicht. Das ist schade, denn Schnappschüsse werden von Lightroom beim Speichern der Metadaten bei den Bilddateien berücksichtigt, d.h.,

▲ Abbildung 8-20:
Die Vorher-Nachher-Ansicht

Anzeigemodus auswählen

Nachher zu Vorher übertragen

Vorher zu Nachher übertragen

Vorher/Nachher tauschen

▲ Abbildung 8-21:
Über die Werkzeugleiste wählen Sie den Anzeigemodus (links) und können außerdem Entwicklungseinstellungen von Vorher auf Nachher übertragen oder zwischen beiden austauschen.

▲ Abbildung 8-22:
In der Vorher-Nachher-Ansicht zeigt die RGB-Wert-Anzeige jeweils die Vorher- und Nachherwerte an, sodass man Tonwertveränderungen in einzelnen Bereichen untersuchen kann.

Vorher/Nachher: ⇧+S

Ansicht ein/aus (links/rechts): Y

Ansicht ein/aus (oben/unten): Alt+Y (⌘:⌥+Y)

Wechsel zwischen Modus zwei Bildschirme und geteilter Bildschirm: ⇧+Y

▲ Abbildung 8-23:
Vorgaben-Palette; fährt man mit der Maus über eine der Vorgaben, zeigt …

◄ Abbildung 8-24:
… die Navigator-Palette an, wie das Foto mit der Vorgabe aussehen würde.

sie sind langfristig und nicht nur im Katalog speicherbar.

Sie können übrigens die Entwicklungseinstellungen von virtuellen Kopien langfristig sichern, indem Sie sie in Schnappschüsse umwandeln. Dazu brauchen Sie nur einen Schnappschuss für die virtuelle Kopie anzulegen – dieser wird automatisch aufs Masterfoto übertragen, und Sie können die Kopie entfernen. Mit dem Zusatzmodul Snapshotter geht das Umwandeln noch einfacher: Damit können Sie mehrere virtuelle Kopien auf einmal vom Bibliothek-Modul aus in Schnappschüsse umwandeln.

8.6 Die Vorher-Nachher-Ansicht

Neben der normalen Lupenansicht gibt es im Entwickeln-Modul die Vorher-Nachher-Ansicht. Sie ist der Vergleichsansicht im Bibliothek-Modul recht ähnlich. Nur dass man hier nicht zwei verschiedene Fotos vergleicht, sondern zwei verschiedene Zustände desselben Fotos. Der Modus kann z. B. verwendet werden, um die Wirkung eines Werkzeugs besser beurteilen zu können.

Die Ansicht teilt die Arbeitsfläche in zwei Bereiche. Der Nachher-Teil zeigt immer den aktuellen Zustand an. Der Vorher-Teil ist hingegen statisch. Welchen Einstellungssatz er anzeigt, muss der Benutzer selbst auswählen. Es lassen sich z.B. direkt Zustände aus den Protokoll- und Schnappschuss-Paletten per Kontextmenü für den Vorher-Bereich auswählen. So können Sie gezielt Zustände miteinander vergleichen.

In der Werkzeugleiste hat man die Wahl zwischen vier verschiedenen Anzeigemodi für die Ansicht: Auf der einen Seite kann man wählen, ob die Arbeitsfläche horizontal (wie in Abbildung 8-20) oder vertikal geteilt wird. Andererseits lässt sich hier festlegen, ob in beiden Hälften derselbe Bildausschnitt wiederholt zu sehen ist (wie in Abbildung 8-20) oder ob der eine an den anderen anschließt. Ebenfalls über die Werkzeugleiste können Sie Einstellungen von einer der beiden Ansichten auf die andere übertragen oder tauschen.

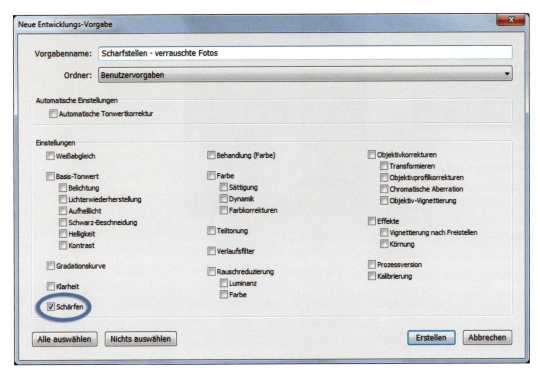

▲ Abbildung 8-25:
Vorgaben können auch aus Teileinstellungen bestehen.

Sie können den Vorher-Zustand auch einzeln, ohne geteilten Bildschirm, anzeigen. Dies erfolgt durch Drücken von ⇧+S. Hierbei wird der Vorher-Zustand nur so lange eingeblendet, bis man eine beliebige Entwicklungseinstellung verändert. Dann schaltet er automatisch wieder um zum aktuellen Zustand. So kann man durch mehrmaliges Drücken von ⇧+S regeln, vergleichen, regeln, vergleichen usw.

8.7 Entwicklungsvorgaben

Die Entwicklungsvorgaben werden im Entwickeln-Modul in einer eigenen Palette auf der linken Seite aufgerufen. Dort lassen sich auch neue Vorgaben erstellen und in Ordnern organisieren. Vorgaben lassen sich hier schneller verwenden als im Bibliothek-Modul, da die Palette sie deutlich übersichtlicher anzeigt. Außerdem dient die Navigator-Palette als Vorschau (siehe Abbildung 8-24).

Vorgabe erstellen: Strg+⇧+N (⌘: ⌘+⇧+N)

Lightroom wird bereits mit sehr vielen Vorgaben ausgeliefert. Eine Übersicht:

- **Automatische Tonwertkorrektur** wendet die Tonwertautomatik auf das/die Foto(s) an.
- **Kräftig** verleiht dem Foto »Biss«, indem es die Reglerwerte für Klarheit und Dynamik erhöht.
- **Graustufen** schaltet um auf den Schwarz-Weiß-Modus und wendet die Tonwertautomatik und die Automatik für die Schwarz-Weiß-Umsetzung an (siehe Kapitel 9.7.2).
- **Nullwert** setzt alle Einstellungen in allen Paletten auf der rechten Seite auf null. Dies ist etwas anderes als die Zurücksetzen-Funktion, welche die Einstellungen auf die Standardentwicklungseinstellungen setzt.
- Unter **Gradationskurve** und **Scharfstellen** finden sich jeweils zwei nützliche Standardeinstellungen für Kontrast und Schärfe, die sich auf die Gradationskurve-Palette (und den Kontrast-Regler) bzw. auf die Details-Palette auswirken.
- **Kanteneffekte** und **Körnung** beziehen sich auf die Effekte-Palette: Vignetten und künstliches Filmkorn.
- Unter **SW-Filter** finden Sie verschiedene Schwarz-Weiß-Umsetzungen; hierbei werden die Farbfilter, die man in der Analogfotografie für Schwarz-Weiß-Film benutzen kann, simuliert.
- Zu guter Letzt gibt es einige **Kreativ**-Einstellungen, die für das Foto einen bestimmten »Look« einstellen, z.B. Sepia, gealtertes Foto usw.

Um eine neue Entwicklungsvorgabe zu erstellen, klicken Sie auf das + in der Palette. Die Vorgabe wird dabei anhand

Schwarz- oder Belichtung-Regler automatisch per Vorgabe setzen

Meist ist es mir zu viel, die Tonwertautomatik per Vorgabe anzuwenden. Teilweise würde ich aber gerne den Schwarz-Regler automatisch setzen lassen. Lightroom ist auch dazu in der Lage, allerdings ist die Funktion nicht in die Oberfläche integriert worden – Sie müssen sie durch einen »Trick« auslösen, indem Sie die entsprechende Entwicklungseinstellung von Hand in die Vorgabe einfügen (wie Sie in der Einführung gelesen haben, sind Entwicklungseinstellungen nur Textabschnitte). Die Vorgehensweise:

1. Leere Vorgabe anlegen, d.h. dabei keine Entwicklungseinstellungen einbeziehen, also im Dialog nichts »abhaken«.
2. Vorgabe über Kontextmenü im Explorer / Finder anzeigen lassen; mit Texteditor öffnen; Lightroom beenden.
3. Eine Zeile hinter
   `settings = {`
   einfügen:
   `AutoShadows = true,`
   (siehe Abbildung 8-26).
4. Vorgabe speichern und Lightroom starten.

Sie können auch andere Regler einzeln automatisch setzen lassen: Statt AutoShadows verwenden Sie einfach AutoExposure für den Belichtung-Regler, AutoBrightness für Helligkeit und AutoContrast für Kontrast.

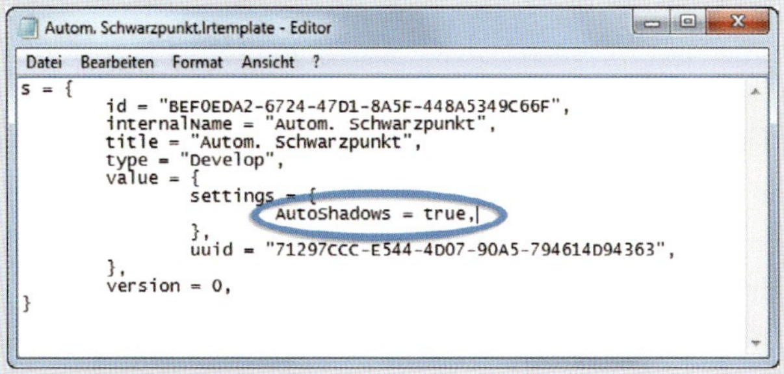

▲ Abbildung 8-26:
So sieht die fertige Vorgabe aus.

▲ Abbildung 8-27:
Vergleich Adobe-Standardeinstellungen und Vorgabe Nullwert

Einstellung	Wert
Schwarz	5
Helligkeit	+50
Kontrast	+25
Gradationspunktkurve	Mittlerer Kontrast
Schärfung (Betrag)	25
Rauschreduzierung (Farbe)	25

▲ Tabelle 8.1:
Die Adobe-Standardeinstellungen für Raw-Fotos

des aktiven Fotos erzeugt, d.h., dessen Entwicklungseinstellungen werden gespeichert.

Dabei erscheint zunächst ein Dialog wie in Abbildung 8-25, in dem – ähnlich wie bei den Metadatenvorgaben – genau gesteuert werden kann, welche der Einstellungen in die Vorgabe übernommen werden. Wenn diese dann auf ein Foto angewendet wird, wird nur dieser Teil der Entwicklungseinstellungen des Fotos überschrieben, während für die anderen Einstellungen die Werte erhalten bleiben. So kann man z. B. eine Vorgabe nur mit Schärfungs- oder Rauschreduktionseinstellungen anlegen.

Hinweis

Bei den Standardentwicklungseinstellungen überschreibt die Neudefinition immer nur die Einstellungen für dasjenige Kameramodell, von dem das gerade aktive Foto stammt.

Mit der Option **Automatische Tonwertkorrektur** wendet Lightroom die Tonwertautomatik an, wenn die Vorgabe auf ein Foto angewendet wird (siehe auch Kasten Seite 201).

Per Kontextmenü lassen sich Vorgaben mit den Werten eines Fotos aktualisieren und auch ex- oder importieren, um z. B. Vorgaben auf einen anderen Rechner zu übertragen oder eine der zahlreichen Vorgaben aus dem Internet zu nutzen (z. B. von der Webseite Lightroom Exchange).

8.8 Standardentwicklungseinstellungen

Standardentwicklungseinstellungen (manchmal in Lightroom auch nur als »Standardeinstellungen« bezeichnet) sind Ausgangswerte für Entwicklungseinstellungen. Sie bilden den Startpunkt für weitere Anpassungen und werden in der Regel bereits beim Import vergeben (wenn dort keine Entwicklungsvorgabe ausgewählt wird) und immer dann, wenn

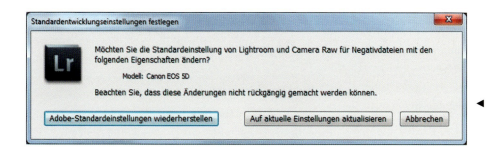

◀ Abbildung 8-28:
Standardeinstellungen festlegen

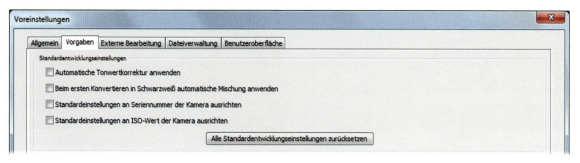

▲ Abbildung 8-29:
Die Voreinstellungen zu den Standardentwicklungseinstellungen

im Bibliothek- oder Entwickeln-Modul ein Foto »zurückgesetzt« wird.

Standardeinstellungen lassen sich anpassen. Wenn Sie z. B. wollen, dass der Reglerwert für **Schwarz** standardmäßig nicht 5, sondern 2 beträgt, können Sie das einstellen. Standardentwicklungseinstellungen sind in erster Linie für Raw-Fotos sinnvoll, können aber auch für RGB-Dateien konfiguriert werden.

8.8.1 Adobe-Einstellungen

Die Standardeinstellungen sind in Lightroom von Haus aus auf bestimmte Werte eingestellt. Die Adobe-Standardeinstellungen für Raw-Fotos (siehe Tabelle 8.1) reduzieren den aufgenommenen Kontrastumfang ein wenig und erhöhen Helligkeit und Kontrast. Lightroom stellt diese Werte bei Raw-Dateien ein, damit die Fotos bereits nach dem Import halbwegs vernünftig aussehen. Sind alle Regler auf 0 gesetzt, sehen Fotos sehr flach und im Allgemeinen zu dunkel aus und sind leicht unscharf. Sie können das ausprobieren, indem Sie die Entwicklungsvorgabe **Nullwert** auf ein Foto anwenden (siehe Abbildung 8-27).

Bei RGB-Dateien sind alle Regler hingegen standardmäßig auf 0 gestellt. Lightroom geht davon aus, dass RGB-Dateien zunächst so behandelt werden sollen, wie sie sind, da es sich im Unterschied zu Raw-Dateien im Allgemeinen um fertige Bilder handelt. Doch auch für RGB-Dateien können Sie die Standardeinstellungen verstellen.

Hinweis

ISO-abhängige Standardeinstellungen überschreiben nicht die normalen Einstellungen; wenn Sie die Option ausschalten, sind die alten Einstellungen immer noch gespeichert.

Um die ISO-spezifischen Einstellungen zurückzusetzen, müssen Sie übrigens nicht jeden ISO-Wert einzeln aufrufen: Alle Standardeinstellungen setzt man einfach über die Voreinstellungen unter **Vorgaben** zurück.

8.8.2 Eigene Standardeinstellungen verwenden

Die Adobe-Einstellungen können Sie mit individuellen Einstellungen überschreiben. Manchem Benutzer sind die Adobe-Einstellungen zu neutral, dann können Sie z. B. mehr Dynamik und Klarheit einstellen oder mehr Kontrast. Manche stellen auch den Schwarz-Regler auf einen kleineren Wert, um Details in den Schatten hervorzuholen (siehe hierzu Kapitel 9.2).

Um die Standardeinstellungen zu verändern, stellen Sie die gewünschten Reglerwerte ein und wählen **Entwickeln ▷ Standardeinstellungen festlegen** oder drücken den Knopf **Standard festlegen**

Standardeinstellungen übertragen

Falls Sie Standardentwicklungseinstellungen zwischen Computern übertragen wollen: Diese werden nicht im Lightroom-Vorgabenordner, sondern im Vorgabenordner von Camera Raw gespeichert. Dieser Ordner befindet sich im Ordner **Adobe**, der eine Stufe über dem Lightroom-Ordner steht. Im Camera-Raw-Ordner befindet sich der Ordner **Defaults**, in dem die Standardeinstellungen gespeichert werden (also insgesamt Adobe/Camera Raw/Defaults).

Die Dateien haben allerdings kryptische Namen. Ob Sie es mit der richtigen Einstellung zu tun haben, finden Sie nur durch Öffnen der Datei in einem Texteditor heraus. Dort sind Kameramodell und evtl. ISO-Zahl oder Seriennummer im XMP-Format gespeichert.

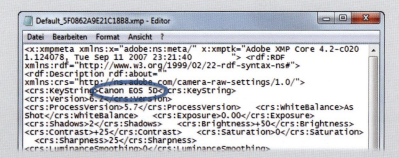

▲ Abbildung 8-30:
Standardeinstellungen können Sie nur durch Öffnen der Datei identifizieren.

unten rechts, erreichbar über die Alt-Taste (⌥:⌥). Es folgt ein Dialog zur Bestätigung, indem Sie **Auf aktuelle Einstellungen aktualisieren** klicken. Die Funktion entnimmt die Einstellungen dem aktiven Foto.

Im Gegensatz zu den Entwicklungsvorgaben sind alle Regler im Entwickeln-Modul Bestandteil der Standardeinstellungen. Setzen Sie also ggf. ein Foto erst zurück, machen Sie dann die gewünschten Anpassungen, und legen Sie anschließend die Standardeinstellungen neu fest.

Sie können zusammen mit den Standardentwicklungseinstellungen gleich Automatiken anwenden lassen, ähnlich wie bei den Entwicklungsvorgaben. Dies stellen Sie allerdings nicht beim Festlegen der Standardeinstellungen ein, sondern in den Voreinstellungen unter **Vorgaben** (siehe Abbildung 8-29).

Über **Automatische Tonwertkorrektur anwenden** stellen Sie ein, dass nach der Anwendung einer Standardeinstellung zusätzlich die Tonwertautomatik auf das betreffende Foto angewendet wird. **Beim ersten Konvertieren in Schwarz-weiss automatische Mischung anwenden** bewirkt hingegen die Auslösung der Schwarz-Weiß-Automatik, die automatisch Reglerwerte für die Schwarz-Weiß-Umsetzung einstellt (siehe Kapitel 9.7.2). Die Werte werden bereits bei Anwendung der Standardeinstellungen vergeben, kommen aber erst zum Tragen, wenn man in den Schwarz-Weiß-Modus wechselt.

Um eine einzelne Standardeinstellung wiederherzustellen, klicken Sie einfach beim Festlegen einer Einstellung auf **Adobe-Standardeinstellungen wiederherstellen** (siehe Abbildung 8-28), womit wieder die Adobe-Werte verwendet werden.

Sie können auch zwischenzeitlich ein Foto auf die Adobe-Einstellungen setzen, indem Sie statt des normalen Zurücksetzen-Knopfes auf die Schaltfläche **Zurücksetzen (Adobe)** drücken, die Sie bei gedrückter ⌥-Taste anklicken können.

Von zu großen Anpassungen über die Standardeinstellungen sehe ich persönlich ab, da ich mich mittlerweile an die Anmutung von Raw-Fotos beim ersten Öffnen in Lightroom oder Camera Raw gewöhnt habe. Auch sollten die gespeicherten Einstellungen gute Standardwerte für alle Fotos sein. Alles andere regelt man besser über Vorgaben.

8.8.3 Standardeinstellungen anhand von Seriennummer oder ISO-Werten ausrichten

Wenn Sie mehrere Exemplare eines Kameramodells besitzen, können Sie für diese jeweils eigene Standardeinstellungen vergeben. Dazu stellen Sie in den Voreinstellungen unter **Vorgaben** die entsprechende Option ein (siehe Abbildung 8-29). Lightroom unterscheidet die Kameras anhand ihrer Seriennummern, die Bestandteil der EXIF-Metadaten sind. Beim Festlegen der Standardeinstellungen müssen Sie nur darauf achten, dass Sie ein Foto der richtigen Kamera ausgewählt haben.

Ähnlich können Sie ISO-spezifische Einstellungen anlegen (dies können Sie ebenfalls in den Voreinstellungen wählen). Sie eignen sich vor allem, um die Werte für die Rauschreduktion und evtl. die Schärfung automatisch an die ISO-Werte anzupassen. Das Verfahren ist ein bisschen aufwändig, da man je ein Foto für jeden möglichen ISO-Wert aufnehmen muss, allein um die Standardeinstellungen

▲ Abbildung 8-31:
Bei mehreren ausgewählten Fotos können Sie über den Synchronisieren-Knopf rechts Entwicklungseinstellungen übertragen oder den Automatisch-synchronisieren-Modus einschalten.

▲ Abbildung 8-32:
Auf der linken Seite befinden sich Knöpfe zum Kopieren und Einfügen, …

▲ Abbildung 8-33:
… auf der rechten die Vorherige- und Zurücksetzen-Knöpfe.

festzulegen. Bei meiner Canon 5D sind das beispielsweise 15 Aufnahmen.

Ich habe meine Kamera mit ISO-spezifischen Einstellungen versehen. Hierfür habe ich einfach ab ISO 800 moderate Rauschentfernungswerte eingestellt und ab ISO 1600 noch einmal höhere Werte. Ich habe hierbei absichtlich moderate Werte verwendet, die das Rauschen lediglich leicht reduzieren. Mehr mache ich lieber individuell.

8.9 Mit mehreren Fotos arbeiten

Normalerweise wird im Entwickeln-Modul nur das aktive Foto bearbeitet, egal wie viele Fotos im Filmstreifen ausgewählt sind (wie in der Lupenansicht im Bibliothek-Modul). Über **Automatisch synchronisieren** können Sie hingegen mehrere Fotos gleichzeitig bearbeiten. Um die Funktion ein- bzw. auszuschalten, betätigt man den kleinen Schalter links vom Synchronisieren-Knopf.

Ebenso wie im Bibliothek-Modul (siehe Kapitel 6.4.2) können Sie auch im Entwickeln-Modul die Übertragungsfunktionen für Entwicklungseinstellungen benutzen. Nur haben Sie hier eben nicht die Rasteransicht zur Verfügung, daher ist es nicht ganz so komfortabel. Konkret stehen die Funktionen **Synchronisieren** und

---

Automatisch synchronisieren: Strg+Alt+⇧+A (⌘: ⌘+⌥+⇧+A)

Synchronisieren: Strg+⇧+S (⌘: ⌘+⇧+S)

Kopieren: Strg+⇧+C (⌘: ⌘+C)

Einfügen: Strg+⇧+V (⌘: ⌘+V)

Vorherige Einstellungen einfügen: Strg+Alt+V (⌘: ⌘+⌥+V)

Kopieren/Einfügen zur Auswahl. Wie im Bibliothek-Modul können Sie die zu übertragenden Entwicklungseinstellungen über einen Dialog auswählen.

Einfacher als mit den normalen Übertragungsfunktionen funktioniert der Knopf **Vorherige** auf der rechten Seite. Er überträgt die Entwicklungseinstellungen des zuletzt aktiven Fotos auf das derzeitig aktive. So kann man ein Foto bearbeiten, zum nächsten wechseln und dann den Knopf drücken, um die soeben eingestellten Werte als Ausgangswerte für das nächste Foto zu übernehmen.

8.10 Prozessversion

Mit Lightroom 3 haben sich einige Algorithmen für die Entwicklungseinstellungen verändert, sodass es zu sichtbaren Unterschieden bei einigen Reglern kommt. Daher wurde ein Mechanismus eingeführt, um einerseits die Algorithmen verbessern zu können, andererseits bereits entwickelte Fotos genau so belassen zu können, wie sie bearbeitet worden sind. Dies ist die Prozessversion, eine Entwicklungseinstellung, über die man die Version der restlichen Entwicklungseinstellungen festlegt.

Die Prozessversion wählen Sie im Entwickeln-Modul über die Kamerakalibrierung-Palette aus. Bisher gibt es nur zwei mögliche Einstellungen, aber es ist anzunehmen, dass mit neuen Lightroom-Versionen auch neue Prozessversionen hinzukommen:

- **2003**: Lightroom 2 und davor
- **2010**: Lightroom 3

Wenn das Foto also wie mit Lightroom 2 und davor bearbeitet aussehen soll, wählen Sie Version 2003, wenn Sie die neuen Algorithmen verwenden wollen, hingegen Version 2010. Neu in Lightroom importierte Fotos bekommen immer die neue Prozessversion. Wenn Sie einen alten Lightroom-Katalog aktualisieren und mit Lightroom 3 öffnen, wird hingegen zunächst immer die alte Version verwendet. Dasselbe ist der Fall, wenn Sie ein Foto in Lightroom importieren, das in den Metadaten bereits über

---

Schnappschüsse synchronisieren

Manchmal will man auch Einstellungen zwischen Schnappschüssen angleichen. Mir geht das z.B. so, wenn ich die Bereichsreparatur für die Staubentfernung verwende, nachdem ich Schnappschüsse erstellt habe, und dann diese Einstellungen auch auf die anderen Schnappschüsse übertragen will.

Da man Schnappschüsse nicht im Filmstreifen anzeigen kann, kann man hierfür nicht die normalen Übertragungsfunktionen verwenden. Stattdessen gibt es die Funktion **Einstellungen ▷ Schnappschüsse synchronisieren**. Sie nimmt die Einstellungen des gerade aktiven Fotos (das nicht mit einem Schnappschuss übereinstimmen muss) und überträgt sie auf alle Schnappschüsse desselben Fotos.

Wie beim normalen Synchronisieren kann man vorher die zu synchronisierenden Einstellungen auswählen.

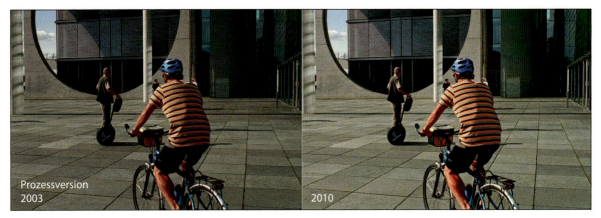

▲ Abbildung 8-34:
Der Aufhelllicht-Regler ist bei beiden Versionen des Fotos auf denselben Wert eingestellt. Dennoch ist die Anmutung anders, bedingt durch die unterschiedlichen Prozessversionen.

▲ Abbildung 8-35:
Prozesseinstellung in der Kamerakalibrierung-Palette

▲ Abbildung 8-36:
Wenn ein Foto eine alte Prozessversion verwendet, macht Lightroom Sie im Entwickeln-Modul darauf aufmerksam.

Aktualisierte Entwicklungseinstellungen in Lightroom 3

Folgende Entwicklungseinstellungen sind von den Änderungen der Prozessversion 2010 betroffen, sodass es zum Teil zu sichtbaren Unterschieden kommt:

- Wiederherstellung
- Aufhelllicht
- Luminanzrauschentfernung
- Farbrauschentfernung
- Schärfung (inkl. lokaler Schärfung mit dem Korrekturpinsel)

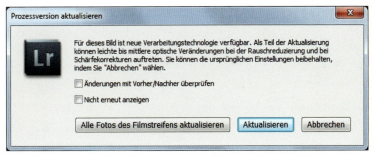

▲ Abbildung 8-37:
Aktualisieren-Dialog im Entwickeln-Modul

Entwicklungseinstellungen einer alten Lightroom-Version verfügt.

Wenn ein Foto auf einen alten Prozess eingestellt ist, macht Sie Lightroom im Entwickeln-Modul mit einem Symbol wie in Abbildung 8-36 darauf aufmerksam. Wenn Sie darauf klicken, erscheint der Dialog aus Abbildung 8-37, über den Sie das Foto – und optional gleich alle Fotos im Filmstreifen – auf den aktuellen Prozess aktualisieren können.

Sie können Fotos auch vom Bibliothek-Modul aus aktualisieren. Über **Bibliothek ▷ Fotos mit vorheriger Prozessversion suchen** können Sie sich alle Fotos mit einer alten Prozessversion zusammenstellen lassen. Auf die Zusammenstellung können Sie dann über die Katalog-Palette zugreifen und diese Fotos anschließend über **Foto ▷ Entwicklungseinstellungen ▷ Auf aktuellen Prozess aktualisieren** auf den neuesten Stand bringen.

Kapitel 9:

Entwicklungseinstellungen

Im folgenden Kapitel geht es um die Entwicklungseinstellungen im Detail. Die Betrachtung erfolgt für die Bearbeitung einzelner Fotos im Entwickeln-Modul.

Für die schnelle Bildbearbeitung über das Bibliothek-Modul siehe Kapitel 6.4.

Die Reihenfolge der Abhandlung richtet sich nicht genau nach der Oberfläche Lightrooms – hierzu siehe Tabelle 9-1. Ich

Palette/Werkzeug	Funktion
Grundeinstellungen	• Schwarz-Weiß-Modus • Weißabgleich • grundlegende Tonwertkorrektur • maskenbasierte Tonwertkorrektur • Tonwertautomatik • Anpassung der Farbsättigung
Gradationskurve-Palette	• Feinkorrektur der Tonwerte
HSL/Farbe	• Selektive Farbkorrektur
S/W	• Selektive Schwarz-Weiß-Umsetzung • S/W-Automatik
Teiltonung	• Tonung (Einfärben) von Schatten und/oder Lichtern
Details	• Schärfen • Rauschentfernung
Objektivkorrekturen	• Automatische oder manuelle Entfernung von Objektivfehlern • Perspektivkorrekturen • Entfernung von Farbsäumen

Palette/Werkzeug	Funktion
Effekte	• Vignette hinzufügen • Künstliches Filmkorn
Kamerakalibrierung	• Wahl der Prozessversion (Version der Entwicklungseinstellungen) • Anpassung der grundlegenden Tonwerte und Farben (»Bildstil«) für Raw-Fotos über DNG-Profile • ältere Farbregler
Freistellen	• Freistellen und ausrichten
Bereichsreparatur	• Störungen entfernen oder Bildbereiche kopieren
Rote Augen	• Rote Augen unterdrücken
Korrekturpinsel	• Entwicklungseinstellungen per Pinselwerkzeug auf Bildbereiche anwenden
Verlaufsfilter	• Entwicklungseinstellungen per Verlaufsmaske auf Bildbereiche anwenden

▲ Tabelle 9-1:
Übersicht über die Paletten und Werkzeuge im Entwickeln-Modul

▲ Abbildung 9-1:
Mit dem Weißabgleich erfolgt die Anpassung des Fotos an die Lichtfarbe, ähnlich wie bei der Wahl zwischen Tageslicht- oder Kunstlichtfilm in der Analogfotografie.

bin teilweise nach zusammenhängenden Themen und nach der von mir empfundenen Wichtigkeit der Einstellungen vorgegangen. Das tatsächliche Vorgehen während der Bearbeitung hängt aber vor allem auch vom jeweiligen Foto ab. Dabei ist es sinnvoll, sich zuerst mit dem jeweils größten Problem des Fotos zu beschäftigen (»Fix the biggest problem first«). Wenn ein Foto z. B. sehr schief aufgenommen wurde, ist es in der Regel besser, es zuerst auszurichten und dann erst die Tonwertkorrektur zu erledigen, auch wenn man normalerweise andersherum vorgeht.

9.1 Weißabgleich

Bei Raw-Fotos erfolgt die Anpassung der Farbtemperatur grundsätzlich in Lightroom. Bei JPEG-Fotos findet sie bereits in der Kamera statt, entweder über eine feste Einstellung oder über die Automatik. Sie können in Lightroom auch die Farbtemperatur von JPEGs und anderen RGB-Fotos nachträglich korrigieren, allerdings kommt es hierbei unter Umständen zu Qualitätseinbußen. Außerdem stehen einige Funktionen nur für Raw-Fotos zur Verfügung.

Die Farbtemperatur wird über zwei Regler in der Grundeinstellungen-Palette angepasst. Die Regler verschieben die Farben des Fotos jeweils auf einer Farbachse. Diese beiden Achsen verlaufen senkrecht zueinander (siehe Abbildung 9-3), daher lässt sich über die Kombination beider Regler jede mögliche Farbverschiebung erreichen bzw. jeder Farbstich entfernen.

- **Temp.**: Regelt die eigentliche Farbtemperatur, verschiebt also die Farben des Fotos in Richtung Blau oder Gelb.
- **Tönung**: Verschiebt die Farben des Fotos in Richtung Grün oder Magenta.

▲ Abbildung 9-2:
Der Weißabgleich-Bereich in der Grundeinstellungen-Palette

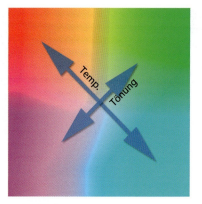

▲ Abbildung 9-3:
Die beiden Regler zur Anpassung der Farbtemperatur verschieben die Farben des Fotos in unterschiedliche Richtungen (das Diagramm bezieht sich auf das Lab-Farbmodell).

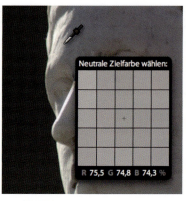

▲ Abbildung 9-4:
Mit der Weißabgleichauswahl wählt man einen Bereich, der farblich neutral sein soll.

Der Einsatz der Regler **Temp** und **Tönung** erfordert ein bisschen Zeit und Aufmerksamkeit. Es empfiehlt sich, für genaue Änderungen den Monitor zu profilieren. Sie können auch über die RGB-Wert-Anzeige Bildbereiche auf ihre Neutralität bzw. ihre Färbung überprüfen.

Anstatt die Regler zu benutzen, können Sie den Weißabgleich auch direkt über eine Voreinstellung angeben. Diese sind über das Aufklappmenü oberhalb der Regler zu erreichen. Für die einzelnen Voreinstellungen siehe Tabelle 9-2. Im Aufklappmenü finden Sie auch die Weißabgleich-Automatik. Die Automatik ist unabhängig von der Farbtemperaturmessung der Kamera und funktioniert auch bei RGB-Dateien. Meiner Erfahrung nach funktioniert sie gut bei Kunstlichtaufnahmen, bei denen die Weißabgleichautomatik der Kamera oft versagt.

Ein weiteres Werkzeug, das den Weißabgleich vereinfacht, ist die Weißabgleichauswahl, die über das Pipettensymbol links oben in der Palette erreichbar ist. Mit ihr wählt man einen Punkt im Foto, der neutral grau erscheinen soll. Eine stark vergrößernde Lupe und eine RGB-Wert-Anzeige stehen dazu als Hilfe zur Verfügung (siehe Abbildung 9-4). Am besten klickt man für den Abgleich auf

Weißabgleich-Automatik: Strg + ⇧ + U (⌘ + ⇧ + U)

Weißabgleichauswahl: W

Voreinstellung	Farbtemperatur in Kelvin
Wie Aufnahme	wie in Kamera gemessen oder eingestellt
Automatisch	von Lightroom ermittelt
Tageslicht	5.500
Bewölkt	6.500
Schatten	7.500
Wolframlampenlicht	2.850
Leuchtstoffröhrenlicht	3.800
Blitz	5.500

▲ Tabelle 9-2:
Die Voreinstellungen im Weißabgleich-Aufklappmenü

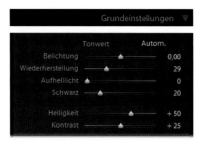

▲ Abbildung 9-5:
Tonwertabschnitt in der Grundeinstellungen-Palette

eine helle, aber nicht ganz weiße Fläche. Wie das Foto farblich aussehen wird, kann man während der Auswahl bereits in der Navigator-Palette sehen. Für wichtige Fotos ist eine Nachkorrektur über die Regler meist erforderlich.

Neutrale Farben, wie die Weißabgleichauswahl sie erzielt, sind natürlich kein Muss, es gibt mehr Möglichkeiten, den Weißabgleich »zu gestalten«. Zum Beispiel kann man eine bestimmte Stimmung transportieren (gelblicher Sonnenuntergang, bläulicher Nebel) oder die Funktion einfach für einen kreativen Effekt nutzen. Es ist mehr eine Interpretation als eine Korrektur. Es sei denn, Sie benötigen wirklich neutrale Farben, beispielsweise für die Mode- und Produktfotografie. In diesem Fall sollten Sie evtl. auch die Kalibrierung der Kamera in Betracht ziehen (siehe Kapitel 9.15).

9.2 Tonwertkorrektur

Die Regler **Belichtung**, **Schwarz**, **Helligkeit** und **Kontrast** sowie die beiden maskenbasierten Regler **Aufhelllicht** und **Wiederherstellung** in der Grundeinstellungen-Palette sind für die grundlegende Tonwertkorrektur eines Fotos zuständig.

9.2.1 Die Regler Belichtung, Schwarz, Helligkeit und Kontrast

Für eine grobe Bearbeitung, beispielsweise im Bibliothek-Modul, reichen die Bezeichnungen der Tonwert-Regler wie **Helligkeit** und **Kontrast** aus. Für eine genaue Anpassung der Tonwerte stößt man mit den Bezeichnungen allerdings an Grenzen: Welche Helligkeit wird hier eigentlich geregelt? Die der Lichter, Schatten oder der Mitteltöne – oder aller drei? Und was ist der Unterschied zum Belichtung-Regler, mit dem sich ja auch die Helligkeit des Fotos verändert? Ähnlich

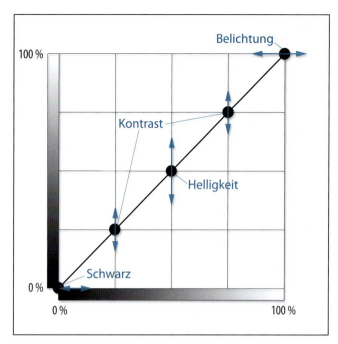

▶ Abbildung 9-6:
Hinter den vier Tonwert-Reglern steckt eine Gradationskurve, die der Benutzer allerdings nicht zu sehen bekommt.

Hinweis

Um die Wirkung der Tonwertkorrektur-Funktionen zu verdeutlichen, sind die Beispielfotos dieses Unterkapitels schwarz-weiß. Natürlich ist die Tonwertkorrektur ebenso für Farbfotos möglich und wichtig. Ich halte es oft für hilfreich, ein Foto für die Tonwertkorrektur über die Taste [V] zeitweise in Schwarz-Weiß umzuwandeln. Dazu sollte in den Voreinstellungen der Punkt **Vorgaben ▷ Beim ersten Konvertieren in Schwarzweiss automatische Mischung anwenden** ausgeschaltet sein, damit die Tonwerte der Schwarz-Weiß-Version ungefähr denen der Farbversion entsprechen. Mehr zur Schwarz-Weiß-Umsetzung finden Sie in Kapitel 9.7.

verhält es sich mit dem Kontrast-Regler: Was für ein Kontrast wird hier angepasst? In welchen Tonwertbereichen?

An diesem Punkt ist es sinnvoll zu wissen, was die vier Regler eigentlich machen: Belichtung, Schwarz, Helligkeit und Kontrast steuern Punkte auf einer Gradationskurve, die für den Benutzer allerdings nicht zu sehen ist. **Belichtung** steuert den Weißpunkt, **Schwarz** den Schwarzpunkt, **Helligkeit** die Mitteltöne, und **Kontrast** erzeugt eine S-Kurve, indem es jeweils einen Punkt in den Lichtern und Schatten steuert (siehe Abbildung 9-6 und auch die Einführung zur Tonwertkorrektur in Kapitel 2.6.1).

Schwarz- und Belichtung-Regler

Über den Schwarz-Regler stellen Sie den Schwarzpunkt ein. Sie steuern damit, welche ursprünglichen Tonwerte nach

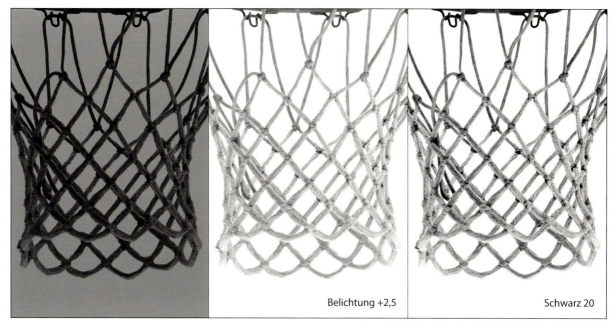

▲ Abbildung 9-7:
Dieses Foto ist vor allem unterbelichtet. Hier hilft zunächst der Belichtung-Regler, danach sorgt der Schwarz-Regler für richtige Schatten und den nötigen Gesamtkontrast.

der Korrektur als reines Schwarz (0%) erscheinen sollen. Über den Belichtung-Regler steuern Sie den Weißpunkt. Er legt fest, welche ursprünglichen Tonwerte nach der Korrektur als reines Weiß (100%) erscheinen sollen. Seine Einheit ist Blendenstufen, da er wie eine nachträgliche Belichtungskorrektur funktioniert.

Schwarz und **Belichtung** legen fest, welcher Bereich der ursprünglich zur Verfügung stehenden Tonwerte tatsächlich genutzt wird. Daher kann man ihre Wirkung auch gut anhand des Histogramms

Beschnittanzeige mit Alt (⌥)

Neben der Beschnittanzeige, die Sie jederzeit über die Histogramm-Palette oder über J ein- oder ausschalten können, können Sie den Tonwertbeschnitt auch anzeigen lassen, indem Sie Alt (⌥) drücken, während Sie einen der Regler **Belichtung**, **Wiederherstellung** oder **Schwarz** bewegen. Diese Anzeige ist noch ein bisschen detaillierter als die normale Beschnittanzeige: sie zeigt an, in welcher der drei Grundfarben der Beschnitt auftritt. Außerdem wird der Rest des Fotos komplett ausgeblendet, sodass die vom Beschnitt betroffenen Bereiche besser zu sehen sind.

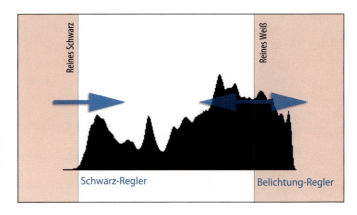

▶ Abbildung 9-8:
Schwarz- und Belichtung-Regler passen den Tonwertbereich an, der tatsächlich genutzt wird.

nachvollziehen. Ist im Histogramm links oder rechts noch Platz, können Sie diesen über den Schwarz- bzw. Belichtung-Regler (mit positiven Werten) beseitigen. Das sorgt für die Nutzung des gesamten Tonwertumfangs.

Wenn nicht der gesamte Tonwertumfang genutzt wird, wirkt ein Foto meist flau. Bei Motiven mit geringem Kontrastumfang (z. B. drei bis fünf Blendenstufen) ist es aber oft ratsam, nicht den gesamten Tonwertumfang auszunutzen; der Gesamtkontrast wäre viel zu hoch, das Foto sähe »harsch« aus. In solchen Fällen lässt man also besser Platz im Histogramm, meiner Meinung nach bevorzugt auf der linken Seite (sodass das Foto keine richtigen Schatten, aber richtige Lichter hat). Die Fotos in Abbildung 9-19 und Abbildung 9-36 wurden so entwickelt.

Mit Schwarz- und Belichtung-Regler können Sie auch Details in den Schatten und Lichtern »abschneiden«. Dadurch werden ganze Tonwertbereiche zu reinem Schwarz bzw. Weiß. In Abbildung 9-7 beispielsweise wurde der Belichtung-Regler so weit erhöht, dass der gesamte Bildhintergrund hinter den Weißpunkt fällt und eine weiße Fläche ohne Details bildet. Im Allgemeinen vermeidet man das komplette Abschneiden von Details, da rein schwarze oder weißen Flächen im Foto oft eigenartig aussehen – Ausnahmen bestätigen natürlich die »Regel«, schließlich ist die Tonwertanpassung insgesamt ein subjektiver Prozess.

Sie können während der Korrektur auch die Tonwertbeschnitt-Warnung anzeigen (siehe Kapitel 8.4.1) und sich so warnen lassen, falls es zum Beschnitt von Tonwerten kommt (siehe auch Kasten Seite 215). Als Alternative zum Abschneiden von Details können Sie auch die Tonwertbereiche in den Lichtern bzw. Schatten mit der Gradationskurve-Palette stauchen, damit diese in den Hintergrund treten.

Belichtungen angleichen: Strg + Alt + ⇧ + M   (⌘: ⌘ + ⌥ + ⇧ + M)

▲ Abbildung 9-9:
Aufhelllicht hellt Schatten auf und erhöht deren Kontrast. Bei hohen Werten kann der Regler übrigens Artefakte an kontrastreichen Kanten erzeugen. Diese sieht man am besten in der 1:1-Ansicht.

Belichtungen angleichen

Mit **Einstellungen ▷ Belichtungen angleichen** lässt sich die effektive Belichtung von verschiedenen Fotos angleichen. Dies ist die Gesamtbelichtung, die sich aus der in der Kamera erfolgten Belichtung und der Korrektur durch den Belichtung-Regler ergibt. So können Sie z.B. die unterschiedlichen Aufnahmen einer Belichtungsreihe im Nachhinein auf dieselbe Belichtung einstellen.

Zunächst wählt man die anzugleichenden Fotos aus und macht dann dasjenige aktiv, an das die anderen Fotos angepasst werden sollen. Lightroom nimmt dazu die EXIF-Daten der Fotos für Belichtungszeit, Blende und ISO-Wert zu Hilfe. Ein Beispiel: Ein Foto wurde mit 1/60 s, ein anderes mit 1/125 s aufgenommen. Das zweite soll von der Belichtung her an das erste angeglichen werden. Dazu stellt die Funktion den Belichtung-Regler auf +1,0 EV. Die Funktion steht auch im Bibliothek-Modul zur Verfügung.

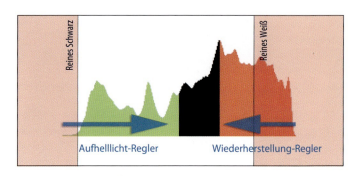

Abbildung 9-10:
Aufhelllicht- und Wiederherstellung-Regler beeinflussen anders als die klassische Tonwertkorrektur jeweils nur die Schatten bzw. Lichter.

Bei Raw-Fotos ist der ursprünglich aufgenommene Kontrastumfang recht hoch. Er beträgt in der Regel zwischen zehn und zwölf Blendenstufen. Um eine zu flaue Darstellung auf moderat eingestellten Monitoren und bei der Druckausgabe zu vermeiden, sind Belichtung- und Schwarz-Regler über die Adobe-Standardentwicklungseinstellungen zunächst so eingestellt, dass der Kontrastumfang auf ca. acht Blendenstufen reduziert wird (ähnlich wie bei der JPEG-Ausgabe durch die Kamera, wie in der Einführung erläutert).

Der Schwarz-Regler wird dabei auf 5 Punkte eingestellt. Man kann ihn auf 0 setzen und damit ca. eine Blendenstufe in den Schatten wieder »hervorholen«. Bei einer Einstellung von 0 zeigt sich jedoch auch das Rauschen deutlich stärker. Eine gute Lösung, um möglichst viel Schattendetails, aber möglichst wenig Rauschen sichtbar zu machen, ist die Einstellung von 2 Punkten. Analog ist der Belichtung-Regler normalerweise auf +–0 Blendenstufen gesetzt. Durch negative Werte können Sie abgeschnittene Details in den Lichtern wieder hervorholen (ca. eine bis drei Blendenstufen, je nach Kamera).

Wenn Sie Details in den Lichtern und Schatten gleichzeitig freilegen, sieht das Foto vermutlich sehr flau aus und muss nachträglich bearbeitet werden, z.B. mit der Gradationskurve. Oft sollen jedoch ohnehin nur Schatten *oder* Lichter hervorgeholt werden. Mit der normalen Tonwertkorrektur muss man sich letztlich ohnehin auf Lichter, Schatten oder Mitteltöne konzentrieren und kann nicht alles hervorheben: Wenn man den Kontrast an einer Stelle steigert, dämpft man ihn automatisch an einer anderen. Wenn Sie »alles« haben wollen, müssen Sie einen der maskenbasierten Regler verwenden (**Aufhelllicht** bzw. **Wiederherstellung**, siehe unten).

Helligkeit- und Kontrast-Regler
Der Helligkeit-Regler erhöht oder verringert die Helligkeit der Mitteltöne. In der versteckten Gradationskurve wird dazu der Punkt in der Mitte nach oben oder unten bewegt (als Beispiel siehe Abbildung 2-49 aus der Einführung). Der Kontrast-Regler hingegen verstellt zwei Punkte auf der Kurve gegenläufig: Die Schatten und die Lichter bewegt er so voneinander weg oder aufeinander zu,

◀ Abbildung 9-11:
Wiederherstellung-Regler, hier mit hervorgeholten Details in den Lichtern bei einem Raw-Foto. Der Effekt von Wiederherstellung ist insgesamt deutlich schwächer als der von Aufhelllicht.

was den Gesamtkontrast erhöht bzw. verringert (siehe Abbildung 2-51).

Die Tonwertanpassungen, die über die beiden Regler ausgeführt werden können, sind sehr grundlegend. Einem individuellen Foto kann man damit kaum voll gerecht werden. Daher geht es bei der Benutzung der beiden Regler in erster Linie um eine Basiskorrektur, die die Tonwerte in die richtige Richtung bringt. Die Feinkorrektur erfolgt dann über die Gradationskurve-Palette. Mit dieser können Sie beliebig viele Punkte in verschiedenen Tonwertbereichen setzen und unabhängig voneinander anpassen, sodass Sie eine auf ein konkretes Foto »maßgeschneiderte« Anpassung erreichen können (siehe Kapitel 9.5).

9.2.2 Aufhelllicht- und Wiederherstellung-Regler

Wiederherstellung und **Aufhelllicht** arbeiten mit Maskierung. Aufhelllicht hellt die Schatten auf und erhöht auch deutlich deren Kontrast, während die restlichen Tonwertbereiche durch eine unsichtbare Maske weitgehend vor Veränderungen geschützt werden. Wiederherstellung hingegen dunkelt analog dazu die Lichter ab und erhöht deren Kontrast, und auch hier bleiben die restlichen Tonwertbereiche weitgehend unbeeinflusst.

Wenn Sie beide Regler benutzen, können Sie den Kontrast in den Lichtern und den Schatten steigern und so beide betonen, ohne dass der Gesamtkontrast darunter leidet. Das ist nützlich, wenn der aufgenommene Kontrastumfang recht hoch ist wie in Abbildung 9-9. Eine solche Korrektur ist mit der normalen Gradationskurve bzw. mit den Helligkeit- und Kontrast-Reglern nicht zu erreichen. Dort würde man unweigerlich in den Mitteltönen an Kontrast verlieren, und das Bild wirkte flau.

Maskenbasierte Tonwertkorrekturen, wie sie durch den Aufhelllicht- oder Wiederherstellung-Regler zustande kommen,

Abbildung 9-12:
Links werden die Schatten betont mit den Standardentwicklungseinstellungen, rechts wurden hingegen Belichtung und Wiederherstellung benutzt, um die Lichter zu betonen.

haben daher ihre eigene Ästhetik, die sie von »klassisch« bearbeiteten Fotos unterscheidet – ähnlich wie bei den beliebten »hyperrealistischen« HDR-Fotos.

Beide Regler schieben übrigens Tonwerte, die eigentlich vom Schwarz- oder Weißpunkt abgeschnitten sind, wieder vor den Schwarz- bzw. Weißpunkt (siehe Abbildung 9-10).

Für Raw-Fotos lassen sich Aufhelllicht und Wiederherstellung daher auch benutzen, um die durch die Adobe-Standardentwicklungseinstellungen abgeschnittenen Details in Schatten und Lichtern wieder hervorholen, ähnlich wie durch das Setzen von Schwarz auf »2« oder das Setzen von negativen Werten für den Belichtung-Regler (siehe oben). Der große Vorteil bei Verwendung von Aufhelllicht und

Tipp
Bei der Entwicklung eines guten Fotos im Entwickeln-Modul setze ich manchmal Helligkeit und Kontrast zunächst auf 0, um eine möglichst neutrale Ausgangslage zu erhalten.

Tonwertautomatik: Strg+Alt+U (⌘+⌥+U)

Wiederherstellung gegenüber Schwarz und Wiederherstellung ist, dass das Foto dabei insgesamt nicht flauer wird.

9.2.3 Lichter betonen

Durch die Adobe-Standardentwicklungseinstellungen wird der Helligkeit-Regler bei Raw-Fotos normalerweise auf einen Betrag von +50 gesetzt. Durch diese Einstellung werden nicht nur die Mitteltöne aufgehellt, sondern auch der Kontrast in den Schatten erhöht und in den Lichtern reduziert (siehe Kapitel 2.6.1). Fotos, in denen die wichtigen Details in den Lichtern liegen, wie in Abbildung 9-12, werden davon »benachteiligt«. Bei solchen Fotos will man in der Regel das Gegenteil erreichen: die Details in den Lichtern betonen und in den Schatten dämpfen. Dazu setzt man den Helligkeit-Regler auf einen negativen Wert.

Dadurch wird allerdings das Foto dunkler, was in der Regel kompensiert werden muss. Dafür gibt es grundsätzlich zwei Möglichkeiten: Entweder man benutzt die Gradationskurve-Palette und hellt damit die Lichter auf. Oder man benutzt den Belichtung-Regler, um das Foto insgesamt aufzuhellen. Allerdings verändert man dabei den Weißpunkt, sodass man evtl. Tonwerte in den Lichtern abschneidet, die man gar nicht abschneiden wollte. Diese kann man dann über den Wiederherstellung-Regler zurückholen.

Die Vorgehensweise bei der Lichterbetonung zusammengefasst:

1. Helligkeit-Regler auf negativen Wert stellen
2. Belichtung-Regler erhöhen, bis Gesamthelligkeit ungefähr stimmt

◀ Abbildung 9-13: Die Tonwertautomatik in der Grundeinstellungen-Palette

3. Wiederherstellung-Regler erhöhen, bis alle wichtigen Lichterdetails wieder da sind

9.2.4 Tonwertautomatik

Die schon im Kapitel über Metadaten im Bibliothek-Modul vorgestellte Tonwertautomatik ist auch im Entwickeln-Modul erreichbar (siehe Abbildung 9-13). Sie stellt alle sechs Regler für die Tonwertkorrektur selbstständig auf günstige Werte ein. Im Entwickeln-Modul können Sie zudem die Automatik für einzelne Regler auslösen: Doppelklicken Sie dazu bei gedrückter ⇧-Taste auf einen der sechs Regler, beispielsweise auf den Belichtung-Regler, wenn Sie nur diesen verändern wollen.

9.3 Präsenz

Der Präsenz-Teil in der Grundeinstellungen-Palette fasst die Regler **Klarheit**, **Dynamik** und **Sättigung** zusammen. Allen Reglern ist gemeinsam, dass sie den Eindruck der »Präsenz« des Fotos steuern, d.h., sie machen ein Foto entweder blasser und unauffälliger oder auffälliger, kräftiger und damit mehr ins Auge springend.

9.3.1 Klarheit-Regler

Der Klarheit-Regler steuert den Konturenkontrast eines Fotos. Um dies zu erreichen, arbeitet es über Maskierung: nur die Konturen und deren unmittelbare

▲ Abbildung 9-14:
Positive Klarheit-Werte lassen die Konturen eines Fotos deutlicher erscheinen.

▲ Abbildung 9-15:
Negative Klarheit-Werte machen das Foto weicher, die Kanten weniger erkennbar. An diesem Beispiel sieht man, wie sehr man mit dem Regler die Anmutung eines Fotos verändern kann.

Umgebungsbereiche werden im Kontrast erhöht oder verringert. Der Gesamtkontrast des Fotos ändert sich nicht. Hat das Foto keine wirklichen Konturen, hat die Funktion auch keinen großen Effekt.

Bei positiven Werten werden die Konturen eines Fotos hervorgehoben, sie erscheinen »definierter«. Ein Effekt, der Fotos häufig gut bekommt (siehe Abbildung 9-14). Durch negative Klarheit-Werte erreicht man den gegenteiligen Effekt: Kanten werden abgeschwächt und weniger sichtbar. Die Wirkung entspricht dann ein wenig dem Effekt eines Weichzeichnungsfilters oder der berühmten Damenstrumpfhose über dem Objektiv (siehe Abbildung 9-15).

9.3.2 Sättigung- und Dynamik-Regler

Sättigung- und Dynamik-Regler beeinflussen beide die Sättigung der Farben des Fotos. Dabei lässt sich die Sättigung sowohl erhöhen als auch verringern (u. U. bis zum völligen Fehlen von Farben, einem Schwarz-Weiß-Foto also).

Der Sättigung-Regler arbeitet relativ primitiv, indem er einfach alle Farben in demselben Maße in der Sättigung erhöht oder verringert. Stark und schwach gesättigte Farben im Foto sind von einer Sättigungserhöhung also gleichermaßen betroffen. Der Dynamik-Regler hingegen sättigt die schwächer gesättigten Farben stärker als die stärker gesättigten, sodass das Resultat ausgewogener ist. Zusätzlich ist in den Dynamik-Regler noch eine Dämpfung der Sättigungssteigerung von Hautfarben eingebaut. Dies funktioniert manchmal gut, manchmal weniger – zumal Hautfarben sehr verschieden sein können.

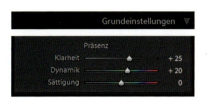

◀ Abbildung 9-16: Präsenz-Abschnitt in der Grundeinstellungen-Palette

Beim Sättigung-Regler kann es zu einem Punkt kommen, bei dem eine Farbe maximal gesättigt ist – wenn der Regler dann weiter bewegt wird, kommt es zum Verlust von Farbdetails. Mit dem Dynamik-Regler ist es hingegen unmöglich, die maximale Sättigung zu erreichen, sodass es nicht zum Detailverlust kommen kann. Umgekehrt kann man mit dem Dynamik-Regler das Bild nicht komplett »ent-sättigen«, mit dem Sättigung-Regler schon.

Meistens ergibt sich mit dem Dynamik-Regler eine ausgewogene Sättigungssteigerung oder -verminderung. Es gibt natürlich trotzdem Ausnahmefälle, in denen man lieber den Sättigung-Regler nehmen möchte. Auch kann man beide Regler gegenläufig kombinieren, um interessante Effekte zu erreichen, z. B. indem man den Dynamik-Regler ganz nach links und den Sättigung-Regler ganz nach rechts stellt. Gezielte Anpassung einzelner Farbbereiche sind über die HSL-/Farbe-Palette möglich (siehe Kapitel 9.6).

Hinweis
Dynamik ist der ehemalige Regler Lebendigkeit aus Lightroom 2 und davor; die Bezeichnung wurde an die von Camera Raw angepasst.

▲ Abbildung 9-17:
Sättigung und Dynamik; während das Meer in der Mitte und rechts fast gleich aussieht, sind die Hauttöne und auch die Rottöne des Rucksacks in der Mitte deutlich übersättigt.

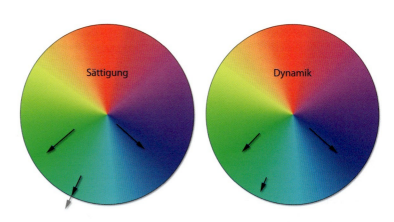

▶ Abbildung 9-18:
Bei der Sättigungserhöhung links werden alle Farben gleich stark erhöht, rechts dagegen »umgekehrt proportional« zu ihrer Ursprungssättigung. Links kann es zum Sättigungsüberlauf kommen, rechts ist dies ausgeschlossen.

Freistellen-Werkzeug ein/aus: R

▲ Abbildung 9-19:
Mit dem Freistellen-Werkzeug kann man Fotos beschneiden und ausrichten.

▲ Abbildung 9-20:
Freistellen-Werkzeug im Werkzeugstreifen

9.4 Freistellen-Werkzeug

Mit dem Freistellen-Werkzeug können Sie ein Foto a) genau ausrichten (drehen) und b) einen Ausschnitt des Fotos wählen, d.h. unnötige Ränder abschneiden.

Das Einstellen des Ausschnitts funktioniert über einen Rahmen, der über das Foto gelegt wird, sobald das Werkzeug aktiviert ist. Entweder ziehen Sie einen neuen Ausschnitt direkt mit der Maus auf, oder Sie verschieben einen der acht Griffpunkte an den Ecken und Kanten des bestehenden Ausschnitts mit der Maus (siehe Abbildung 9-21). Verschieben lässt sich ein Ausschnitt entweder durch Klicken und Ziehen mit der Maus oder über die Pfeiltasten (wahlweise mit ⇧ oder Alt (⌘:⌥) für größere oder kleinere Schritte).

Hinweis
Bei sehr kleinen Ausschnitten können Sie das Foto in der Regel nicht mehr sehr groß ausgeben (30 × 45 usw.), da dafür zu wenige Bildinformationen vorliegen.

Tipp
Um einen Ausschnitt zu beurteilen, empfiehlt es sich, über L die Oberfläche abzudunkeln.

▲ Abbildung 9-21:
Über die acht Punkte an den Seiten lässt sich die Größe des Ausschnitts ändern.

▲ Abbildung 9-22:
Voreinstellungen für Seitenverhältnisse

Tipp

Wenn Sie einen der acht Griffpunkte mit der Maus ziehen und dabei [Alt] ([⌘]:[⌥]) gedrückt halten, verändern sich alle Seiten des Ausschnitts proportional in der Größe.

Über die Option **Auf Verkrümmen beschränken** stellen Sie den Ausschnitt automatisch auf den nutzbaren Bereich nach einer optischen Korrektur ein (siehe Kapitel 9.12).

Durch Klick auf das Schloss-Symbol lässt sich das Seitenverhältnis sperren, sodass es auch bei Veränderung der Ausschnittgröße stets gleich bleibt. Ein

---

Seitenverhältnis sperren/freigeben: [A]

Quer-/Hochformat: [X]

Seitenverhältnis des zuletzt eingestellten Fotos: [⇧]+[A]

Gerade-richten-Werkzeug: [Strg] ([⌘]:[⌘]) gedrückt halten

Kompositionshilfe ein/aus: [H]

Nächste Kompositionshilfe: [O]

Ausrichtung der Hilfe ändern: [⇧]+[O]

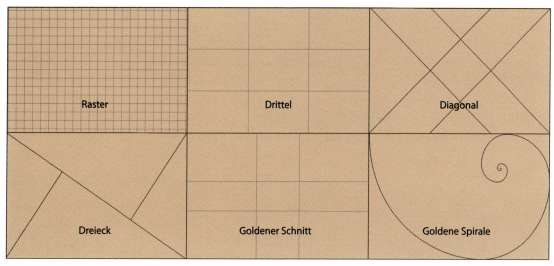

▲ Abbildung 9-23:
Diese Kompositionshilfen können beim Gestalten des Ausschnitts oder bei der Ausrichtung des Fotos helfen.

genaues Seitenverhältnis lässt sich aus der Liste auswählen (siehe Abbildung 9-22). Wenn das gewünschte Verhältnis dort nicht vorhanden ist, kann man es unter **Ben. def. eingeb.** in die Liste eintragen. Dann steht es übrigens auch über die Ad-hoc-Entwicklung-Palette im Bibliothek-Modul zur Verfügung. Wenn Sie zwischen Quer- und Hochformat wechseln wollen, können Sie dies nicht über die Einstellung eines Seitenverhältnisses erreichen – stattdessen wählen Sie **Einstellungen ▷ Seitenverhältnis für Freistellen drehen**.

Drehen lässt sich der Ausschnitt durch Ziehen mit der Maus, wenn diese außerhalb des Ausschnitts liegt. Lightroom hat beim Verschieben oder Drehen des Ausschnitts eine kleine Eigenart: Nicht der Ausschnitt wird jeweils bewegt, sondern das Foto. Das ist unter Umständen gewöhnungsbedürftig, allerdings bleibt so der Ausschnitt immer gerade und zentriert. Sie können das Foto auch anhand einer Linie im Foto ausrichten, die nach der Ausrichtung gerade sein soll, beispielsweise entlang des Horizonts oder einer Hauswand. Dazu wählen Sie das Gerade-richten-Werkzeug (Lineal-Symbol in der Palette) aus und ziehen mit der Maus einfach die Linie nach.

Über den Winkel-Regler können Sie die Ausrichtung feinjustieren. Dazu können Sie auch die Maus über dem Regler positionieren und den Wert mit den Pfeiltasten (⬆ und ⬇) verstellen oder gleich das Eingabefeld benutzen, um direkt einen Winkel einzugeben. Die Ausrichtung lässt sich über einen Doppelklick auf den Winkel-Regler zurücksetzen.

Standardmäßig blendet das Freistellen-Werkzeug ein Raster über das Foto, das die Wahl des Ausschnitts nach der Drittel-Regel erleichtern soll. Daneben gibt es noch weitere Kompositionshilfen, die Sie

Tonwertmuster als Kompositionshilfe verwenden

Ich verwende gerne folgende Methode, um einen guten Ausschnitt zu finden. Sie basiert darauf, dass es bei der Bildkomposition vor allem auf die Tonwerte ankommt. Ein Foto hat durch seine hellen und dunklen Bildbereiche ein bestimmtes »Tonwertmuster«; dieses stelle ich vor dem Freistellen entsprechend heraus.

Dazu stelle ich in der Gradationskurve-Palette mit der Punktkurve (siehe Kapitel 9.5.2) eine extrem steile Kurve ein. Zusätzlich konvertiere ich das Foto in Schwarz-Weiß. Ich habe mir zwei Entwicklungsvorgaben angelegt, die eine stellt die Gradationskurve ein und konvertiert in Schwarz-Weiß, die andere macht dies wieder rückgängig, nachdem ich den Ausschnitt eingestellt habe.

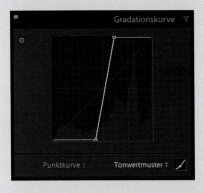

▲ Abbildung 9-24:
Extrem steile Punktgradationskurve

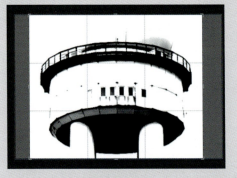

▲ Abbildung 9-25:
Tonwertmuster im Freistellen-Werkzeug

über das Foto legen können (siehe Abbildung 9-23). Sie lassen sich unter **Ansicht ▷ Freistellungsüberlagerung** auswählen.

Wenn Sie den Ausschnitt fertig eingestellt haben, können Sie auf **Fertig** in der Werkzeugleiste klicken oder einfach in ein anderes Modul wechseln. Mit Esc verlassen Sie das Werkzeug und verwerfen die zuletzt getätigten Einstellungen. Um den Ausschnitt komplett zurückzusetzen, wählen Sie **Zurücksetzen** in der Palette oder – auch im Nachhinein – **Einstellungen ▷ Freistellen zurücksetzen**.

Ausschnitt annehmen: ↵/R

Ausschnitt verwerfen: Esc

Freistellen zurücksetzen: Strg+Alt+R (⌘+⌥+R)

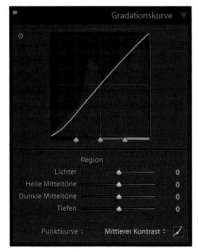

▲ Abbildung 9-26:
Die Gradationskurve-Palette mit der parametrischen Kurve

▲ Abbildung 9-28:
Die Punktkurve erreicht man über das Symbol rechts unten.

▲ Abbildung 9-27:
Die Tonwertbereiche der parametrischen Kurve lassen sich anpassen.

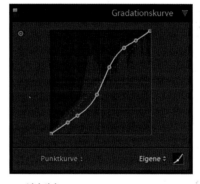

▲ Abbildung 9-29:
Eine Punktkurve in der Gradationskurve-Palette

9.5 Gradationskurve-Palette

Die Gradationskurve-Palette ist für die Feinkorrektur der Tonwerte zuständig, nachdem die grobe Korrektur mit den Tonwert-Reglern in der Grundeinstellungen-Palette erfolgt ist. In der Palette können Sie zwei verschiedene Kurven verwenden: Einerseits die parametrische, in der Bedienung vereinfachte, aber auch eingeschränkte Gradationskurve. Seit Lightroom 3 können Sie auch die klassische Punktgradationskurve verwenden, wie es sie in fast jedem Bildbearbeitungsprogramm gibt.

9.5.1 Parametrische Gradationskurve

Die parametrische Gradationskurve funktioniert ein wenig anders als die klassische Kurve, auf der man einzelne Punkte setzt und sie dann verschiebt. Stattdessen ist die Kurve in vier Tonwertbereiche aufgeteilt: **Lichter**, **helle Mitteltöne**, **dunkle Mitteltöne**, **Tiefen**; Sie können lediglich einen dieser Bereiche anpassen, über

Zielkorrektur-Werkzeug

Die Zielkorrektur ist ein Werkzeug, mit dem Sie in einigen Paletten die Reglerwerte auf »intuitivere« Weise setzen können. Es ist eine Kombination aus Messinstrument und Verstellwerkzeug. Sie steht in den Paletten Gradationskurve, HSL und S/W zur Verfügung. Man »ergreift« mit ihr gewissermaßen eine Stelle im Foto, indem man die Maustaste dort gedrückt hält. Anschließend kann man die Region verändern, indem man die Maus nach oben oder unten bewegt (dies ist schwer zu erklären, siehe Abbildung 9-30).

Eigentlich verstellt man jeweils nur einen Regler. Welcher, das wird durch die Region im Foto bestimmt. Wenn Sie beispielsweise die Zielkorrektur für die Gradationskurve-Palette einschalten, ist (bei der parametrischen Kurve) einer der vier Regler für die Tonwertregionen dort betroffen. Wenn Sie die Maus über das Foto bewegen, leuchtet der entsprechende Regler in der Palette auf (**Lichter**, **Helle Mitteltöne**, **Dunkle Mitteltöne**, **Tiefen**). Beim Klicken und Ziehen nach oben oder unten wird dann dieser Regler nach rechts oder links bewegt.

Die Zielkorrektur wird jeweils über den Kreis oben links in einer der Paletten ein- und ausgeschaltet. Ich halte die Zielkorrektur für die meisten Anpassungen zu ungenau, finde sie aber sehr nützlich für die Untersuchung eines Fotos: In der Gradationskurve-Palette kann man sich anzeigen lassen, in welchem Tonwertbereich eine Region liegt; in den HSL- und S/W-Paletten kann man untersuchen, in welchen Farbtonbereich eine Region fällt.

▲ Abbildung 9-30:
Die Zielkorrektur für die Gradationskurve

Zielkorrektur für Gradationskurve: Strg+Alt+⇧+T (⌘: ⌘+⌥+⇧+T)

... für Farbton: ... + H

... für Sättigung: ... + S

... für Luminanz: ... + L

... für Schwarz-Weiß-Mischung: ...+ G

... aus: ...+ N

einen der vier Regler unterhalb der Kurve oder mit der Maus in der Kurve selbst.

Die vier Tonwertbereiche sind zunächst gleichmäßig eingeteilt, sie entsprechen (von links nach rechts) den Tonwerten 0–25%, 25–50%, 50–75% bzw. 75–100%. Passt diese Einteilung nicht dazu, wie das Foto tatsächlich in Tonwertbereiche unterteilt ist, kann man die Bereiche anpassen. Dazu legt man über die drei Knöpfe unterhalb der Kurve fest, wo die eine Region aufhört und die andere anfängt (siehe Abbildung 9-27).

9.5.2 Punktkurve (klassische Gradationskurve)

In Lightroom 3 können Sie jetzt auch zusätzlich mit der klassischen Punktgradationskurve arbeiten. Viele Benutzer, die bereits die Arbeit damit gewohnt sind, kommen mit ihr einfach besser zurecht. Außerdem ist die Punktkurve mächtiger als die parametrische: Sie können Kurven verwenden, die sie mit der parametrischen Kurve nicht einstellen können. Die Punktkurve erreichen Sie über den Knopf rechts unten in der Palette.

Einen neuen Punkt setzen Sie mit der Maus direkt auf der Kurve; anschließend können Sie ihn – ebenfalls mit der Maus – verschieben. Um direkt anhand des Fotos einen Punkt zu setzen, schalten Sie die Zielkorrektur ein (siehe Kasten) und fahren mit der Maus über das Foto. Mit einem Mausklick auf den Bildbereich, den Sie anpassen wollen, setzen Sie den entsprechenden Punkt auf der Kurve.

Einen Punkt löschen Sie über das Kontextmenü der Kurve oder indem Sie ihn in eine der Ecken links unten oder rechts oben ziehen. Alle Punkte auf einmal können Sie ebenfalls übers Kontextmenü

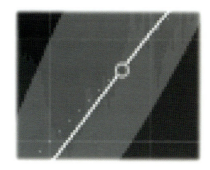

◀ Abbildung 9-31: Mit der Zielkorrektur kann man sich auch zunächst nur anzeigen lassen, in welchem Bereich der Kurve eine Bildregion liegt.

löschen. Über das Aufklappmenü unten in der Palette können Sie Punktkurven-Vorgaben speichern und aufrufen. Drei Vorgaben sind voreingestellt: **Linear, Mittlerer Kontrast, Starker Kontrast** (wobei **Linear** keiner Veränderung entspricht und **Mittlerer** und **Starker Kontrast** zwei unterschiedlich starken S-Kurven).

9.5.3 Gezieltes Vorgehen mit der Zielkorrektur

Gute Tonwertkorrektur orientiert sich meiner Meinung nach immer an den Bildbereichen des einzelnen Fotos. Bei guten Fotos nehme ich mir daher die Zeit, nicht

> **Tipp**
> Für höhere Präzision beim Verschieben eines Punktes [Alt] (⌃: [⌥]) gedrückt halten.

> **Hinweis**
> Es werden immer beide Gradationskurven, die parametrische und die Punktkurve, auf das Foto angewendet.

▲ Abbildung 9-32:
Verschiebung der roten Farbtöne in Richtung Gelb durch die HSL-Palette

▲ Abbildung 9-33:
Aufteilung der Farben auf dem Farbkreis

▲ Abbildung 9-34:
Die **Farbe**-Palette: Farbtonverschiebung der roten Farbtöne hin zu Orange …

▲ Abbildung 9-35:
… und dieselbe Verschiebung in der HSL-Palette

Hinweis

Sie können auch die Farbregler in der Kamerakalibrierung-Palette benutzen, um Farbkorrekturen auszuführen (siehe Kapitel 9.15).

nur in einer eher allgemeinen Weise zu korrigieren (»Mehr Kontrast!«), sondern auf das Foto bezogen (»Das Straßenpflaster im Vordergrund sollte ein wenig dunkler, die Bäume im Hintergrund sollten ein wenig heller sein.«).

Dazu gibt es zwei Möglichkeiten. Entweder Sie benutzen das Zielkorrektur-Werkzeug (siehe Kasten Seite 230) direkt. Das ist bei beiden Gradationskurven möglich. Bei der parametrischen Kurve werden dabei die entsprechenden Regler angepasst. Evtl. müssen Sie hier die Tonwertregionen an Ihr Foto anpassen, um wirklich genau zu arbeiten. Bei der Punktkurve hingegen wird ein neuer Punkt an der entsprechenden Stelle der Kurve gesetzt. Solange Sie die Maustaste nicht loslassen, nachdem Sie den Punkt gesetzt haben, können Sie die Maus nach oben oder unten bewegen und bewegen so den Punkt auf der Kurve.

Oder Sie lernen zunächst die Tonwerte der einzelnen Regionen nur kennen und verwenden dann die Palette für die Anpassung. Hierzu können Sie die Maus über das Bild bewegen und die RGB-Wert-Anzeige verwenden oder die Zielkorrektur. Die Zielkorrektur zeigt dann die Position der Region auf der Gradationskurve an. Oft setze ich auch einen Punkt mit der Zielkorrektur auf der Punktkurve, passe ihn dann aber über die Palette an.

9.6 Selektive Farbkorrektur (HSL-/Farbe-Palette)

Mit der HSL- bzw. Farbe-Palette lassen sich einzelne Farbtonbereiche des Fotos separat verändern. Das Farbspektrum wird dazu in acht Farbtöne, nämlich Rot, Orange, Gelb, Grün, Aquamarin, Blau, Lila und Magenta, eingeteilt (siehe Abbildung 9-33). Sie können die Palette benutzen, um beispielsweise die Sättigung nur für bestimmte Farben zu erhöhen oder zu verringern oder um den Farbton selbst zu verschieben wie in Abbildung 9-32.

Konkret lässt sich eine Farbe auf den drei Achsen des HSL-Modells, im Farbton, in der Sättigung und in der Helligkeit (Luminanz), verschieben (zum HSL-Modell siehe Kapitel 2.6.2). Die Farbverschiebung erfolgt über einen der beiden Palettenbereiche HSL oder Farbe. Im Farbe-Modus wählt man zuerst eine Farbe und regelt dann einen der drei Regler **Farbton, Sättigung, Luminanz**. Im HSL-Modus ist es genau andersherum. Man wählt hierfür zuerst aus, ob **Farbton**, **Sättigung** oder **Luminanz** verändert werden sollen, und regelt dann den entsprechenden Farbton. Technisch machen beide Modi dasselbe.

Weiß man noch nicht ganz genau, in welchen Farbtonbereich eine Farbe fällt, nimmt man am besten die HSL-Palette. Hier kann man auch die Zielkorrektur benutzen. Wenn man die Farbe ohnehin schon kennt und diese eventuell auf mehreren Achsen ändern möchte, nimmt man besser die Farbe-Palette. Dort gibt es allerdings konzeptionsbedingt keine Zielkorrektur.

In der HSL-Palette lassen sich alle drei Teile Farbton, Sättigung, Luminanz auf einmal anzeigen (**Alle** wählen). Auch in der Farbe-Palette lassen sich mehrere Farben auf einmal anzeigen, wenn sie nacheinander bei gedrückter ⇧- oder Strg-Taste (󰀄: ⌘) angeklickt werden.

▲ Abbildung 9-36:
Schwarz-Weiß-Umsetzung

▲ Abbildung 9-37:
Die Behandlung-Einstellung in der
Grundeinstellungen-Palette

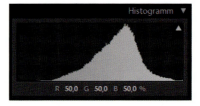

▲ Abbildung 9-38:
Das Histogramm im Schwarz-Weiß-Modus

Tipp
Durch Änderung der Farbtemperatur lässt sich die Schwarz-Weiß-Umsetzung ebenfalls beeinflussen.

Farbe/Schwarz-Weiß umschalten: [V]

▲ Abbildung 9-39:
Über die S/W-Palette lässt sich die Schwarz-Weiß-Umsetzung anpassen.

▲ Abbildung 9-40:
Steuerung der Gelb- und Grüntöne

9.7 Schwarz-Weiß-Umsetzung

Das Schwarz-Weiß-Foto ist in Lightroom ein Spezialzustand des Farbfotos: Im simpelsten Fall sind einfach alle Farben komplett entsättigt. Aber man kann bei der Umsetzung auch verschiedene Farbtöne unterschiedlich gewichten (über die S/W-Palette), um schönere Umsetzungen zu erzielen. Über die Teiltonung-Palette (siehe Kapitel 9.8) können Sie schließlich Schwarz-Weiß-Fotos tonen.

9.7.1 Schwarz-Weiß-Modus

Ganz oben in der Grundeinstellungen-Palette kann man die Darstellung des Fotos zwischen Farbe und Schwarz-Weiß umschalten. Da es so einfach ist, mit einem Tastendruck ([V]) ein Foto in Schwarz-Weiß umzuwandeln, und man es dann mit erneutem Drücken der Taste wieder zurückwandeln kann, probiere ich häufig im Bibliothek-Modul aus, wie dieses oder jenes Foto in Schwarz-Weiß aussieht.

9.7.2 Selektive Schwarz-Weiß-Umsetzung (S/W-Palette)

Über die einfache Schwarz-Weiß-Umsetzung hinaus lassen sich jedoch die ohnehin schon vorhandenen Farbinformationen nutzen, um die Tonwerte der Schwarz-Weiß-Umsetzung je nach Farbton anzupassen. Dies wird in Lightroom über die S/W-Palette gemacht. So kann man z. B. alle Rottöne dunkler machen, um die Sommersprossen auf dem Gesicht einer Frau zu betonen, oder die Blautöne abdunkeln, damit der Himmel kontrastreicher wird. In der Analog-S/W-Fotografie entspricht das den Farbfiltern, die man vors Objektiv schrauben kann.

Lightroom teilt dabei wie bei der selektiven Farbkorrektur das Foto in acht Farbtöne auf. Dann kann man die Tonwerte für diese acht Farbbereiche nach oben oder unten korrigieren (siehe Abbildung 9-39). Sie können dazu die Regler in der Palette oder die Zielkorrektur einsetzen.

Es ist sinnvoll, die **Vorher-Nachher-Ansicht** einzuschalten, sodass man Farb- und Schwarz-Weiß-Version des Fotos nebeneinander sehen kann.

Es gibt auch für die Schwarz-Weiß-Umsetzung eine Automatik, die selbstständig Reglerwerte einstellt, ähnlich wie die Tonwertautomatik für die Grundeinstellungen-Palette. Um diese zu aktivieren, klickt man auf **Autom.** unten in der Palette, woraufhin Lightroom alle Regler in der S/W-Palette selbstständig setzt. Die Automatik ist gut geeignet, um schnell akzeptable Schwarz-Weiß-Fotos zu erzeugen. Wie bei jeder Automatik erzielt man aber von Hand in der Regel bessere Umsetzungen.

Die Automatik wird übrigens in Lightroom standardmäßig bei Vergabe der Standardentwicklungseinstellungen ausgelöst. Ob das Foto sich dabei im Farb- oder im Schwarz-Weiß-Modus befindet, spielt keine Rolle; die Regler werden bereits entsprechend eingestellt, beim Umschalten auf Schwarz-Weiß sieht man dann das Ergebnis. Da die Standardentwicklungseinstellungen in der Regel beim Importieren angewendet werden, wird die Automatik schon zu diesem Zeitpunkt bei allen Fotos angewendet (und ist bereits auf alle bisher importierten Fotos angewendet worden).

Ich habe die Automatik daher aus den Standardentwicklungseinstellungen entfernt (siehe Kapitel 8.8), da ich zunächst immer die tonwertgetreue Umsetzung sehen will, und wende sie erst später gezielt an. Um die Automatik für mehrere Fotos gleichzeitig auszulösen, können Sie im Entwickeln-Modul die automatische Synchronisierung benutzen.

9.8 Fotos tonen (Teiltonung-Palette)

Mit der Teiltonung-Palette können Sie Schwarz-Weiß- oder Farbfotos tonen (einfärben). Teiltonung heißt die Palette, weil ein Foto mit zwei verschiedenen Farbtönen getont werden kann, einem für die Lichter, einem für die Schatten.

In der Palette wählt man für Lichter und Schatten getrennt einen Farbton und eine Sättigung. Die Sättigung legt die Stärke der Tonung fest. Eine Sättigung von 0 bedeutet gar keine Tonung und kommt dem Ausschalten der Teiltonung gleich. Farbton und Sättigung können entweder über die Regler in der Palette oder über den Farbwähler (siehe Kasten Seite 238) ausgewählt werden.

Der **Abgleich** bestimmt, was mit Lichtern und Schatten gemeint ist, d.h., bis wie weit in den dunklen Bereich sich die Lichter erstrecken und umgekehrt die Schatten. Dies wird mit einem einzigen Regler bestimmt. Je größer die Lichter gemacht werden, desto kleiner werden die Schatten, und umgekehrt. Man findet schneller die richtige Abgleich-Einstellung, wenn man die beiden Sättigungsregler zuerst ganz nach oben fährt und dann den Abgleich festlegt – und erst danach die Sättigungsregler auf das gewünschte Maß einstellt.

Neben der Eignung für Schwarz-Weiß-Fotos gibt es auch Farbfotos, die von der Teiltonung profitieren können (siehe Abbildung 9-43).

9.8 Fotos tonen (Teiltonung-Palette)   237

▲ Abbildung 9-41:
In diesem Beispiel für Teiltonung sind die Lichter ins Gelbe, die Schatten ins Blaue getont.

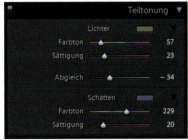

▲ Abbildung 9-42:
Die Teiltonung-Palette

▲ Abbildung 9-43:
Der Cross-Entwicklung-Look ist in der Digitalfotografie beliebt; ursprünglich entstand er, indem man z.B. Diafilm in Entwickler für Negativfilm entwickelte oder umgekehrt. Er zeichnet sich durch hohe Kontraste, hohe Farbsättigung und Farbverschiebungen aus. Dies können Sie alles auch mit Lightroom erreichen. Für dieses Foto wurde u.a. die Teiltonung eingesetzt, um die Schatten ins Grüne zu verschieben.

Farbwähler

Mithilfe des Farbwählers lassen sich im Entwickeln-Modul Farben für die Tonung (d.h. dem Einfärben) von Fotos auswählen. Er steht in der Teiltonung-Palette und in den beiden lokalen Werkzeugen **Korrekturpinsel** und **Verlaufsfilter** zur Verfügung. Die Farbe wird nach dem HSL-Modell ausgewählt, allerdings nur die zwei Komponenten Farbton (Hue) und Sättigung (Saturation). Mehr ist für den Zweck der Tonung von Fotos nicht notwendig, da die dritte Komponente – Helligkeit (Luminance) – vom Foto vorgegeben und durch die Tonung nicht verändert wird.

Wie in Abbildung 9-44 zu sehen, gibt es mehrere Möglichkeiten, die gewünschte Farbe auszuwählen, und zwar über:

- das große Farbfeld in der Mitte
- die direkte Angabe von Farbton (0–360°) und Sättigung (0–100%) unten
- die fünf Vorgaben oben; diese lassen sich über ihr Kontextmenü auf Farben einstellen, die Sie häufig benötigen.
- die Aufnahme einer Farbe aus dem Foto; hierzu hält man die Maustaste innerhalb des Farbfeldes gedrückt, schiebt die Maus an die entsprechende Stelle im Foto und lässt die Maustaste los.

Um die Farbauswahl rückgängig zu machen, also die Farbe auszuwählen, die vor dem Aufruf des Farbwählers eingestellt war, klickt man oben auf das zweite Farbfeld von rechts.

▲ Abbildung 9-44:
Der Farbwähler im Entwickeln-Modul

9.9 Schärfung

Jedes Foto braucht ein gewisses Maß an Schärfung. Bei JPEGs ist diese in der Regel bereits in der Kamera erfolgt, sodass Sie hier allenfalls nachschärfen müssen. Raw-Fotos sehen ohne Schärfung deutlich unscharf aus, daher stellt Lightroom für sie standardmäßig einen Schärfungsbetrag von 25 ein. Schärfung ist aber auch motiv- und geschmacksabhängig. Im Allgemeinen schärft man z.B. Landschaftsfotos stärker und anders als Porträts.

Die Schärfung im Entwickeln-Modul ist ausgabeunabhängig. Die Schärfung, die Sie hier einstellen, gilt demnach für alle Ausgaben, egal wie groß und auf welchem

9.9 Schärfung   239

▲ Abbildung 9-45:
Schärfen vorher/nachher

◀ Abbildung 9-46:
Schärfen-Teil mit den vier
Reglern in der Details-Palette

Medium. Fotos werden so geschärft, dass sie auf einem LCD-Monitor in 1:1-Ansicht scharf aussehen. Für die Ausgabe erfolgt dann eine zusätzliche Ausgabeschärfung, die Sie in den Ausgabemodulen bzw. im Exportieren-Dialog oder in den Veröffentlichungsdiensten einstellen.

9.9.1 Die Regler Betrag, Radius, Details und Maskieren

Betrag

Betrag steuert den Schärfungsgrad. Je höher der Wert, desto höher die Schärfungswirkung. Meist sind Werte zwischen 25 und 50 sinnvoll. Die Wirkung hängt allerdings stark vom Details-Regler ab (siehe unten).

▲ Abbildung 9-47:
Radius-Einstellung:
Links wurde auf die dickeren Strukturen der Mütze geschärft, rechts auf die feinen Haare.

Radius

Der Radius-Regler bestimmt, wie breit eine Kante sein muss, damit sie geschärft wird. Der Standardwert von 1,0 ist für die meisten Fotos in Ordnung, wenn das Foto über feine Strukturen verfügt.

Wenn die Kanten jedoch nicht fein genug sind, muss unter Umständen der Radius erhöht werden, damit die Schärfung sie erfasst. Dies ist z.B. der Fall, wenn ein Motiv nicht ganz im Fokus war und deshalb etwas unscharf ist oder bei Kameras mit sehr hoher Pixeldichte (z.B. Kompaktkameras mit hoher Megapixel-Zahl). Ein weiteres Beispiel sind Scans von Negativen oder Dias. Ein mit einem 4.000-dpi-Scanner gescanntes Kleinbilddia braucht meist die volle 3,0-Einstellung.

Größere Radiuseinstellungen vergrößern aber auch die Breite der Schärfungshalos, also der Kontrastverstärkungen an den Kanten, die den Schärfeeffekt erzeugen. Dadurch nimmt der Schärfungseffekt für kleine Strukturen ab, je höher der Radius-Regler eingestellt ist. Sie sollten den Radius daher nicht größer als nötig einstellen, da dadurch kleine Strukturen

> **Tipp**
> Wenn Sie während der Bewegung des Betrag-Reglers Alt (⌥) drücken, zeigt Lightroom das Foto in Schwarz-Weiß an – die Schärfung ist dadurch besser zu beurteilen.

Details 0

Details 100

▲ Abbildung 9-48:
Je niedriger der Details-Regler eingestellt ist, desto mehr konzentriert sich die Schärfung auf die kontrastreichsten Strukturen im Foto. Der Schärfungsbetrag muss bei sehr geringen Details-Werten meist erhöht werden.

und Kanten etwas abgeschwächt werden (siehe Abbildung 9-47). Im Grunde geht es nur darum, den Radius auf diejenigen Kanten einzustellen, die betont werden sollen.

Details

Über den Details-Regler lässt sich einstellen, wie viele kontrastarme Details in die Schärfung einbezogen werden. Bei einem Reglerwert von 100 werden also auch die feinsten Muster oder Details mit einbezogen, bei 0 hingegen nur die kontrastreichsten Kanten. Bei Fotos, in denen die Details sichtbar sein sollen, vor allem Landschaftsfotos usw., ist also eine hohe Einstellung sinnvoll. Eine niedrige

Einstellung empfiehlt sich, wenn Details nicht betont werden sollen, vor allem Hautunreinheiten bei Porträts oder das Rauschen bei hohen ISO-Einstellungen.

Der Unterschied zum Radius-Regler ist, dass der Details-Regler sich am Anfangskontrast der Kante orientiert (wie kontrastreich muss ein

Tipp
Durch Drücken von Alt (⌥: ⌥) bei Benutzung des Details-Reglers lässt sich visualisieren, welche Kanten in den Schärfungsprozess einbezogen werden.

Lupe in der Details-Palette

Wenn Sie zum Schärfen nicht extra die Vergrößerung der Arbeitsfläche umstellen wollen, können Sie mit der Lupe oben in der Details-Palette arbeiten. Die Lupe zeigt einen Ausschnitt des Fotos in der Vergrößerung 1:1 oder 2:1 an (dies ist über das Kontextmenü wählbar). Der konkrete Ausschnitt lässt sich auf drei verschiedene Arten festlegen:

a) durch Klicken und Ziehen mit der Maus innerhalb der Lupe
b) durch einen einfachen Klick in die Lupe, wodurch das Foto herauszoomt, und dann einen weiteren Klick auf die entsprechende Stelle des Fotos
c) durch Klick auf das Fadenkreuz oben links in der Palette, woraufhin man die zu vergrößernde Stelle direkt in der Arbeitsfläche anwählen kann

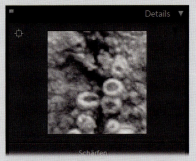

▲ Abbildung 9-49:
Die Lupe in der Details-Palette. Mir ist sie zu klein, daher habe ich den Palettenteil dauerhaft eingeklappt.

Unscharf-maskieren-Filter in Photoshop, wird aber technisch anders umgesetzt.

Die Technik, mit der die Detailunterdrückung funktioniert, bewirkt, dass Sie den Betrag-Regler nachregeln müssen, je mehr Sie den Regler nach links bewegen, denn ein wenig wird die Schärfungswirkung insgesamt durch den Regler reduziert. Sie können den Schärfungsbetrag bei einem Details-Wert von 0 ohne Weiteres auf über 100 setzen.

Maskieren

Eine moderne Bildbearbeitungstechnik ist das Schärfen über eine Kantenmaske. Hierbei werden nur die Kanten von der Schärfung erfasst, also die Stellen, auf die es ohnehin ankommt. Flächen, z. B. der Himmel oder Hautpartien bei Porträts, werden hingegen von der Schärfung ausgenommen. Auf diese Weise werden Hautunreinheiten oder Rauschen durch die Schärfung nicht zusätzlich betont.

Über den Maskieren-Regler wird die Kantenmaske gesteuert. 0 bedeutet keine Maske, mit zunehmenden Werten wird die Schärfung immer mehr auf die eigentlichen Konturen begrenzt.

9.9.2 Vorgehen beim Schärfen

Man kann Fotos für die Schärfung in zwei grundsätzliche Typen einteilen: Fotos, bei denen es auf die kleinen Details ankommt (hochfrequente Fotos, z. B. Landschaftsfotos, Produktfotos, Makrofotos, zum Teil Architekturfotos, siehe Abbildung 9-52), und solche, wo diese nicht oder nur wenig vorhanden sind oder wo es nicht auf sie ankommt (niederfrequente Fotos, Porträts, Akt, teils Food-Fotografie, teils Architektur, siehe Abbildung 9-53).

Hell-Dunkel-Übergangbereits sein, damit er weiter geschärft/gesteigert wird), der Radius-Regler daran, wie breit eine Kante sein muss, damit sie einbezogen wird. Der Details-Regler hat einen ähnlichen Effekt wie der Schwellenwert-Regler im

▲ Abbildung 9-50:
Unterschiedliche Maskieren-Einstellungen: Links wird alles gleichermaßen geschärft, rechts werden die Hautpartien ausgeschlossen. Das Rauschen in den Haaren wird aber noch mitgeschärft. Dies könnte man mit dem Details-Regler reduzieren.

Für diese beiden Typen von Fotos gibt es zwei voreingestellte Schärfungsvorgaben in der Vorgaben-Palette. Natürlich ist jedes Foto anders, aber zumindest als Ausgangspunkt für weitere Schärfung sind die beiden Vorgaben meiner Erfahrung nach sehr gut geeignet:

- **Schärfen – Schmale Kanten (Landschaft)** stellt die Regler auf 40, 0.8, 35, 0 (von oben nach unten), also auf einen recht hohen Betrag, einen kleinen Radius, einen mittleren Details-Wert und keine Kantenmaske.

▲ Abbildung 9-51:
Schärfungsvorgaben in der Vorgaben-Palette

Tipp
Während der Bewegung des Maskieren-Reglers können Sie über Alt (⌘: ⌥) die Maske anzeigen.

▲ Abbildung 9-52:
Ein hochfrequentes Foto

▲ Abbildung 9-53:
Ein niederfrequentes Foto

- **Schärfen – Breite Kanten (Gesichter)**
stellt die Reglerwerte auf 35, 1.4, 15, 60. Betrag- und Details-Werte sind geringer als bei der obigen Vorgabe, insgesamt wird also schwächer geschärft. Der Radius ist höher, sodass auch breitere Kanten geschärft werden. Außerdem wird eine Schärfungsmaske eingestellt.

Zusätzlich zu den obigen Vorgaben verwende ich noch eine weitere für Fotos mit hohen ISO-Werten, also für verrauschte Fotos. Bei deutlich sichtbarem Rauschen gilt es vor allem, dieses nicht zu betonen – hierbei sind vor allem die Details- und Maskieren-Regler von Bedeutung. Mögliche Werte für eine solche Vorgabe sind beispielsweise 60, 1.0, 0, 10 (von oben nach unten). Das Rauschen reduziere ich außerdem mit den Rauschunterdrückungs-Werkzeugen, siehe Kapitel 9.11. Das mache ich im Allgemeinen vor der Schärfung.

Mit den obigen beiden – bzw. mit den drei – Vorgaben erzielt man bereits gute Ergebnisse, eine optimale Schärfung erfordert aber meist eine individuelle Anpassung der Regler. Hierbei stelle ich meist zu Beginn einen ausreichend hohen Betrag-Wert ein und regele zunächst die Werte für Radius und Details. Sie bestimmen zusammen am stärksten die Beschaffenheit der Schärfung. Schließlich stelle ich ggf. die Schärfungsmaske ein, um die Schärfung auf einzelne Bereiche zu begrenzen, und stelle zum Schluss den Betrag-Regler auf den endgültigen Wert.

9.10 Korrekturpinsel und Verlaufsfilter

Mit Korrekturpinsel und Verlaufsfilter (beide finden Sie als lokale Werkzeuge im Werkzeugstreifen) können Sie Entwicklungseinstellungen auf einzelne Bildbereiche anwenden. So können Sie z. B. bestimmte Bereiche aufhellen oder abdunkeln, farblich verändern oder durch Schärfung oder Klarheit hervorheben.

Die beiden Werkzeuge funktionieren ähnlich, unterscheiden sich jedoch erheblich in der Art und Weise, wie die Maske jeweils erzeugt wird, die den Bereich festlegt. Beim Korrekturpinsel malt man die Maske von Hand mit einem Pinselwerkzeug aufs Bild, beim Verlaufsfilter zieht man eine Verlaufsmaske auf. Die Arbeit mit den Werkzeugen funktioniert in drei Schritten:

1. Auswahl der Entwicklungseinstellungen
2. Anlegen der Maske
3. Feinkorrektur der Maske und/oder der Entwicklungseinstellungen

Die Auswahl der Entwicklungseinstellungen ist für den Korrekturpinsel und den Verlaufsfilter gleich. Ich gehe also zunächst darauf ein und anschließend auf die beiden Werkzeuge.

9.10.1 Die Entwicklungseinstellungen

Zunächst wählen Sie über die Regler im oberen Abschnitt der Korrekturpinsel- bzw. Verlaufsfilter-Palette die Entwicklungseinstellungen aus, die Sie verwenden wollen – Sie können auch mehrere gleichzeitig einstellen. Lightroom stellt für die Bearbeitung einzelner Bereiche allerdings

▲ Abbildung 9-54:
Hier wurde als Entwicklungseinstellung Belichtung mit einer Intensität von –1/3 Blendenstufen gewählt.

▲ Abbildung 9-55:
Vorgaben für Entwicklungseinstellungen

nicht alle Entwicklungseinstellungen zur Verfügung, sondern nur die folgenden sieben:

- **Belichtung**
- **Helligkeit**
- **Kontrast**
- **Sättigung**
- **Klarheit**
- **Schärfe** (auch negativ)
- **Farbtonung**

Die Entwicklungseinstellungen kennen Sie bereits von den normalen Reglern. Der einzige große Unterschied ist, dass

Sie auch negative Schärfung – also eine Weichzeichnung – einstellen können. Das ist mit den »globalen« Entwicklungseinstellungen nicht möglich. In Lightroom 3 (also Prozessversion 2010) wurde dieser Weichzeichnungseffekt für sehr niedrige Werte (ca. –75 bis –100) übrigens noch einmal deutlich gegenüber Lightroom 2 erhöht.

Ebenfalls seit Version 3 übernimmt die Schärfe-Einstellung die Einstellungen für Radius, Details und Maskieren aus der Details-Palette, also aus den globalen Einstellungen. Wenn Sie diese ändern, ändern sich auch lokale Korrekturen, die die Schärfe-Einstellung benutzen. Daher ist es sinnvoll, erst die Schärfung global einzustellen, bevor man lokal schärft.

Über das Effekt-Aufklappmenü lassen sich Vorgaben für Einstellungen speichern und aufrufen. Wenn Sie oft mit einer bestimmten Reglerkombination arbeiten, können Sie diese speichern und schnell wieder einstellen. Es sind bereits einige

> **Tipp**
> Auch mit Korrekturpinsel und Verlaufsfilter kann man über negative Belichtungswerte überbelichtete Bilddetails bei Raw-Fotos zurückholen.

Vorgaben voreingestellt (siehe Abbildung 9-55).

Um auf einfache Weise lediglich mit den zur Verfügung stehenden Vorgaben zu arbeiten, können Sie den Palettenteil mit den Reglern über das Dreieck rechts einklappen. Dann steht nur noch der *Betrag-Regler* zur Verfügung, der die Wirkung aller vorher eingestellten Regler zusammenfasst (siehe Abbildung 9-56). Jetzt können Sie die Entwicklungseinstellungen per Vorgabe wählen und deren Intensität über den Betrag-Regler anpassen.

In diesem Zusammenhang leuchten auch die obigen sieben Vorgaben aus Abbildung 9-55 ein (Belichtung, Helligkeit usw.), die nach den einzelnen Reglern benannt sind. Sie können über diese Vorgaben einfach eine Entwicklungseinstellung aus dem Aufklappmenü auswählen und mit dem Betrag-Regler die Intensität anpassen. Die sieben Vorgaben verhalten sich übrigens anders als normale Vorgaben, da sie sich die zuletzt eingestellten Beträge merken.

Was passiert mit Entwicklungseinstellungen, die sowohl global als auch lokal angewendet werden? Wenn z.B. der Belichtung-Regler in der Grundeinstellungen-Palette und die Belichtung-Einstellung mit dem Korrekturpinsel verwendet werden? Der Effekt wird addiert (bzw. subtrahiert bei negativen Werten); d.h., wenn Sie z.B. die Belichtung global um eine Blendenstufe erhöhen und mit dem Korrekturpinsel die Belichtung auf −1 Blendenstufe stellen, heben sich die beiden Entwicklungseinstellungen auf; stellen Sie hingegen +1 Blendenstufe ein, würden sie zu +2 Blendenstufen addiert.

Genauso verhält es sich, wenn Sie mehrere Korrekturpinsel-Bereiche oder

▲ Abbildung 9-56:
Mit dem Betrag-Regler lässt sich vereinfacht arbeiten.

Verlaufsfilter übereinanderlegen. Sie addieren (bzw. subtrahieren) sich. Wenn Ihnen also z.B. die maximale Schärfe-Einstellung nicht ausreicht, können Sie einen zweiten Korrekturbereich darüberlegen.

9.10.2 Korrekturpinsel
Korrekturstellen auftragen

Um eine neue Korrekturstelle zu erzeugen, stellt man sicher, dass der Maskieren-Modus oben in der Palette auf **Neu** gestellt ist. Dann wählt man zunächst die Entwicklungseinstellung(en), die man verwenden will, wie oben beschrieben: Wenn Sie die Schatten des Fotos aufhellen wollen, wählen Sie beispielsweise Belichtung +1,0. Intensitäten und Einstellungen können im Nachhinein noch angepasst werden, es geht zunächst um einen Anfangswert.

Neben den Entwicklungseinstellungen wählen Sie die Pinseleigenschaften im

> **Hinweis**
> Die Knopfansicht für die Auswahl der Einstellungen aus Lightroom 2 wurde aus Gründen der Vereinfachung weggelassen. Dafür steht in Lightroom 3 der Betrag-Regler zur Verfügung.

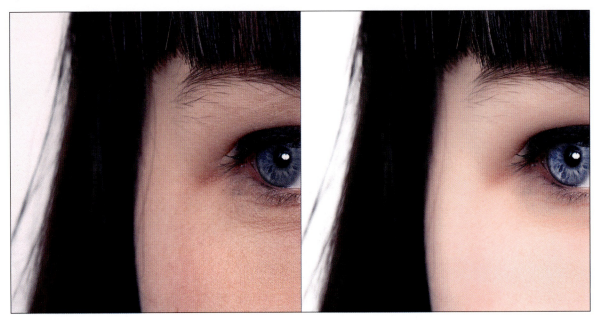

▲ Abbildung 9-57:
Vor und nach der Bearbeitung mit dem Korrekturpinsel. Für dieses Foto habe ich zunächst mit der Werkzeugvorgabe Haut weichzeichnen das ganze Gesicht ausgemalt, abgesehen von Auge und Wimpern. Teile der Haare und der Wimpern habe ich geschärft und zum Schluss Helligkeit, Kontrast, Sättigung, Klarheit und Schärfe der Iris erhöht, sodass das Auge deutlich präsenter wirkt.

unteren Teil der Palette: **Größe**, **Weiche Kante**, **Fluss**, **Dichte** und **Automatisch maskieren**. Benutzer von Photoshop und anderer Programme mit Pinselwerkzeugen kennen sicherlich die ersten drei Einstellungen. Wählen Sie z. B. eine große Pinselgröße für gröbere Veränderungen, bei denen es auf Details nicht so ankommt. Oder Sie wählen **Weiche Kante** für weiche Übergänge zwischen korrigierten und nicht korrigierten Bereichen. Für die Pinseleigenschaften im Detail siehe unten.

Daraufhin kann man anfangen, mit der Maus auf dem Foto die Maske aufzutragen. Die Änderungen durch das angewendete Werkzeug sind sofort auf dem Foto sichtbar, nicht allerdings die Maske selbst (siehe Kasten »Masken anzeigen« Seite 250). Nach dem ersten Pinselstrich befindet sich die Korrekturstelle im Bearbeiten-Modus. Jetzt lässt sich die Maske feinkorrigieren. Mit den A- und B-Pinseln lässt sich die Maske weiter auftragen, während der Radiergummi-Pinsel von der Maske abträgt bzw. Bereiche der Maske entfernt. Im Auftrage-Modus lässt

9.10 Korrekturpinsel und Verlaufsfilter   249

Tipp
Drückt man während des Zeichnens eines Pinselstrichs auf ⇧, lassen sich horizontal oder vertikal gerade Linien ziehen.

▲ Abbildung 9-58:
Die Korrekturpinsel-Palette

▲ Abbildung 9-59:
Der erste Pinselstrich

Pinsel-Vorgaben

Damit Sie die vielen Pinseleinstellungen nicht andauernd ändern müssen, können Sie zwei Einstellungen für den Auftrage-Pinsel und eine für den Löschen-Pinsel speichern. Dazu klicken Sie einfach auf die Buchstaben **A** oder **B** bzw. **Löschen** in der Palette und passen die Einstellungen an. Wenn Sie zu einem anderen Pinsel wechseln, merkt Lightroom sich die letzten Einstellungen. So können Sie z. B. einen groben und einen feinen Pinsel speichern. Die Dichte-Einstellung wird generell nicht gespeichert.

▲ Abbildung 9-60:
Mittels A und B kann man auf zwei verschiedene Pinseleinstellungen zurückgreifen. Und auch der Löschen-Pinsel merkt sich seine Einstellungen.

Zwischen A- und B-Pinsel wechseln: ⌜<⌝

Löschen- bzw. Auftrage-Pinsel kurzzeitig verwenden: ⌜Alt⌝ (⌥: ⌜⌥⌝)

▶ Abbildung 9-61:
Mehrere Pins, über die sich die Korrekturstelle zum Bearbeiten auswählen lässt.

Masken anzeigen

Die Maske einer aktivierten Korrekturstelle lässt sich mittels **Werkzeuge ▷ Korrekturpinselüberlagerung** über dem Foto einblenden. So lässt sie sich evtl. einfacher feinkorrigieren. Im Allgemeinen wird die Maske ja nicht angezeigt, lediglich die Auswirkung der Maske. Über das oben genannte Menü lässt sich auch die Farbe verstellen, in der die Maske angezeigt wird. Dies ist praktisch, wenn das Foto ähnliche Farben hat wie die derzeitige Maskenfarbe. Man kann die Farben Rot, Grün, Weiß und Schwarz einstellen.

▲ Abbildung 9-62:
Die Maske einer Korrekturstelle, hier der rote Bereich, wird normalerweise nicht angezeigt, lässt sich aber einblenden.

Maske anzeigen/ausblenden: [O]
Maskenfarbe ändern: [⇧]+[O]

Korrekturstelle entfernen: [Lösch]
Pins ein/aus: [H]
Neue Korrekturstelle: [↵]
Pinselgröße anpassen: [Mausrad] oder [.] / [,]

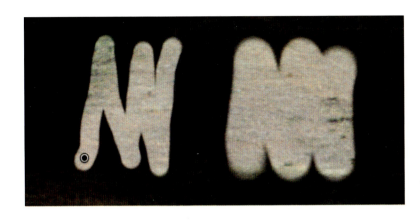

◀ Abbildung 9-63:
Verschiedene Pinselgrößen

sich der Radiergummi zwischenzeitlich mit gedrückter Alt-Taste (⌘:⌥) einstellen. Andersherum lässt sich im Radiergummi-Modus der Auftrage-Pinsel mit der Alt-Taste (⌘:⌥) zeitweise einstellen.

Korrekturstellen nachkorrigieren

Wie bei allen lokalen Werkzeugen ist jede Korrekturstelle beim Korrekturpinsel im Nachhinein anpassbar. Sie wird jeweils über einen Pin auf der Arbeitsfläche dargestellt, der sich per Mausklick auswählen lässt. Daraufhin kann man die Korrekturstelle entfernen oder weiter bearbeiten. Einerseits lässt sich die Maske verändern, indem Sie Bereiche hinzufügen oder abtragen, andererseits können die Entwicklungseinstellungen über die Palette angepasst werden.

Um die Wirkung aller Werkzeuge einer Korrekturregion anzupassen, können Sie wie oben beschrieben die Regler einklappen und nur den Betrag-Regler benutzen. Oder Sie klicken einfach mit der Maustaste auf einen bereits aktivierten Pin und bewegen die Maus, während Sie die Maustaste gedrückt halten, nach links oder rechts. Um die Änderungen abzuschließen

und eine komplett neue Korrekturstelle zu erzeugen, klickt man auf **Neu** ganz oben in der Palette.

Pinseleigenschaften im Detail

Größe: Diese Einstellung ändert die Größe der Pinseltupfer bzw. den Durchmesser des Pinsels.

Weiche Kante: Diese Einstellung verändert die Randhärte des Pinsels. Ein geringer Reglerwert sorgt für eine Maske mit harten, deutlich sichtbaren Rändern. Umgekehrt erzeugt ein hoher Reglerwert weiche Verläufe an den Maskenrändern, sodass die Randbereiche lokaler Korrekturen weniger stark sichtbar sind. Die richtige Einstellung ist abhängig von der zu korrigierenden Stelle. Manchmal sind weiche Maskenübergänge von Vorteil, oft hingegen eine klar abgegrenzte Maske, z. B. wenn sie an kontrast- und detailreichen Rändern entlang verläuft. Für solche Fälle ist auch die Option **Automatisch maskieren** gut geeignet.

▶ Abbildung 9-64:
Ohne und mit Weiche Kante

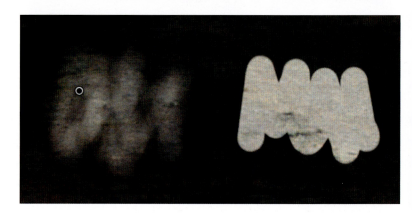

▶ Abbildung 9-65:
Links ein Fluss von 30, rechts von 100

Fluss: Hiermit lässt sich der Auftrag des Pinsels begrenzen, sodass ein einzelner Pinselstrich keine vollkommen durchlässige, sondern nur eine teildurchlässige Maske erzeugt. Ein Fluss von 20 erzeugt z. B. einen Auftrag von 20%, ein Fluss von 50 entspricht 50% etc. Durch mehrere Pinselstriche über dieselbe Stelle lässt sich der Auftrag weiter erhöhen, bis die Maske letztlich vollkommen durchlässig ist (Auftrag 100%). Dies entspricht eher der Arbeitsweise mit einer Farb-Sprühdose als mit einem Pinsel.

Fluss ist gut geeignet, um eine Maske Pinselstrich für Pinselstrich zu erzeugen, indem teilweise auf- und abgetragen (mit dem Radiergummi) wird. Die Arbeit damit ist sehr intuitiv und verleiht einem ein wenig das Gefühl, tatsächlich mit einem Pinsel oder einer Sprühdose an einem Bild zu arbeiten. Dies gilt besonders, wenn man ein Grafiktablett benutzt. In diesem

Weiche Kante anpassen: ⇧+Mausrad oder ⇧+, / ⇧+.

Fluss: 0 ... 9

Automatisch maskieren an/aus: A

◀ Abbildung 9-66:
Dichte von 50 und 100. Eine Dichte von 0 arbeitet übrigens mit derselben Wirkung wie der Radiergummi, sie löscht die Maske.

◀ Abbildung 9-67:
Automatisch maskieren (rechts) begrenzt Pinselstriche an kontrastreichen Kanten.

Fall wird der Fluss entsprechend dem Druck auf das Tablett angepasst.

Fluss lässt sich auch über die Zahlentasten verstellen: Die Tasten 1, 2, 3 ... 0 einmal gedrückt stellen einen Fluss von 10, 20, 30 oder 100 ein. Drückt man zwei Zahlentasten kurz hintereinander, kann man genauere Einstellungen treffen, z. B. stellt 5 + 5 den Fluss auf 55 usw. Werte kleiner 10 lassen sich über die 0 erzeugen, z. B. stellt 0 + 1 den Fluss auf 1.

Dichte: Mittels Dichte lässt sich ebenfalls die Durchlässigkeit der Maske steuern. Während Fluss den Auftrag eines einzelnen Pinselstrichs festlegt, stellt Dichte den maximal möglichen Auftrag ein, egal wie viele Pinselstriche getan werden. Ob man mit Fluss oder mit Dichte arbeitet, hängt von der persönlichen Vorliebe ab.

Im Grunde wählen Sie mit Fluss den Gesamtauftrag der Maske über die Anzahl der Pinselstriche, die Sie an einer Stelle machen. Mit Dichte hingegen wählen Sie den Gesamtauftrag bereits vorher und lassen Fluss auf 100 gestellt. Statt mit mehreren Pinselstrichen und dem Radiergummi zu arbeiten, passen Sie laufend die Dichte über die Palette an, während Sie die Maske bearbeiten.

Automatisch maskieren: Dies ist eine nützliche Option beim Hinzufügen von Pinselstrichen, die sehr scharf abgegrenzt

▲ Abbildung 9-68:
Vor und nach der Bearbeitung eines Fotos mit dem Verlaufsfilter

Geschwindigkeitsprobleme mit nVidia-Grafikkarten

Viele Lightroom-Benutzer hatten in der Vergangenheit Geschwindigkeitsprobleme mit nVidia-Grafikkarten in Zusammenhang mit dem Korrekturpinsel. Über das Laden des neuesten Grafikkartentreibers und das Ändern von Einstellungen im Treiber konnten diese meist behoben werden. Bitte erkundigen Sie sich in einem der Lightroom-Foren (siehe Anhang). Eine Google-Suche nach »lightroom nvidia« sollte auch Ergebnisse bringen.

Verlaufsfilter-Werkzeug aufrufen: [M]

▲ Abbildung 9-69:
Verlaufsfilter-Palette

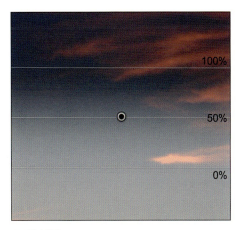

▲ Abbildung 9-70:
Ein aufgezogener Verlaufsfilter kann nachträglich angepasst werden.

sein sollen, z.B. wenn man mit der Maske ein Gebäude vom umgebenden Himmel isolieren will. Solche genauen, scharf abgegrenzten Masken, die an kontrastreichen Konturen verlaufen, erfordern normalerweise sehr genaues Arbeiten und damit viel Zeit. Ist Automatisch maskieren eingeschaltet, versucht Lightroom, beim Zeichnen eine Kontur zu erkennen, und begrenzt die Maske auf die Seite der Kontur, auf der die Mitte des Pinsels liegt (die Mitte des Pinsels ist während des Zeichnens am + erkennbar). Dabei erkennt Lightroom sowohl Konturen, die Helligkeitsunterschiede, als auch solche, die Farbunterschiede aufweisen. Automatisch maskieren funktioniert nicht immer perfekt, ist aber oft eine große Arbeitserleichterung.

9.10.3 Verlaufsfilter

Der Verlaufsfilter in Lightroom hat Ähnlichkeit mit den gleichnamigen Filtern, die man sich vors Objektiv schrauben kann. Die Verläufe sind wie beim Korrekturpinsel Masken. Eine Verlaufsmaske bestimmt sich aus Position, Winkel und Ausdehnung. Zunächst wählt man wie beim Korrekturpinsel eine oder mehrere Entwicklungseinstellungen aus der Palette.

Die Verläufe selbst werden dann einfach mit der Maus »aufgezogen«. Dazu klicken Sie mit der Maus auf eine Stelle, die komplett (zu 100%) korrigiert werden soll, und ziehen sie bis zu einer Stelle, die überhaupt nicht mehr von der Korrektur betroffen sein soll (0%). Zwischen diese beiden Stellen erstreckt sich der Verlauf. Wenn Sie dazu ⇧ gedrückt halten, können Sie genau waagerechte oder senkrechte Verläufe erzeugen.

Sie können beliebig viele Verläufe aufs Foto legen. Jeder neue Verlauf wird wie beim Korrekturpinsel mit einem Pin markiert, sodass Sie ihn auswählen und dann löschen oder anpassen können. Einen ausgewählten Verlauf können Sie folgendermaßen anpassen:

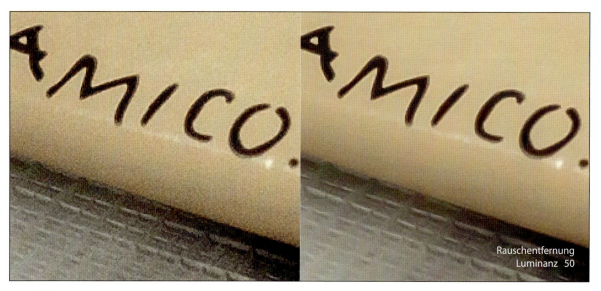

▲ Abbildung 9-71:
Reduzierung des Luminanzrauschens

- Um die Position des Verlaufs zu verändern, ziehen Sie den Pin mit der Maus.
- Um die Ausdehnung (Breite) des Verlaufs zu ändern, ziehen Sie eine der beiden äußeren Linien des Verlaufs (0%- oder 100%-Linie) nach innen oder außen.
- Um den Verlauf zu drehen, ziehen Sie die mittlere (50%-)Linie im oder gegen den Uhrzeigersinn.

Um die Entwicklungseinstellungen des Verlaufs zu ändern, passen Sie die Regler in der Palette an – einzeln oder über den Betrag-Regler, wenn Sie den Palettenteil mit den Einzelreglern eingeklappt haben.

9.11 Rauschreduzierung

Rauschen entsteht während der Aufnahme durch Eigenarten des Sensors. Einerseits kommt es zum Luminanzrauschen (Helligkeitsrauschen), bei dem die Aufzeichnung der Motivhelligkeit durch Zufallssignale gestört wird; andererseits zum Farbrauschen, das vorwiegend durch Fehler bei der Berechnung von RGB-Bildern aus den Sensordaten entsteht. Beide Typen lassen sich bis zu einem gewissen Grad korrigieren (vor allem das Farbrauschen), teilweise werden durch die Korrektur aber auch richtige Details des Fotos entfernt.

Pins ein/aus: H

Verlauf löschen: Lösch

Verlauf umkehren: *

▲ Abbildung 9-72:
Luminanzrauschentfernung in der Details-Palette

▲ Abbildung 9-73:
Bei einem Details-Wert von 100 werden die kleinen Punkte im Bild noch nicht von der Rauschentfernung erfasst, bei 50 hingegen sind sie kaum noch sichtbar.

9.11.1 Luminanzrauschen

Der Luminanz-Regler in der Details-Palette kontrolliert die Reduzierung des Luminanzrauschens. Dieses Rauschen ist einerseits stark abhängig vom verwendeten ISO-Wert, andererseits von der Belichtung des Fotos: Es tritt nämlich vor allem in den dunklen Bildbereichen auf. Ist ein Foto zu knapp belichtet, muss es in Lightroom wieder aufgehellt werden, wodurch das Rauschen stärker sichtbar wird (siehe auch Kasten »Raw-Fotos optimal belichten« in Kapitel 2.3).

Die Entfernung von Luminanzrauschen ist immer mit einer gewissen Weichzeichnung des Fotos verbunden. Daher ist es ratsam, es mit der Luminanzrauschentfernung eher konservativ anzugehen, zumal in der Ausgabe in der Regel deutlich weniger davon zu sehen ist als in Lightrooms 1:1-Ansicht. Meiner Erfahrung nach bewährt sich bei Rauschentfernung allgemein (Farbe und Luminanz) das Prinzip: »So viel wie nötig, so wenig wie möglich.«

Für das Foto in Abbildung 9-71 würde ich normalerweise eher einen Betrag von 25 verwenden als 50, den ich zur Verdeutlichung der Wirkung abgebildet habe.

Mit Lightroom 3 sind zwei neue Regler für die Luminanzrauschentfernung hinzugekommen, die im Allgemeinen nur für Fotos mit sehr hohen ISO-Werten von Bedeutung sind (bei aktuellen Vollformatkameras wie Canon 5D Mk II und Nikon D700 sind das ISO-Werte ab ca. 6.400, bei der Canon 5D ab ca. ISO 1.600 usw.). Bei anderen Fotos werden Sie bei diesen Reglern kaum einen Unterschied bemerken.

Tipp
Mit den Standardentwicklungseinstellungen können Sie automatisch unterschiedliche Rauschreduktionseinstellungen für verschiedene ISO-Werte vergeben lassen (siehe Kapitel 8.8).

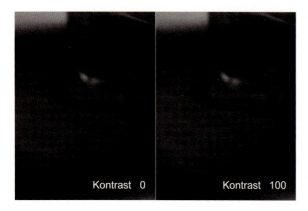

◂ Abbildung 9-74:
Links werden Kontraste in Flächen zu sehr reduziert, und das Foto bekommt einen »glatten« Eindruck. Rechts bleibt hingegen Luminanzrauschen übrig. Ein Mittelwert wäre hier angebracht.

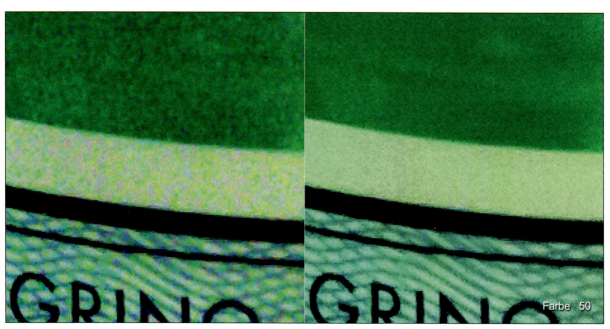

▲ Abbildung 9-75:
Farbrauschentfernung vorher/nachher

Über den *Details-Regler* lässt sich die Rauschentfernung an die Feinheit des tatsächlichen Rauschens anpassen. Er legt die »Größe« des Rauschens fest, die von der Rauschentfernung erfasst wird. Beispielsweise kann der Regler bei sehr feinem Rauschen auf einen sehr hohen Wert eingestellt werden, wodurch richtige Bilddetails zusätzlich geschützt werden. Im Regelfall stellt man den Regler einfach so weit nach links, bis das Rauschen bestmöglich erfasst wird. Die Standardeinstellung von 50 ist normalerweise ein guter

▲ Abbildung 9-76:
Farbrauschentfernung in der Details-Palette

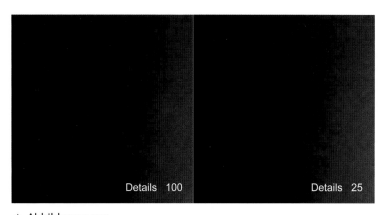

▲ Abbildung 9-77:
Bei einer hohen Details-Einstellung bleiben diese ca. 5 Pixel breiten blauen Farbflecken übrig, bei einem Details-Wert von 25 sind sie weitgehend verschwunden.

Wert, oft sind auch noch höhere Werte möglich.

Ähnliches tut der *Kontrast-Regler*. Luminanzrauschen bildet oft unschöne Muster innerhalb von Flächen, die von der Rauschentfernung entfernt werden können. Wie stark diese Muster entfernt werden, können Sie über den Kontrast-Regler festlegen. Eine niedrige Einstellung bewirkt eine hohe Kontrastreduktion und reduziert evtl. auch Texturen innerhalb von Flächen, die kein Rauschen sind. Eine zu hohe Einstellung lässt evtl. Rauschen übrig. Wie beim Details-Regler würde ich ihn so weit wie nötig, aber so wenig wie möglich nach links stellen.

9.11.2 Farbrauschen

Über den Farbe-Regler in der Details-Palette stellen Sie die Reduzierung des Farbrauschens ein. Farbrauschen zeigt sich in zufällig verteilten bunten Pixeln, die nichts mit dem Motiv zu tun haben. Meist treten sie in dunklen, gleichmäßigen Flächen auf. Bei höheren ISO-Zahlen ist auch das Auftreten von Farbrauschen größer, die Abhängigkeit ist aber nicht so stark wie beim Luminanzrauschen. Farbrauschen ist auch einfacher ohne Qualitätseinbußen zu entfernen als Luminanzrauschen.

Die Standardeinstellung von 25 ist ein guter Wert bis zu einem gewissen ISO-Bereich, für extreme ISO-Werte (an meiner EOS 5D z. B. ISO 1600–3200) verwende ich teilweise Werte bis knapp über 50. Zu hohe Werte können farbige Artefakte (»Color Bleeding«) an Kanten erzeugen, die in der 1:1-Ansicht zu sehen sind.

Auch für die Farbrauschentfernung gibt es seit Lightroom 3 einen *Details-Regler*, der die Größe des Rauschens festlegt, die von der Rauschentfernung erfasst wird. Wie beim Luminanzrauschen ist er nur bei Fotos mit sehr hohen ISO-Werten von Bedeutung. In der Regel stellt man ihn einfach so weit nach links wie nötig. Ist er zu hoch eingestellt, bleiben große

▲ Abbildung 9-78:
Objektivkorrekturen-Palette: Hier können Sie zwischen automatischen und manuellen Korrekturen wählen.

▶
Abbildung 9-79:
Vor und nach der Vignettierungskorrektur

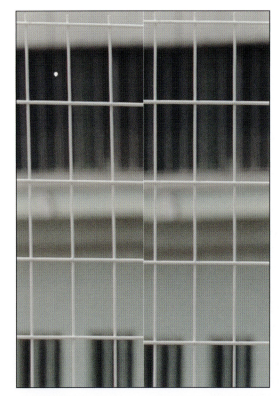

▲ Abbildung 9-80:
Verzeichnung äußert sich in verbogenen Kanten, vor allem am Rand des Fotos.

Farbkleckse übrig. Ist er zu niedrig eingestellt, werden richtige Farbdetails im Bild unnötig »angegriffen«, u.a. werden farbige Kanten sichtbar in der Sättigung verringert.

Manchmal bleiben bei mir trotz Farbrauschentfernung einzelne hartnäckige Farbflecken übrig. Diese kann man gut mit dem Bereichsreparatur-Werkzeug entfernen (siehe Kapitel 9.13.1).

9.12 Optische Korrekturen

Die optischen Korrekturen erfolgen über die Objektivkorrekturen-Palette. Seit Lightroom 3 teilt sich die Palette in zwei Seiten. Die Seite **Profil** enthält die automatischen Objektivkorrekturen. Hierzu zählen Vignettierung, Verzeichnung und chromatische Aberrationen. Die automatischen Korrekturen – sie zählen zu den großen Neuerungen von Lightroom 3 – funktionieren mithilfe von

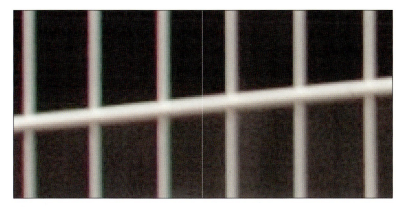

▲ Abbildung 9-81:
Bei chromatischer Aberration bilden sich Farbsäume um kontrastreiche Kanten herum.

▲ Abbildung 9-82:
Palettenteil Profil

Objektivprofilen und sie vereinfachen die Arbeit tatsächlich enorm, wenn ein gutes Profil für das Objektiv vorhanden ist.

Über die Seite **Manuell** lassen sich dieselben Korrekturen manuell vornehmen, für den Fall, dass kein Profil für das Objektiv vorhanden ist oder es keine befriedigenden Ergebnisse liefert. Darüber hinaus kann man hier Korrekturen der Perspektive vornehmen, beispielsweise um bei Architekturfotos stürzende Linien zu beheben. Ein weiteres Werkzeug in diesem Teil ist die Einstellung »Rand entfernen«, mit der man Farbränder in Spitzlichtern entfernen kann.

9.12.1 Übersicht Objektivfehler

Vignettierung ist ein Helligkeitsabfall zum Bildrand hin. Er tritt vor allem bei Weitwinkelobjektiven bei offener Blende auf. Bei Vollformatkameras und Offenblende ist die Vignettierung im Allgemeinen besonders stark. Der Helligkeitsabfall verläuft kreisförmig, d.h., die Helligkeit nimmt vom Mittelpunkt des Fotos nach außen ab.

Verzeichnung (oder Verzerrung) ist ein Begriff dafür, wenn ein Objektiv das Bild nicht genau rechteckig abbilden kann, sondern das Motiv verzerrt darstellt. Die einfachsten Verzeichnungen sind kissenförmig (nach innen gestaucht) oder tonnenförmig (nach außen gedehnt); gerade bei Zoomobjektiven gibt es aber komplexere Kombinationen der beiden Typen. Verzeichnung tritt vor allem bei Weitwinkelobjektiven auf.

Chromatische Aberrationen sind so etwas wie »Farbverirrungen«, die entstehen, wenn Licht verschiedener Wellenlängen unterschiedlich stark gebrochen wird. In der Folge entstehen Farbsäume an kontrastreichen Kanten, meist in den Farben Rot und Cyan, manchmal Blau und Gelb, manchmal auch eine Kombination der beiden. Chromatische Aberrationen treten besonders stark am Bildrand auf.

9.12.2 Automatische Objektivkorrektur über Profile

Um die automatischen Korrekturen zu verwenden, brauchen Sie in der Regel nur das Häkchen oben in der Objektivkorrekturen-Palette zu setzen (Abbildung 9-82).

Über die drei Stärke-Regler im unteren Palettenteil können Sie die Stärke der Korrektur jeweils für Verzerrung, chromatische Aberrationen und Vignettierung separat einstellen. Manchmal ist eine leichte Anpassung notwendig, weil ein Profil beispielsweise für eine andere Kamera oder eine andere Blendeneinstellung erstellt wurde. Oder Sie möchten einfach den Effekt merklich reduzieren, weil Ihnen die Vignettierung oder Verzeichnung in einem Foto passend erscheint.

Bei Landschafts- oder Naturaufnahmen ist eine Korrektur der Verzeichnung oft auch nicht notwendig. Dann können Sie die Korrektur über einen Reglerwert von 0 auch ganz ausschalten, denn durch die Verzeichnungskorrektur büßt man an den Rändern des Fotos immer ein klein wenig durch Beschnitt ein.

In der Regel findet Lightroom das passende Objektivprofil automatisch anhand der EXIF-Daten des Fotos. Wenn kein

Profile selbst erstellen oder herunterladen

Sie können Objektivprofile auch selbst erstellen. Dazu benötigt man das kostenlose Programm »Adobe Lens Profile Creator«. Der benötigte Aufwand ist variabel; für Zoomobjektive muss man gegenüber Festbrennweiten ein Vielfaches an Messungen vornehmen; aber er richtet sich ohnehin nach der benötigten Genauigkeit der Profile; man kann z.B. für mehrere Brennweiten, Blenden und Einstellungsentfernungen separate Aufnahmesätze machen. Die Profilerstellung ist laut Adobe so angelegt, dass sie Fehler durch ungleichmäßige Ausleuchtung oder nicht planparallele Ausrichtung der Kamera automatisch herausrechnet. Dadurch soll sie von jedem zu bewerkstelligen sein.

Eine zweite Möglichkeit ist das Herunterladen von Profilen, die andere Benutzer erstellt haben. Dies geht über das Programm »Adobe Lens Profile Downloader« (siehe Abbildung 9-84).

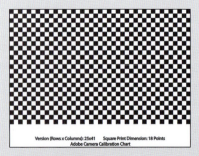

▲ Abbildung 9-83:
Eines der Testbilder, das man für die Profilerstellung fotografieren muss

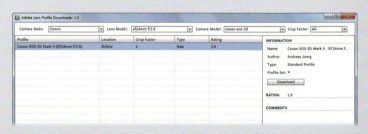

▲ Abbildung 9-84:
Über den Lens Profile Downloader habe ich z.B. dieses Profil für eine Canon-Festbrennweite gefunden, für die Adobe kein Profil mitgeliefert hat.

▲ Abbildung 9-85:
Über das Einrichten-Menü können Sie die Standardeinstellungen für die Palette mit eigenen Einstellungen überschreiben.

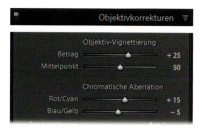

▲ Abbildung 9-86:
Manuelle Entfernung von Objektiv-Vignettierung und chromatischen Aberrationen

geeignetes Profil gefunden werden kann, ist vermutlich keines installiert. Mit Version 3.2 von Lightroom wurden vor allem Profile für Objektive von Canon, Nikon, Sigma, Tamron, Zeiss, Pentax-Mittelformat sowie für die verschiedenen iPhones mitgeliefert. Eine vollständige Liste der unterstützten Objektive/Kameras finden Sie auf der Support-Webseite von Adobe (siehe Anhang). Zusätzliche Profile können Sie selbst erstellen oder übers Internet laden (siehe Kasten).

Sie können die Einstellungen in der Palette auch über das Einrichten-Aufklappmenü als neue *Standardeinstellung* speichern, sodass Lightroom sie sich merkt. Die Standardeinstellungen für Objektivprofile funktionieren ähnlich wie die Standardentwicklungseinstellungen: Für jede Kamera-Objektiv-Kombination lassen sich das Objektivprofil speichern, das standardmäßig verwendet wird, sowie die Werte für die drei Stärke-Regler.

Normalerweise ist die Standardeinstellung also auf das von Adobe mitgelieferte Profil und auf Stärke 100 bei den drei Stärke-Reglern eingerichtet. In einigen Fällen (dies sind allerdings eher Spezialfälle) ist es sinnvoll, diese Werte zu überschreiben. So hat Lightroom z. B. ein von mir heruntergeladenes Objektivprofil nicht automatisch eingestellt. Ich habe es daraufhin von Hand ausgewählt und die Einstellung als neue Standardeinstellung gespeichert.

9.12.3 Manuelle Objektivkorrekturen

Auf der manuellen Seite der Objektivkorrekturen-Palette finden Sie unter anderem die Regler zur manuellen Korrektur von Verzeichnung, Vignettierung und chromatischen Aberrationen. Diese können Sie verwenden, falls für die automatische Objektivkorrektur kein Profil oder zumindest keines, das ausreichend korrigiert, zur Verfügung steht.

Ganz oben im Transformieren-Teil der Palette (Abbildung 9-88) können Sie mit

> **Tipp**
> Über Entwicklungsvorgaben können Sie die automatischen Korrekturen auf mehrere Fotos im Bibliothek-Modul anwenden.

▲ Abbildung 9-87:
Perspektivkorrekturen sind nur manuell möglich.

dem Regler **Verzerrung** einfache Objektivverzeichnungen beseitigen. Wird der Regler nach links bewegt, korrigiert er eine kissenförmige Verzeichnung, bei der das Bild zur Mitte hin gestaucht ist. Wird er nach rechts bewegt, korrigiert er dessen Gegenteil, eine Streckung von der Mitte weg oder »tonnenförmige« Verzeichnung.

Um Objektiv-Vignettierung zu korrigieren, stehen in der Palette weiter unten zwei Regler zur Verfügung: **Betrag** (Stärke der Korrektur) und **Mittelpunkt** (Größe der korrigierten Fläche). Ich finde es manchmal schwierig, Mittelpunkt und Betrag genau abzustimmen, allerdings ist die Kontrolle über die RGB-Wert-Anzeige dabei recht hilfreich. So kann ich das Foto mit der Maus von den Ecken zur Mitte hin abtasten und dabei genau sehen, wie die Helligkeit verläuft. Meist finde ich durch abwechselndes Anpassen der beiden Regler dann akzeptable Werte.

Unterhalb der Regler für die Vignettierung finden Sie die beiden Regler für die manuelle Entfernung von chromatischen Aberrationen. Bei den chromatischen Aberrationen ist es zunächst sinnvoll festzustellen, mit welchem der beiden Typen (Rot/Cyan, Blau/Gelb) man es zu tun hat und dementsprechend welcher der beiden Regler zu benutzen ist. Danach muss man herausfinden, in welche Richtung die Korrektur erfolgen muss. Hierzu schaut man sich das Bild an den Rändern an und probiert einfach direkt den entsprechenden Regler aus. Etwas schwieriger ist die Korrektur von gemischten chromatischen

> **Hinweis**
> Die Möglichkeit, bei der manuellen Vignettenkorrektur negative Betrag-Werte zu verwenden, wird im Allgemeinen nicht mehr benötigt. Sie diente in Lightroom 1.x zur Erstellung von Ziervignetten, dafür steht seit Version 2 aber die Vignette nach Freistellen zur Verfügung.

▲ Abbildung 9-88:
Palettenteil Transformieren

Hinweis
Lokale Korrekturen (Bereichsreparatur, Korrekturpinsel usw.) können Sie vor oder nach den optischen Korrekturen erledigen, u. U. geht es jedoch schneller, wenn Sie sie vorher erledigen bzw. die automatischen Objektivkorrekturen zwischenzeitlich ausschalten, wenn Sie z. B. Staub entfernen.

Aberrationen, wenn beide Typen zugleich auftreten. Hier ist es sinnvoll, die stärkere Aberration zuerst zu korrigieren.

9.12.4 Korrektur der Perspektive

Im Transformieren-Teil der manuellen Seite der Palette befinden sich die Regler **Vertikal** bzw. **Horizontal**, mit denen sich die Perspektive korrigieren lässt. Mit dem Regler der Vertikale kann das Bild nach oben oder unten, mit dem der Horizontalen nach links oder rechts »gekippt« werden. Klassischer Anwendungsfall ist das Geraderichten eines Gebäudes, das man von unten her aufgenommen hat. Um die Korrektur zu erleichtern, blendet Lightroom ein Raster über das Foto, während Sie die Transformieren-Regler bewegen.

Über den Drehen-Regler korrigieren Sie das Foto, wenn es nicht völlig gerade aufgenommen sein sollte, d. h. wenn der Horizont nicht gerade ist. Dieser Schritt ist im Zuge der Perspektivkorrektur wichtig (siehe Abbildung 9-89). Das Freistellen-Werkzeug hat zwar auch die Möglichkeit des Ausrichtens, aber diese bezieht sich auf den Ausschnitt, nicht auf das ganze Foto. Mit dem Freistellen-Werkzeug können Sie also nicht das machen, was der Drehen-Regler macht.

Bei der Perspektivkorrektur (und auch bei der manuellen Korrektur von Verzeichnung) entstehen an den Rändern Bereiche, die keine Bildinformationen enthalten: graue Flächen. Wenn Sie auf **Zuschnitt beschränken** klicken, wird das Foto automatisch zugeschnitten, sodass keine dieser Flächen im Foto verbleibt. Sie müssen diese allerdings nicht vollkommen wegschneiden und können stattdessen mit dem Skalieren-Regler einen beliebigen Ausschnitt wählen oder das Foto ganz so belassen, falls das ein spezieller Anwendungsfall erfordert. Sie können z. B. versuchen, die grauen Flächen mit dem inhaltsbasierten Füllen in Photoshop CS5 auszufüllen.

9.12.5 Rand entfernen: Aberrationen durch Entsättigung unterdrücken

Neben den chromatischen Aberrationen, die durch die Objektive hervorgerufen werden, gibt es noch eine andere Art von Farbverirrung: Wenn sehr viel Licht auf eine Sensor-Diode trifft, kann dies die

◀ Abbildung 9-89:
Meist muss ein Foto vor der Perspektivkorrektur leicht gedreht werden.

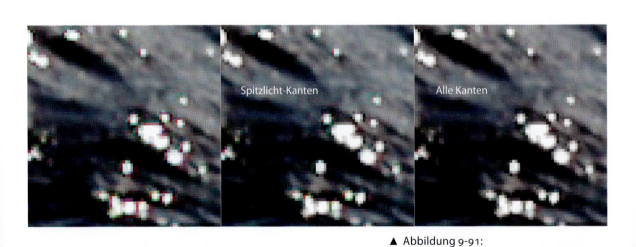

▲ Abbildung 9-91:
In der mittleren Abbildung sind noch einige Farbsäume erkennbar, in der letzten gar keine mehr.

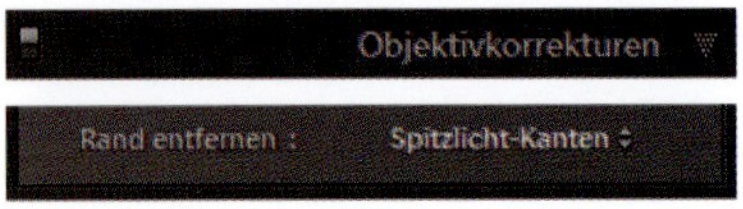

◀ Abbildung 9-90:
Die Rand-entfernen-Einstellung

umliegenden Dioden beeinflussen. In der Folge bilden sich bei Spitzlichtern (z.B. bei Straßenlaternen oder Sonnenreflexionen im Meer) oft Farbsäume um die Kanten herum. Diese lassen sich nicht durch die obigen Korrekturmöglichkeiten beseitigen. Daher gibt es die Einstellung **Rand entfernen**, mit der sich kontrastreiche Kanten entsättigen lassen.

Die Einstellung verfügt über zwei Stufen: a) **Spitzlicht-Kanten** entfärbt nur Kanten von Spitzlichtern, bei denen die eine Seite weiß ist wie die Reflexionen in Abbildung 9-91; b) **Alle Kanten** entfärbt hingegen alle kontrastreichen Kanten im Foto. Verschwinden die Säume mit der ersten Stufe nicht völlig, kann man die zweite versuchen.

Alle Kanten kann zudem zur Unterstützung der Korrektur von Objektiv-Aberrationen benutzt werden, falls diese noch Farbsäume hinterlassen sollten (egal ob automatisch oder manuell). Allerdings ist der Korrektureffekt recht stark und kann stören oder zumindest bemerkt werden; in diesem Fall kann es mitunter besser sein, mit leichten Farbrändern zu leben. Extrem starke Farbränder, die Sie mit beiden Korrekturfunktionen nicht beseitigen können, können Sie mit dem Korrekturpinsel und einer negativen Sättigungs-Einstellung von Hand entfernen.

9.13 Retuschen

Im Werkzeugstreifen finden Sie neben Freistellen-Werkzeug und Korrekturpinsel/Verlaufsfilter zwei Werkzeuge zum Retuschieren von Fotos, die Bereichsreparatur und das Rote-Augen-Werkzeug.

9.13.1 Bereichsreparatur

Mit der Bereichsreparatur können Sie einzelne störende Bildstellen entfernen, z.B. Staub oder Hautunreinheiten.

Die Funktion arbeitet grundsätzlich so, dass sie einen Bildbereich an eine andere Stelle kopiert. Eine Korrekturstelle besteht also immer aus Quelle und Ziel. Eine neue Korrekturstelle wird zuerst per Mausklick an der zu retuschierenden Stelle (dem Ziel) im Foto platziert. Wenn Sie die Maustaste gedrückt halten, können Sie die Maus an eine andere Stelle im Bild ziehen und so gleich die Quelle festlegen. Andernfalls sucht Lightroom sich selbst eine Quelle, die Sie dann im Nachhinein anpassen können.

Unter **Pinsel** lässt sich zwischen zwei Retuschier-Methoden wählen: Der **Kopierstempel** ist die simplere der beiden Methoden. Er kopiert einfach die Quelle ans Ziel und zeichnet die Ränder weich. **Reparieren** funktioniert ganz ähnlich, nur wird der kopierte Bereich dazu in Farbe und Helligkeit seiner Umgebung angepasst.

Der Reparieren-Modus ist eher geeignet, um Störungen in gleichmäßigen Flächen zu entfernen, z.B. Staubflecken (auf dem Sensor oder auf dem Motiv), Hautunreinheiten oder auch vereinzelt übrig gebliebenes Farbrauschen. Der Kopierstempel-Modus eignet sich eher für die Ersetzung von Bildbereichen, die Details enthalten. Sie können mit diesem Werkzeug z.B. eine einzelne Person aus einer Menschenmenge oder eine störende Stromleitung entfernen, indem Sie eine andere Stelle im Bild finden, die Sie kopieren können. In der Praxis habe ich den Kopierstempel allerdings ganz im Gegensatz zum Reparieren-Modus bisher kaum

▲ Abbildung 9-92:
Bereichsreparatur vorher/nachher

▲ Abbildung 9-93:
Bereichsreparatur-Werkzeug

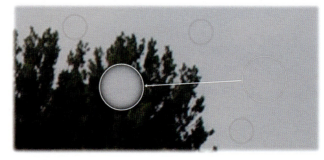

▲ Abbildung 9-94:
Für die Retusche einer Stelle im Foto werden die Bildinformationen einer anderen Stelle verwendet.

Bereichsreparatur: Q

Größe ändern: . und .

◀ Abbildung 9-95:
Kopierstempel vorher/
nachher

sinnvoll einsetzen können. Das liegt u. a. daran, dass man die Form der Kopierstelle nicht frei anpassen kann – diese ist in jedem Fall kreisförmig. Hier bietet Photoshop CS5 wesentlich bessere Werkzeuge.

Mit **Größe** lässt sich der Durchmesser der Korrekturstelle anpassen. Dies ist auch über das Mausrad möglich oder über die Tastaturkürzel.

Mit der Einstellung **Deckkraft** lässt sich festlegen, ob die kopierte Stelle den Hintergrund komplett überdecken oder ob – und in welchem Maße – der Hintergrund durchscheinen soll. Für die Entfernung von Hautunreinheiten beispielsweise ist eine geringere Deckkraft als 100 oft empfehlenswert – die Hautunreinheiten werden nur abgemildert, nicht komplett entfernt, was zu einem natürlicheren Eindruck führt. Für die Entfernung von Sensorstaub und im Allgemeinen für den Kopierstempel-Modus ist hingegen die volle Deckkraft sinnvoll.

Wenn man sich in der 1:1-Ansicht oder einer anderen Vergrößerung befindet und ein Foto systematisch nach Staubflecken durchkämmen will, kann man sehr komfortabel mit den Tasten [Bild oben], [Bild unten], [Pos1] und [Ende] arbeiten: Mit der [Pos1]-Taste springt man in die linke obere Ecke des Fotos; mit wiederholt gedrücktem [Bild unten] kann man sich dann durch das ganze Foto hangeln.

Wie bei allen lokalen Korrekturen kann man eine Korrekturstelle im Nachhinein anpassen oder entfernen. Die Übertragung der Einstellungen der Bereichsreparatur von einem Foto auf andere (durch Kopieren/Einfügen oder Synchronisieren) kann gerade beim Entfernen von Sensorstaub eine große Arbeitserleichterung sein. Nach der Übertragung müssen Sie

Hinweis

Wenn Sie in der 1:1-Ansicht mit gedrückter Maustaste den Ausschnitt verändern wollen, müssen Sie dazu die ☐ gedrückt halten, solange das Werkzeug aktiv ist. Das gilt auch für die anderen lokalen Werkzeuge (z. B. den Korrekturpinsel).

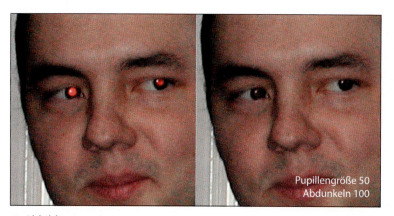

▲ Abbildung 9-96:
Rote-Augen-Korrektur vorher und nachher

▲ Abbildung 9-97:
Rote-Augen-Palette

im Allgemeinen die Quellen der Korrektur in den einzelnen Fotos anpassen.

9.13.2 Rote-Augen-Korrektur

Mit der Rote-Augen-Korrektur beheben Sie durchs Blitzen entstandene rote Augen. Die Korrektur erfolgt durch Entsättigung und wahlweise durch Abdunkeln der Pupille.

Zunächst muss man Lightroom ungefähr zeigen, wo sich das zu korrigierende Auge befindet. Dazu zieht man mit der Maus einen kreisförmigen Rahmen um das Auge. Die genaue Position und Größe ermittelt das Programm dann automatisch. Lightroom findet das Auge übrigens leichter, wenn der Rahmen großzügig aufgezogen wird. Abdunklung und auch genaue Größe der Korrekturstelle (Einstellung **Pupillengröße**) lassen sich im Nachhinein anpassen. Oft ist es notwendig, den Abdunkeln-Regler auf mehr als 50% zu stellen, um nicht eine graue Pupille zu bekommen.

9.14 Effekte

In der Effekte-Palette stehen Ihnen zwei Effekte zur Verfügung: die Vignette nach Freistellen und – neu in Lightroom 3 – das künstliche Filmkorn.

9.14.1 Vignette nach Freistellen

Anders als die Vignettenfunktion im Objektivkorrektur-Teil wirkt sich die Vignette nach Freistellen in der Effekte-Palette direkt auf das freigestellte Foto, also den Ausschnitt aus (falls es freigestellt wurde). Sie ist für die Erstellung von Ziervignetten in Richtung Schwarz oder Weiß gedacht. Die Gestalt der Vignette lässt sich stark anpassen.

Mit den drei Basis-Reglern bestimmen Sie zunächst die grundlegende Erscheinung der Vignette: **Betrag** legt die Stärke der Vignette fest, d.h. das Maß an Abdunklung (negative Werte) bzw. Aufhellung (positive Werte). **Mittelpunkt** bestimmt die Vignettengröße. **Rundheit** legt die Form der Vignette fest. Negative Werte machen die Vignette eckiger,

▲ Abbildung 9-98:
Hier wurde eine abdunkelnde Vignette eingestellt.

◄ Abbildung 9-99:
Vignette nach Freistellen
in der Effekte-Palette

positive Werte runder (siehe Abbildung 9-100).

Mit den restlichen Reglern können Sie das Aussehen der Vignette weiter verfeinern. **Weiche Kante** bestimmt die Weichheit des Vignettenrands (siehe Abbildung 9-101). **Lichter** ist neu in Lightroom 3 und nur für abdunkelnde Vignetten geeignet: Manchmal befinden sich an den Bildrändern sehr helle Tonwerte, die durch eine dunkle Vignette zu einem mittleren bis hellen Grau abgedunkelt werden. Diese Stellen sehen dann matschig (kontrastarm) aus. Der Lichter-Regler nimmt die Lichter von der Vignettierung aus, was oft besser aussieht (siehe Abbildung 9-98).

Zu guter Letzt ist in Lightroom 3 noch die etwas verwirrende Stil-Einstellung hinzugekommen. Sie legt fest, wie die Tonwertveränderung durch die Vignette technisch umgesetzt wird. Im Grunde wählen Sie je nachdem, ob Ihnen die Farben oder die Lichterdetails wichtiger sind, zwischen **Farbpriorität** und **Lichterpriorität**. **Farbüberlagerung** ist der Modus aus Lightroom 2, der vor allem aus Kompatibilitätsgründen vorhanden ist.

Farbpriorität sorgt für eine natürlicher wirkende Abdunklung, als dies in

▲ Abbildung 9-100:
Verschiedene Formen für die Vignette nach Freistellen

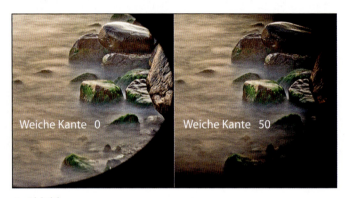

▲ Abbildung 9-101:
Der Weiche-Kante-Regler

Lightroom 2 der Fall war. Das Verfahren ist technisch dasselbe, als wenn man die Belichtung reduzieren würde. **Lichterpriorität** stellt beim Abdunkeln Details in den Lichtern wieder her, die durch den Weißpunkt abgeschnitten werden. Bei Farbpriorität ist das nicht der Fall. Lichterpriorität verändert jedoch die Farbsättigung, was vor allem bei stärkerem Abdunkeln deutlich sichtbar wird.

Bei den vielen Reglern für die Vignette nach Freistellen ist es manchmal schwierig, sich nicht bei der Arbeit zu »verheddern«. Ich gehe meist so vor, dass ich zunächst **Weiche Kante** auf 0 und einen extremen negativen oder positiven **Betrag** einstelle, um dann der Vignette die gewünschte Form und Größe zu geben. Anschließend stelle ich **Weiche Kante** und **Betrag** ein und benutze gegebenenfalls den Lichter-Regler.

9.14.2 Filmkorn

Über den Körnung-Teil der Effekte-Palette können Sie künstliches Filmkorn zum Foto hinzufügen. Der Teil enthält drei Regler. **Stärke** legt fest, wie stark das Korn zu sehen ist. **Größe** und **Unregelmässigkeit** bestimmen zusammen die

9.14 Effekte 273

▲ Abbildung 9-102:
Filmkorn vorher/nachher

◀ Abbildung 9-103:
Körnung-Teil in der Effekte-Palette

Beschaffenheit des Korns (siehe Abbildung 9-104).

Im Allgemeinen ist wie die restlichen Einstellungen im Entwickeln-Modul auch das Filmkorn eine ausgabeunabhängige Einstellung, die Sie z. B. mit etwas Erfahrung in der 1:1- oder 1:2-Vergrößerung einstellen und dann für alle Ausgabegrößen und -verfahren verwenden können. Damit sehen Sie natürlich auf einem 10×15-Abzug weniger Filmkorn als auf einem 30×45-Abzug, aber so war es ja auch beim richtigen analogen Film. Allerdings empfiehlt sich für Webgalerien oder die Veröffentlichung im Web evtl. mehr Korn (eine höhere Stärke-Einstellung), da Sie es dort aufgrund der geringen Auflösung von Monitoren mit deutlich geringeren Pixelmaßen zu tun haben.

9.15 Raw-Profile und Farbkalibrierung der Kamera

Wenn Sie im JPEG-Modus fotografieren, können Sie bei den meisten Kameras zwischen verschiedenen Profilen (auch Looks oder Bildstile genannt) wählen: z. B. Porträt, Landschaft, Lebendig usw. Mit dieser Einstellung legen Sie fest, wie die Sensordaten bezüglich Farben und Tonwerten interpretiert werden. Sie bestimmen also die grundsätzliche Beschaffenheit der Farben (Sättigung und Farbtöne) und der Tonwerte (Helligkeit und Kontrast) des JPEG-Bildes.

Für Raw-Fotos wird die Tonwert- und Farbbeschaffenheit in Lightroom festgelegt – über das sogenannte DNG-Profil. Die Bezeichnung ist etwas verwirrend, denn Sie brauchen Ihre proprietären Raw-Dateien nicht ins DNG-Format zu konvertieren, um die Profile zu nutzen.

Das zu verwendende Profil stellen Sie über die Kamerakalibrierung-Palette ein. Neben den mitgelieferten Profilen können Sie mit dem DNG Profile Editor auch eigene erstellen und in Lightroom laden. Die Palette enthält außerdem einige ältere Regler zur Anpassung des Farbeindrucks.

Tipp
Um Farbprofile massenhaft, auch im Bibliothek-Modul, umstellen zu können, empfiehlt es sich, Entwicklungsvorgaben anzulegen, die nur diese eine Einstellung enthalten.

9.15.1 Profil wählen

Mit der Profil-Einstellung in der Kamerakalibrierung-Palette legt man das DNG-Profil für ein Foto fest. Das Standardprofil ist immer »Adobe Standard«; Sie können jedoch in den meisten Fällen aus weiteren Profilen wählen und auch Profile zu Lightroom hinzufügen. Folgende Profile stehen im Allgemeinen zur Verfügung:

- **ACR ...** z. B. **ACR 4.4** – alte Profile vor Lightroom 2 (allgemein schlechtere Bildqualität)
- **Adobe Standard** – aktuelles Standardprofil seit Lightroom 2
- **Camera ...** z. B. **Camera Landscape**, **Camera Portrait** – kameraemulierende Profile (auch seit Lightroom 2)

Die älteren Profile (ACR x.x) sind also vor allem aus Gründen der Rückwärtskompatibilität vorhanden, sodass ältere Fotos auch genauso in Lightroom dargestellt werden wie bisher. Das sollte Sie jedoch nicht davon abhalten, die neuen Profile auch für die alten Fotos einzustellen.

Neben dem Adobe-Standard-Profil, das für einen recht neutralen Farbeindruck sorgt, stehen meist zusätzliche Profile zur Verfügung, welche die JPEG-Profile des jeweiligen Kameraherstellers nachahmen. Diese beginnen stets mit »Camera«, gefolgt vom Namen des Profils, wie z. B. »Landscape« oder »Neutral«. Wenn Sie die Farben der JPEGs aus Ihrer Kamera mögen, können Sie die Farben Ihrer Raw-Fotos mit dem entsprechenden Profil daran sehr stark annähern.

9.15 Raw-Profile und Farbkalibrierung der Kamera   275

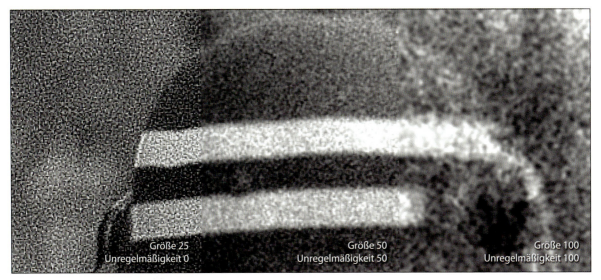

▲ Abbildung 9-104:
Größe und Unregelmäßigkeit legen die Beschaffenheit des Filmkorns fest. Ab einer Korngröße von 25 zeichnet Lightroom das Foto übrigens zunehmend weich, damit es besser zum größeren Korn passt.

▲ Abbildung 9-105:
Unterschiedliche DNG-Profile für Raw-Fotos

▲ Abbildung 9-106:
Profil-Einstellung in der Kamerakalibrierung-Palette

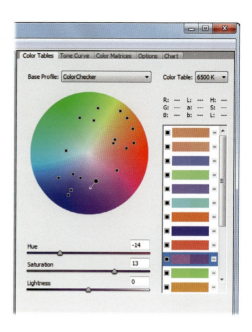

▶

Abbildung 9-107:
Der DNG Profile Editor:
Die Farbkästchen rechts stellen die einzeln angepassten Farben dar (jeweils vorher/nachher). Im Farbkreis links kann man die Anpassung der Farben visuell nachvollziehen.

9.15.2 Eigene DNG-Profile erstellen

Neue Profile kann man mit dem DNG Profile Editor erstellen. Mit ihm können Sie einerseits, ausgehend von einem Ausgangsprofil, Farben und Tonwertverteilung frei anpassen, um einen bestimmten »Look« zu kreieren.

Auf der anderen Seite können Sie durch Kalibrierung auch ein neutrales Profil erstellen, das genau die Charakteristik Ihrer Kamera bei einem bestimmten Licht erfasst. Neue Profile werden in Lightrooms Vorgabenordner gelegt, unter **Color Profiles**. Nach einem Neustart von Lightroom stehen sie in der Kamerakalibrierung-Palette zur Verfügung.

9.15.3 Farbregler

Im unteren Teil der Palette finden Sie Regler, die ursprünglich (in Lightroom 1.x) für die Anpassung der Farbcharakteristik der Kamera gedacht waren. Anpassen lassen sich die Primärfarben **Rot**, **Grün** und **Blau** in Farbton und Sättigung und die sogenannte **Schattentönung**, mit der sich ein Farbstich in den Schatten korrigieren lässt. Die DNG-Profile stellen eine technisch bessere Lösung für Farbanpassungen dar. Die Regler sind jedoch aus Gründen der Rückwärtskompatibilität noch vorhanden. Außerdem werden sie nach wie vor gerne für Entwicklungsvorgaben genutzt.

Hinweis

Ein DNG-Profil ist immer spezifisch für ein Kameramodell, daher gibt es im Internet kaum DNG-Profile mit bestimmten Looks, weil der Aufwand recht groß wäre, sie für mehrere Kameras zu erstellen. Stattdessen werden die meisten Looks über Entwicklungsvorgaben realisiert.

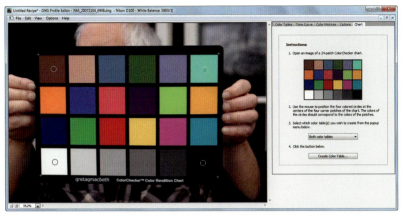

▲ Abbildung 9-108:
Für die Kalibrierung benötigen Sie eine sogenannte »Colorchecker«-Farbtafel von der Firma X-Rite. Kalibrierung lohnt sich meist nur für eine spezielle Lichtsituation, z.B. im Studio. Ich habe mir damit ein Profil für meine 5.800-Kelvin-Tageslichtlampen erstellt.

▲ Abbildung 9-109:
Die Farbregler in der Kamerakalibrierung-Palette

Wie funktionieren die Profile?

Bei den Profilen handelt es sich nicht um die ansonsten für das Farbmanagement eingesetzten ICC-Profile, sondern um einen eigenen Standard von Adobe. Es gibt zwar auch ICC-Profile für Digitalkameras, diese werden von Adobe aber nicht unterstützt. Stattdessen hat Adobe 2008 die DNG-Profile eingeführt (manchmal auch DCP-Profile genannt, von Digital Camera Profile).

DNG-Profile bestehen eigentlich aus zwei Profilen für zwei sehr unterschiedliche Farbtemperaturen, 2.850 K und 6.500 K. Der Raw-Konverter von Lightroom bzw. Camera Raw kann für die Farbinterpretation eines Fotos zwischen den beiden Profilen interpolieren oder extrapolieren, je nachdem, wo die Farbtemperatur des Fotos liegt. Auf diese Weise kann das Profil auch außerhalb kontrollierter Studiobedingungen konsistente Farben liefern.

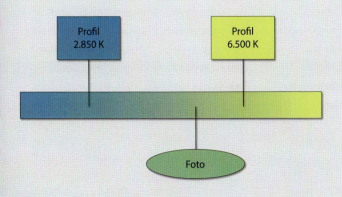

◀ Abbildung 9-110:
Ein DNG-Profil besteht eigentlich aus zwei Profilen. Für die Farbinterpretation eines tatsächlichen Fotos kann Lightroom zwischen diesen beiden Profilen interpolieren (oder extrapolieren, wenn die Farbtemperatur des Fotos außerhalb derjenigen der beiden Profile liegen sollte).

Kapitel 10:

Exportieren-Dialog und Veröffentlichungsdienste

Mit dem Exportieren-Dialog und den Veröffentlichungsdiensten lassen sich Fotos ausgeben. Im Unterschied zu den Ausgabemodulen umfassen sie beide keine Layout-Funktionen. Stattdessen geben beide Funktionen Bilddateien direkt auf die Festplatte aus oder übertragen sie an Webdienste wie z.B. Flickr (siehe Abbildung 10-1). Um mit diesen zusammenzuarbeiten, muss ein entsprechendes Zusatzmodul installiert sein, sodass Lightroom mit dem Dienst kommunizieren kann. Das Programm meldet sich dann selbstständig dort an und lädt die ausgegebenen Dateien hoch.

Die Ausgabeeinstellungen für Bilddateien wie Dateinamen, Bildgröße, Ausgabeschärfung, Metadaten usw. sind in den beiden Programmteilen gleich (daher zusammengefasst unter Kapitel 10.3). Die Arbeitsweise der beiden Funktionen ist ansonsten aber recht verschieden. Der Exportieren-Dialog ist für spontane und unregelmäßige Ausgaben gedacht, beispielsweise wenn Sie einige Fotos per E-Mail verschicken, auf DVD brennen oder zu PicasaWeb hochladen wollen.

Die Veröffentlichungsdienste eignen sich eher für regelmäßige Veröffentlichungen auf Webdiensten, aber auch z.B. auf dem eigenen Smartphone oder Mediaplayer. Sie richten den Veröffentlichungsort einmal ein, Lightroom kümmert sich von dort an automatisch darum, die ausgegebenen Fotos aktuell zu halten.

10.1 Der Exportieren-Dialog

Mit dem Exportieren-Dialog gibt man Fotos aus, das heißt, man erstellt neue Bilddateien. Dieses Kapitel beschäftigt sich mit der endgültigen Ausgabe, der Exportieren-Dialog kann aber auch neue Bilddateien für die Weiterverarbeitung erzeugen. Mehr dazu siehe Kapitel 14.2.

Zunächst wählt man die auszugebenden Fotos aus, anschließend ruft man den Exportieren-Dialog über den Knopf links unten im Bibliothek-Modul auf. Im Dialog legt man die Einstellungen für das Exportziel (den Ausgabeort) und die Bilddateien fest. Das Exportziel stellen Sie über das Aufklappmenü **Exportieren auf** ein. Es stehen zwei voreingestellte Ziele, **Festplatte** und **CD/DVD**, zur Verfügung.

Exportieren: Strg+⇧+E (⌘+⇧+E)

10.1 Der Exportieren-Dialog 279

▲ Abbildung 10-1:
Flickr-Veröffentlichung

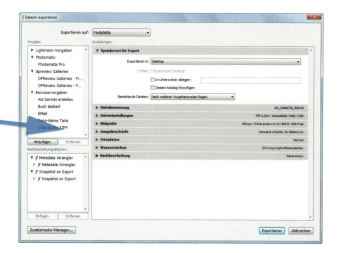

▲ Abbildung 10-2:
Der Exportieren-Dialog. Im Fenstertitel wird die Anzahl der auszugebenden Fotos angezeigt. Unterhalb davon befindet sich das Aufklappmenü für das Exportziel (Exportieren auf), rechts im Dialog die Exporteinstellungen. Links verwaltet man Exportvorgaben.

Kapitel 10: Exportieren-Dialog und Veröffentlichungsdienste

◀ Abbildung 10-3:
Das Festlegen des Exportziels ist die erste Einstellung im Exportieren-Dialog. Hier sind drei zusätzliche Ziele installiert.

▲ Abbildung 10-4:
Einstellungen zum Speicherort für das Exportziel Festplatte

▲ Abbildung 10-5:
Zusatzmodule für Webdienste (hier PicasaWeb) fügen meist Einstellungen für die Metadatenübergabe zum Exportieren-Dialog hinzu.

Wie vorher exportieren: [Strg]+[Alt]+[⇧]+[E] ([⌘]+[⌥]+[⇧]+[E])

Das Ziel **Festplatte** wird benutzt, um Fotos in einen Ordner auszugeben. Den Ordner wählen Sie im Speicherort-Teil der Exporteinstellungen (siehe Abbildung 10-4). Mit dem Ziel **CD/DVD** werden die Bilddateien automatisch auf ein oder mehrere optische Medien gebrannt. Hier brauchen Sie keinen Speicherort einzustellen, da direkt auf die Datenträger ausgegeben wird. Falls die Bilddateien nicht auf ein Medium passen, verteilt Lightroom sie automatisch auf mehrere.

Über Zusatzmodule lassen sich weitere Exportziele hinzufügen, in erster Linie für Webdienste wie PicasaWeb oder MobileMe. Ein Zusatzmodul kann den Exportieren-Dialog um eigene Einstellungen erweitern. Die Anmeldeinformationen für die Dienste tragen Sie z.B. direkt in den Dialog ein, sodass Lightroom sich automatisch beim Dienst anmelden kann. Weiterhin kann man in den meisten Fällen ein Album angeben, dem die exportierten Fotos auf dem Webdienst hinzugefügt werden (dies ist bei den Veröffentlichungsdiensten komfortabler gelöst, siehe unten).

Fast alle Webdienste erlauben die Übergabe von Metadaten an den Dienst, sodass diese die Titel, Bildbeschreibungen und Stichwörter nutzen können, die Sie bereits für die Fotos vergeben haben (siehe Abbildung 10-5). Außerdem kann man meist noch Einstellungen zum Datenschutz treffen bzw. Zugangsbeschränkungen für die Fotos einstellen. Für die allgemeinen Einstellungen zu den erzeugten Bilddateien siehe Kapitel 10.3.

Aufgrund der Vielzahl der Einstellungen im Exportieren-Dialog ist es besonders sinnvoll, hier mit Vorgaben zu arbeiten. Die Vorgaben lassen sich direkt vom

▲ Abbildung 10-6:
Am einfachsten kann man die Exportvorgaben per Kontextmenü aufrufen – beispielsweise um schnell ein Foto per E-Mail zu verschicken.

Fotos an E-Mail-Programm übergeben

Um Fotos per E-Mail zu übertragen, kann man auf dem Mac einfach das E-Mail-Programm (z.B. das Programm Mail aus dem Programme-Ordner) im Nachbearbeiten-Teil der Exporteinstellungen einstellen, sodass Lightroom die Bilddateien im Anschluss an die Ausgabe an das Programm übergibt.

Unter Windows funktioniert das nicht so direkt. Dafür gibt es mit Mapimailer ein Zusatzmodul, das die ausgegebenen Dateien an das E-Mail-Programm übergibt.

▲ Abbildung 10-7:
Mit den Veröffentlichungsdiensten richtet man einen dauerhaften Ausgabeort ein. In der Veröffentlichungsdienste-Palette organisiert man die Fotos über Sammlungen, die am Ausgabeort zu Alben bzw. Ordnern werden.

Bibliothek-Modul aus aufrufen, ohne dass der Exportieren-Dialog geöffnet werden muss. Dazu wählt man über **Datei ▷ Mit Vorgabe exportieren** oder über das Kontextmenü eines oder mehrerer Fotos eine Vorgabe aus. Ein ähnlicher Menübefehl, **Datei ▷ Wie vorher exportieren**, umgeht ebenfalls den Dialog und greift auf die zuletzt benutzten Exporteinstellungen zurück.

10.2 Die Veröffentlichungsdienste

Die Veröffentlichungsdienste tragen der zunehmenden Veröffentlichung von Fotos auf Webdiensten wie Flickr Rechnung. Mit dem Exportieren-Dialog ist es zwar recht einfach, einmal Fotos auf einen Webdienst zu laden. Aber über einen längeren Zeitraum ist es recht aufwändig, die dortigen Fotos zu pflegen (Alben aktualisieren, Fotos entfernen usw.).

Vieles davon wird mit den Veröffentlichungsdiensten automatisiert. Sie richten vorab einen Veröffentlichungsdienst und damit Ausgabeort und Exporteinstellungen ein. Die Zusammenstellung der Alben erfolgt anschließend direkt in Lightroom über Sammlungen (von Hand) oder Smart-Sammlungen (automatisch) in der Veröffentlichungsdienste-Palette. Die Alben und Fotos auf dem Webdienst

10.2 Die Veröffentlichungsdienste

◄ Abbildung 10-8:
Die Veröffentlichungsdienste-Palette vor dem Einrichten. Nicht benötigte Dienste können Sie über das Menü hinter dem Plus-Symbol dauerhaft ausblenden.

◄ Abbildung 10-9:
Einstellungen für den Veröffentlichungsdienst Festplatte

◄ Abbildung 10-10:
Einstellungen für den Webdienst Flickr

Hinweis
Die Zusatzmodule für Exportieren-Dialog und Veröffentlichungsdienste sind untereinander nicht kompatibel.

> **Hinweis**
> Veröffentlichungsdienste können nicht in einen anderen Katalog übertragen werden. Also müssen sie in demjenigen Katalog erstellt werden, in dem sie sich auch später befinden sollen. Falls Sie einen Archivkatalog verwenden, sollten Sie den Dienst erst dort erzeugen oder einen separaten Katalog für die Veröffentlichung benutzen (siehe Kasten »Englische Begriffe und Webdienste«, Seite 286).

werden dann automatisch von Lightroom synchronisiert.

10.2.1 Dienste einrichten

Neue Dienste werden über den Veröffentlichungsmanager eingerichtet, den Sie über das Plus-Symbol in der Veröffentlichungsdienste-Palette erreichen. Mit Lightroom 3.2 wurden vier Dienste ausgeliefert: Der Dienst **Festplatte** exportiert die Fotos in einen Ordner. Die drei restlichen Dienste implementieren verschiedene Webdienste: **Flickr**, **Facebook** und **SmugMug**. Weitere Dienste lassen sich über Zusatzmodule hinzufügen.

Bei der Festplatten-Veröffentlichung stellt man einen Ordner als Speicherort ein. Der Dienst eignet sich z. B., um regelmäßig Fotos aufs Smartphone oder den Mediaplayer auszugeben (siehe Kasten). Auch für andere Fälle, in denen man Fotos regelmäßig in einen bestimmten Ordner ausgeben will, ist der Dienst geeignet.

Ähnlich wie im Exportieren-Dialog fügen die Webdienste Einstellungen zum Veröffentlichungsmanager hinzu. Auf diese Weise werden die Anmeldedaten eingegeben und die Einstellungen zu Datenschutz und Zugriffsbeschränkungen getätigt. Weiterhin lassen sich in der Regel Metadaten weitergeben. Bei Flickr sind dies z. B. Stichwörter, Titel und Bildbeschreibung (Abbildung 10-10). Diese werden automatisch vom Webdienst übernommen und angezeigt. Für die allgemeinen Einstellungen für die Bilddateien siehe unten.

Um unterschiedliche Einstellungen für einen Dienst zu verwenden, müssen Sie den Dienst mehrfach einrichten. Zum Beispiel könnten Sie einen Flickr-Dienst »Flickr öffentlich« für öffentliche und

> **Fotos auf Mobiltelefonen verwalten**
>
> Wenn Ihr Mobiltelefon oder anderes mobiles Gerät sich per USB als normales Laufwerk an den Computer anschließen lässt (bei Android-Geräten funktioniert das in der Regel), können Sie direkt auf das Gerät veröffentlichen. Dazu müssen Sie nur den Foto-Ordner darauf ausfindig machen und ihn anschließend direkt als Veröffentlichungsordner anlegen.
>
> Bei manchen Geräten geht das Veröffentlichen nicht direkt, sondern läuft über ein Zwischenprogramm, z. B. bei Apples iPad/iPhone/iPod Touch. Hier richtet man die Veröffentlichung so ein, dass die Fotos zunächst in einen Ordner auf der Festplatte exportiert werden. Diesen Ordner zeigt man dann dem Programm iTunes, damit es die Fotos synchronisieren kann.

10.2 Die Veröffentlichungsdienste   285

▲ Abbildung 10-11:
Über das Plus-Symbol der Palette können Sie neue Veröffentlichungssammlungen erstellen. Die Sammlungen haben je nach Dienst unterschiedliche Bezeichnungen, was ein wenig verwirrend ist: Bei Flickr heißen sie z.B. Fotosatz oder Smart-Fotosatz, beim Festplattendienst hingegen Ordner oder Smart-Ordner.

▲ Abbildung 10-12:
Veröffentlichungsdienste-Palette mit Flickr-Diensten. Eine Eigenart von Flickr ist der »Fotostream«. Dies ist ein spezielles Album, das alle Fotos in der Reihenfolge des Hochladens darstellt, die neuesten zuerst. Sie können Fotos direkt im Fotostream veröffentlichen oder daneben einzelne Alben anlegen – deren Fotos werden auf der Flickr-Webseite auch im Fotostream angezeigt.

einen »Flickr privat« für private Fotos, die nur von Familienmitgliedern oder Freunden angesehen werden können, erstellen.

10.2.2 Veröffentlichen und verwalten

Nachdem Sie einen Dienst eingerichtet haben, können Sie über das Plus-Symbol in der Veröffentlichungsdienste-Palette normale Sammlungen oder Smart-Sammlungen anlegen, wie sie von der Sammlungen-Palette her bekannt sind. Bei manchen Diensten können Sie Sammlungen auch mithilfe von Sammlungssätzen organisieren. Jede Veröffentlichungssammlung bildet später ein Album auf

> **Hinweis**
> Bei Flickr benötigen Sie einen kostenpflichtigen Pro-Zugang, wenn Sie den Veröffentlichungsdienst im vollen Umfang nutzen wollen. Beim kostenlosen Zugang werden aktualisierte Fotos gelöscht und neu eingestellt, sodass alle Daten, die Flickr über das Foto gesammelt hat (Kommentare, Anzahl der Betrachtungen usw.), sowie alle in Flickr geänderten Stichwörter, Titel und Bildbeschreibungen verloren gehen.

▲ Abbildung 10-13:
Ändern sich Fotos und ist diese Veränderung für die Veröffentlichung relevant, werden sie für die erneute Veröffentlichung markiert.

▲ Abbildung 10-14:
Kommentare-Palette am Beispiel von Flickr. Sie können auch Kommentare über die Palette beantworten.

Englische Begriffe und Webdienste

Bei einigen Webdiensten, vor allem bei Flickr, verwendet man besser englische Stichwörter, Titel und Bildbeschreibungen. Wenn Sie wie ich normalerweise die deutsche Sprache verwenden, haben Sie das Problem, die englischen Bezeichnungen zu verwalten. Die einfachste Möglichkeit ist, dies nicht in Lightroom, sondern nur im Webdienst zu tun. Dazu wird der Zugang so eingestellt, dass die IPTC-Metadaten nach dem Hochladen von Lightroom nicht mehr verändert werden. Im Veröffentlichungsmanager stellt man dazu **Beim Aktualisieren von Fotos** auf **Einmal erstellte Titel nicht verändern** (siehe Abbildung 10-10, dies ist zumindest bei Flickr und bei Facebook möglich, bei anderen Veröffentlichungsdiensten können die Einstellungen abweichen). Nach dem erstmaligen Übertragen können Sie dann die Bezeichnungen über die Weboberfläche des Dienstes anpassen.

Wenn Sie die englischen Bezeichnungen über den Lightroom-Katalog verwalten wollen, ist es vielleicht am sinnvollsten, einen eigenen Katalog für die Veröffentlichungen zu verwenden. Die Fotos werden dann vom normalen Katalog und gleichzeitig vom Veröffentlichungskatalog referenziert. Umsetzen lässt sich diese Mehrfachverwaltung mit der Funktion **Aus Katalog importieren** (siehe Kapitel 5.8.1).

dem Webdienst oder einen Ordner auf der Festplatte. So können Sie die auszugebenden Fotos sehr komfortabel bereits in Lightroom organisieren und brauchen sich darum später nicht mehr zu kümmern.

Bei normalen Sammlungen stellen Sie die Fotos von Hand zusammen und können so z. B. verschiedene themenbezogene Alben verwalten (siehe Abbildung 10-12). Smart-Sammlungen können Sie z. B. nutzen, um Ihre besten Fotos (über Bewertungssterne), alle Ihre HDR-Fotos (über Stichwörter) oder alle Fotos eines bestimmten Projekts (über das Auftrag-/Jobnummer-Metadatenfeld) automatisch zusammenstellen zu lassen. Dies ist letztlich die komfortabelste Möglichkeit, mit den Veröffentlichungsdiensten zu arbeiten.

Um eine Sammlung zu veröffentlichen, also die Ausgabe und Übertragung zu starten, klicken Sie rechts oben in der Rasteransicht auf **Veröffentlichen**. Das dazugehörige Album auf der Webseite bzw. den Ordner auf der Festplatte können Sie sich nach der Übertragung über das

▲ Abbildung 10-15:
Einstellungen für Dateinamen

Kontextmenü der Sammlung anzeigen lassen. Bei Webdiensten wird die URL des Albums zudem oben in der Rasteransicht eingeblendet.

Wenn Sie Fotos verändern, werden diese zunächst nur als geändert markiert und in der Rasteransicht entsprechend gruppiert. Dazu wird die Ansicht geteilt, wie in Abbildung 10-13 zu sehen. Dies betrifft nur Änderungen, die für die Veröffentlichung relevant sind: vor allem Entwicklungseinstellungen, evtl. auch Titel, Bildbeschreibung und Stichwörter. Irgendwann können Sie die Sammlung erneut veröffentlichen. Auf dieselbe Weise funktioniert es mit Fotos, die Sie zur Sammlung hinzufügen oder aus ihr entfernen. Diese werden erst bei der erneuten Veröffentlichung übertragen bzw. gelöscht.

Eine besondere Eigenschaft der Veröffentlichungsdienste ist die Fähigkeit, Kommentare von Webdiensten in Lightroom zu laden. Diese werden über die Kommentare-Palette auf der rechten Seite für das aktive Foto angezeigt. Über den kreisförmigen Pfeil links oben können Sie die Kommentare aller Fotos derselben Veröffentlichungssammlung aktualisieren.

10.3 Einstellungen für Bilddateien

Die folgenden Einstellungen zur Beschaffenheit der ausgegebenen Bilddateien gelten für den Exportieren-Dialog und den Veröffentlichungsmanager. Manche Exportziele oder Veröffentlichungsdienste schränken die Auswahlmöglichkeiten teilweise ein. So können Sie bei Webdiensten in der Regel nur im JPEG-Format und im sRGB-Farbraum ausgeben. Aber für die Veröffentlichung im Web ist das ohnehin zu empfehlen.

10.3.1 Dateinamen

Die Benennung der Dateien funktioniert wie bei der Stapelumbenennung über Dateinamenvorlagen. Ich füge meist ein Suffix an den Dateinamen, zumindest wenn ich auf die eigene Festplatte

Hinweis
Der Exportieren-Dialog verfügt beim Exportieren auf die Festplatte über einige Einstellungen, die nicht für die Veröffentlichung, sondern für die Weiterverarbeitung gedacht sind. Diese Einstellungen erläutere ich in Kapitel 14.2.

▲ Abbildung 10-16:
Bildgröße und Auflösung in den Bildgröße-Einstellungen

ausgebe, damit ausgegebene Dateien von Originaldateien klar unterscheidbar sind. Beispielsweise könnte man eine Dateinamenvorlage erstellen, die den Originalnamen mit dem Feld **Benutzerdefinierter Text** verbindet. Dann kann man im Exportieren-Dialog bei jedem Export bzw. bei jedem Veröffentlichungsdienst den Zweck angeben (**E-Mail**, **Smartphone** o.Ä., siehe Abbildung 10-15).

10.3.2 Fotos skalieren

Über die Option **In Bildschirm einpassen** im Bildgröße-Teil des Dialogs können Sie die auszugebenden Fotos vergrößern oder verkleinern. Die Angabe der Größe kann sich schwierig gestalten, denn diese muss für alle ausgegebenen Fotos gelten, egal mit welchen Seitenverhältnissen und mit welcher Ausrichtung Sie es zu tun haben. Daher bietet Lightroom dazu vier verschiedene Möglichkeiten an:

> **Hinweis**
> Beim Skalieren bleiben die Proportionen der Fotos grundsätzlich erhalten.

Breite & Höhe: Sie geben die Maße eines Rahmens an, in dem das Foto maximiert wird, ohne es zu beschneiden. Das Foto wird fürs Einpassen nicht gedreht. Beispiel: Sie wollen Quer- und Hochformatfotos für Ihre Webseite erzeugen, das Anzeigefeld ist 800 × 600 Pixel groß. Hochformatfotos dürfen also maximal 600 Pixel hoch sein, querformatige max. 800 Pixel breit.

Abmessungen: Sie geben Maximalwerte für Breite und Höhe an; welcher der beiden Werte vom Foto früher erreicht wird, bestimmt dessen Größe. Beispiel: Sie wollen Bilddateien für die Ausbelichtung ausgeben, und zwar in Größe 30× 20 cm.

Lange Kante und **Kurze Kante:** Sie geben den genauen Zielwert (bei den vorigen Modi verwendet man den Maximalwert) für die lange oder kurze Seite der Fotos an. Die andere Kante ergibt sich jeweils. Beispiel: Sie wollen mehrere Panoramafotos ausgeben. Diese sind in der Breite alle unterschiedlich, sollen aber in der Höhe (kurze Kante) genau 500 Pixel betragen.

Megapixel: Sie geben die Megapixel-Zahl an, die die neu erstellten Bilddateien haben sollen.

▲ Abbildung 10-17:
Ausgabeschärfung

▲ Abbildung 10-18:
Wasserzeichen-Einstellung

◀ Abbildung 10-19:
Wasserzeichen aus Metadaten benutzen den Text aus dem Urheberrechts-Metadatenfeld, sind aber sonst nicht konfigurierbar.

Bei Webdiensten ist nur die Angabe der Pixelmaße erforderlich. Wenn Sie hingegen auf Festplatte exportieren und dabei physikalische Maße angeben, errechnet Lightroom aus ihnen und der angegebenen Auflösung die Pixelmaße. Die Auflösung wird darüber hinaus als Metadatum in die Bilddateien eingetragen, sodass andere Programme, die mit physikalischen Größen arbeiten, z.B. Word, InDesign usw., die Fotos in der korrekten Größe anzeigen können.

10.3.3 Ausgabeschärfung

Wenn ein Foto für die Ausgabe skaliert wird, sollte in der Regel auch die Ausgabeschärfung eingeschaltet werden. Hierfür können Sie zwischen drei Medientypen wählen (**Bildschirm**, **mattes Papier**,

Glanzpapier). Lightroom verwendet für diese Typen leicht unterschiedliche Schärfungseinstellungen. Fürs Web stellen Sie den Bildschirmtyp ein.

Sie können außerdem die Stärke der Schärfung anpassen (**Niedrig**, **Standard**, **Hoch**). Hier gilt es zunächst, die für Sie richtige Einstellung zu finden, die Sie dann eingestellt lassen können.

10.3.4 Wasserzeichen

Um die ausgegebenen Bilddateien z.B. mit Ihrem Namen zu kennzeichnen, können Sie beim Exportieren oder Veröffentlichen ein Wasserzeichen in jede einzelne Bilddatei setzen lassen. Die Wasserzeichen erstellen Sie zunächst mit dem Wasserzeichen-Editor (siehe Kasten Seite 290). Dort treffen Sie auch alle Einstellungen

Der Wasserzeichen-Editor

Eine neue Funktion in Lightroom 3 ist der Wasserzeichen-Editor. Mit ihm können Sie Wasserzeichen erstellen, die Sie bei der Ausgabe über die ausgegebenen Fotos einblenden lassen können. Vor allem im Internet ist dies nützlich, um Fotos klar als die Ihrigen zu kennzeichnen und sich so vor Missbrauch zu schützen. Sie können die Wasserzeichen neben dem Exportieren-Dialog und den Veröffentlichungsdiensten, aber auch in allen drei Ausgabemodulen verwenden.

Das Wasserzeichen muss zunächst über den Wasserzeichen-Editor erstellt werden. Der Editor ist unter **Bearbeiten ▷ Wasserzeichen bearbeiten** aufrufbar.

Sie können grafische oder Text-Wasserzeichen erstellen. Bei grafischen Wasserzeichen erstellen Sie die Grafik zunächst als PNG- oder JPEG-Datei mit einem anderen Programm, z.B. Photoshop, und laden diese dann in den Wasserzeichen-Editor. PNG-Dateien sind besonders geeignet, da sie transparente Stellen enthalten können, durch die das Foto durchscheint (siehe Abbildung 10-21).

Die Grafikdateien sollte man nach dem Laden nicht mehr verschieben oder löschen, sonst kann Lightroom nicht mehr auf sie zugreifen.

Bei Text-Wasserzeichen geben Sie den Text direkt in den Editor ein. Sie können zwischen mehreren Schriftarten und -stilen wählen sowie die Textfarbe frei anpassen. Sie können auch mehrere Zeilen Text eingeben (man kann mit der Funktion also auch einfache Grußkarten o.Ä. gestalten).

Bei beiden Wasserzeichen-Arten können Sie unter **Wasserzeichen-Effekte** Größe, Position und Deckkraft einstellen. Die Größeneinstellung erfolgt proportional

▲ Abbildung 10-20:
Wasserzeichen werden zunächst mit dem Wasserzeichen-Editor eingerichtet.

zum Foto. Die Position wird ausgehend von einer Ausgangsposition (**Anker**) an neun Punkten des Fotos festgelegt, zusätzlich können Sie eine horizontale und vertikale Abweichung angeben (siehe Abbildung 10-20).

Man kann, wenn man vor dem Aufruf des Wasserzeichen-Editors mehrere Fotos ausgewählt hat, mit den Pfeilknöpfen oben zwischen den Fotos hin und her schalten und so die Wirkung des Wasserzeichens auf verschiedene Fotos beurteilen. Außerdem ist es empfehlenswert, das Wasserzeichenfenster auf volle Bildschirmgröße zu vergrößern.

◄ Abbildung 10-21:
Grafisches Wasserzeichen mit transparenten Stellen

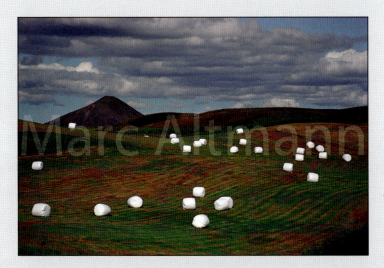

◄ Abbildung 10-22:
Text-Wasserzeichen über die gesamte Bildbreite mit geringer Deckkraft

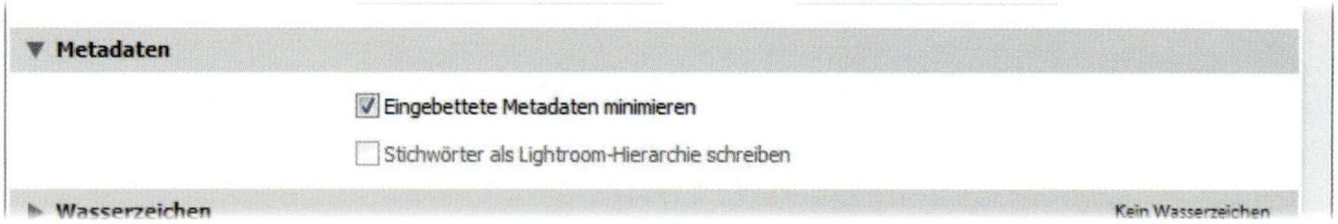

▲ Abbildung 10-23:
Metadateneinbettung

über Größe und Positionierung des Wasserzeichens.

Über die Einstellung **Einf. Copyright-Wasserzeichen** können Sie auch ein einfaches Wasserzeichen mit Urheberrechtsinformationen verwenden. Hierzu blendet Lightroom einfach den Text aus dem IPTC-Urheberrechts-Metadatenfeld des Fotos unten links im ausgegebenen Bild ein (siehe Abbildung 10-19). Der Wasserzeichen-Editor wird hierfür nicht benötigt.

10.3.5 Metadaten kontrollieren

Lightroom gibt beim Exportieren und Veröffentlichen zusätzlich zu den eingetragenen Stichwörtern Synonyme und in der Hierarchie übergeordnete Stichwörter aus. Dies ist praktisch, um mit wenig Aufwand viele Stichwörter für Bildagenturen oder auch für Webdienste wie Flickr auszugeben. Sie können dieses Verhalten über die Stichwortliste-Palette für einzelne Stichwörter ändern und dort auch Stichwörter vom Export ausschließen (alles erläutert in Kapitel 6.6.2).

Wenn Sie hingegen gar keine Metadaten in den Bilddateien benötigen, können Sie einfach die Option **Eingebettete Metadaten minimieren** im Metadaten-Teil des Dialogs setzen. Hierdurch werden lediglich Autor- und Urheberrechtsinformationen in die Bilddateien geschrieben. Für eine genauere Kontrolle der Metadaten können Sie das Zusatzmodul Metadata Wrangler verwenden (siehe unten).

Die Option **Stichwörter als Lightroom-Hierarchie schreiben** sollten Sie für zu veröffentlichende Fotos nicht setzen – sie ist für weiter zu bearbeitende Fotos gedacht (siehe Kapitel 14.2).

10.3.6 Nachbearbeitungs-Zusatzmodule

Es gibt spezielle Nachbearbeitungs-Zusatzmodule, die keine Exportziele oder Veröffentlichungsdienste hinzufügen, sondern lediglich zusätzliche Einstellungen zur Verfügung stellen. Ist ein solches Zusatzmodul installiert, erscheint links unten im Exportieren-Dialog bzw. im Veröffentlichungsmanager eine Liste mit **Nachbearbeitungsaktionen**, die zur langen Liste der Einstellungen addiert werden können. Metadata Wrangler (siehe Abbildung 10-25) zur Kontrolle von

> **Hinweis**
> Bei der Metadatenkontrolle geht es um die Metadaten, die in die Bilddateien eingebettet werden. Wenn Sie an einen Webdienst übertragen, werden einige Metadaten auch unabhängig davon an den Dienst übermittelt (siehe oben).

10.3 Einstellungen für Bilddateien

◀ Abbildung 10-24:
Zusatzmodule für weitere Exporteinstellungen

▲ Abbildung 10-25:
Das Zusatzmodul Metadata Wrangler erlaubt die genaue Kontrolle darüber, welche Metadaten in den ausgegebenen Dateien auftauchen.

Metadaten habe ich bereits weiter oben erwähnt. Weiterhin interessant ist z.B. Lr/Mogrify, mit dem Sie Rahmen zu Fotos hinzufügen und andere Nachbearbeitungen erledigen können.

Kapitel 11:

Diashow-Modul

Die Ausgabemodule umfassen im Gegensatz zum Exportieren-Dialog und den Veröffentlichungsdiensten auch Layoutfunktionen. Man gibt nicht nur Fotos aus, sondern gestaltet auch Diafolien, Druckseiten oder Webgalerien.

Im Diashow-Modul gestaltet man zunächst die Diafolien und dann die Diashow selbst (Begleitmusik, Überblendungen, Länge usw.). Die fertige Diashow lässt sich direkt mit Lightroom abspielen oder exportieren – seit Lightroom 3 auch als Video, sodass Sie eine Diashow weitergeben oder für eine Präsentation auf den Laptop kopieren können.

Bevor ich jedoch speziell auf das Diashow-Modul eingehe, erläutere ich zunächst die generelle Arbeitsweise in den Ausgabemodulen, da diese in den Modulen weitgehend gleich ist.

▲ Abbildung 11-1:
Das Diashow-Modul

▲ Abbildung 11-2:
In jedem Ausgabemodul haben Sie die Wahl zwischen direkter Ausgabe oder Export des Auftrags: Beispielsweise können Sie eine Diashow wie hier auch als Video speichern.

▲ Abbildung 11-3:
Über die Werkzeugleiste legen Sie fest, welche Fotos aus dem Filmstreifen Sie verwenden wollen.

11.1 In den Ausgabemodulen arbeiten

Alle drei Ausgabemodule sind ähnlich aufgebaut, in Abbildung 11-1 ist z. B. das Diashow-Modul zu sehen. In der Mitte befindet sich die Arbeitsfläche mit einer Vorschau der Diashow. Über die Paletten auf der rechten Seite tätigt man alle Einstellungen für Gestaltung, Textüberlagerungen, sonstige Verzierungen sowie für die Ausgabe. In den Paletten auf der linken Seite lassen sich Ausgabeaufträge und Vorlagen verwalten.

Die Ausgabemodule verwenden für die Ausgabe die Fotos aus dem Filmstreifen, allerdings können Sie die zu verwendenden Fotos zusätzlich auf ausgewählte oder markierte (mit Flaggenmarkierung) einschränken. In der Werkzeugleiste können Sie die Einstellung **Verwenden** dazu folgendermaßen setzen:

- **Alle Fotos des Filmstreifens**
- **Ausgewählte Fotos**
- **Markierte Fotos**

In der Regel ergibt sich aus der Reihenfolge der Fotos im Filmstreifen die Reihenfolge, in der die Fotos für die Diashow,
den Druckauftrag oder die Webgalerie verwendet werden.

Wenn Sie einen Ausgabeauftrag fertiggestellt haben, möchten Sie vielleicht den gesamten Auftrag speichern, um ihn später wieder aufrufen zu können. Über die Sammlungen-Palette, die in jedem Ausgabemodul vorhanden ist, können Sie Aufträge als spezielle Art von Sammlungen, Ausgabesammlungen, speichern: Dazu erstellen Sie einfach eine neue Sammlung von einem der Module aus.

Ausgabesammlungen unterscheiden sich nur insofern von normalen Sammlungen, als dass sie über ein kleines Icon verfügen, das die Art des Auftrags anzeigt (Diashow, Druck oder Webgalerie). Sie können sie daher als Ausgabeaufträge im Bibliothek-Modul leichter von den anderen Sammlungen unterscheiden. Ein Doppelklick auf eine Ausgabesammlung öffnet automatisch das entsprechende Modul.

Beim Speichern einer Ausgabesammlung werden sowohl Fotos als auch Layout- und Ausgabeeinstellungen gespeichert. Lightroom merkt sich allerdings auch für normale Sammlungen jeweils die

▲ Abbildung 11-4:
Ausgabesammlungen legen Sie in der Sammlungen-Palette des jeweiligen Moduls an.

▲ Abbildung 11-5:
Vorlagenbrowser im Diashow-Modul; für alle Module werden bereits Vorlagen mitgeliefert.

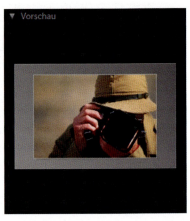

▲ Abbildung 11-6:
Die Vorschau-Palette zeigt in den Ausgabemodulen eine Vorschau der Vorlage an. Bewegen Sie dazu einfach den Mauszeiger über den Vorlagenbrowser.

Einstellungen, die Sie in den Ausgabemodulen tätigen.

Wenn Sie nur die Layout- und Ausgabeeinstellungen, nicht aber die Fotos speichern wollen, legen Sie eine Vorlage im Vorlagenbrowser an. So können Sie die Einstellungen auch für zukünftige Ausgabeaufträge verwenden. Neben der Verwaltung (Erstellen, Aktualisieren, Löschen) können Sie Vorlagen importieren und exportieren, um sie zwischen mehreren Computern zu übertragen oder neue Vorlagen aus dem Internet zu laden.

Manchmal wollen Sie vielleicht einige Einstellungen in einem Ausgabemodul nur probeweise ändern (zum Ausprobieren). In diesem Fall können Sie vor den Veränderungen Ihre Einstellungen in einer Art Schnappschuss speichern, indem Sie **Diashow/Drucken/Web ▷ Einstellungen speichern** wählen. Nachdem Sie die Einstellungen ausprobiert haben, können Sie über **Einstellungen auf die letzte Version zurücksetzen** wieder zu den ursprünglichen Einstellungen zurückkehren.

Neue Vorlage: Strg+N (⌘: ⌘+N)

Neuer Vorlagenordner: Strg+⇧+N (⌘: ⌘+⇧+N)

Einstellungen speichern: Strg+S (⌘: ⌘+S)

Hilfslinien ein/aus: Strg+⇧+H (⌘: ⌘+⇧+H)

▲ Abbildung 11-7:
Ohne …

▲ Abbildung 11-8:
… und mit Zoomen, um Rahmen zu füllen

11.2 Gestaltung der Diafolie im Diashow-Modul

11.2.1 Positionierung und Beschnitt der Fotos

Das Problem bei der Positionierung von Fotos auf der Diafolie ist, dass die Fotos unterschiedliche Seitenverhältnisse haben können (z. B. hoch- oder querformatig, 3:2 und 4:3). Die Positionsbestimmung muss aber für alle Fotos gemeinsam erfolgen. Deshalb gibt man im Diashow-Modul lediglich einen Rahmen an, in den die einzelnen Fotos eingepasst werden. Über die Layout-Palette definiert man jeweils den Abstand des Rahmens zum linken, rechten, oberen und unteren Bildschirmrand. Über die Option **Hilfslinien einblenden** lassen sich die vier Abstände auf der Arbeitsfläche ein- oder ausblenden.

Normalerweise werden die Fotos in den Rahmen eingepasst, ohne sie zu beschneiden, wie in Abbildung 11-7 zu sehen. Über die Option **Zoomen, um Rahmen zu füllen** (in der Optionen-Palette) lässt sich

> **Hinweis**
> Lightroom speichert alle Positions- und Größeninformationen im Diashow-Modul in pixelunabhängiger Weise, auch wenn z. B. in der Layout-Palette Pixelwerte angezeigt werden. Dadurch bleibt das Layout erhalten, wenn ein Monitor oder ein Projektor mit einer anderen Bildschirmauflösung verwendet wird.

> **Tipp**
> Sie können die Abstände auch direkt in der Arbeitsfläche mit der Maus verändern, indem Sie die Hilfslinien oder das Foto selbst (⌘ gedrückt halten) verschieben.

Farben auswählen

Der Farbwähler in den Ausgabemodulen funktioniert ähnlich dem Farbwähler zur Tonung aus dem Entwickeln-Modul, hat jedoch ein paar Besonderheiten.

Der größte Unterschied ist, dass sich in den Ausgabemodulen nicht nur Farbton und Sättigung, sondern auch die Helligkeit der Farbe auswählen lassen. Das große Farbfeld besteht hierbei aus dem Farbtonspektrum von links nach rechts und dem Helligkeitsspektrum von unten nach oben. Die Sättigung hingegen lässt sich mit dem vertikalen Regler auf der rechten Seite auswählen.

Außerdem kann man die Farbwerte nicht nur im HSL-Modell angeben, sondern auch in RGB-Werten: einmal von 0–100 % oder –durch Druck auf **HEX** – in hexadezimaler Schreibweise (jeder RGB-Wert nimmt in dieser Schreibweise zwei Zeichen ein, zusammen also sechs Zeichen). Dies ist nützlich für die Arbeit im Web-Modul, da man es bei Webseiten häufig mit Farben in hexadezimaler Schreibweise zu tun hat.

Ansonsten verhält sich der Farbwähler genau wie der aus dem Entwickeln-Modul (siehe Kapitel 9.8).

▲ Abbildung 11-9:
Der Farbwähler in den Ausgabemodulen

bestimmen, ob das Foto mit oder ohne Beschnitt in den Rahmen eingefügt wird, wenn es nicht genau hineinpassen sollte. Ohne Beschnitt bleibt dann eventuell oben und unten bzw. links und rechts etwas Platz. Wenn die Option **Zoomen, um Rahmen zu füllen** verwendet wird, lässt sich der genaue Ausschnitt für jedes einzelne Foto individuell bestimmen – durch Klicken und Ziehen mit der Maus.

11.2.2 Verzierungen der Diafolie

Über die Optionen-Palette können Sie die Fotos mit einem Farbrand und/oder einem Schatten versehen. Über die Hintergrund-Palette hingegen können Sie den Hintergrund der Folie gestalten, falls die Fotos nicht den gesamten Bildschirm ausfüllen. Dazu können Sie eine Farbe, einen Farbverlauf und/oder ein Foto selbst einstellen. Das Foto ist mit dem Farbverlauf oder der Farbe kombinierbar. Dazu aktiviert man beide Elemente und reduziert die Deckkraft des Fotos.

Weiterhin lassen sich Texte und Grafiken in der Diafolie positionieren. Dies geschieht über die Überlagerungen-Palette. Zu den Elementen gehören die Erkennungstafel, Wasserzeichen, die man zuvor mit dem Wasserzeichen-Editor erstellt hat (siehe Kasten in Kapitel 10.3.4), eine grafische Repräsentation der Bewertungssterne und Texte (siehe Abbildung 11-11). Ein neuer Text wird über das ABC-Symbol in der Werkzeugleiste hinzugefügt. Einen statischen Text, der für alle Diafolien gleich bleibt, beispielsweise den Titel der Diashow, können Sie daraufhin einfach in das Textfeld eingeben (siehe Abbildung 11-12).

Um hingegen Metadaten einzublenden, erstellt man ein neues Textelement und

▲ Abbildung 11-10:
Ein Foto mit breitem weißen Rand auf hellem Hintergrund

▲ Abbildung 11-11:
Diafolie mit statischem (oben) und dynamischem Textelement (Bildtitel, unten), Bewertungssternen und hinter das Foto gerenderter Erkennungstafel

▲ Abbildung 11-12:
Neue Textelemente fügen Sie über die Werkzeugleiste hinzu. Hier wählen Sie auch die Textvorlage aus und geben benutzerdefinierte Texte ein.

▲ Abbildung 11-13:
Anker- und Griffpunkte sind durch eine Linie miteinander verbunden. Der Ankerpunkt lässt sich durch Anklicken fixieren (er färbt sich orange), der Griffpunkt nicht.

wählt eine Vorlage aus dem Aufklappmenü rechts neben dem ABC-Symbol aus. Dort gibt es bereits einige fertige Textvorlagen für häufig verwendete Metadaten, z.B. Datum, Belichtung oder Dateiname. Eigene Textvorlagen können Sie über **Bearbeiten** im Textvorlagen-Editor erstellen.

11.2.3 Positionierung von Elementen

Für die Positionierung wird ein Element angeklickt und über die Arbeitsfläche gezogen. Das Objekt sucht sich dann selbstständig einen geeigneten Anknüpfungspunkt, entweder am Foto oder an der Folie. Ich nenne diese Anknüpfungspunkte im Folgenden »Ankerpunkte«. Bei der Positionierung anhand der Folie erscheint das Element immer an derselben Stelle; positioniert man hingegen

Dynamische Textelemente korrekt positionieren

In Abbildung 11-14 wird der Text nicht richtig positioniert. Die linke Seite, also der Anfang des Textes, soll fest positioniert, aber dennoch nicht mit dem Foto verknüpft sein, sondern mit dem rechten Rand. Als Griffpunkt des Textelements wurde jedoch automatisch der am Textende festgelegt.

Zieht man den Ankerpunkt jedoch auf die linke Seite und bewegt das Textelement danach (mit der Maus) um nur einen Millimeter, sucht es sich einen neuen Griffpunkt am Textanfang (Abbildung 11-15). Zieht man den Ankerpunkt danach wieder nach rechts, bleibt der Griffpunkt auf der linken Seite erhalten, solange das Element danach nicht mehr mit der Maus bewegt wird. Das Element ist danach richtig positioniert, unterschiedliche Textlängen wirken sich nach rechts, nicht nach links aus (Abbildung 11-16).

relativ zum Foto, ist die Position unter Umständen von der Breite oder Höhe des Fotos abhängig. Ein Klick auf den Ankerpunkt fixiert diesen (er wird orange angezeigt), und die Position des Elements kann frei verändert werden. Auch der Ankerpunkt kann mit der Maus verschoben werden, jedoch nur wenn er vorher fixiert wurde.

Um dynamische Textelemente korrekt zu platzieren, ist unter Umständen auch der korrekte Anknüpfungspunkt auf der Seite des Elements wichtig. Diesen nenne ich hier Griffpunkt (siehe auch Abbildung 11-13). Wenn ich zum Beispiel ein Textelement habe, dessen Länge für jedes Foto unterschiedlich ist (z. B. den Bildtitel), und ich will, dass es linksseitig zum Foto ausgerichtet ist, so muss auch einer der drei Griffpunkte auf der linken Seite aktiv sein, damit der Text jedes Mal richtig positioniert wird. Manchmal ist es schwierig, dynamische Textelemente korrekt zu positionieren, siehe Kasten.

◀ Abbildung 11-14: Der aktive Griffpunkt befindet sich auf der rechten Seite …

◀ Abbildung 11-15: … dann auf der linken, …

◀ Abbildung 11-16: … wo er am Schluss auch bleibt.

11.3 Diashow konfigurieren

11.3.1 Einstellungen zum Abspielen

Die Abspielreihenfolge ergibt sich normalerweise aus der Reihenfolge der Fotos im Filmstreifen. Sie können über die Abspielen-Palette aber auch **Willkürliche Reihenfolge** wählen.

Neben den normalen Diafolien können Sie für jede Diashow eine Start- und eine Endfolie erzeugen. Dies geschieht über die Titel-Palette; viel einstellen können Sie dort jedoch nicht, lediglich eine Erkennungstafel und eine Hintergrundfarbe. Da es ohne Weiteres möglich ist, mehrere Erkennungstafeln zu verwalten, können

▲ Abbildung 11-17:
Beispiel für eine Titelfolie

▲ Abbildung 11 18:
Die Abspielen-Palette

◄ Abbildung 11-19:
Dieser Abschnitt der Abspielen-Palette erscheint nur bei angeschlossenem zweiten Monitor oder Projektor; hier können Sie wählen, auf welchem Monitor die Diashow abgespielt wird.

Sie diese immerhin nutzen, um eine Startfolie mit dem Titel Ihrer Diashow zu erstellen (siehe Abbildung 11-17).

Die Anzeigedauer für die Dias wählen Sie über die Abspielen-Palette. Über die Verblassen-Einstellung wählen Sie, ob und wie lange zwischen Folien überblendet werden soll. Über die Farbe-Option können Sie zudem eine Übergangsfarbe für Überblendungen auswählen: Lightroom blendet dann nicht von Foto zu Foto, sondern zunächst vom Foto zur Übergangsfarbe und dann zum nächsten Foto. Individuelle Verweildauern für Fotos sind nicht möglich, Anzeigedauer und

Tipp
Wenn Sie die Diashow im Pause-Modus starten, können Sie die Startfolie vor Beginn schon ein paar Minuten auf dem Bildschirm oder Projektor anzeigen, um die Vorfreude Ihrer Zuschauer zu steigern.

Hinweis
Die voraussichtliche Gesamtlänge der Diashow können Sie in der Werkzeugleiste ablesen.

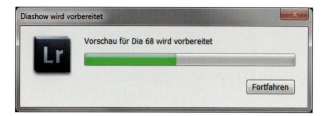

◀ Abbildung 11-20:
Lightroom benötigt die Vorschaudateien aus dem Bibliothek-Modul, um die Diashow abzuspielen.

Überblendungsdauer treffen Sie für alle Folien gemeinsam.

Wenn Sie lieber von Hand zur nächsten Folie weiterschalten wollen, können Sie während der Diashow in den Pause-Modus schalten oder gleich das Häkchen bei **Dialänge** entfernen (dadurch wird die Diashow im Pause-Modus gestartet) und dann mit →| weiterschalten.

In der Abspielen-Palette können Sie außerdem eine Musikdatei auswählen, die Lightroom während der Diashow abspielt. Die Datei kann im Format MP3 oder M4A/AAC (Musik aus dem iTunes-Store) vorliegen. Ältere, mit Digital Rights Management geschützte Dateien aus dem iTunes-Store akzeptiert Lightroom nicht. Über **An Musik anpassen** lässt sich seit Lightroom 3 endlich die Gesamtdauer der Diashow an die der Musikdatei anpassen.

11.3.2 Vorschau-Generierung

Lightroom benutzt für die Diashow dieselben Vorschaudateien, die auch vom Bibliothek-Modul verwendet werden. Wenn diese nicht in ausreichender Größe vorhanden sind, muss das Programm sie vor dem Abspielen erzeugen, was meist eine Weile dauert (siehe Abbildung 11-20). Sie können den Dialog auch umgehen und damit die Vorschauerstellung abbrechen oder von vornherein über die Abspielen-Palette ausschalten. Unzureichende Vorschauen können allerdings die Qualität einer Diashow erheblich beeinträchtigen: Sie bekommen vermutlich schlecht aufgelöste Fotos zu sehen; außerdem versucht Lightroom, während des Abspielens die Vorschauen zu erzeugen, was das Abspielen meist verzögert.

Sie können auch vorher selbst Vorschauen erzeugen, wie in Kapitel 5.3 beschrieben – dann brauchen Sie beim Start der Diashow nicht so lange zu warten. Außerdem können Sie die Diashow dann sogar ohne Zugriff auf die Bilddateien abspielen. Standardvorschauen sollten meist ausreichen, mit 1:1-Vorschauen sind Sie auf der sicheren Seite.

Vorschauerzeugung abbrechen: Esc

11.4 Diashow abspielen oder exportieren

Mit Druck auf den Abspielen-Knopf lässt sich die Diashow starten. Dabei fängt sie mit dem aktiven Foto im Filmstreifen an, nicht notwendigerweise vorne. Ein Druck auf die linke Maustaste beendet die Diashow. Die Maus lässt sich also leider nicht zum Weiterschalten oder Pausieren der Diashow verwenden – Sie müssen zum manuellen Weiterschalten die Tastaturkürzel verwenden. Wenn Sie einen Mac und eine Apple-Fernbedienung haben (Apple Remote), können Sie diese mit dem kostenlosen Programm iRed Lite für das Abspielen der Diashow in Lightroom konfigurieren.

Neben dem direkten Abspielen mit Lightroom können Sie die Diashow in mehreren Formaten exportieren – seit Lightroom 3 auch als Video (Knopf unten links), wodurch erstmals alle Eigenschaften wie Überblendungen, Abspieldauer und Musik erhalten bleiben. Die Diashows werden dabei im MP4-Format (H.264-Codec) exportiert, wodurch sie in allen gängigen Videoplayern abgespielt werden können. Die Größe des exportierten Videos lässt sich aus verschiedenen Voreinstellungen wählen, von 320 × 240 (iPod) bis zum vollen HD-Format mit 1080 Pixeln Zeilenhöhe (siehe Tabelle 11-1).

Neben dem Export als Video können Sie eine Diashow nach wie vor als PDF-Datei speichern und dann mit dem Adobe Reader oder anderen PDF-Anzeigern abspielen. Musik, Überblendungen und Anzeigedauer werden dabei aber nicht gesichert. Im Exportieren-Dialog lassen sich Größe und Qualität der JPEGs angeben, die in die PDF-Datei integriert

Format	Z.B. für
320 × 240	Mediaplayer, z.B. iPod
480 × 320	Mediaplayer, z.B. iPhone, iPod Touch, E-Mail
640 × 480	Mediaplayer, E-Mail, Web
960 × 540	Heimkinosysteme, z.B. AppleTV
720 p	Mittlere HD-Auflösung (16:9) für Laptops, Web
1080 p	Volle HD-Auflösung (16:9) für schnelle Laptop- und Desktopsysteme

▲ Tabelle 11-1:
Ausgabegrößen für den Export als Video

Eine Diashow außer Haus präsentieren

In der Vorauflage zu diesem Buch gab es zu diesem Thema einen eigenen Praxisteil, der zeigte, wie man die auf einem Desktop-Rechner erstellte Diashow auf einen Laptop überträgt (inklusive Vorschaudateien, Einstellungen usw.) und abspielt. Da Lightroom 3 erstmals Videos exportieren kann, sollte diese komplizierte Prozedur nicht mehr notwendig sein – ich finde es sehr viel einfacher, ein Video zu exportieren und dieses auf dem Laptop abzuspielen. Wir haben dennoch den Praxisteil der Vorausgabe auf der dpunkt-Webseite zur Verfügung gestellt.

◀ Abbildung 11-21:
Sie können als Video exportierte Diashows wieder in Lightroom importieren, um sie zu verwalten.

werden. Die Größe sollte sich am Monitor bzw. Projektor orientieren, der verwendet werden soll.

Schließlich können Sie eine Diashow auch als Folge von JPEG-Dateien ausgeben: über den ebenfalls unten links gelegenen Knopf – bei gedrückter Alt-Taste (⌘: ⌥). Im Exportieren-Dialog werden Ausgabegröße und ein Ordnername angegeben, Lightroom erstellt dann in diesem Ordner für jede Folie eine nummerierte JPEG-Datei. Über die Funktion können Sie Diafolien in Lightroom gestalten und dann an eine spezielle Diashow-Software eines Drittherstellers übergeben, falls Sie auf umfangreichere Möglichkeiten (individuelle Anzeigedauer für jedes Dia, Überblendeffekte usw.) Wert legen.

Diashow starten: ⏎

Diashow abbrechen: Esc

Pause/Fortsetzen: ␣

Vorherige/Nächste Folie: ← / →

Erste Folie/Letzte Folie: Pos1 / Ende

Als Video exportieren: Strg+Alt+J (⌘: ⌘+⌥+J)

Als PDF exportieren: Strg+J (⌘: ⌘+J)

Als JPEG-Reihe exportieren: Strg+⇧+J (⌘: ⌘+⇧+J)

Kapitel 12:

Drucken-Modul

Das Drucken-Modul ist für sehr unterschiedliche Druckaufgaben geschaffen: Kontaktbögen, hochwertige Einzelausdrucke oder einfache Fotobücher können erstellt werden. Sie können direkt drucken oder die Druckseiten als JPEGs ausgeben, um sie an einen Dienstleister zu übermitteln. Vorher können Sie einen Softproof in Photoshop durchführen, um das Druckergebnis zu simulieren. Alle Einstellungen, inklusive der Druckertreiber- und Seiteneinstellungen, lassen sich bequem als Vorlage speichern.

▲ Abbildung 12-1:
Das Drucken-Modul

◀ Abbildung 12-2:
Wahl zwischen Direktdruck und JPEG-Ausgabe.

▲ Abbildung 12-3:
Seiteneinrichtung unter Windows

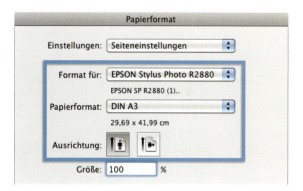

▲ Abbildung 12-4:
Seiteneinrichtung auf dem Mac

12.1 Vorgehensweise im Drucken-Modul

Das Vorgehen im Drucken-Modul ist ein bisschen komplizierter als in den anderen Ausgabemodulen. Die Einstellungen unterscheiden sich beispielsweise je nachdem, ob man direkt druckt oder die Druckseiten als JPEG-Dateien ausgibt. Darüber hinaus muss man zumindest beim direkten Druck auch viele Einstellungen außerhalb von Lightroom treffen: in der Seiteneinrichtung und im Druckertreiber.

Die wichtigste Einstellung ist sicherlich das Papierformat, auf dem Sie drucken bzw. ausgeben. Dieses sollten Sie im Regelfall so früh wie möglich einstellen, da nachträgliche Änderungen das Layout zerstören können. Zunächst wählen Sie zwischen direktem Druck und JPEG-Ausgabe. Dies geschieht über die Druckauftrag-Palette (siehe Abbildung 12-2). Im Drucker-Modus benötigen Sie einen angeschlossenen Drucker. Im JPEG-Modus geben Sie die Druckseiten als JPEG-Dateien aus und können Sie bei einem Dienstleister drucken oder ausbelichten lassen.

Die Papierauswahl für die Druckerausgabe erfolgt über den normalen Betriebssystemdialog. Diesen rufen Sie über den Seite-einrichten-Knopf links unten auf. Hier stellen Sie Drucker, Papierformat und Ausrichtung ein (siehe Abbildung 12-3 und Abbildung 12-4).

▲ Abbildung 12-5:
Auf dem Mac gibt es separate Knöpfe für Seiteneinrichtung und Druckertreibereinstellungen.

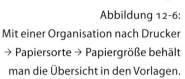

Abbildung 12-6:
Mit einer Organisation nach Drucker → Papiersorte → Papiergröße behält man die Übersicht in den Vorlagen.

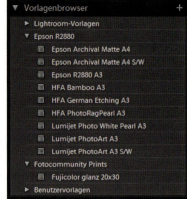

Unter Windows sind Druckertreiber- und Seiteneinstellungen unter dem gemeinsamen Knopf **Seite einrichten** unten in der linken Palettenspalte zusammengefasst. Zu den Druckertreibereinstellungen gelangt man im Dialog für die Seiteneinrichtung über **Eigenschaften** (siehe Abbildung 12-3 oben rechts). Auf dem Mac befindet sich in der linken Palettenspalte ein zusätzlicher Knopf **Druckeinstellungen** (mehr zu den Druckertreibereinstellungen in Unterkapitel 12.3).

Besonders im Drucken-Modul ist es aufgrund der Vielzahl an Einstellungen sinnvoll, Vorlagen anzulegen. Die Vorlagen im Drucken-Modul speichern nicht nur die in den Paletten auf der rechten Seite vorgenommenen Einstellungen, sondern immer auch die Seiteneinstellungen und die Druckertreibereinstellungen, die in den Betriebssystemdialogen vorgenommen werden. So kann man alle wichtigen Einstellungen mit einer Vorlage speichern.

Weiterhin spielt das Farbmanagement beim Druck eine große Rolle. Wenn Sie einen eigenen Drucker haben, wurden dazu vermutlich bereits Ausgabeprofile für die Papiersorten des Herstellers mitgeliefert. Darüber hinaus stellen andere Hersteller von Druckerpapier meist Profile auf den eigenen Webseiten zur Verfügung. Um ein Profil zu installieren, müssen Sie es nur in den richtigen Ordner kopieren.

- **Unter Windows**: `C:\Windows\System32\spool\drivers\color`
- **Auf dem Mac**: `/Library/ColorSync/Profiles` (für alle Benutzer) `/Benutzer/Benutzername/Library/ColorSync/Profiles` (nur für `Benutzername`)

Seiteneinrichtung: Strg+⇧+P (⌘+⇧+P)
Druckertreibereinstellungen: Strg+Alt+⇧+P (⌘+⌥+⇧+P)

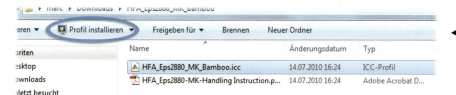

◀ Abbildung 12-7:
Unter Windows 7 kann man Farbprofile direkt über den Explorer installieren.

Es gibt grundsätzlich zwei Möglichkeiten für die Farbkonvertierung:

- Man überlässt Lightroom die Farbkonvertierung und schaltet weitere Farbanpassungen im Druckertreiber aus.
- Man schaltet die Farbkonvertierung in Lightroom aus und überlässt die Farbkorrektur dem Druckertreiber.

Theoretisch ist beides möglich, solange man das Farbmanagement nicht doppelt anwendet – einmal in Lightroom, ein weiteres Mal im Druckertreiber. Für Farbdrucke ist es am einfachsten und in den meisten Fällen wohl auch von der Qualität her am besten, Lightroom die Farbkonvertierung zu lassen.

Die Druckertreiber haben neben eigenen Farbmanagement-Funktionen meist auch mehrere Regler, mit denen man Farben und Tonwerte für den Druck anpassen kann. Dies ist aber kein Farbmanagement im eigentlichen Sinne. Farbmanagement versucht nicht nur, die Farben so anzupassen, dass sie korrekt dargestellt werden. Es kennt auch die Grenzen der Farbdarstellung des Druckers genau und passt Farben, die darüber hinausgehen, an das Ausgabevermögen des Druckers an. Genau das kann man mit Reglern aber prinzipiell nicht erreichen.

12.2 Layout

Lightroom verfügt über drei verschiedene Layoutstile, **Kontaktabzug/Raster**, **Bildpaket** und **Benutzerdefiniertes Paket**, zwischen denen Sie in der Layoutstil-Palette wählen können. Jeder Layoutstil hat sein eigenes Konzept zur Anordnung der Fotos auf der Druckseite. **Kontaktabzug/Raster** z. B. erlaubt nur gleich große Fotos auf einer Seite, die automatisch in einem Raster angeordnet werden, während bei **Benutzerdefiniertes Paket** eine freie Anordnung der Abzüge auf der Seite möglich ist. **Bildpaket** ist ein spezieller Modus, um dasselbe Foto in unterschiedlichen Größen auf einer Seite auszugeben – er ist vor allem für professionelle Porträtfotografen gedacht.

Jeder Layoutstil unterscheidet sich ein wenig von den anderen in den zur Verfügung stehenden Einstellungen, aber vor allem beziehen sich die Unterschiede auf das Layout. Viele andere Einstellungen sind in den drei Modi ähnlich oder gleich.

> **Hinweis**
> Mit Lightroom 3 sind einige neue Vorlagen hinzugekommen, nicht nur für den neuen Layoutstil **Benutzerdefiniertes Paket**.

◀ Abbildung 12-8:
Layoutstil-Palette

▲ Abbildung 12-9:
Drei mögliche Layouts für den Layoutstil Einzelbild/Kontaktabzug

12.2.1 Layoutstil Einzelbild/Kontaktabzug

Beim Layoutstil **Einzelbild/Kontaktabzug** werden die Fotos über einen Raster angeordnet, also über eine »Tabelle« mit Spalten und Zeilen. Ob eine Druckseite dabei Platz für 40 kleine Miniaturen oder ein großes Foto hat, wird allein durch die Anzahl der Reihen und Spalten in der Layout-Palette bestimmt (bei einer Einzelbildseite hat der Raster einfach jeweils nur eine Zeile und eine Spalte). Die für den Druck ausgewählten Fotos werden dann auf das Raster verteilt; dabei werden so viele Druckseiten verwendet wie nötig.

Das einzelne Einstellen des Rasters ist ein bisschen kompliziert, aber über den Vorlagenbrowser können Sie bereits die wichtigsten Layouts abrufen. Alle Einstellungen zum Raster werden in der Layout-Palette vorgenommen (siehe Abbildung 12-10):

> **Hinweis**
> Der in der Druckeinrichtung eingestellte Druckrand beeinflusst den minimal einstellbaren Seitenrand.

◀ Abbildung 12-10:
Layout-Palette für den
Layoutstil Einzelbild/
Kontaktabzug

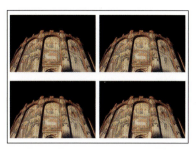

▲ Abbildung 12-11:
Mit der Option Ein Foto pro Seite
wiederholen in der Bildeinstellungen-
Palette werden alle Zellen einer Seite
mit demselben Foto gefüllt.

- Anzahl der Spalten und Zeilen
- Abstände zwischen den Zellen (und damit die Zellgrößen)
- Seitenränder

Die Zellgrößen lassen sich auch direkt mit der Maus auf der Arbeitsfläche verändern.

Die Zellen stellen jedoch ähnlich wie im Diashow-Modul nur eine Begrenzung für die Fotos dar, die nicht gleichbedeutend mit der Größe der Fotos ist. Normalerweise werden die Fotos so »eingepasst«, dass sie weder gedreht noch beschnitten werden (siehe Abbildung 12-9 rechts). Über die Option **Drehen und einpassen** in der Bildeinstellungen-Palette werden Hoch- bzw. Querformate so gedreht, dass sie die Zelle ohne Beschneiden optimal ausfüllen (siehe Abbildung 12-9 Mitte). Mit der Option **Zum Füllen zoomen** hingegen wird die Zelle ganz ausgefüllt und das Foto dabei beschnitten. Der exakte Ausschnitt lässt sich dann für jedes Foto durch Klicken und Ziehen mit der Maus festlegen.

12.2.2 Layoutstil Benutzerdefiniertes Paket

Mit dem Layoutstil Benutzerdefiniertes Paket (siehe Abbildung 12-12) lassen sich mehrere Fotos frei auf einer oder mehreren Druckseiten platzieren. Die Seite ist dabei kein starrer Raster wie im Layoutstil **Einzelbild/Kontaktabzug**, sondern jedes Foto lässt sich individuell positionieren, drehen und in der Größe anpassen. Sie können sogar einfache Fotobücher gestalten, können dabei allerdings keinen Text verwenden.

Man startet mit einer leeren Druckseite. Zellen unterschiedlicher Größe (auch hier arbeitet man wie im vorigen Layoutstil mit Zellen) fügt man mit einem der sechs Knöpfe in der Zellen-Palette hinzu. Dann zieht man Fotos aus dem Filmstreifen in die Zellen auf der Arbeitsfläche und passt die Zellgrößen und Positionen dort nach Wunsch an. Drehen lassen sich Zellen über die Zellen-Palette. Falls eine Druckseite nicht ausreichen sollte, lässt sich der Platz auf mehrere Seiten erweitern (über

▲ Abbildung 12-12:
Layoutstil Benutzerdefiniertes Paket
(mit zwei Druckseiten)

▲ Abbildung 12-13:
Die sechs Hinzufügen-Knöpfe der Zellen-Palette lassen sich über die Dreiecke mit anderen Größen konfigurieren. Die Maßeinheit richtet sich dabei nach der Einheit für die Lineale in der Palette Lineale, Raster und Hilfslinien.

den Knopf **Neue Seite** oder durch das fortgesetzte Hinzufügen von Zellen).

Über die Option **Rasterausrichtung** in der Palette **Lineale, Raster und Hilfslinien** (siehe unten) können Sie »Haftung« beim Verschieben der Zellen einstellen, sodass Sie diese leichter positionieren können.

> **Tipp**
> Zellen lassen sich vervielfältigen, indem man bei gedrückter Alt-Taste (⌃: ⌥) auf eine Zelle klickt und diese an eine andere Stelle zieht.

Das Einpassen von Fotos in die Zellen ist in diesem Layoutstil etwas verwirrend gelöst: Einmal hat man die Option **Drehen und Einpassen** in der Bildeinstellungen-Palette (die zwar dreht, aber nicht einpasst), dann die Option **Auf Foto-Seitenverhältnis sperren** in der Zellen-Palette. Wenn es Ihnen darum geht, einfach Fotos verschiedener Größe auf eine Seite zu bringen wie in Abbildung 12-12, wählen Sie am besten beide Optionen. Fotos können Sie dann drehen, indem Sie die Zellen über die Zellen-Palette drehen.

Wenn Sie hingegen mit verschiedenen Formaten gestalten wollen wie in Abbildung 12-14, z. B. für ein Fotobuch, wählen Sie keine der beiden oder nur **Drehen und**

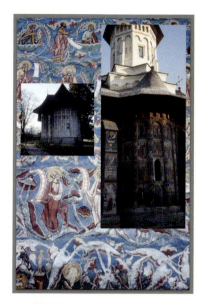

▲ Abbildung 12-14:
Mit Benutzerdefiniertes Paket lassen sich auch einfache Fotobücher erzeugen.

▲ Abbildung 12-15:
Layoutstil Bildpaket

Einpassen. Den Ausschnitt eines Fotos wählen Sie, indem Sie [Strg] ([⌘: H]) gedrückt halten und ihn direkt auf der Arbeitsfläche mit der Maus verschieben. Das Originalseitenverhältnis können Sie übrigens immer übers Kontextmenü eines Fotos wiederherstellen (**Fotoseitenverhältnis abgleichen**).

Der Layoutstil enthält einige weitere Möglichkeiten für Fotobücher: Sie können beispielsweise Fotos überlappend anordnen und so das Layout interessanter machen. Über das Kontextmenü können Sie eine Zelle dann nach vorne oder nach hinten schieben. Ebenfalls übers Kontextmenü können Sie eine einzelne Zelle »verankern«, sodass sie auf allen Druckseiten erscheint. Diese Option kann man z. B. für ein Hintergrundbild oder ein Logo verwenden. Über die Bildeinstellungen-Palette können Sie Fotos zudem mit bis zu zwei Rahmen versehen.

12.2.3 Layoutstil Bildpaket

Mit dem Layoutstil Bildpaket können Sie wie beim benutzerdefinierten Paket mehrere unterschiedlich große Abzüge auf einer Druckseite platzieren – alle Abzüge einer Seite stammen dabei allerdings vom selben Foto. Der Layoutstil ist in erster Linie für Porträtfotografen gedacht, die dasselbe Foto in mehreren Größen drucken wollen. Ansonsten funktioniert er ähnlich wie der Layoutstil **Benutzerdefiniertes Paket**.

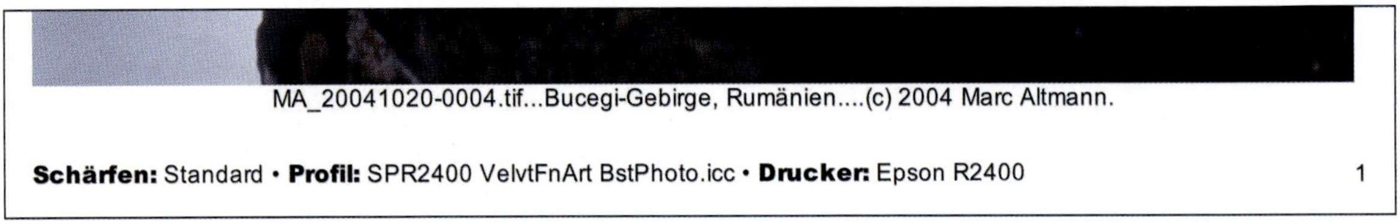

▲ Abbildung 12-16:
Auch auf einer Zeile kann man viele Metadaten unterbringen (oben), unten die Seiteninformationen.

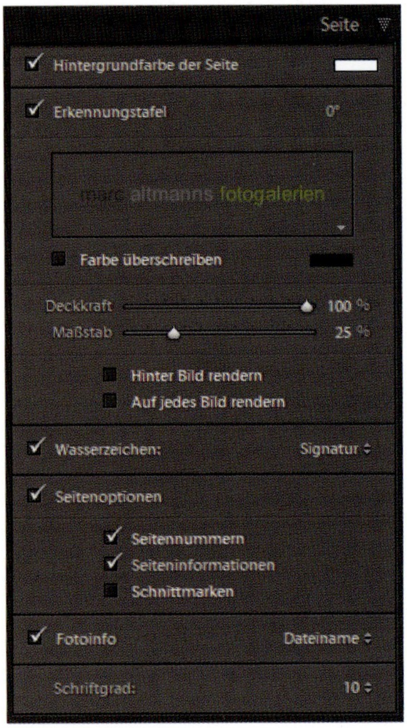

◀ Abbildung 12-17:
Seite-Palette für den Layoutstil Einzelbild/Kontaktabzug

▲ Abbildung 12-18:
Palette Lineale, Raster und Hilfslinien für den Layoutstil Benutzerdefiniertes Paket

12.2.4 Weitere Layoutelemente für alle Layoutstile

In der Seite-Palette lässt sich eine Reihe zusätzlich zu druckender Elemente hinzuschalten wie die Erkennungstafel, Schnittmarkierungen und Metadaten. Die Erkennungstafel lässt sich hier auf die Druckseite einblenden und dann per Drag and Drop wie gewünscht positionieren. Dabei lässt sie sich drehen und teilweise hinter den Fotos positionieren, sodass sie von den Fotos überdeckt wird. Es besteht auch die Möglichkeit, die Tafel auf jedes Foto auf der Seite zu rendern. Seit Lightroom 3 können Sie eine Hintergrundfarbe für die Druckseite wählen, was besonders für Fotobücher oder Ähnliches nützlich ist. Weiterhin können Sie in jedes Foto ein Wasserzeichen einblenden lassen. Die Wasserzeichen (Texte oder Grafiken) erstellen Sie zuvor über den

Alle Hilfselemente ein/aus: Strg+⇧+H (⌘: ⌘+⇧+H)

Wasserzeichen-Editor (siehe Kasten in Kapitel 10.3.4).

Unter **Seitenoptionen** lassen sich einige nützliche Elemente auf der Druckseite einblenden:

- Seitennummern
- Seiteninformationen (Informationen über Drucker, verwendetes Farbprofil und Schärfungseinstellungen)
- Schnittmarken fürs leichtere Ausschneiden von mehreren Fotos auf einer Seite

Metadaten lassen sich nur im Layoutstil **Einzelbild/Kontaktabzug** verwenden. Hierfür stellen Sie eine Metadatenzeile über eine Textvorlage unter **Fotoinfo** ein. Diese wird immer unterhalb des Bildes angezeigt und lässt sich in der Schriftgröße anpassen (siehe Abbildung 12-16). Die Textfarbe wird automatisch der Hintergrundfarbe angepasst.

12.2.5 Hilfselemente einblenden

Sie können für alle Layoutstile einige Hilfen einblenden, die Ihnen die Gestaltung erleichtern können, unter anderem:

- Hilfslinien
- Abmessungen für jedes einzelne Foto
- Seitenrand, der in der Seiteneinrichtung eingestellt wurde (siehe oben)

Die Einstellungen finden Sie in der Hilfslinien-Palette für den Layoutstil **Einzelbild/Kontaktabzug** bzw. in der Palette **Lineale, Raster und Hilfslinien** für die anderen beiden Layoutstile (siehe Abbildung 12-18). Für den Layoutstil **Einzelbild/Kontaktabzug** stellen Sie die Linealeinheit über die Layout-Palette ein. Keine dieser Hilfen erscheint im Druck.

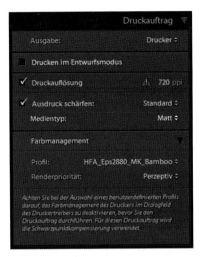

▲ Abbildung 12-19: Druckauftrag-Palette im Drucker-Modus

12.3 Direkter Druck

Die Einstellungen für den direkten Druck treffen Sie an zwei verschiedenen Orten: in der Druckauftrag-Palette und dem Druckertreiber. Beide werden aufeinander abgestimmt.

12.3.1 Hochwertige Farb- und Schwarz-Weiß-Drucke ausgeben

Um möglichst hohe Druckqualität zu erzielen, sollten Sie die Einstellungen in Druckauftrag-Palette und Druckertreiber möglichst auf das zu verwendende Medium abstimmen. Die Einstellungen umfassen die Papiersorte, den verwendeten Drucker und das Farbmanagement.

316　Kapitel 12: Drucken-Modul

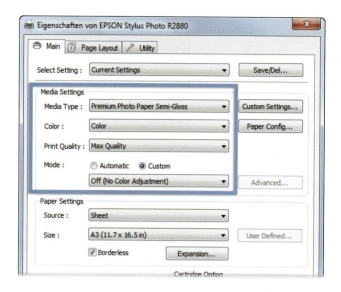

◄ Abbildung 12-20:
Einstellungen für Papiersorte, Druckqualität und Farbmanagement für den Epson R2880 unter Windows

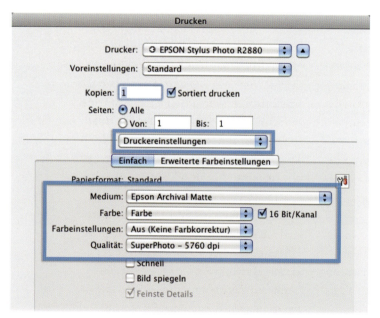

◄ Abbildung 12-21:
Einstellungen unter Mac OS

Hinweis

Der maximale Wert für die Druckauflösung ist 720 ppi in Lightroom 3 und 480 ppi in Lightroom 2 und davor.

◀ Abbildung 12-22:
Bisher nur auf dem Mac:
Drucken in 16 bit Farbtiefe

Druckertreibereinstellungen zu Medium und Qualität

Zunächst zu den Einstellungen im Druckertreiber: Da die Papiergröße und Ausrichtung schon gewählt wurden, geht es bei den Einstellungen zum Druck im Wesentlichen um Papiersorte und Druckqualität. Die meisten Drucker verfügen über mindestens diese beiden Einstellungen, auch wenn die Oberflächen sich bei den verschiedenen Herstellern und Modellen mitunter ziemlich unterscheiden.

Die Papiersorte sollte natürlich möglichst genau dem verwendeten Papier entsprechen. Dies ist allerdings nicht immer möglich, vor allem wenn man Papiere von Fremdherstellern verwendet. Es sollte aber zumindest die Oberfläche des Papiers (glänzend oder matt) berücksichtigt werden.

Die Druckqualität lässt sich meist in einer einfachen Einstellung (z.B. **Erstklassiges Foto drucken**) und alternativ in einer detaillierteren Einstellung mithilfe eines Reglers festlegen. Die Höhe der Druckqualität hängt vom Verwendungszweck ab: Ein Einzelbild drucke ich immer in der höchsten Qualitätsstufe. Höhere Qualität bedeutet aber immer eine längere Wartezeit und evtl. mehr Tintenverbrauch.

Druckauftrag-Palette

In der Druckauftrag-Palette wählen Sie zunächst die **Druckauflösung**, d.h. die Auflösung, in der Lightroom die Bilddaten an den Treiber weiterreicht. Hier ist es üblich, einen Teiler der angegebenen Auflösung des Druckers anzugeben: Epson gibt für den R2880 z.B. eine Auflösung von 5760 × 1440 dpi an. Der größte Teiler davon, den man in Lightroom einstellen kann, ist 720 ppi, aber auch 360 ppi erzeugen Ergebnisse, die ich beispielsweise nicht unterscheiden kann. Ein weiteres Beispiel: Der Canon Pro 9500 hat eine Auflösung von 4.800 × 2.400 dpi, hier würde man also 600 oder 300 ppi wählen.

Mit **Ausdruck schärfen** stellt man die Ausgabeschärfung ein. Hierfür wählt man den Papiertyp (**Glanz** oder **Matt**) und den Schärfungsgrad (**Niedrig**, **Standard** oder **Hoch**). Den für Sie richtigen Schärfungsgrad müssen Sie zunächst durch Ausprobieren ermitteln und können ihn dann in der Regel eingestellt lassen.

Auf dem Mac können Sie außerdem ab OS 10.5 (Leopard) einstellen, dass Lightroom die Bilddaten in 16 bit Farbtiefe an den Treiber übergibt. Dies ist neue Technologie (normalerweise werden die Bilddaten in 8 bit Farbtiefe an den Druckertreiber übergeben), die die Druckqualität geringfügig verbessern kann, aber bisher nur von wenigen Druckern unterstützt wird. Evtl. muss der Modus auch im Druckertreiber explizit eingeschaltet

Farbmetrisch und perzeptiv

Wenn man ein Foto, das in einem großen Farbraum (z.B. Lightrooms ProPhoto-RGB) vorliegt, in einen kleineren Farbraum konvertieren will (den Druckerfarbraum), gibt es dafür in Lightroom zwei Konvertierungsverfahren.

Bei *farbmetrisch* (bzw. relativ farbmetrisch) bleiben alle im kleineren Farbraum darstellbaren Farben erhalten, alle nicht darstellbaren werden quasi »abgeschnitten«, d.h., sie werden durch noch darstellbare Farben ersetzt. Hierbei gehen Farbdetails verloren ähnlich wie beim Tonwertbeschnitt durch Überbelichtung. Durch den Einsatz von Dithering, an den entsprechenden Stellen eingestreute »Störpixel«, fallen diese Stellen aber nicht auf.

Bei *perzeptiv* wird die Sättigung aller Farben proportional verringert, im Grunde wird der Farbraum wie ein Ballon geschrumpft. Dies nennt man perzeptive Farbumsetzung, weil die relativen Abstände zwischen den Farben bestehen bleiben und damit auch der Eindruck des Fotos möglichst erhalten bleiben soll. Bei dieser Methode handelt es sich also um eine Kompression, bei der abgesehen von Rundungsfehlern keine Informationen verloren gehen.

Die perzeptive Methode empfiehlt sich, wenn das Foto viele Farben hat, die nicht in den Zielfarbraum passen, also in der Regel für Fotos mit knalligen, stark gesättigten Farben. Wenn die Farben ohnehin in den Zielfarbraum passen, bei gedämpften Farben, ist die farbmetrische Methode sinnvoller. Dann nämlich bleiben bei dieser Methode alle Farben erhalten, während sie bei der perzeptiven ebenfalls leicht geschrumpft würden, obwohl dies für das Foto nicht nötig wäre (die Farbraumkonvertierung achtet aber nicht darauf, welche Farben ein einzelnes Foto tatsächlich enthält).

▲ Abbildung 12-23:
Ein Bild aus einem großen Farbraum in einen kleinen zu konvertieren, ist ähnlich schwierig, wie einen zu großen Fuß in einen zu kleinen Schuh zwängen zu wollen. Aschenputtels Schwestern lösten dieses Problem im Märchen mit dem Abschneiden von Ferse oder großer Zehe; was der farbmetrischen Methode ähnelt.
(©iStockphoto.com/Gloria-Leigh)

▲ Abbildung 12-24:
Hier ungefähr der Unterschied (nachgestellt) zwischen farbmetrisch (links) und perzeptiv (rechts). Links leiden einige Bildbereiche unter Detailverlust. Rechts hingegen wird insgesamt die Sättigung reduziert.

werden, wie beim Epson R2880 (siehe Abbildung 12-21).

Farbmanagement

Wenn Sie Lightroom für die Profilkonvertierung benutzen, müssen Sie in der Druckauftrag-Palette Ausgabeprofil und Konvertierungsverfahren auswählen.

Ein Ausgabeprofil ist im Idealfall auf eine Kombination von Drucker, Papiersorte und Tinte zugeschnitten wie in Abbildung 12-25 z. B. für den Epson 2880, das Hahnemühle-Bamboo-Papier und MK für Matte Black, d.h. die Art der Schwarztinte.

Nach der Wahl des Farbprofils wählt man unter **Renderpriorität** eines der beiden Konvertierungsverfahren, **Farbmetrisch** oder **Perzeptiv**. Im Allgemeinen ist **Perzeptiv** besser für Fotos mit stark gesättigten Farben geeignet, **Farbmetrisch** hingegen für schwach gesättigte Fotos (siehe auch Kasten). Sie können auch einen Softproof mit Photoshop machen, um die Wirkung der beiden Verfahren zu vergleichen (siehe Kapitel 12.5). Gerade beim Drucken oder Ausbelichten von Fotos lohnt sich ein Softproof, da Testdrucke meist zu teuer (Fotodrucker) oder zu zeitintensiv (Belichtungsdienst) sind.

Wenn Lightroom bereits die Profilkonvertierung durchführt, muss im Druckertreiber auf jeden Fall eine weitere Farbanpassung verhindert werden. Dazu gibt es meist eine Einstellung, mit der man Farbkorrekturen ausschalten kann. Genau wie bei den Einstellungen zum Druck sehen sie von Hersteller zu Hersteller unterschiedlich aus, z. B. **Farbeinstellungen: Aus (Keine Farbkorrektur)** oder **Farbkorrektur: Keine** (siehe auch Abbildungen 12-20 und 12-21).

◄ Abbildung 12-25:
Um ein Ausgabeprofil benutzen zu können, müssen Sie es zunächst über Andere in das Aufklappmenü eintragen.

12.3.2 Schwarz-Weiß-Drucke mit dem Druckertreiber anpassen

Schwarz-Weiß-Fotos können ohne Weiteres genau wie Farbfotos gedruckt werden. Die Profile, die heute für moderne Fotodrucker erhältlich sind, sind in der Regel gut genug, um dabei keine störenden Farbstiche zu erzeugen. Einige Drucker verfügen aber über Druckertreiber mit speziellen Schwarz-Weiß-Einstellmöglichkeiten. Und viele Benutzer verwenden lieber diese Einstellungen, als über das Farbprofil zu drucken.

In diesem Fall stellt man die Farbkonvertierung in Lightroom aus. Dazu stellen Sie die Profil-Einstellung in der Druckauftrag-Palette auf **Vom Drucker verwaltet**. Daraufhin regelt man Kontrast, Helligkeit und evtl. Tonung im Druckertreiber (siehe Abbildung 12-26).

12.3.3 Im Entwurfsmodus drucken

Die Option **Drucken im Entwurfsmodus** in der Druckauftrag-Palette sorgt dafür, dass Lightroom für den Druck auf die vorhandenen Vorschaudateien zurückgreift, anstatt jedes Foto neu zu berechnen.

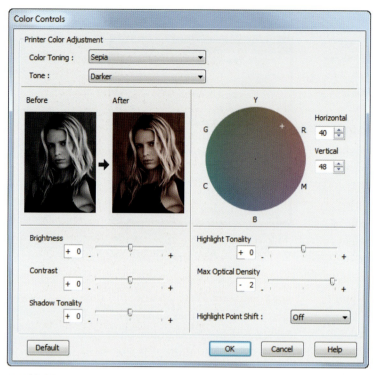

▲ Abbildung 12-26:
Manche Drucker verfügen über umfangreiche Anpassungsmöglichkeiten für Schwarz-Weiß-Fotos.

Der Entwurfsmodus ist daher wesentlich schneller als der normale Modus, vor allem bei Kontaktbögen.

Im Entwurfsmodus können Druckseiten nicht skaliert, nicht geschärft und nicht farbkonvertiert werden. Daher hat man keine andere Wahl, als dem Treiber die Farbanpassung zu überlassen. Begleitend würde ich auch die Druckertreibereinstellungen so wählen, dass der Druck schneller geht, z. B. bidirektionalen Druck (schnellen Druck) einschalten und die Druckqualität reduzieren.

12.3.4 Druck starten

Das eigentliche Drucken geschieht über den Drucken-Knopf unten rechts. Über den Knopf **Eine Ausgabe drucken** kann man dabei den Drucken-Dialog des Betriebssystems überspringen und den Auftrag genau einmal drucken.

Drucken-Dialog aufrufen: Strg+P (⌘: H+P)

Einmal drucken (ohne Dialog): Strg+Alt+P (⌘: H+⌥+P)

12.4 JPEG-Ausgabe

Die Einstellungen für die JPEG-Ausgabe sind etwas einfacher als beim direkten Druck, da man es hier nicht mit Druckertreibereinstellungen zu tun hat. Die meisten Einstellungen treffen Sie über die Druckauftrag-Palette. Die Seiteneinrichtung erfolgt wahlweise über den Betriebssystemdialog oder über die Palette.

Bei der JPEG-Ausgabe können Sie das Papierformat wie beim direkten Druck über die Seiteneinrichtung einstellen. Das empfiehlt sich, wenn die JPEGs später beispielsweise bei einem Dienstleister ebenfalls auf einem Fotodrucker gedruckt werden. Oft erfolgt die Ausgabe jedoch auf einem Fotobelichter, der nicht mit DIN-Formaten, sondern mit Fotoformaten wie 20 × 30 arbeitet. Bei diesen Dienstleistern müssen Sie zudem meist keinen Druckrand einhalten. Für diese Fälle können Sie die Papiermaße direkt in die Druckauftrag-Palette unter **Benutzerdefinierte Dateiabmessungen** eingeben (siehe Abbildung 12-27). Die

▲ Abbildung 12-27:
Druckauftrag-Palette für die JPEG-Ausgabe

Foto-Dienstleister und Farbmanagement

Nur wenige Dienstleister im »Konsumentensektor« verstehen überhaupt etwas von Farbmanagement. Bei solchen Dienstleistern ist es am besten, nach sRGB zu konvertieren und ausdrücklich automatische Anpassungen abzubestellen.

Professionelle Fachlabors hingegen stellen meist ihr Ausgabeprofil direkt zur Verfügung, sodass man zu Hause bereits einen Softproof machen kann. Sie können dann die Bilddateien in eines der Standardprofile konvertieren. Meist ist Adobe-RGB die beste Wahl. Neben Fachlabors gibt es auch (sehr wenige) normale Dienstleister, die auf diese Weise arbeiten – mir sind zwei bekannt: a) Saal Digital und b) fotocommunity prints. Meine Erfahrungen mit Saal Digital waren sehr gut, wesentlich besser als mit den normalen Belichtungsdiensten und sRGB. Den anderen Dienst habe ich nicht getestet.

Einstellungen in der Seiteneinrichtung werden dann ignoriert. Die Maßeinheit ändern Sie über die Einheit für die Lineale (siehe Kapitel 12.2.5).

Bei der Dateiauflösung hängt die Wahl wie immer vom ausgebenden Gerät ab. Wenn Sie auf einem Drucker ausgeben wollen, gehen Sie vor wie in Kapitel 12.3.1. Wenn Sie einen Belichtungsdienst benutzen, der auf Fotopapier ausbelichtet, arbeiten die Geräte meist mit einer Auflösung von 300 oder 400 ppi. Seit Lightroom 3 können Sie eine maximale Auflösung von 1.200 ppi verwenden. Für die Ausgabeschärfung stehen die drei üblichen Schärfungsgrade zur Verfügung (**Niedrig**, **Standard**, **Hoch**). Außerdem sollten Sie den richtigen Medientyp wählen (**Glanz** oder **Matt**).

Auch für die JPEG-Ausgabe führt Lightroom eine Farbraumkonvertierung durch. Hier lässt sich also, wenn vorhanden, das Ausgabeprofil des Druckers oder des Belichtungsdienstes wählen. Die meisten Belichtungsdienste gehen jedoch von Bilddaten im sRGB-Farbraum aus. Im Zweifelsfall ist man damit also auf der sicheren Seite (siehe Kasten Seite 321). Lightroom bettet das Ausgabeprofil übrigens immer in die JPEG-Datei ein, sodass die Farben eindeutig definiert sind.

Ausgeben können Sie die Dateien über den Knopf **In Datei ausgeben**. Nach einem Klick auf diesen Knopf gibt man einen Ordnernamen an. Die einzelnen Seiten speichert Lightroom dann durchnummeriert in diesem Ordner.

12.5 Softproof in Photoshop vornehmen

Ein Softproof ist eine Simulation des Ausgabeergebnisses auf dem Monitor. Er kann zwar prinzipiell für jede Ausgabe benutzt werden, ist aber vor allem für die Prävisualisierung von Drucken oder Ausbelichtungen sinnvoll – vor allem wenn es sich beim zu verwendenden Medium um ein mattes Papier mit geringem Kontrastumfang handelt.

Wie Sie vielleicht wissen, steht eine Softproofing-Funktion seit der ersten Version von Lightroom ganz oben auf der Wunschliste der Benutzer. Leider ist diesem Wunsch bisher nicht nachgekommen worden – es gibt kein Softproofing in Lightroom. Für eine Prävisualisierung können Sie aber auch Photoshop nutzen. Die Prozedur ist allerdings etwas umständlich.

Technisch funktioniert das Softproofing, indem das Foto ins Ausgabeprofil und danach wieder zurück ins Monitorprofil konvertiert wird. Sie benötigen also das Farbprofil, das auch für den Druck oder die Ausgabe verwendet wird.

Zunächst richten Sie den »Proof« ein: Die Proof-Einstellungen von Photoshop befinden sich unter dem Menüpunkt **Ansicht ▷ Proof einrichten ▷ Benutzerdefiniert**. (siehe Abbildung 12-28). Unter **Zu simulierendes Gerät** wird zuerst das Druckerprofil eingestellt, mit dem später gedruckt werden soll. Unter **Renderpriorität** kommt **Perzeptiv** oder **Relativ**

In Datei ausgeben: Strg + P (⌘: ⌘ + P)

Proof an/aus (Photoshop): Strg + Y (⌘: ⌘ + Y)

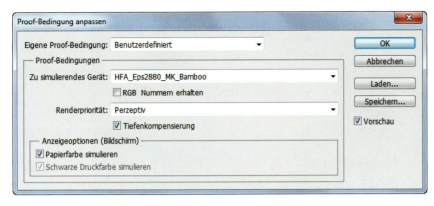

◀ Abbildung 12-28:
Proof-Bedingungen anpassen

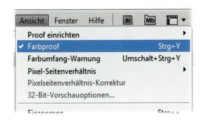

◀ Abbildung 12-29:
Die Proof-Einstellungen finden Sie im Ansicht-Menü von Photoshop.

farbmetrisch (in Lightroom: **Farbmetrisch**) in Frage.

Tiefenkompensierung sollte eingeschaltet, **RGB-Nummern erhalten** ausgeschaltet sein. **Papierfarbe simulieren** würde ich im Zweifelsfall einschalten, es führt meist zu einem realistischeren Proof. Dies ist aber oft Geschmackssache. Ist der Proof konfiguriert, wird er über **Ansicht ▷ Farbproof** an- oder ausgeschaltet.

Sie können jetzt sehen, wie das Foto ungefähr als Druck aussehen wird. Gerade bei Fine-Art-Papieren ergibt sich oft ein deutlicher Unterschied zur normalen Monitordarstellung ohne Proof (siehe Abbildung 12-30). Anhand der Proof-Ansicht können Sie das Foto jetzt weiter bearbeiten, um den Druck zu optimieren. Oft ist eine Tonwertanpassung sinnvoll (z.B. eine Kontrasterhöhung), bei Farbfotos auch eine Erhöhung der Sättigung bzw. Dynamik. Diese ausgabespezifischen Änderungen können Sie in Photoshop machen und das Foto anschließend in Photoshop oder Lightroom drucken.

Für Farbfotos von Belang ist daneben die Wahl der geeigneteren Methode bei der Konvertierung ins Ausgabeprofil: farbmetrisch oder perzeptiv. Über die Proof-Einstellungen (siehe oben) können Sie diese über Renderpriorität einstellen. Wenn Sie die richtige gefunden haben, müssen Sie beim Drucken in Lightroom dieselbe Methode einstellen, um das Ergebnis zu reproduzieren. Sie können weiterhin, wenn Sie beispielsweise mehrere Fine-Art-Papiere haben, über die Auswahl des entsprechenden Profils nach einem geeigneten Papier für Ihr Foto suchen. Allerdings stößt die

▲ Abbildung 12-30:
Prävisualisierung: Ohne Proof in Lightroom (oben) und mit Proof in Photoshop (unten) – man sieht die gelbliche Farbe und den recht geringen Kontrastumfang des Papiers mit dem hellen Schwarz vorab und kann beispielsweise den Kontrast vor dem Drucken gezielt erhöhen.

Prävisualisierung hier schnell an ihre Grenzen, hier braucht es vor allem Erfahrung.

Es kann außerdem sinnvoll sein, im Ansicht-Menü die **Farbumfangwarnung** dazuzuschalten. Sie zeigt an, welche Bildbereiche von den Farben her nicht in das Ausgabeprofil passen. Dies sind die Stellen, die man sich beim Vergleichen der beiden Renderprioritäten genauer anschauen sollte, insbesondere bei der farbmetrischen Konvertierung (denn hier finden die Veränderungen statt).

Eine mögliche (wie gesagt recht aufwändige) Vorgehensweise für den Softproof:

1. Foto über die Übergabefunktion (siehe Kapitel 14.1) an Photoshop senden
2. Proof einstellen
3. Bei Farbfotos geeignetere der beiden Konvertierungsmethoden aussuchen

Farbumfangwarnung an/aus: Strg+⇧+Y (⌘: ⌘+⇧+Y)

4. Tonwerte anpassen über Photoshops Gradationskurve (Einstellungsebene)
5. Bei Farbfotos Sättigung anpassen über Photoshops Dynamik-Funktion (Einstellungsebene)
6. Foto speichern
7. In Lightroom drucken, dabei das richtige Profil und die richtige Konvertierungsmethode (siehe Abbildung 12-31) verwenden

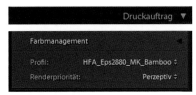

▲ Abbildung 12-31:
Beim Druck in Lightroom sollten das für den Proof verwendete Profil und die Konvertierungsmethode eingestellt werden.

Kapitel 13:

Web-Modul

Im Web-Modul lassen sich HTML- und Flash-Webgalerien gestalten, die Sie anschließend automatisch auf Ihren Webserver übertragen lassen können. Das Modul lässt sich dabei um weitere Galerietypen erweitern. Standardmäßig lassen sich in Lightroom leider nur einzelne Galerieseiten erstellen, nicht aber eine Haupt- oder Indexseite, die diese Seiten verbindet. Doch auch hier gibt es Lösungen von Drittanbietern.

13.1 Galerietypen/Layoutstile

Die wichtigste Einstellmöglichkeit im Web-Modul ist die Wahl des Galerietyps über die Layoutstil-Palette. Nicht nur wird die generelle Bedienweise der Webseite durch diese Wahl bestimmt, auch die weiteren Einstellmöglichkeiten in der rechten Palettenspalte hängen teilweise vom eingestellten Layoutstil ab. Im Folgenden gehe ich kurz auf die fünf mitgelieferten Stile ein.

▲ Abbildung 13-1:
Das Web-Modul

13.1 Galerietypen/Layoutstile   327

◀ Abbildung 13-2:
Layoutstil-Palette mit den fünf mitgelieferten und zwei Galerietypen von Drittherstellern

▲ Abbildung 13-3:
Miniatur- und Einzelbildseite der Lightroom-HTML-Galerie

Lightroom-HTML-Galerien bestehen aus zwei Seitentypen: Miniaturseiten und Seiten, auf denen die eigentlichen Fotos groß angezeigt werden. Auf den Einzelbildseiten kann man dann von Foto zu Foto weiter oder zurück zur Miniaturseite gehen. Die HTML-Seiten sind gut für Galerien mit vielen Fotos geeignet, da die Miniaturen automatisch auf mehrere Seiten verteilt werden. Sie können die Webgalerie mit Titel und Beschreibung gestalten und mit einer Erkennungstafel versehen.

Für jedes Foto können Sie zwei Zeilen mit Metadaten anzeigen. Mehr zu den Einstellungen im nächsten Abschnitt.

Lightroom-Flash-Galerien vereinen Miniatur- und Einzelbildseiten. Dazu

Hinweis

In Lightroom 3 sind neue Vorlagen im Vorlagenbrowser hinzugekommen.

▲ Abbildung 13-4:
Die Lightroom-Flash-Galerie

HTML vs. Flash

Lightroom-Galerien benutzen entweder HTML oder Flash als Technologie für den Seitenaufbau. HTML ist ein offener Standard, der von einem unabhängigen Gremium, dem World Wide Web Consortium, entwickelt wird. Jeder Webbrowser kann HTML darstellen. Flash hingegen ist eine nichtoffene, von Adobe entwickelte Technologie. Flash-Inhalte können in Webbrowsern nur mit Adobes Flash-Plugin angezeigt werden, das aber auf fast jedem Computer installiert ist. Der größte Nachteil von Flash ist möglicherweise derzeit, dass viele mobile Geräte wie Smartphones oder Tablet-Computer Flash-Inhalte nicht darstellen können, unter anderem das iPhone und das iPad von Apple.

Flash gilt im Allgemeinen als leistungsfähiger als HTML. Die Lightroom-Flash-Galerie ist der Lightroom-HTML-Galerie auch in einigen Punkten überlegen. So bietet sie einen Diashow-Modus und ist mit der Tastatur steuerbar. HTML hat aber in den letzten Jahren stark aufgeholt und ist teilweise von Flash nicht mehr zu unterscheiden. Animationen, Tastatursteuerung und Diashow-Modus sind mit HTML ebenso möglich, werden aber in der normalen Lightroom-HTML-Galerie nicht benutzt. Es gibt jedoch einige Galerien von Drittherstellern, die diese Möglichkeiten ausschöpfen (siehe unten).

▲ Abbildung 13-5:
Airtight Autoviewer zeigt die Fotos ohne Übersicht ähnlich einer Diashow an. Von Foto zu Foto lässt sich automatisch oder mit Maus oder Pfeiltasten weiterschalten.

▲ Abbildung 13-6:
Airtight Postcardviewer zeigt die Fotos zunächst in einer Übersicht an. Per Mausklick kann man in ein Foto hineinzoomen und dann mit den Pfeiltasten zwischen den Fotos hin und her schalten.

gibt es einen Bereich mit den Miniaturen, der sich links oder unten platzieren lässt. Miniaturenbereich und großes Foto passen sich automatisch an die Größe des Webbrowsers an. Neben der Auswahl der Fotos über die Miniaturen lässt sich mit den Pfeiltasten zwischen den Fotos hin und her schalten. Die Lightroom-Flash-Galerie lässt sich mit statischen Texten, darunter einer langen Beschreibung der Galerie, und einer Erkennungstafel versehen. Sie können für jedes Foto zwei Zeilen Metadaten anzeigen lassen.

Der Charakter dieses Galerietyps entspricht ein wenig einer Diashow: Hoch- und Querformatfotos haben beispielsweise eine gemeinsame Höhe, d.h., insgesamt sind Hochformatbilder deutlich kleiner als Querformate. Zudem lassen sich die Miniaturen komplett ausblenden und die Fotos auch automatisch weiterschalten.

▲ Abbildung 13-7:
Airtight Simpleviewer zeigt ähnlich wie die Lightroom-Flash-Galerie Miniaturen und großes Foto auf derselben Seite an. Die Miniaturen können auf allen vier Seiten in mehreren Spalten und Reihen platziert werden, sind aber quadratisch und geben daher das Foto nicht genau wieder. Zwischen den einzelnen Fotos kann man auch mit den Pfeiltasten hin und her schalten.

Zusätzlich zu den obigen Galerietypen werden drei recht ansprechend animierte, aber von den Möglichkeiten her etwas einfachere Flash-Galerien mitgeliefert, die von der Firma Airtight Interactive entwickelt wurden. Statische Texte und die Erkennungstafel lassen sich in keiner dieser drei Galerien platzieren (nur der Titel der Webseite im Browser-Fenster lässt sich festlegen). Es lässt sich außerdem bei allen Galerien eine Metadatenzeile angeben. Diese wird aber nur bei der Simpleviewer-Galerie angezeigt.

Über die fünf Galerietypen hinaus ist das Web-Modul um beliebig viele Layoutstile von Drittherstellern erweiterbar, die entweder HTML oder Flash für die Darstellung nutzen können. Einige gibt es z.B. auf der Webseite The Turning Gate oder auf Lightroom Exchange. Leider sind viele schöne Galerietypen inzwischen nicht mehr kostenlos erhältlich. Einen neuen Galerietyp mit der Endung **.lrwebengine** legt man einfach in den Unterordner **Web Galleries** des Lightroom-Vorgabenordners – nach einem Neustart von Lightroom steht er in der Layoutstil-Palette zur Verfügung.

13.2 Einstellungen zum Layout

Ich werde die Gestaltung der Galerie aus Platzgründen nur anhand der Lightroom-HTML- und -Flash-Galerie erläutern. Die anderen Galerien sind alle ein wenig unterschiedlich, aber es sollte jeweils leicht herauszufinden sein, wie sie genau funktionieren, zumal sie im Grunde dieselben Einstellungen haben – Layout, Metadaten und Ausgabeeinstellungen.

Das grundlegende Layout stellen Sie bei den beiden Galerietypen über die Erscheinungsbild-Palette ein. Für die

> **Hinweis**
> Den Vorgabenordner erreichen Sie über die Voreinstellungen unter **Vorgaben ▷ Lightroom-Vorgabenordner anzeigen**.

Index-Seiten für Webgalerien

Eines der wichtigsten Dinge, die in Lightroom fehlen, ist eine Möglichkeit, mehrere Webgalerien zu verwalten und dazu eine Hauptseite zu erzeugen, die auf diese einzelnen Galerien verweist. Dies kann man zwar von Hand machen, indem man diese Hauptseite außerhalb von Lightroom mit einem Webseitenprogramm erstellt. Dies ist aber sehr unkomfortabel, da man die Seite selbst aktualisieren muss, sobald man eine neue Galerie hochlädt.

Es gibt daher Lösungen von Drittherstellern, die diese Hauptseiten automatisch erzeugen, beispielsweise den TTG Auto Index von der schon erwähnten Webseite The Turning Gate oder die Galerie LRB Portfolio. Diese Index-Galerien werden als normale Galerietypen installiert und von Lightroom aus gestaltet, anschließend erkennen sie neu hochgeladene Galerien automatisch und nehmen sie in die Index-Seite auf. Beide Lösungen sind kostenpflichtig, dennoch für intensive Nutzer des Web-Moduls sicher eine Überlegung wert.

13.2 Einstellungen zum Layout

Abbildung 13-8:
Erscheinungsbild-Palette für
die Lightroom-HTML-Galerie

Abbildung 13-9:
Erscheinungsbild-Palette für
die Lightroom-Flash-Galerie

Lightroom-HTML-Galerie sind die wichtigsten Einstellungen die Anzahl der Miniaturen pro Miniaturseite (Rasterseite) und die Größe der Fotos auf der Einzelbildseite (siehe Abbildung 13-8). Von mehr als sechs Miniaturen pro Zeile würde ich abraten: Die Webseite geriete zu breit für viele (Laptop-)Monitore. Aus demselben Grund würde ich die Größe der Fotos auf den **Bildseiten** nicht zu hoch wählen (nicht mehr als 700 Pixel).

Bei der Lightroom-Flash-Galerie kommt es vor allem auf die Layout-Einstellung an (siehe Abbildung 13-9), die die Position und den Typ des Miniaturenbereichs festlegt: Die Einstellungen **Bildlauf** und **Links** zeigen jeweils einen einfachen Filmstreifen an; für Galerien mit vielen Fotos geeigneter ist **Mit Seitenumbrüchen**, da der Betrachter ähnlich wie bei der Lightroom-HTML-Galerie die Miniaturen auf mehreren Seiten angezeigt bekommt;

Nur Diashow schließlich zeigt gar keine Miniaturen an.

In der Palette **Site-Informationen** bietet Lightroom mehrere Felder für statische Texte wie Titel und Beschreibung der Galerie an. Hier können Sie auch eine Erkennungstafel, z.B. ein Logo oder den Titel der Webseite, oben auf der Seite einblenden. In der **Farbpalette** können Sie die Farben der Texte und anderer Elemente der Galerie anpassen. Oft reicht auch ein Blick auf die Vorlagen-Palette: Mit Lightroom werden bereits viele

> **Tipp**
> Um Titel und Beschreibung der Galerie zu ändern, können Sie die Texte auch mit der Maus direkt auf der Arbeitsfläche anklicken.

◀ Abbildung 13-10:
Ausgabeeinstellungen-Palette

Galerievorlagen in verschiedenen Farben mitgeliefert.

Schließlich können Sie über die Bildinformationen-Palette zwei Zeilen mit Metadaten einstellen, die für jedes Foto angezeigt werden. Hierfür lassen sich vordefinierte Textvorlagen wie Bildtitel oder Aufnahmedatum aus der Liste auswählen oder mit dem Textvorlagen-Editor eigene Vorlagen erzeugen.

13.3 Galerie erzeugen und hochladen

In der Ausgabeeinstellungen-Palette finden sich einige Einstellungen für die JPEG-Bilddateien, die Lightroom für die Webgalerie erzeugen muss. Zum einen lässt sich die Kompressionsstufe der JPEGs festlegen. Zum anderen stellen Sie ein, ob die Fotos automatisch für die Ausgabe geschärft werden. Den Schärfungsgrad können Sie in drei Stufen einstellen (**Niedrig**, **Standard**, **Hoch**).

Über die Wasserzeichen-Einstellung können Sie ein Wasserzeichen auf die ausgegebenen Bilddateien anwenden lassen. Hierzu können Sie entweder ein mit dem Wasserzeichen-Editor erstelltes (siehe Kasten in Kapitel 10.3.4) auswählen oder ein Wasserzeichen von Lightroom erstellen lassen, bei dem es einfach den Text aus dem IPTC-Urheberrechtsfeld verwendet und unten links platziert.

Wichtig ist die Einstellung **Metadaten**, da es sich bei den Webgalerien um eine Veröffentlichung im Internet handelt. Sie legt fest, ob in die JPEGs sämtliche Metadaten (inkl. Stichwörter, GPS-Informationen etc.) der Fotos eingetragen werden oder nur die Urheberrechtsangaben.

Farbmanagement im Web(-Modul)

Das Web ist leider ein Ort, an dem Farbmanagement bisher keine große Rolle spielt. So verfügen die wenigsten Fotos im Internet über eingebettete Farbprofile. Lightroom ist in diesem Punkt vorbildlich: Zwar kann man sich den Farbraum für die Webausgabe nicht aussuchen (es ist immer sRGB), aber die JPEG-Dateien werden zumindest mit eingebettetem Farbprofil gesichert. Nicht jeder Webbrowser beherrscht korrektes Farbmanagement, aber der Trend geht dahin, dass zumindest Bilder mit eingebetteten Profilen korrekt behandelt werden: Safari und Firefox machen das schon länger, seit Firefox 3.5 ist Farbmanagement auch standardmäßig eingeschaltet.

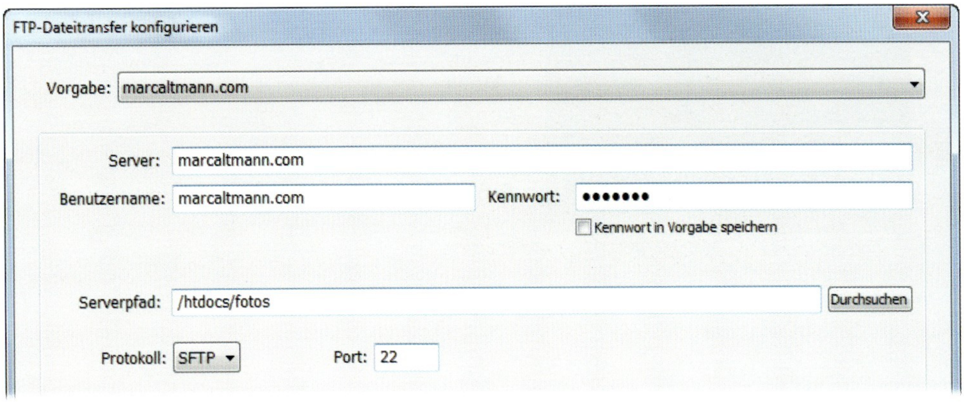

Abbildung 13-11:
FTP-Server konfigurieren

Einige Eigenschaften der Webgalerien kommen im Vorschaubereich des Web-Moduls übrigens nicht zum Tragen. Weder die Auswirkungen der Ausgabeschärfung noch die der eingestellten JPEG-Qualität werden hier angezeigt, außerdem funktionieren etwaige Tastaturkürzel der Galerie nicht. Eine adäquate Vorschau erhalten Sie über den Knopf **Vorschau in Browser**.

Wenn Sie mit der Gestaltung und den Ausgabeeinstellungen für die Fotos fertig sind, können Sie die Webgalerie von Lightroom erzeugen und auf Ihren Webserver übertragen lassen. Über die Palette **Einstellungen für das Hochladen** lassen sich dazu Einstellungen festlegen. Zunächst wählen Sie dort den FTP-Server aus, auf den die Galerie übertragen werden soll. Dazu müssen Sie eine FTP-Konfigurationsvorgabe erstellen, in die Sie Zugangs- und Verbindungsinformationen eintragen (siehe Abbildung 13-11).

Die Zugangsinformationen sollten Sie von Ihrem Webseiten-Provider erhalten haben. Neben Server- und Benutzername können Sie auch das Zugangskennwort in der Vorgabe speichern, dieses steht aber dann im Klartext und somit unverschlüsselt in der Vorgabedatei (weshalb ich selbst es nicht speichere).

Für die Verbindungsinformationen geben Sie unter **Protokoll** das normale FTP oder das sicherere sFTP an. Letzteres ist – wenn es vom Server unterstützt wird – zu empfehlen, da während der Server-Anmeldung das Passwort verschlüsselt übertragen wird. Die Standardeinstellung unter **Port** sollte für fast jeden FTP-Server funktionieren – ist dies nicht der Fall, sollten Sie mit Ihrem Provider Kontakt aufnehmen.

Beim normalen FTP-Protokoll gibt es noch die Option **Passiver Modus für Datenübertragungen**. Normalerweise sollte der passive Modus funktionieren. In seltenen Fällen erlaubt der Server jedoch nur eine nicht passive (aktive) FTP-Verbindung, bei der der FTP-Server eine Verbindung zu Ihrem Rechner aufbaut

◀ Abbildung 13-12:
Palette Einstellungen für das Hochladen

(und nicht andersherum). Wenn Sie eine Firewall eingerichtet haben, müssen Sie ihr eventuell erst sagen, dass sie aktive FTP-Verbindungen erlauben soll.

Der Pfad, unter dem die Webgalerie abgelegt wird, setzt sich schließlich zusammen aus dem Pfad, den Sie in der FTP-Vorgabe angeben, und dem Namen für den Unterordner in der Palette **Einstellungen für das Hochladen**. Bei mir ist der Pfad für alle Lightroom-Uploads `htdocs/fotos/` (`htdocs` ist das Standardverzeichnis für HTML-Webseiten auf den meisten Servern), in diesem Verzeichnis befinden sich dann die Galerieordner (z.B. `ostsee`, `heiligendamm` etc.). Der vollständige Pfad der Galerie wird zur Kontrolle unten in der Hochladen-Palette angezeigt (siehe Abbildung 13-12).

Mit einem Klick auf den Hochladen-Knopf rechts unten starten Sie das Erzeugen und Übertragen der Webgalerie. Alte Galerien oder auch alte, nicht mehr aktuelle Fotos einzelner Galerien werden von Lightroom nicht automatisch gelöscht. Diese müssen Sie also von Zeit zu Zeit selbst mit einem FTP-Programm löschen.

Neben dem direkten Hochladen lässt sich die Webseite über den Exportieren-Knopf in einen Ordner auf der Festplatte exportieren und dann von Hand auf den Server übertragen. Dies ist zwar nicht so komfortabel, dafür hat man aber in der Regel eine bessere Übersicht über die Verzeichnisstruktur und den durch die Galerien belegten Platz. Auch wenn Sie bei Ihrem Provider das FTP-Protokoll nicht verwenden können, müssen Sie so vorgehen.

Vorschau im Webbrowser anzeigen: Strg+⇧+P (⌥: ⌘+⇧+P)
Webgalerie exportieren: Strg+J (⌥: ⌘+J)

Kapitel 14:

Bildbearbeitung mit externen Programmen

Viele Bildbearbeitungen lassen sich mit Lightrooms Entwicklungseinstellungen nicht realisieren. In solchen Fällen können Sie auf klassische Bildbearbeitungsprogramme wie Photoshop zurückgreifen.

Einerseits gibt es dafür in Lightroom ein Übergabe-Menü, in das Sie externe Programme eintragen können. Ausgewählte Fotos können Sie dann einfach per Menübefehl an das Programm übergeben. Dazu erzeugt Lightroom in der Regel ein Derivat, eine neue RGB-Datei für die Weiterverarbeitung. Eine weitere Möglichkeit ist die Benutzung des Exportieren-Dialogs. Er lässt sich ebenfalls so einrichten,

dass Bilddateien erzeugt werden, die für die Weiterverarbeitung geeignet sind.

Für Adobe Photoshop stellt Lightroom spezielle Übergabefunktionen bereit. So können Sie z.B. besonders schnell ein Panorama- oder HDR-Foto zusammensetzen. In diesem Zusammenhang geht es am Ende dieses Kapitel noch um Photoshops Farbeinstellungen.

14.1 Das Übergabe-Menü

14.1.1 Allgemeine Vorgehensweise

Wenn Sie Photoshop installiert haben, wird es automatisch von Lightroom erkannt. Ein weiteres externes Programm muss in den Voreinstellungen unter Externe Bearbeitung eingetragen werden. Ausgewählte Fotos werden dann über das Menü **Foto ▷ Bearbeiten in** oder über das Kontextmenü eines Fotos an das Programm übergeben. Das Menü ist im Bibliothek- und im Entwickeln-Modul verfügbar. Für Photoshop und eins der anderen externen Programme können Sie auch die Tastaturkürzel verwenden.

Hinweis

Auf der dpunkt-Webseite finden Sie ein Kapitel über Bildbearbeitung mit Photoshop CS3 aus der Vorauflage dieses Buches, in dem ich genauer auf die Erstellung von Panoramen, HDR-Fotos und Ebenenkonstruktionen eingehe.

Photoshop aufrufen: Strg+E (⌂: ⌘+E)

Weiteres externes Programm aufrufen: Strg+Alt+E (⌂: ⌘+Alt+E)

◀ Abbildung 14-1:
Hier ist neben Photoshop das Programm »Gimp« im Übergabe-Menü eingetragen.

◀ Abbildung 14-2:
Übergabe eines Raw-Fotos an ein externes Programm

Lightroom blendet nach dem Aufrufen des Menübefehls zunächst einen Dialog ein, in dem Sie das Übergabeverfahren auswählen (siehe Abbildung 14-2). Beim Standardmodus **Kopie mit Lightroom-Anpassungen bearbeiten** übergibt Lightroom eine neue Bilddatei mit angewendeten Entwicklungseinstellungen an das externe Programm. Bei Raw-Fotos lässt sich nur dieses Verfahren verwenden.

Bei RGB-Fotos können Sie darüber hinaus zwei weitere Verfahren benutzen (siehe Abbildung 14-3): **Kopie bearbeiten** erstellt eine Kopie der Bilddatei des Fotos und öffnet sie im externen Programm. Lightroom importiert diese Kopie und überträgt die Entwicklungseinstellungen des Originalfotos auf sie. Der Vorteil gegenüber der Standardübergabe ist also, dass die Entwicklungseinstellungen nicht in die Bilddatei »eingebrannt« werden und nach wie vor veränderbar sind. **Original bearbeiten**

▲ Abbildung 14-3:
Der Übergabe-Dialog für RGB-Dateien enthält zwei zusätzliche Übergabemodi.

▲ Abbildung 14-4:
Derivate wie dieses bereits zusammengesetzte HDR-Foto werden direkt oder als Kopie nachbearbeitet.

übergibt hingegen die Bilddatei des Fotos selbst ans externe Programm. Sie könnten stattdessen auch einfach die Bilddatei direkt im Programm öffnen. Auch hier bleiben die Entwicklungseinstellungen veränderbar.

Beide Übergabeverfahren sind vor allem für die weitere Bearbeitung von Derivaten geeignet. Das Derivat direkt zu bearbeiten (über **Original bearbeiten**) ist vor allem sinnvoll, wenn Sie mit Photoshop bzw. mit einem anderen externen Programm nichtdestruktiv arbeiten, da Sie in diesem Fall die Datei beliebig oft bearbeiten können, ohne Qualität einzubüßen (siehe auch Kasten »Nichtdestruktive Bildbearbeitung in Photoshop« weiter unten).

Für Kamera-JPEGs ist keiner der beiden Modi besonders geeignet. Als Originaldateien sollten sie nicht direkt bearbeitet werden. Aber auch der Modus **Kopie bearbeiten** ist ungeeignet, da die Kopie ebenfalls im JPEG-Format vorliegen würde, das aufgrund seines verlustbehafteten Kompressionsverfahrens nicht für die Weiterverarbeitung taugt. Um JPEGs zu bearbeiten, ist also die Standardübergabe sinnvoller. Sie können sich auch den Ort der JPEG-Datei übers Kontextmenü anzeigen lassen und diese direkt mit dem externen Programm öffnen – das bearbeitete Foto speichern Sie anschließend als TIFF- oder PSD-Datei und holen es über die Funktion **Ordner synchronisieren** (siehe Kapitel 5.2) in den Katalog.

14.1.2 Übergabe an Photoshop

Das Standard-Übergabeverfahren **Kopie mit Lightroom-Anpassungen bearbeiten** erzeugt normalerweise ein Derivat, das an das externe Programm übergeben wird. In der Annahme, dass Sie die neue Bilddatei behalten wollen, holt Lightroom sie auch gleich in den Katalog. Dieses Verhalten ist etwas lästig, wenn Sie noch gar nicht wissen, ob Sie sie behalten wollen, oder wenn Sie nur schnell etwas ausprobieren möchten. Sie müssen dann das erzeugte Derivat von Hand in Lightroom löschen.

Wenn Sie allerdings Photoshop in einer aktuellen Version verwenden, brauchen Sie das nicht, da in diesem Fall nicht Lightroom die neue Bilddatei erzeugt, sondern Photoshop über Camera Raw. Wenn Sie eine Bearbeitung verwerfen wollen, können Sie die Datei einfach ohne zu speichern schließen und brauchen sie anschließend nicht in Lightroom zu löschen.

Für diesen Komfort benötigen Sie allerdings eine Version des Camera-Raw-Plugins für Photoshop, die der Lightroom-Version entspricht. Falls das nicht der Fall sein sollte, macht Lightroom Sie bei der Übergabe darauf aufmerksam (siehe Abbildung 14-6). Sie können allerdings nicht jede Photoshop-Version mit dem neuesten Camera-Raw-Plugin aktualisieren: Für Lightroom 3 benötigen Sie mindestens Photoshop CS4, für Lightroom 2 Photoshop CS3 (inkl. Update 3.0.1), und so wird Adobe es vermutlich fortsetzen.

Wenn Sie eine aktuelle Photoshop-Version besitzen, haben Sie noch eine weitere interessante Übergabemöglichkeit: Sie können das Foto als Smart-Objekt übergeben (siehe Kasten), d.h., es wird so an Photoshop übergeben, dass Sie dort nichtdestruktiv arbeiten und die Entwicklungseinstellungen weiterhin ändern können – egal wie oft Sie die Datei in der Zwischenzeit geschlossen und wieder geöffnet haben. Dazu übergeben Sie das Foto mit dem Menübefehl **Als Smart-Objekt öffnen**.

Lightroom bietet schließlich noch drei spezielle Menübefehle für Photoshop an,

Nichtdestruktive Bildbearbeitung in Photoshop

Auch in Photoshop können Sie nichtdestruktiv arbeiten. Das Konzept funktioniert allerdings nicht wie in Lightroom über Metadaten. In Photoshop wird die nichtdestruktive Bearbeitung im Rahmen des Ebenensystems realisiert, das nur in bestimmten Dateiformaten gespeichert werden kann (TIFF und PSD). Eine Datei kann beliebig oft geöffnet und angepasst werden.

Um Raw-Fotos nachträglich bearbeiten zu können, wird die Raw-Datei als Smart-Objekt in die TIFF- oder PSD-Datei integriert. Sie erscheint dann als Ebene wie in Abbildung 14-5. Um die Einstellungen anzupassen, klicken Sie einfach doppelt auf die Ebenenminiatur, sodass Photoshop das Camera-Raw-Plugin aufruft. In Ergänzung zu den Smart-Objekten gibt es in Photoshop Smart-Filter und Einstellungsebenen für das nichtdestruktive Arbeiten.

▲ Abbildung 14-5:
Über Smart-Objekte wird die Raw-Datei zusammen mit den Entwicklungseinstellungen als Ebene in die TIFF- oder PSD-Datei eingebettet, die Entwicklung bleibt im Nachhinein anpassbar.

▲ Abbildung 14-6:
Wenn Camera Raw nicht aktuell genug ist, macht Lightroom Sie darauf aufmerksam. In diesem Fall ist es sicherer, die Bilddatei von Lightroom erzeugen (rendern) zu lassen.

◀ Abbildung 14-7:
Ab Photoshop CS 3.0.1 stehen Ihnen spezielle Übergabefunktionen für mehrere Fotos zur Verfügung.

mit denen mehrere Fotos zu einer Bilddatei vereint werden. Sie stehen daher nur zur Verfügung, wenn mehrere Fotos ausgewählt sind.

- **Zu Panoramabild zusammenfügen** ruft Photoshops Panorama-Tool **Photomerge** auf, das ein Panorama aus den ausgewählten Teilbildern erstellt.
- **Zu HDR (Pro) zusammenfügen** fügt die ausgewählten Fotos zu einem HDR-Foto zusammen. Die Einzelbilder stellen dabei Fotos desselben Motivs in unterschiedlichen Belichtungen dar, die zu einem Foto mit erweitertem Dynamikumfang (High Dynamic Range) kombiniert werden.
- **Als Ebenen öffnen** legt die ausgewählten Fotos in einem Photoshop-Dokument als einzelne Ebenen

übereinander. Das so entstandene Bild kann Ausgangspunkt für verschiedene Bildbearbeitungstechniken sein (z.B. Mehrfachbelichtung, Durchzeichnen, »Focus-Stacking«).

14.1.3 Exportoptionen festlegen

Das Standard-Übergabeverfahren erzeugt neue Bilddateien. In den Voreinstellungen unter **Externe Bearbeitung** stellen Sie ein, welche Eigenschaften diese Dateien haben sollen (siehe Abbildung 14-9). Der obere Teil des Dialogs ist für Photoshop reserviert, im mittleren können Sie weitere Programme eintragen. Für jedes weitere Programm können Sie unterschiedliche Exportoptionen einstellen und als Vorgaben speichern. Alle Vorgaben erscheinen dann im Übergabe-Menü **Foto ▷ Bearbeiten in**, sodass sich alle Programme schnell

▲ Abbildung 14-8:
Mehrere Fotos lassen sich in Photoshop direkt aus Lightroom heraus beispielsweise zu einem HDR-Foto zusammenfügen.

aufrufen lassen. Die zuletzt eingestellte Vorgabe ist diejenige, für die das Tastaturkürzel (siehe Seite 336) gilt.

Es stehen für die Weiterbearbeitung nur zwei Dateiformate zur Verfügung: TIFF und PSD. Beide sind gut für die Weiterverarbeitung geeignet, da sie verlustfrei komprimieren, in einer Bittiefe von 8 und 16 bit speichern können und fast jedes Programm sie öffnen kann, vor allem TIFF-Dateien. TIFF-Dateien lassen sich mit dem LZW- oder Zip-Verfahren verlustfrei komprimieren. Das Zip-Verfahren ist effizienter als LZW und das eingebaute Kompressionsverfahren von PSD, einige ältere Programme können TIFF-Dateien

Hinweis
PSD-Dateien müssen in Photoshop mit Ebenenkompositum (eine zusammengerechnete Version aller verwendeten Ebenen) gespeichert werden, damit sie in Lightroom importiert werden können. Dazu muss in Photoshops Voreinstellungen unter **Dateihandhabung** die Option **Kompatibilität von PSD- und PSB-Dateien maximieren** aktiviert sein.

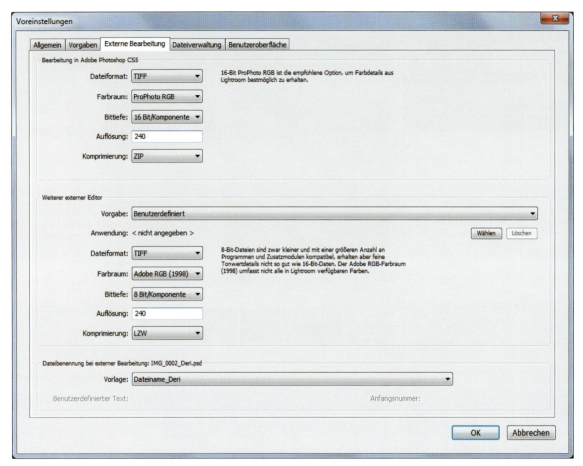

▲ Abbildung 14-9:
In den Voreinstellungen können Sie für jedes externe
Programm eigene Exportoptionen einstellen.

mit Zip-Komprimierung allerdings nicht lesen.

Sie können für die Weiterverarbeitung einen der drei Standardfarbräume Pro-Photo-RGB, Adobe-RGB und sRGB einstellen sowie zwischen 8 und 16 bit Bittiefe wählen. *ProPhoto-RGB* als größter der drei Farbräume ist erste Wahl für hochwertige Weiterverarbeitung und größtmögliche Flexibilität in der Ausgabe. Es ist der Farbraum, mit dem auch Lightroom arbeitet. Ein Speichern in 16 bit ist wegen der Größe des Farbraums dringend angeraten. Adobe-RGB ist wesentlich kleiner, aber für Dateien gut geeignet, die in 8 bit Bittiefe gespeichert werden sollen.

sRGB können Sie hier zwar auch einstellen, aber für die Weiterverarbeitung ist er ungeeignet, da der Farbraum sehr klein ist und viele Farben verloren gehen könnten – wenn Sie nicht ausschließlich fürs Web arbeiten, würden Sie sich in der

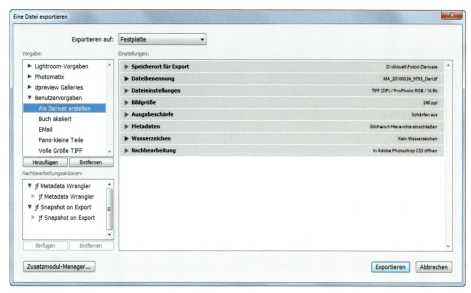

▲ Abbildung 14-10:
Der Exportieren-Dialog lässt sich ebenfalls für die Weiterverarbeitung einsetzen.

Ausgabeunabhängigkeit unnötig einschränken. Ich verwende für die Weiterverarbeitung grundsätzlich nur eine der beiden Kombinationen ProPhoto-RGB/16 bit und Adobe-RGB/8 bit.

Den Speicherort für neu erstellte Bilddateien können Sie sich nicht aussuchen. Lightroom erstellt sie automatisch im Ordner der Originaldatei. Das ist ungünstig, wenn Sie wie ich Derivate von den Originalen trennen wollen (dies ist fürs Fotoarchiv von Vorteil, siehe hierzu Kapitel 15.4.4). Sie können dann entweder die neue Datei über die Ordner-Palette verschieben oder statt des Übergabemenüs den Exportieren-Dialog benutzen (siehe unten).

Für die Benennung hängt Lightroom standardmäßig einfach ein **-Bearbeitet** an den Originaldateinamen (z.B. **MA_20070909_6084-Bearbeitet.tif**). Bei weiteren Kopien hängt das Programm dann eine laufende Nummer daran, also **-Bearbeitet-2**, **-Bearbeitet-3** usw. Durch diese Suffixe sind die Derivate immer klar vom Original unterscheidbar. Sie können auch Ihr eigenes Namenschema mithilfe einer Dateinamenvorlage angeben.

14.2 Übergabe per Exportieren-Dialog

Sie können statt des Übergabe-Menüs auch den Exportieren-Dialog benutzen, um Fotos an externe Programme zu übergeben. Es gibt einige Fälle, in denen dies geeigneter ist, da der Exportieren-Dialog wesentlich flexiblere Einstellungen für die ausgegebenen Bilddateien erlaubt (siehe Kasten auf Seite 346 für Beispiele).

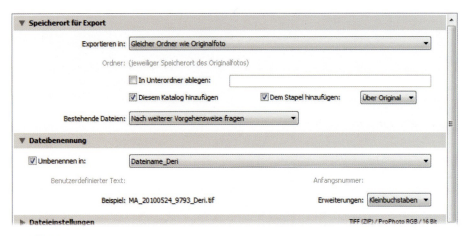

▲ Abbildung 14-11:
Einstellungen für Ordner und Dateinamen

Ich werde hier nur auf diejenigen Einstellungen eingehen, die für die Ausgabe zum Zweck der Weiterverarbeitung wichtig sind. Hierbei werden die Einstellungen ganz anders gesetzt als bei der Ausgabe zum Zweck der Veröffentlichung. So sollen Metadaten komplett erhalten bleiben, Ausgabeschärfung und Wasserzeichen sollten hingegen nicht verwendet werden. Eine Übersicht über den Dialog finden Sie in Kapitel 10.1.

14.2.1 Dateieinstellungen

Für den Speicherort der neuen Bilddateien können Sie im Wesentlichen zwischen zwei Einstellungen wählen. Entweder Sie speichern in einen bestimmten Ordner, der bei jedem Exportvorgang gleich bleibt, oder Sie speichern jeweils in den Ordner der Originaldatei, sodass Originale und Derivate zusammen gespeichert werden (wie beim Übergabe-Menü).

Bei der Dateibenennung empfiehlt es sich, ein Suffix wie zum Beispiel **-Bearbeitet** anzuhängen, damit die Derivate immer klar von Originalen unterscheidbar sind. Für virtuelle Kopien kann man das Metadatenfeld **Name der Kopie** in den Dateinamen einbeziehen, um die einzelnen Kopien auseinanderzuhalten.

Wenn Sie in den Originalordner speichern, benötigen Sie ohnehin ein Suffix, andernfalls besteht die Gefahr, dass Sie Ihre Originale überschreiben. Im Zweifelsfall ist es sinnvoll, unter **Bestehende Dateien** die Einstellung **Nach weiterer Vorgehensweise fragen** zu wählen, sodass Lightroom darauf hinweist, wenn es im Begriff ist, andere Dateien zu überschreiben.

Weiterhin sollten Sie in der Regel **Diesem Katalog hinzufügen** wählen, damit

> **Hinweis**
> Ein Kapitel über Photoshop-Droplets aus der Vorauflage dieses Buches finden Sie auf der dpunkt-Webseite.

▲ Abbildung 14-12:
Externe Programme aufrufen

die neu erzeugte Datei automatisch importiert und damit in den Katalog geholt wird. Falls Sie in die Ordner der Originalfotos ausgeben, können Sie Original und Derivat auch gleich zusammen stapeln lassen.

14.2.2 Metadaten
Wenn Sie ein exportiertes Foto wieder dem Katalog hinzufügen, ist eine weitere Option essenziell: Im Metadaten-Teil der Einstellungen sollte **Stichwörter als Lightroom-Hierarchie schreiben** unbedingt gesetzt sein. Dies aus zwei Gründen:

Die Option schreibt Stichwörter inklusive der Position, die sie in der Stichworthierarchie des Katalogs haben, in ein spezielles Metadatenfeld (siehe Kasten am Ende von Kapitel 6.7) der neuen Bilddatei. Dadurch wird gewährleistet, dass beim Hinzufügen (Importieren) der Bilddatei in den Katalog die Stichwörter an der richtigen Stelle der Hierarchie stehen.

Die Option verhindert weiterhin, dass Lightroom Synonyme in die ausgegebenen Bilddateien schreibt wie in Kapitel 6.6.2 erläutert. Dieses für die Ausgabe zum Zweck der Veröffentlichung sinnvolle Verhalten ist hier sehr ungeeignet, da diese Synonyme, wenn die Datei dem Katalog hinzugefügt wird, als richtige Stichwörter die bestehende Stichworthierarchie durcheinanderbringen würden.

14.2.3 Übergabe an externe Programme
Der Exportieren-Dialog bietet schließlich die Möglichkeit, die exportierten Fotos automatisch an Photoshop oder ein anderes Programm zu übergeben. Das Programm geben Sie im Nachbearbeitung-Teil der Einstellungen an. Alternativ lassen sich die exportierten Fotos im Explorer/Finder anzeigen.

Sie können die Fotos auch direkt an Photoshop-Droplets weitergeben. Droplets sind gespeicherte Photoshop-Aktionen, die sich wie Programme aufrufen lassen. Dafür gibt es in Lightrooms Vorgabenordner den Unterordner **Export Actions**. Dort hinein wird das Droplet gelegt, woraufhin man es im Exportieren-Dialog auswählen kann. Über den Listeneintrag **Jetzt zum Ordner »Export Actions« wechseln** gelangen Sie direkt zum Ordner.

14.3 Farbeinstellungen in Photoshop

In Lightroom gibt es genau einen Farbraum, indem alle Fotos bearbeitet werden (ProPhoto-RGB). In Photoshop können Sie Fotos hingegen in jedem beliebigen Farbraum bearbeiten. Daher sind in Photoshop einige Einstellungen zu beachten, damit das Farbmanagement wie gewünscht funktioniert. Außerdem gehe ich im folgenden Unterkapitel darauf ein, wie man Farbraum und Bittiefe in Photoshop anzeigt und ändert.

Das grundlegende Verhalten Photoshops in Bezug auf Farbmanagement stellen Sie im Dialog **Bearbeiten ▷ Farbeinstellungen** ein (siehe Abbildung 14-15).

Unter **Farbmanagement-Richtlinien ▷ RGB** stellt man ein, wie Photoshop mit Dateien umgehen soll, die es öffnet oder die von Lightroom übergeben werden (die anderen beiden Richtlinien sind hierfür nicht wichtig, da Lightroom nur RGB-Dateien übergibt). **Eingebettete Profile**

Beispiele

Derivate exportieren (Abbildung 14-13):
Ich habe mir eine Exportvorgabe angelegt, die das Foto in 16 bit Bittiefe und ProPhoto-RGB-Farbraum im TIFF-Format exportiert, dabei die neue Datei direkt in den Derivate-Ordner meiner Arbeitsdateien ablegt, sie an Photoshop übergibt und gleichzeitig in den Lightroom-Katalog importiert. Diese Vorgabe benutze ich anstelle des Übergabe-Menüs.

Verkleinerte Pano-Teile (Abbildung 14-14):
Eine weitere meiner Vorgaben ruft nicht direkt ein externes Programm auf. Stattdessen erstellt sie verkleinerte Versionen der ausgewählten Fotos und legt sie in einem temporären Verzeichnis ab. Ich benutze die Vorgabe, um kleine Versionen von Panorama-Teilbildern zu erstellen. Diese übergebe ich dann mit dem Übergabe-Menü an Photoshop, um sie zusammenzusetzen. Die Zusammensetzung geht mit den kleinen Teilbildern wesentlich schneller, und das Ergebnis reicht aus, um das Panorama beurteilen und bewerten zu können. Die kleinen Teilbilder lösche ich nach kurzer Zeit.

▶ Speicherort für Export	D:\Aktuell\Fotos\Derivate
▶ Dateibenennung	MA_20100726_9937_Deri.tif
▶ Dateieinstellungen	TIFF (ZIP) / ProPhoto RGB / 16 Bit
▶ Bildgröße	300 ppi
▶ Ausgabeschärfe	Schärfen aus
▶ Metadaten	Stichwort-Hierarchie einschließen
▶ Wasserzeichen	Kein Wasserzeichen
▶ Nachbearbeitung	In Adobe Photoshop CS5 öffnen

▲ Abbildung 14-13:
Meine Exporteinstellungen für Derivate …

▶ Speicherort für Export	D:\Aktuell\Fotos\Derivate\Teilbilder-Temp
▶ Dateibenennung	MA_20100726_9937_klein.tif
▶ Dateieinstellungen	TIFF / AdobeRGB (1998) / 8 Bit
▶ Bildgröße	300 ppi / Größe ändern in: B: 1500 H: 1500 Pixel
▶ Ausgabeschärfe	Schärfen aus
▶ Metadaten	Stichwort-Hierarchie einschließen
▶ Wasserzeichen	Kein Wasserzeichen
▶ Nachbearbeitung	Keine Aktion

▲ Abbildung 14-14:
… und für die kleinen Pano-Teile

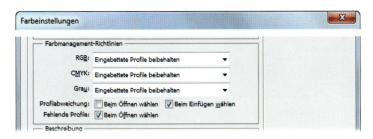

▲ Abbildung 14-15:
Ein Teil der Farbeinstellungen in Photoshop

▲ Abbildung 14-16:
Am unteren Rand jedes Bildes lässt sich in Photoshop das verwendete Farbprofil (und die Bittiefe) anzeigen – dazu stellt man über das kleine Dreieck rechts Dokumentprofil ein.

◀ Abbildung 14-17:
Die Funktion In Profil umwandeln konvertiert in andere Farbräume.

beibehalten ist hier die sinnvollste Option für die Zusammenarbeit mit Lightroom. Es bedeutet, dass jede Bilddatei in dem Farbraum bearbeitet wird, indem sie geöffnet oder übergeben wurde. Dies stellt sicher, dass Photoshop den Farbraum benutzt, den Sie in Lightroom im Exportieren-Dialog oder für das Übergabe-Menü eingestellt haben.

Die zweite Einstellung ist **Profilabweichung: Beim Öffnen wählen**. Die Einstellung bewirkt, dass Photoshop nachfragt, wenn die von Lightroom übergebene Datei einen anderen Farbraum hat als den in Photoshop als Arbeitsfarbraum

Hinweis
Der sogenannte Arbeitsfarbraum in Photoshop, den Sie im Farbeinstellungen-Dialog ebenfalls auswählen können, ist eigentlich der Standardfarbraum, der z.B. für neu erstellte Dateien verwendet wird. Wie er eingestellt ist, ist letztlich egal, da mit den obigen Einstellungen alle übergebenen Dateien in ihrem Ursprungsfarbraum bearbeitet werden.

▶ Abbildung 14-18:
Einbetten von Farbprofilen beim Sichern

eingestellten. Diese Option können Sie deaktivieren, wenn Sie die obige Einstellung wie beschrieben gesetzt haben.

Wenn Sie ein Bild in Photoshop geöffnet haben, können Sie Farbprofil und Bittiefe leicht überprüfen. Dazu klicken Sie auf das kleine Dreieck links unten im Bildfenster (siehe Abbildung 14-16) und wählen **Dokumentprofil** bzw. **Einblenden ▷ Dokumentprofil**.

Manchmal ist es sinnvoll, Farbraum und Bittiefe einer Datei in Photoshop zu ändern, nachdem Lightroom sie übergeben hat, z.B. um sie von 16 bit und ProPhoto-RGB in 8 bit und Adobe-RGB zu konvertieren. Die Farbraumkonvertierung geschieht über den Dialog **Bearbeiten ▷ In Profil umwandeln** (siehe Abbildung 14-17, nicht zu verwechseln mit **Profil zuweisen**, das einfach das Profil und damit die Farbinterpretation austauscht).

Die wichtigste Option, **Priorität**, gibt das Farbumsetzungsverfahren an. In Lightroom heißt sie **Renderpriorität**. Die beiden Einstellungen **Perzeptiv** und **Relativ farbmetrisch** gibt es in Lightrooms Drucken-Modul auch, die anderen beiden Arten sind für die Fotobearbeitung nicht relevant (siehe Kapitel 12.3.1 für die Farbumsetzungsverfahren). Alle weiteren Optionen hier zu erläutern, würde zu weit führen, jedoch können Sie die

Standardeinstellungen **Adobe (ACE)** als Farbmanagementmodul, **Tiefenkompensierung verwenden** und **Dither verwenden** guten Gewissens nutzen.

Die Farbraumkonvertierung sollte, um Rundungsfehler bei der Neuberechnung der RGB-Werte zu vermeiden, noch im 16-bit-Modus erfolgen. Die Änderung der Bittiefe erfolgt dann einfach über **Bild ▷ Modus ▷ 8-Bit-Kanal**.

Wenn Sie ein von Lightroom an Photoshop übergebenes Foto mit Strg+S speichern, wird das Farbprofil automatisch in die Bilddatei eingebettet, womit deren Farbraum gekennzeichnet ist. Vielleicht speichern Sie aber aus irgendeinem Grund einmal ein Bild mittels **Speichern unter**, also als Kopie. In diesem Fall wird das Farbprofil nur eingebettet, wenn das entsprechende Häkchen **Farbprofil einbetten** im Speichern-Dialog gesetzt ist (glücklicherweise ist dies normalerweise der Fall). Wenn das Farbprofil nicht in die Bilddatei eingebettet wird, ist es unklar, in welchem Farbraum das Bild vorliegt. Standardfarbprofile wie Adobe- oder ProPhoto-RGB sind in der Regel nur 1 bis 2 KByte groß, fügen also kaum etwas zur Dateigröße hinzu. Es ist daher unkritisch, sie einzubetten.

14.3 Farbeinstellungen in Photoshop   349

▲ Abbildung 14-19:
Farbprofile stellen sicher, dass Farben in einer Bilddatei immer eindeutig sind. Enthält eine Datei kein Profil, können Sie nur raten: Links wurde für die Datei Adobe-RGB angenommen, rechts ProPhoto-RGB.

▲ Abbildung 14-20:
Auch die Tonwerte hängen vom Farbprofil ab. Adobe-RGB kodiert sie z.B. anders als ProPhoto-RGB (Gamma 2,2 statt 1,8).

Kapitel 15:

Sicherung und Archivierung

Ihre Digitalfotos und Kataloge sind vielen Gefahren ausgesetzt. Doch es gibt genügend Maßnahmen, um den Umgang mit Digitalfotos sicher zu machen. Das zentrale Konzept für den Erhalt Ihrer Daten ist dabei das Anfertigen von Sicherungskopien.

Daneben geht es in diesem Kapitel im Besonderen darum, wie man dem unbemerkten Verlust von Datenintegrität bei Bilddateien vorbeugt. Dies ist ein Problem, das für sich genommen sehr selten auftritt. Wenn Sie allerdings Dateien über

▲ Abbildung 15-1:
Kritische Instrumente sind im Flugzeug-Cockpit mehrfach vorhanden. Redundanz ist auch das wichtigste Konzept in der Datensicherung.
(©iStockphoto.com/Ratstuben)

viele Jahrzehnte aufbewahren, steigt das Risiko, davon betroffen zu sein, stark an.

Weiterhin geht es in diesem Kapitel konkret um die unterschiedlichen Sicherungsstrategien für Arbeits- und Archivfotos sowie die Kataloge und darum, wie und warum man Fotos archiviert.

Einige der hier vorgestellten Maßnahmen sind weniger aufwändig, andere aufwändiger. Eine für alle geeignete Lösung lässt sich nicht angeben. Jeder muss letztlich selbst entscheiden, was für ihn ein vertretbares Risiko darstellt und wie viel Zeit und Aufwand er investieren will.

15.1 Redundanz schaffen

Den gesamten Bestand an Digitalfotos zu verlieren ist eine Horrorvorstellung, die am Sinn der Digitalfotografie zweifeln lassen kann. In der Analogfotografie war das Risiko, alle Dias oder Negative auf einen Schlag zu verlieren, sehr gering und nur durch wenige Bedrohungen wie beispielsweise Brandkatastrophen möglich. Es ist hingegen deutlich einfacher, alle seine Digitalfotos auszulöschen. Ein paar falsche Mausklicks, ein Festplattendefekt oder ein Virus können hierzu ausreichen.

In der Digitalfotografie können Sie jedoch auf preiswerte Weise exakte Kopien Ihrer Fotos anfertigen. Wenn Sie dies in ausreichender Anzahl und auf die richtige Weise machen, ist das digitale Fotoarchiv vermutlich sehr viel sicherer, als das analoge es je sein konnte. Man kann z.B. eine Festplatte mit allen Fotos außer Haus lagern und wäre somit sogar vor einem Brand geschützt.

Die Hauptstrategie bei der digitalen Datensicherung besteht daher nicht im bestmöglichen Schutz des Originals (wie bei den Dias oder Negativen) – das ist auch wichtig, steht aber nicht an erster Stelle; man geht eher davon aus, dass sowieso immer etwas passieren kann. Sie besteht vielmehr in ausreichender Redundanz, um im nie ganz auszuschließenden Fall des Datenverlusts eine Sicherheitskopie zur Hand zu haben.

15.1.1 Drei Kopien zu jeder Zeit

Wie viel Redundanz ist dabei nötig, wie viele Kopien braucht man also? Eine einfache Regel besagt, inklusive des Originals jederzeit mindestens drei Ausfertigungen jeder wichtigen Datei zu haben. Allerdings ist diese Faustregel eine Vereinfachung. Es kommt auch darauf an, ob die Redundanz ausreicht, um gegen alle Risiken geschützt zu sein. Es nützt z.B. nichts, wenn Sie die drei Ausfertigungen auf derselben Festplatte haben und diese kaputt geht – oder der Computer gestohlen wird.

Daher geht es auch darum, die Backups (Sicherungskopien) möglichst *offline* (vom Computer getrennt) und teilweise auch *offsite* (in einem anderen Gebäude) aufzubewahren, um Gefahren optimal vorzubeugen. Das Offline-Backup ist nicht ständig an den Computer angeschlossen und befindet sich im Idealfall in einem anderen Raum. Es schützt vor Diebstahl, Viren, Überspannung und menschlichen Fehlern wie versehentlichem Löschen oder Überschreiben. Das Offsite-Backup wird in einem anderen Gebäude gelagert und bietet zusätzlichen Schutz gegen Diebstahl, Feuer und Überschwemmung.

Online　　Offline　　　　Offsite

▲ Abbildung 15-2:
Backups sollten möglichst so angefertigt werden, dass (inkl. Original) mindestens drei Ausfertigungen einer Datei existieren, zwei offline, eine davon offsite. Nur eine Ausfertigung ist also ständig an den Computer angeschlossen.

15.1.2 Medienredundanz

Zusätzlich können Sie dabei auf verschiedene Medientypen setzen: Auf Festplatten und optischen Medien wie DVD und Blu-ray Disc zu sichern, mit ihren jeweiligen Stärken und Schwächen und ihren unterschiedlichen Dateisystemen, ist sicherer, als sich nur auf Festplatten zu verlassen; denn beide haben ihre eigenen Vor- und Nachteile. Für kleine Dateien wie beispielsweise Lightrooms Katalogdateien kommt zusätzlich ein Internet-Backup in

Medium	Vorteile	Nachteile	Sachgerechter Umgang
Festplatten	• schnell, komfortabel, mehrfach beschreibbar • als externe Festplatten einfach »offline« (vom Computer abgetrennt) und »offsite« (außer Haus) lagerbar	• kein Schreibschutz, daher anfällig für Viren und Benutzerfehler • Diebstahlgefahr (bei externen, versteckten Festplatten Risiko gering)	• Magnetquellen können Inhalt zerstören • vorsichtiger Transport
Optische Medien	• lassen sich nur einmal beschreiben, Viren oder Benutzerfehler können keine Dateien löschen! (abgesehen von RW-Varianten oder DVD-RAM) • Unempfindlichkeit gegenüber Magnetfeldern • einfach offline lagerbar • geringer Preis • geringe Diebstahlgefahr	• umständlicher in der Handhabung, langwieriger im Anfertigen und auch im Wiederherstellen des Backups • nicht mehrfach beschreibbar	• Licht, Hitze und Feuchtigkeit verringern Lebensdauer • in Archivhüllen aufbewahren • mit CD-/DVD-Filzstift nur auf dem inneren Plastikrand beschreiben
Internet-Backup (Online-Backup)	• sofort »offsite«, ohne dass man das Backup »aus dem Haus tragen« muss (was einfach nicht zu jedem Zeitpunkt geht) • kann bei entsprechender Einrichtung (ständige Internetverbindung, automatische Ausführung) am komfortabelsten sein	• nur für kleine Datenmengen geeignet, da DSL-Upload-Raten sehr gering sind und dadurch auch die z.T. hohen Backup-Kapazitäten von über 50 GB nicht viel nützen • Integrität des Backups schlecht nachprüfbar • Wer übernimmt die Verantwortung?	• nicht für den Fotobestand nutzen, aber z.B. für Lightrooms Katalogdateien • nicht als einziges Backup-Medium nutzen

▲ Tabelle 15-1:
Überblick Backup-Medien

Frage, das vor Diebstahl und Katastrophen am wirksamsten schützt, da die Daten sofort außer Haus gelagert werden. Mehr zu den Vor- und Nachteilen der verschiedenen Backup-Medien siehe Tabelle 15-1.

Ich sichere mittlerweile nur noch auf Festplatten und einige wichtige Daten zusätzlich per Internet-Backup – der Aufwand beim Brennen optischer Medien ist mir zu hoch. Allerdings betreibe ich zusätzlichen Aufwand, um einige der Nachteile von Festplatten auszugleichen (siehe unten).

15.1.3 Übertragen von Fehlern verhindern

Wie die Backups erstellt werden, unterscheidet sich bei mir danach, ob es sich um Arbeitsdateien oder archivierte Dateien handelt. Ich sichere Arbeitsdateien (aktuelle Kataloge, aktuelle Fotos) mit einem sogenannten *Spiegel-Backup*, bei dem regelmäßig und automatisch einfach die Sicherungen an das Original angepasst werden (siehe Kapitel 15.3). Das lässt sich gut automatisieren, sodass man nicht viel dafür tun muss. Das Problem beim Spiegel-Backup ist, dass Schäden an den Originaldateien, z.B. durch Viren, Benutzerfehler oder durch Verlust der Datenintegrität (siehe unten), dabei auf die Sicherungskopien übertragen werden, ohne dass man es bemerkt. Dagegen nützt leider noch so viel Redundanz nichts.

Wenn Sie optische Medien zur Sicherung verwenden, haben Sie dieses Problem nicht, zumindest wenn Sie keine wiederbeschreibbaren benutzen. Optische Medien haben einen wirksamen Schutz eingebaut, da die Daten, einmal gebrannt, nicht überschrieben werden können. Bei der Festplattenbenutzung kann man sich daher etwas von den optischen Medien abschauen und die Sicherungen nicht über ein Spiegel-Backup ausführen, sondern über ein »*schreibgeschütztes*« *Backup*. Hierbei benutzt man zwar ebenfalls Festplatten, behandelt diese aber ähnlich wie optische Medien: Man fügt nur Daten zur Festplatte hinzu; Löschen und Ersetzen sind hingegen »untersagt«.

Da man Dateien auf dem schreibgeschützten Backup nicht mehr ändert oder löscht, ist es für die Arbeitsdateien, die sich laufend ändern, hinzukommen oder entfernt werden, ungeeignet. Bei archivierten Dateien, also Dateien in einem Zustand der Abgeschlossenheit, ist das im Allgemeinen nicht mehr der Fall. Daher verwende ich für die Arbeitsdateien ein Spiegel-Backup und für die archivierten Dateien ein schreibgeschütztes Backup, um jeweils die nötige Redundanz herzustellen (siehe Kapitel 15.5). Eine Sicherung auf optischen Medien ist zusätzlich möglich.

Time Machine

Was ist mit Backup-Systemen, die die gespeicherten Dateien nicht überschreiben, sondern eine neue Version speichern, wie z.B. Apples Time Machine auf dem Mac? Die meisten dieser Systeme, auch Time Machine, eignen sich nicht gut für die Sicherung von Bilddateien. Jedes Mal, wenn sich z.B. die Metadaten einer DNG-Datei änderten, würde die ganze Bilddatei als neue Version gesichert. Die Sicherungsfestplatte würde also schnell gefüllt, und Time Machine müsste beginnen, alte Dateien zu löschen, um Platz zu schaffen. Von Katalogen können Sie übrigens alte Versionen mit Lightroom selbst sichern lassen (siehe Kapitel 15.3.2).

◄ Abbildung 15-3:
Sind Sie sicher, dass diese Medien (noch) Ihre gesicherten Fotos enthalten? Von den vielen Gefahren, die dem Fotobestand drohen, ist schleichender Verlust der Datenintegrität besonders unangenehm, da man ihn nicht sofort bemerkt.

15.2 Allgemeine Maßnahmen zur Sicherstellung der Datenintegrität

Eines der unangenehmsten Risiken bei der Digitalfotografie ist der Verlust der Integrität der Daten – also »kaputte Dateien«. Wenn ein Negativ in der Analogfotografie einen Kratzer hat, ist das Foto immerhin noch zu gebrauchen. Ändert sich allerdings nur ein einzelnes Bit einer Bilddatei, ist eventuell die ganze Datei nicht mehr lesbar. Im Zusammenhang mit der dreifachen Redundanz (siehe oben) wäre das an sich kein großes Problem, da man einfach auf eine Sicherungskopie zugreifen könnte. Allerdings bemerkt man fehlerhafte Dateien in der Regel nicht sofort (und unter Umständen erst nach langer Zeit oder überhaupt nicht). Wenn Sie beispielsweise eine Festplatte einige Monate liegen lassen, wie können Sie dann sicher sein, dass die Daten darauf noch intakt sind?

Dass man sich als Benutzer um solche Dinge überhaupt kümmern muss, liegt daran, dass es bislang in der Regel noch keine durchgehende Fehlerüberprüfung in der Datenverarbeitung gibt. Die heutigen Dateisysteme sind z.B. noch nicht so weit entwickelt, dass sie automatisch einen Datenträger auf durch Alterung verursachte Fehler überprüfen können. Aber fehlerhafte Dateien können z.B. auch bei Kopiervorgängen entstehen. Über einige grundlegende Ansätze lässt sich das Risiko jedoch deutlich eindämmen.

15.2.1 Datenintegrität durch Import überprüfen

Fehlerhafte Bilddateien können Sie am einfachsten erkennen, indem Sie sie in Lightroom importieren. Es gibt zwei Arten von Fehlern: Fehler in der Dateistruktur und Fehler in den Bilddaten. Die erste Art führt dazu, dass Lightroom die Dateien nicht mehr öffnen kann. Aus diesem Grund ist diese Art auch leicht zu bemerken: Lightroom weist am Ende des Importvorgangs darauf hin, dass es einige Dateien nicht lesen konnte (und zeigt eine Liste der Dateien an, siehe Abbildung 15-4). Sie können solche Dateien aber meist schon im Importieren-Dialog erkennen, da dort die Miniaturen nicht angezeigt werden.

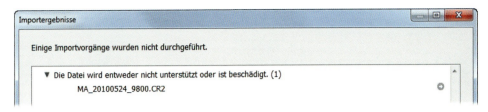

▲ Abbildung 15-4:
Einige fehlerhafte Bilddateien erkennt Lightroom beim Import …

Die andere Art von Fehlern, bei denen die Bilddaten selbst Fehler enthalten, bemerkt Lightroom überhaupt nicht. Sie müssen also eine visuelle Kontrolle aller Fotos durchführen, um diese Fehler auszuschließen. Im Allgemeinen sehen Sie sie sofort in der Rasteransicht: große Teile des Fotos fehlen komplett, stattdessen sehen Sie an diesen Stellen ein auffälliges Muster in knalligen Farben (siehe Abbildung 15-5). Im Importieren-Dialog scheint mit diesen Dateien zunächst alles in Ordnung zu sein, weil Lightroom dort die von der Kamera eingebettete Vorschau anzeigt. Erst im Bibliothek-Modul erzeugt Lightroom seine eigene Vorschau aus den Bilddaten.

Die Überprüfung der Datenintegrität durch den Import in Lightroom kann man zu verschiedenen Zeitpunkten einsetzen: immer nach der Übertragung von der Speicherkarte, aber auch später im Bedarfsfall, wenn man sich davon überzeugen will, ob Bilddateien in Ordnung sind (dafür kann man einen temporären Katalog anlegen, den man anschließend wieder löscht). Nur sollte man regelmäßige Überprüfungen aller Fotos auf diese Art vermeiden, da es viel zu aufwändig wäre. Stattdessen kann man archivierte Fotos von Zeit zu Zeit automatisch anhand von Prüfsummen (siehe unten) kontrollieren lassen.

▲ Abbildung 15-5:
… andere nicht – nur Sie können sie erkennen.

Hinweis
Hinter fehlerhaften Dateien steht immer eine Ursache. Nach einem Datenverlust sollte man daher versuchen, die Ursache zu ermitteln und diese zu beheben, um weitere Fehler zu vermeiden. Meist liegt es an Datenträgern (Speicherkarten, Festplatten, optische Medien), die dann ausgetauscht werden müssen.

▲ Abbildung 15-6:
SyncBack mit mehreren Profilen

15.2.2 Backup-/Synchronisationssoftware für wichtige Kopiervorgänge benutzen

Eine sinnvolle Maßnahme gegen Datenverlust ist das Nutzen von speziellen Backup- bzw. Synchronisationsprogrammen für alle regelmäßigen Übertragungsvorgänge; dies hat gegenüber dem Kopieren von Hand mit dem Explorer/Finder mehrere Vorteile.

Backup-Software bietet z.B. Schutz vor Benutzerfehlern, indem Einstellungen für regelmäßige Kopiervorgänge gespeichert werden. Hierfür legt man ein *Profil* mit den Einstellungen an und ruft es dann für einen Kopiervorgang auf – ähnlich wie bei einer Vorgabe in Lightroom. Zudem lassen sich diese Profile in der Regel automatisch ausführen (*Scheduling*), entweder zu vorher festgelegten Zeiten oder bei bestimmten Ereignissen, z.B. wenn eine bestimmte Festplatte angeschlossen wird oder beim Start oder Herunterfahren des Computers.

Eine weitere wichtige Funktion ist die Überprüfung auf Übertragungsfehler (*Verifizierung*): Hierdurch wird nach dem Kopieren überprüft, ob die Kopie genau dem Original entspricht (»sichere Übertragung«). Diese Überprüfung ist nicht selbstverständlich und wird weder bei den Übertragungsvorgängen in Lightroom noch im Explorer oder Finder vorgenommen. Daten könnten z.B. durch Fehler im RAM während der Übertragung beschädigt werden. Die Verifizierung kann man in vielen, aber nicht allen Backup-Programmen einstellen.

Wenn Sie eine Datei innerhalb einer Partition mit Lightroom oder im Explorer/Finder *verschieben*, benötigen Sie übrigens keine Verifizierung. Hierbei werden nämlich gar keine Daten übertragen, es werden nur die Einträge im Dateisystem für diese Datei angepasst.

Gute Backup-Software sollte meiner Meinung nach über alle der obigen Eigenschaften verfügen. Für Windows gibt es z.B. das Programm SyncBack in einer Shareware- und einer Freeware-Version, für den Mac z.B. Chronosync (Shareware). Backup-Programme kann man an

15.2 Allgemeine Maßnahmen zur Sicherstellung der Datenintegrität

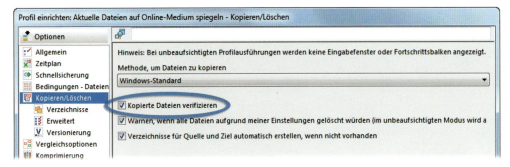

▲ Abbildung 15-7:
Verifizierung der übertragenen Dateien lässt sich in vielen Backup-Programmen zuschalten.

verschiedenen Stellen einsetzen: u.a. beim Spiegel-Backup der Arbeitsdateien, beim Übertragen der Arbeitsdateien ins Archiv und schließlich beim Anfertigen der Archiv-Backups.

15.2.3 Festplatten vorbeugend überprüfen

Um Datenverlust vorzubeugen, kann man Festplatten regelmäßig vorbeugend überprüfen – einmal die Hardware, einmal die Software. Die Hardware wird über den

Sicheres Brennen von optischen Medien

Auch beim Brennen von optischen Medien für die Archivierung sollten Sie nach Möglichkeit ein Programm benutzen, das das gebrannte Medium nach dem Brennen mit den Originaldaten vergleichen kann. So können Sie fehlerhafte Rohlinge sofort erkennen. Unter Windows eignet sich z.B. das kostenlose Programm CDBurnerXP (siehe Abbildung 15-8), auf dem Mac kann dazu das Standard-Brennprogramm verwendet werden.

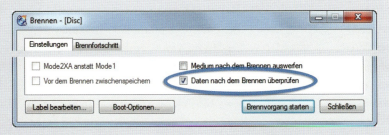

▲ Abbildung 15-8:
CDBurnerXP (auch für DVDs und Blu-rays geeignet) kann Medien nach dem Brennen überprüfen.

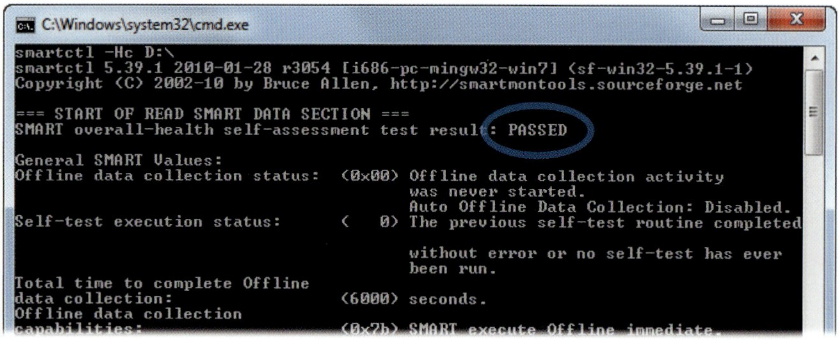

◀ Abbildung 15-9: Programme wie Smartmontools zeigen den SMART-Status einer Festplatte an.

SMART-Status überprüft; SMART ist ein System zur Selbstüberwachung, das in jeder Festplatte eingebaut ist. Festplatten, die den SMART-Test nicht mehr bestehen, haben ein deutlich höheres Risiko, in nächster Zeit auszufallen oder Fehler aufzuweisen. Diese Festplatten sollten daher sofort ausgetauscht werden.

Es gibt viele Programme, die den SMART-Status einer Festplatte anzeigen können. Unter Windows benutze ich die Smartmontools (kostenlos), auf dem Mac können das mitgelieferte Festplattendienstprogramm (unter **Programme -> Dienstprogramme**) oder andere Software,

z.B. SmartReporter (ebenfalls kostenlos), den Status anzeigen.

Weiterhin können Sie die Software einer Festplatte, das Dateisystem, überprüfen. Das Dateisystem ist in etwa für die Dateien, was der Lightroom-Katalog für die Fotos ist. Ein fehlerhaftes Dateisystem kann dazu führen, dass Dateien nicht mehr erkannt oder überschrieben werden, weil das Dateisystem fälschlicherweise annimmt, an einer Stelle auf der Festplatte sei noch Platz. Das Dateisystem kann beispielsweise bei einem Stromausfall, aber auch während des regulären Betriebs beschädigt werden.

Um Datenverlusten vorzubeugen, kann man das Dateisystem regelmäßig überprüfen und im Fehlerfall reparieren lassen. Das geschieht für jede Partition einer Festplatte einzeln. Unter Windows heißt die Funktion »Fehlerüberprüfung« (zu finden im Kontextmenü eines Laufwerks unter **Eigenschaften ▷ Tools ▷ Fehlerüberprüfung**, siehe Abbildung 15-10). Auf dem Mac können Sie eine Partition mit dem Festplattendienstprogramm (unter **Programme ▷ Dienstprogramme**) überprüfen.

Hinweis

Der SMART-Status kann mit einigen externen Festplatten nicht überprüft werden. Der FireWire-Anschluss unterstützt SMART z.B. überhaupt nicht. Bei USB-Laufwerken hängt es von der Festplatte und von der auslesenden Software ab. Mit über eSATA angeschlossenen Festplatten funktioniert das Auslesen in der Regel am zuverlässigsten.

15.2 Allgemeine Maßnahmen zur Sicherstellung der Datenintegrität

Beides, die Überprüfung des SMART-Status und der Dateisysteme, ist in regelmäßigen Abständen für alle Festplatten sinnvoll. Wie häufig man überprüft, hängt bei den Dateisystemen auch davon ab, wie oft Dateien auf der Partition geschrieben oder gelöscht werden.

◄ Abbildung 15-10:
Dateisystemüberprüfung unter Windows

15.2.4 Prüfsummen verwenden

Eine Prüfsumme ist eine Art Fingerabdruck für eine Datei. Mit ihr kann man feststellen, ob sich eine Datei über einen längeren Zeitraum verändert hat bzw. defekt geworden ist. Dazu berechnet man die Prüfsumme zu einem Zeitpunkt, zu dem man weiß, dass die Datei in Ordnung ist. Von Zeit zu Zeit kann man die Prüfsumme neu berechnen und mit der alten vergleichen. Stimmen die Prüfsummen nicht mehr überein, hat sich die Datei verändert und ist vermutlich – wenn sie nicht vom Benutzer verändert wurde – defekt (die Wahrscheinlichkeit, dass zwei unterschiedliche Dateien dieselbe Prüfsumme ergeben, ist extrem gering).

Normalerweise werden Prüfsummen für alle Dateien eines Ordners als sogenannte Digest-Datei gespeichert. Diese Datei wird dann zur Aufbewahrung einfach im selben Ordner abgelegt (siehe Abbildung 15-11).

Leider gibt es im Moment noch wenige Programme, die komfortabel Dateien in mehreren Ordner und Unterordnern an einem Stück überprüfen können. Ich benutze dazu FastSum (Shareware), dieses Programm ist aber nur für Windows erhältlich. Auch das Programm ImageVerifier kann Prüfsummen erzeugen und verwalten, allerdings speichert es diese in seiner eigenen Datenbank. Das ist zwar komfortabel, aber dadurch ist man auch

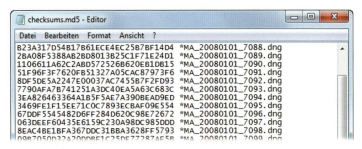

▲ Abbildung 15-11:
Eine Digest-Datei von innen. Hier werden Prüfsummen (links im Bild) verwendet, die nach dem gebräuchlichen MD5-Algorithmus berechnet wurden.

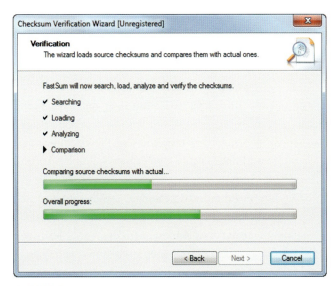

▲ Abbildung 15-12:
Programme wie FastSum können leicht einzelne Ordner überprüfen, wenn sie eine Digest-Datei dort vorfinden.

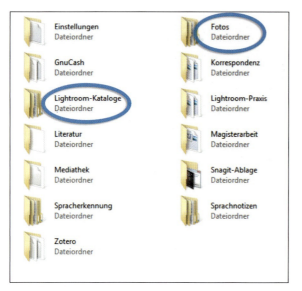

▲ Abbildung 15-13:
Mein Arbeitsordner – alle Dateien hier sind mehr oder weniger aktuell und werden auf dieselbe Art und Weise gesichert. Arbeitsfotos und Lightroom-Kataloge sind hervorgehoben.

15.3 Arbeitsdateien sichern

15.3.1 Sicherung von Bilddateien und Katalogen per Spiegel-Backup

Um die Sicherungskopien für die Arbeitsdateien zu erstellen, empfiehlt sich das Spiegel-Backup. Dabei werden regelmäßig alle Dateien auf andere Datenträger kopiert und dabei gegebenenfalls aktualisiert. Zu den Arbeitsdateien zähle ich beispielsweise alle Dateien, die gerade aktuell für mich sind. Neben den aktuellen Bilddateien und Lightroom-Katalogen gehören dazu Dateien aus anderen Programmen (Textverarbeitung, Finanzsoftware usw.). Wie in Kapitel 5.1.2 erläutert, befinden sich meine Arbeitsdateien nicht im Benutzerverzeichnis des Startlaufwerks, sondern auf einer eigenen Partition (siehe auch Abbildung 15-13).

Die Spiegelung läuft weitgehend automatisiert ab, sodass ich mich möglichst wenig darum kümmern muss. Dazu benutze ich zwei verschiedene Profile für mein Backup-Programm SyncBack, jeweils mit sicherer Übertragung (d.h. Datenverifikation, siehe Kapitel 15.2.2). Mit dem ersten Profil werden die Arbeitsdateien automatisch beim Herunterfahren des Rechners auf eine weitere interne Festplatte gespiegelt (d.h. an einem normalen Arbeitstag werden sie bei mir zwei- bis sechsmal gesichert). Das schützt zunächst vor Datenverlust durch Ausfall der ersten Festplatte.

Mit dem zweiten Profil sichere ich die Daten auf dieselbe Weise auf zwei externen Festplatten, von denen die eine bei mir in der Wohnung, aber vom Computer getrennt (offline) gelagert wird, und die andere sich außer Haus (offsite) befindet. Um die Daten auf der sich außer Haus

auf längere Zeit auf das Programm angewiesen.

Mit dem Prüfsummen-Verfahren lässt sich gut kontrollieren, ob sich Dateien verändert haben. Es ist für Festplatten und optische Datenträger gleichermaßen geeignet und sinnvoll. Es kann allerdings nicht unterscheiden, ob die Veränderung einer Datei einen Fehler darstellt oder ob es sich um eine vom Benutzer gewollte Veränderung handelt. Daher eignet es sich nur für Dateien, die bereits abgeschlossen sind und keinen normalen Veränderungen mehr unterliegen. Ich benutze es nur für die schreibgeschützten Archiv-Backups (siehe Kapitel 15.5).

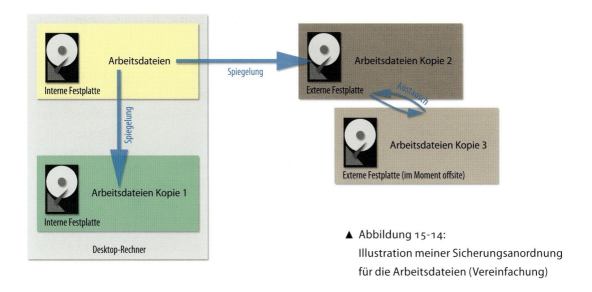

▲ Abbildung 15-14:
Illustration meiner Sicherungsanordnung für die Arbeitsdateien (Vereinfachung)

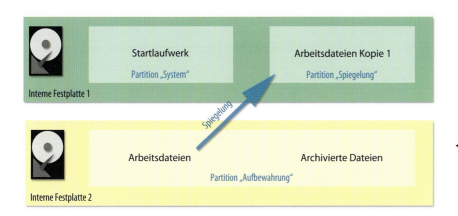

◀ Abbildung 15-15:
So sieht meine Festplattenanordnung auf meinem Desktop-Rechner aus.

befindlichen Festplatte zu aktualisieren, tausche ich die Festplatten einfach aus (in Abbildung 15-14 ist meine Sicherungsanordnung zu sehen, für meine komplette Festplattenanordnung siehe Abbildung 15-15). Die Sicherung auf die Offline-Festplatte erfolgt bei mir ca. ein- bis zweimal in der Woche, zusätzlich nach wichtigen Arbeiten und immer nach der Übertragung wichtiger Fotos von der Speicherkarte.

15.3.2 Alte Katalogversionen sichern

Kataloge gehören zu den Arbeitsdateien, da sie sich ständig ändern (auch der Archivkatalog, da laufend Fotos hinzugefügt werden, siehe unten). Daher werden sie mit der normalen Spiegelung gesichert. Diese Sicherung kann man kombinieren mit einer Versionierung, d.h., dass man regelmäßig eine ältere Version des Katalogs speichert. Auf eine dieser Versionen kann man zurückgreifen,

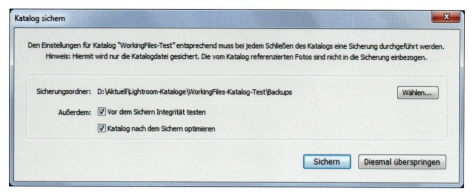

▲ Abbildung 15-16:
Diesen Dialog zeigt Lightroom vor jeder Sicherung des Katalogs an. Dabei kann man gleich die Integrität der Katalogdatei überprüfen lassen. Auch Lightrooms Katalogdateien unterliegen den in diesem Kapitel beschriebenen Gefahren für die Datenintegrität.

▲ Abbildung 15-17:
So werden die Katalogkopien innerhalb des Katalogordners abgelegt – irgendwann muss man diesen Ordner von Hand entrümpeln.

▲ Abbildung 15-18:
MozyBackup ist ein Online-Backup-Service, mit dem man bis zu 2 GB an Daten kostenlos sichern kann.

falls man z.B. Fehler bei der Arbeit macht. Außerdem ist man zusätzlich vor Verlust der Datenintegrität des Katalogs geschützt.

Die Sicherung kann Lightroom automatisch übernehmen. Dazu stellen Sie in den Katalogeinstellungen unter **Allgemein** ▷ **Sicherung** einfach die gewünschte Häufigkeit ein. Lightroom sichert dann regelmäßig eine Kopie der Katalogdatei im Unterordner **Backups** des Katalogordners. Die abgelegten Dateien werden so mit der Spiegelung der Arbeitsdateien mitgesichert. Vor der Sicherung zeigt Lightroom einen Dialog an, über den man gleich die Integrität des Katalogs prüfen lassen kann (siehe Abbildung 15-16).

Eventuell lohnt es sich, den Katalog zusätzlich über einen Internet-Backup-Dienst zu sichern, vor allem, wenn Sie die Offsite-Kopie der Arbeitsdateien-Spiegelung nicht so oft austauschen/aktualisieren können. Für das Internet-Backup empfiehlt sich eine Lösung, mit der man die Vorschaudateien von der Sicherung ausnehmen kann, z.B. MozyBackup.

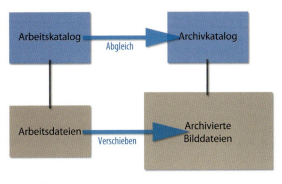

▲ Abbildung 15-19:
Bei der Archivierung werden sowohl Bilddateien verschoben als auch – optional – die Verwaltung der Dateien an den Archivkatalog übergeben.

15.4 Fotos archivieren

Es ist aus verschiedenen Gründen sinnvoll, Fotos zu archivieren, d.h., die älteren Fotos von den aktuellen zu trennen. Einer der besten Gründe ist, dass Sie archivierte Bilddateien dadurch so sichern können, dass die Weitergabe von Fehlern vom Original auf die Kopien ausgeschlossen ist. Gerade wenn Dateien über lange Zeiträume aufbewahrt werden sollen, fünf, zehn, 20 Jahre oder länger, ist dies hilfreich.

Es kann auch sein, dass Sie die Archivdateien schon aus Platzgründen auslagern müssen, um Ihre Festplatte freizubekommen. Für mich persönlich ist die Trennung von aktuellen und älteren Fotos zudem wichtig, damit ich den Kopf frei habe und mich auf die aktuellen Fotos besser konzentrieren kann. Zum Teil aus diesem Grund verwende ich auch separate Kataloge für Arbeits- und Archivfotos.

Neue Fotos verbleiben bei mir zwischen wenigen Tagen und einigen Monaten in der Arbeitsphase, bevor ich sie archiviere; bei Derivaten, den Bilddateien für die Weiterverarbeitung, maximal ein Jahr. Vor der Archivierung lösche ich auf jeden Fall die Löschkandidaten, außerdem speichere ich die Metadaten bei den Bilddateien (wenn Sie das DNG-Format einsetzen, können Sie auch die DNG-Vorschauen aktualisieren). Damit sind die Fotos in einem möglichst abgeschlossenen, archivierbaren Zustand.

Archiviert werden normalerweise nur Originaldateien und die Derivate. Bilddateien für die Ausgabe hingegen werden in der Regel bei Bedarf erzeugt und dann verworfen – Ausnahmen bestätigen die Regel.

15.4.1 Einen separaten Archivkatalog verwenden

Es ist oft sinnvoll, Arbeitsfotos von Archivfotos auch über Kataloge voneinander zu trennen. Ich mache das schon aus dem Grund, da es sich für mich um völlig unterschiedliche Fotos handelt: Der Arbeitskatalog enthält neue, unbearbeitete Fotos, auch Ausschuss, der noch gelöscht werden muss. Der Archivkatalog

Andere Katalogprogramme verwenden

Sie können für die Archivfotos auch ein anderes Programm als Lightroom benutzen, da Sie ja die Bildbearbeitung im Regelfall dann weitgehend abgeschlossen haben. Einige Benutzer ziehen dies vor, da ihnen die Verwaltungsfunktionen von Lightroom zu eingeschränkt sind.

Ein beliebtes und leistungsfähiges Programm ist *Expression Media* (für Windows und Mac), das vor Kurzem von Phase One aufgekauft wurde. Das Programm hat gegenüber Lightroom den Vorteil, dass es mehrere Kataloge gleichzeitig öffnen und über mehrere Kataloge nach Fotos suchen kann. Wenn Sie ein sehr

▲ Abbildung 15-20:
IDimager

enthält nur Fotos, die bereits aussortiert und mit Metadaten versehen wurden. Darüber hinaus arbeitet Lightroom durch die wenigen Fotos im Arbeitskatalog auch zügiger.

In der Regel schreiben Sie den Archivkatalog ständig fort. Das bedeutet, Sie haben auf der einen Seite den kleinen Arbeitskatalog, der immer nur die neuesten Fotos enthält, und auf der anderen den ständig wachsenden Archivkatalog, mit Tausenden oder Zehntausenden archivierten Fotos. Die Fotos können Sie z.B. mit der Funktion **Aus Katalog importieren** übertragen oder auch mit großes Fotoarchiv haben, das Sie in mehrere Kataloge unterteilen müssen, ist dies eine wichtige Funktion. Darüber hinaus lässt sich in *Expression Media* die Vorschaugröße flexibler festlegen, sodass sich Kataloge kleiner halten lassen.

Ein anderes, neueres Programm ist *IDimager* (nur für Windows). Das Programm kann unter anderem nach dem Client-Server-Ansatz arbeiten, bei dem Sie Kataloge über das Netzwerk ansprechen können, hat also große Vorzüge gegenüber Lightroom im Mehrbenutzer-Betrieb. Im Vergleich zu Expression Media hat es weiterhin den Vorteil, dass es alle XMP-Daten im Katalog speichert, auch die Entwicklungseinstellungen. Das macht den Workflow wesentlich einfacher, wenn man ein bereits archiviertes Foto erneut mit Lightroom oder Camera Raw bearbeiten möchte.

Wenn Sie eines dieser Programme für die Verwaltung Ihres Archivs verwenden möchten, halte ich es für dringend empfehlenswert, für Raw-Dateien das DNG-Format zu verwenden. Sie können dann für die zu archivierenden Fotos die Metadaten bei den Bilddateien speichern sowie die DNG-Vorschauen aktualisieren (siehe Kapitel 4.4) und anschließend die Bilddateien in das andere Programm importieren.

Durch die DNG-Vorschauen kann das Programm die Fotos so anzeigen, wie sie in Lightroom bearbeitet wurden. Es empfiehlt sich, Vorschauen in vwoller Größe zu erzeugen. Dann können Sie die Fotos mit dem anderen Bildverwaltungsprogramm in Originalgröße (1:1) betrachten. Die Vorschaugröße stellt man bei den Einstellungen für die DNG-Konvertierung in den Voreinstellungen unter **Importieren** ein.

Tipp

Generell empfehlenswert, wenn andere Katalogprogramme genutzt werden sollen, vor allem aber in Hinblick auf Expression Media, ist das Buch »Bildverwaltung für Fotografen« von Peter Krogh. Davon existiert im Englischen eine zweite, aktualisierte Auflage (»The DAM Book«), die speziell auf die Zusammenarbeit mit Lightroom eingeht.

dem einfachen Speichern von Metadaten bei den Bilddateien und anschließendem Import.

Lightroom wird ab einer bestimmten Anzahl von Fotos deutlich langsamer (irgendwo im Bereich von 20.000 bis 60.000 Fotos). Wenn Sie über viele Fotos verfügen, müssen Sie also evtl. den Archivkatalog teilen. Das geht am einfachsten über die Funktion **Als Katalog exportieren** (siehe Kapitel 5.5). Wichtig sind hierbei klare Grenzen zwischen den Katalogen, am besten Jahresgrenzen, z.B. ein Katalog von 2003–2007, dann 2008–2009 und dann ab 2010 usw. Eine solche Aufteilung hat allerdings Nachteile, da

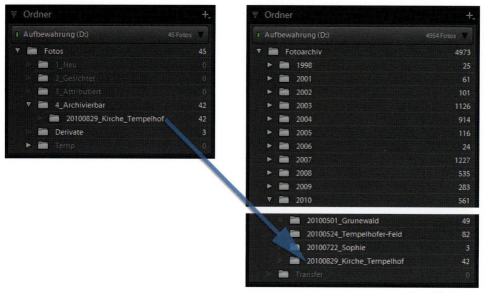

▲ Abbildung 15-21:
Projektordner können innerhalb des Archivs nach Jahren sortiert abgelegt werden.

Lightroom nicht mehrere Kataloge gleichzeitig geöffnet haben kann. Alternativ können Sie ein anderes Bildverwaltungsprogramm für Ihr Archiv benutzen (siehe Kasten Seite 364).

Die Verwendung von separaten Katalogen ist übrigens nicht notwendig für die Archivierung der Bilddateien. Sie können ebenso gut einen gemeinsamen Katalog verwenden. Ich komme weiter unten auf die verschiedenen Vorgehensweisen bei der Archivierung für beide Fälle zurück.

15.4.2 Archivierung der Original-Bilddateien

Im Grunde geht es bei der Archivierung nur darum, den oder die zu archivierenden Bilddateien vom Arbeitsdateien-Ordner in den Archiv-Ordner zu verschieben (u. evtl. zusätzlich die Kataloge zu wechseln, siehe oben). Wenn Sie insgesamt nur wenige Fotos haben, können Sie Arbeitsfotos und Archivfotos auf derselben Festplattenpartition aufbewahren. Andernfalls empfiehlt sich eine separate Festplatte für die Archivfotos. Wenn Sie ein großes Fotoarchiv haben, müssen Sie es zudem eventuell auf mehrere Festplatten aufteilen.

Spätestens bei der Übertragung ins Archiv sollte dem Namen des Projektordners (ich gehe im Folgenden einfach von Projektordnern, nicht von Datumsordnern aus; mit diesen ist die Archivierung im Allgemeinen auch einfacher), den Sie archivieren wollen, eine Nummer vorangestellt werden, mit der er richtig im Archiv einsortiert wird. Wenn Sie hierfür das Datum der Archivierung verwenden, können Sie es jetzt zum Ordnernamen hinzufügen. Ich ordne die Projektordner innerhalb des Archivs in Unterordnern nach Jahren wie in Abbildung 15-21.

Die Vorgehensweise bei der Archivierung sieht beispielsweise so aus:

- Wenn Sie einen gemeinsamen Katalog für Arbeits- und Archivfotos verwenden, können Sie einfach den Ordner über die Ordner-Palette verschieben.
- Wenn Sie getrennte Kataloge verwenden, können Sie die Funktion **Aus Katalog importieren** (siehe Kapitel 5.8.1) benutzen, um die Fotos in den Archivkatalog zu übertragen, ohne dabei allerdings die Bilddateien zu kopieren. Diese verschieben Sie anschließend über die Ordner-Palette. Zum Schluss entfernen Sie den archivierten Ordner aus dem Arbeitskatalog.

Es gibt möglicherweise zwei Probleme bei den obigen Vorgehensweisen. Erstens wird die in Kapitel 15.2.2 vorgestellte »sichere Übertragung« von Lightroom beim Verschieben von Ordnern nicht verwendet. Dies ist unkritisch, solange sich Arbeits- und Archivdateien auf derselben Partition befinden. Befinden sie sich aber auf verschiedenen Festplatten oder Partitionen, besteht ein geringes Risiko für Übertragungsfehler, von denen Sie danach evtl. nichts mitbekommen, da Sie mit den archivierten Fotos vermutlich nicht so häufig arbeiten werden. Als Gegenmaßnahme können Sie ein Backup-Programm für die Übertragung verwenden (siehe unten).

Das zweite Problem ist, dass der Ordner jetzt aus den Arbeitsdateien verschoben wurde und dass er damit nicht mehr vom Spiegel-Backup erfasst wird. Der Ordner wird dann auf den Backups jeweils beim nächsten Spiegel-Backup gelöscht. Daher sollten Sie die Archiv-Backups (siehe unten) gleich im Anschluss machen, im günstigsten Fall beide, bevor ein weiteres Backup der Arbeitsdateien ausgeführt wird. Dazu kann man es so einrichten, dass man immer dann archiviert, wenn man das Offsite-Archiv-Backup am Arbeitsplatz hat.

Wenn Sie dies nicht können oder wollen, können Sie den Ordner ins Archiv kopieren, anstatt ihn zu verschieben, sodass er auf der Arbeitsdateien-Seite erhalten bleibt. Diesen können Sie dort so lange aufbewahren, bis Sie die Archiv-Backups angefertigt haben, und können ihn zwischenzeitlich in einen Ordner wie z.B. **Archiviert** o.Ä. verschieben. Wenn Sie eine Kopie des Ordners anfertigen, haben Sie allerdings in jedem Fall das obige Problem bezüglich der sicheren Übertragung, auch wenn Sie innerhalb derselben Partition kopieren. Auch hier empfiehlt sich daher die Übertragung mit einem Backup-Programm.

15.4.3 Fortgeschrittene Archivierung mit »sicherer Übertragung«

Um Bilddateien sicher ins Archiv zu übertragen und so in jedem Fall die Datenintegrität zu gewährleisten, können Sie ein Backup-Programm, wie in Kapitel 15.2.2 vorgestellt, verwenden. Dafür erstellt man zwei »Übertragungsordner« (siehe Abbildung 15-22), z.B. **AusgangfürArchiv** bei den Arbeitsdateien und **EmpfangvonArbeitsdateien** bei den Archivdateien. Das Backup-Programm stellt man so ein, dass es bei jedem Übertragungsvorgang den Inhalt des einen Ordners in den anderen überträgt. Sie können mit den

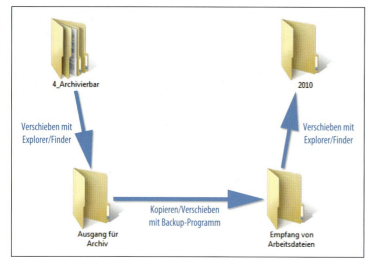

▲ Abbildung 15-22:
Mithilfe von Übertragungsordnern kann man Projektordner sicher ins Archiv befördern.

meisten Backup-Programmen Dateien übrigens sowohl sicher verschieben als auch kopieren (wenn Sie eine Kopie bei den Arbeitdateien behalten wollen, bis die Archiv-Backups erledigt sind).

Um Bilddateien zu archivieren, verschiebt man auf der Seite der Arbeitsdateien den Projektordner in den Übertragungsordner (mit dem Explorer/Finder), löst die Übertragung aus und verschiebt

Hinweis

Wenn Sie lediglich die normale Metadatenspeicherung benutzen, gehen unter anderem Synonyme und Exportoptionen von Stichwörtern verloren, daher ist es eventuell besser, wenn man seine Stichwörter nur über den Archivkatalog verwaltet.

den übertragenen Projektordner anschließend in den richtigen Unterordner auf der Archivseite (z.B. **2010**).

Wenn Sie einen gemeinsamen Katalog für Arbeits- und Archivfotos verwenden, müssen Sie in Lightroom nach der Übertragung den Ordner lediglich neu zuweisen, entweder mit der Funktion **Fehlenden Ordner suchen** (wenn Sie den Ordner verschoben haben) oder der Funktion **Speicherort des Ordners aktualisieren** (wenn Sie eine Kopie angefertigt haben). Beide finden Sie im Kontextmenü der Ordner-Palette.

Wenn Sie einen separaten Archivkatalog verwenden, ist das Vorgehen ein wenig komplizierter. Sie können z.B. die Fotos mit **Aus Katalog importieren** in den Archivkatalog übertragen, kopieren dabei aber keine Bilddateien. Diese übertragen Sie danach wie oben beschrieben über das Backup-Programm. Im Archivkatalog wird anschließend der Projektordner neu zugeordnet (über **Fehlenden...** bzw. **Speicherort...**). Schließlich muss man den Ordner noch aus dem Arbeitskatalog entfernen.

Als Alternative zur Verwendung von **Aus Katalog importieren** kann man einfach die normale Metadatenspeicherung bei den Bilddateien verwenden. Dadurch wird die Prozedur aus meiner Sicht *etwas* einfacher. Dabei gehen zwar einige Informationen verloren, aber manchmal ist das ja auch etwas Gutes: Da ich z.B. im Archivkatalog die virtuellen Kopien, Stapel, Flaggenmarkierungen aus dem Arbeitskatalog nicht mehr benötige, brauche ich diese nicht von Hand zu entfernen.

Für diese Vorgehensweise speichert man im Arbeitskatalog die Metadaten für den Projektordner und entfernt diesen aus dem Katalog (beides über die

Ordner-Palette). Dann überträgt man den Ordner über das Backup-Programm. Anschließend startet man Lightroom mit dem Archivkatalog und importiert den Projektordner auf der Archivseite über den normalen Importieren-Dialog. Im Grunde kann man hier sogar auf die sichere Übertragung verzichten, da mit dem erneuten Import neue Vorschauen erstellt werden, die zur Überprüfung der Integrität dienen können (siehe Kapitel 15.2.1).

▲ Abbildung 15-23:
Derivate kann man zu eigenen Projektordnern zusammenfassen und dann einfach im Archiv ablegen – das kann auch nur einmal im Jahr sein.

15.4.4 Derivate archivieren

Bei der Übergabe von Fotos an Photoshop oder andere Programme werden die Derivatdateien normalerweise im Ordner der Originaldatei erzeugt. Das wäre kein Problem, wenn Derivate nur während der Arbeitsphase erstellt würden. Aber sie können in manchen Fällen auch noch Jahre nach den Originalen entstehen; ein Kunde könnte z.B. alte Fotos benötigen, oder Sie wollen eine Ausstellung über eine Reise vorbereiten, die schon länger zurückliegt, usw.

Daher ist es sinnvoll, Derivate nicht im Originalordner zu sichern, zumindest nicht, nachdem der Originalordner bereits archiviert ist. Nach der Archivierung eines Ordners sollten dort nach Möglichkeit keine Dateien mehr hinzukommen.

Während der Arbeitsphase lege ich deshalb Derivate zunächst einfach in einen speziellen Derivate-Ordner. Wenn ich genug zusammenhabe, oder spätestens nach einem Jahr (durch die recht umfangreichen Bildbearbeitungsfunktionen seit Lightroom 2 braucht man Derivate ja nicht mehr so oft), fasse ich sie zu einem Projektordner zusammen: z.B. **20101231_Derivate2010**. Manchmal mache ich einen eigenen Ordner für ein Projekt auf, z.B. **20050630_Derivate_Osteuropa**. In beiden Fällen ist das Datum also das Datum der Archivierung.

Nachdem ich den Projektordner erstellt habe, wird er wie die Originalordner archiviert. Durch das »Derivate« im Ordnernamen ist er relativ gut innerhalb der anderen Ordner zu erkennen. Manche Fotografen trennen auch Originale von Derivaten, indem sie eine eigene Ordnerhierarchie für sie anlegen (also zwei separate Hierarchien 2008, 2009, 2010); ich nicht – weil es so einfacher ist.

Archivkatalog archivieren

Da der Archivkatalog praktisch immer bei den Arbeitsdateien verbleibt, ist es sinnvoll, ab und zu eine Version richtig zu archivieren und »schreibgeschützt« zu sichern, ähnlich wie bei den archivierten Bilddateien. Zurzeit mache ich dies einmal im Jahr. So kann ich im Katastrophenfall noch auf eine halbwegs aktuelle Katalogversion zurückgreifen. Katalogdateien lassen sich für die Archivierung übrigens mit Zip sehr stark komprimieren.

Durch diese Vorgehensweise können Sie also die Originale sehr früh archivieren und auch Jahre danach noch Derivatdateien erstellen. Der Nachteil ist, dass Originale und Derivate nicht zusammen abgelegt werden. Es ist also schwieriger, sie nebeneinander auf einen Blick zu sehen. In Lightroom hat man aber genau dafür den Katalog. Da Originale und Derivate dieselbe Dateinamensbasis haben, können Sie alle zusammengehörigen Fotos schnell über die Textsuche in der Filterleiste finden.

15.5 Archiv-Backups anfertigen

Für die archivierten Bilddateien empfiehlt sich eine spezielle Backup-Strategie, die des »schreibgeschützten Backups«, auch additive Sicherung genannt. Was die verwendeten Sicherungsfestplatten betrifft, gelten dabei zwei Regeln:

- Keine Dateien ändern/überschreiben
- Keine Dateien löschen

Insofern funktioniert dieses System wie ein Schreibschutz, auf den Sie allerdings selbst achten müssen. Ich kann also nur Dateien zu den Sicherungsfestplatten hinzufügen (daher auch »additives Backup« genannt) oder lesend auf sie zugreifen. Eventuell mit der Zeit auftretende Schäden am Archiv bleiben damit im Archiv und können nicht auf die Sicherungen übertragen werden. Dieser Schutz wird umso wichtiger, je länger das Archiv besteht.

Den Regeln der Redundanz entsprechend, erfolgt die Sicherung dabei bestenfalls auf zwei Festplatten, eine offline, eine offsite (siehe auch Abbildung 15-24). Das Anfertigen der Backups müssen Sie in der Regel von Hand machen. Hierbei kopieren Sie den archivierten Projektordner einfach auf die beiden Sicherungsfestplatten. Dabei empfiehlt sich die sichere Übertragung mit einem Backup-Programm über Übertragungsordner, wie in Kapitel 15.4.3 beschrieben.

Durch den »Schreibschutz« können die Metadaten in den Bilddateien bei den Sicherungskopien nicht mehr aktualisiert werden. Dies hat den Nachteil, dass sie im Katastrophenfall nicht aktuell sind. Aber dafür hat man den Katalog, und komplett aktuell halten könnte man die Sicherung ohnehin nicht. Im Fehlerfall kann man einfach die zerstörten Archivfotos durch die gesicherten ersetzen und wieder mit dem Katalog verbinden. Ich speichere allerdings die Metadaten ein letztes Mal vor der Archivierung, sodass die Dateien bereits den Großteil enthalten.

Sie können die Sicherheit der Archiv-Backups deutlich erhöhen, indem Sie Prüfsummen verwenden (siehe Kapitel 15.2.4). Ich verwende Prüfsummen nur für die beiden Backups, nicht fürs Archiv selbst, da sich mit der Zeit doch noch die eine oder andere Datei im Archiv

> **Hinweis**
> Wenn Sie die Sicherungen umstrukturieren, z.B. den Inhalt einer Backup-Festplatte auf eine andere, größere Festplatte kopieren, sollten Sie in jedem Fall von einer der Sicherungen aus kopieren, nicht vom Archiv, da ansonsten die ganze Sicherungsstrategie unterlaufen wird.

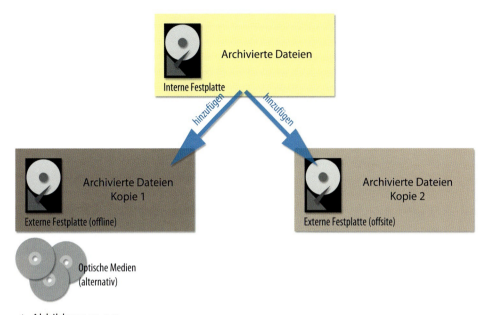

▲ Abbildung 15-24:
Additive Sicherung des Archivs (Vereinfachung)

verändern könnte. Solche Änderungen würden fälschlicherweise als Fehler erkannt, was mir zu verwirrend wäre. Durch die Prüfsummen kann man die Integrität der Archiv-Backups auch im Nachhinein zu 100% genau kontrollieren und so jederzeit Sicherheit über ihren Zustand erlangen.

Optische Medien verwenden

Sie können statt der ersten oder zweiten Sicherungsfestplatte auch *optische Medien* verwenden (siehe Abbildung 15-24). Auch hier können Sie Prüfsummen einsetzen, um die Integrität der Daten im Nachhinein zu kontrollieren. Ich benutze optische Medien nicht mehr, da der Aufwand gegenüber der Festplattensicherung um ein Vielfaches höher ist und ich das additive Backup für ausreichend halte.

Wenn Sie optische Medien verwenden, können Sie, statt im Archiv die Projektordner z.B. in Jahresordnern zu organisieren (siehe Kapitel 15.4.2), auch Ordner bilden, die sich an der Größe der optischen Medien orientieren, die also maximal 4,3 GB bei DVDs oder 23 GB bei Blu-ray Discs beinhalten. Es passen dann meist mehrere Projekte in einen Ordner, große Projekte müssen aber evtl. auf mehrere Ordner aufgeteilt werden, was einen zusätzlichen Aufwand darstellt. Aber wenn Sie optische Medien für die Sicherung verwenden wollen, ist es durchaus sinnvoll, so vorzugehen. Mehr zu diesem System (dem sogenannten »Eimer-System«) finden Sie im Buch »Professionelle Bildverwaltung« von Peter Krogh.

Anhang

A.1 Übersicht der Einstellungen in Lightroom

Einstellung	Speicherort	Wie lassen sie sich auf andere Computer bzw. Kataloge übertragen?
Vorgaben und Vorlagen	globaler Lightroom-Vorgabenordner oder im Katalogordner (Position lässt sich anzeigen in den Voreinstellungen unter **Vorgaben**)	Dateien kopieren, teilweise von Lightroom aus (exportieren/importieren)
Voreinstellungen und Einstellungen zur Oberfläche (Ansicht-Optionen usw.)	globaler Lightroom-Vorgabenordner, Unterordner **Preferences**	Datei kopieren und ersetzen
Standardentwicklungseinstellungen	Camera-Raw-Ordner (liegt im Elternordner vom Lightroom-Vorgaben-Ordner) unter **Defaults**	Datei kopieren
Standardeinstellungen für Objektivprofile	Camera-Raw-Ordner unter **LensProfileDefaults**	Datei kopieren
Objektivprofile selbst	Camera-Raw-Ordner unter **LensProfiles**	Datei kopieren
Stichworthierarchien	Katalog	**Metadaten ▷ Stichwörter importieren/exportieren**
Sammlungen	Katalog	**Aus Katalog importieren**
Smart-Sammlungen	Katalog	**Aus Katalog importieren**, außerdem exportieren/importieren über Sammlungen-Palette
Veröffentlichungssammlungen	Katalog	nicht möglich

A.2 Überblick Elemente für Dateinamenvorlagen- und Textvorlagen-Editor

Name	Bedeutung	Import	Stapel-Umbenennung	Export	Text
Dateiname	Momentaner Dateiname ohne Endung, z.B. MA_20070911_4565	x	x	x	x
Dateinamensuffix	Wenn vorhanden, die Zahl am Ende des momentanen Dateinamens, z.B. 4565	x	x	x	x
Dateinamenerweiterung	Nur die Endung des Dateinamens				x
Importnummer	Nummer des Importvorgangs (Katalogeinstellungen)	x			
Bildnummer	Aktuelles Bild im jeweiligen Export-, Umbenennungs- oder Ausgabeprozess, beim Import Gesamtnummer des importierten Bildes (Katalogeinstellungen)	x	x	x	x
Folgenummer	Laufende Nummer, Startnummer kann in Feld eingegeben werden	x	x	x	
Gesamtzahl	Gesamtzahl der Bilder im jeweiligen Stapelverarbeitungsprozess (feststehende Nummer)	x	x	x	x
Datum	In allen möglichen Formaten, in Einzelteilen, H/M/S, julianischer Kalender	x	x	x	x
EXIF-Daten		x	x	x	x
Benutzerdefinierter Text	Platzhalter für Text, der im Importieren-/Exportieren-Dialog bzw. in den Ausgabepaletten direkt eingegeben wird und für alle Fotos gleich ist	x	x	x	x
Name der Fotosession	Ähnlich wie Benutzerdefinierter Text, bloß mit speziellerer Bedeutung	x			
Ordnername	Name des Ordners, in dem das Foto sich befindet (nicht der ganze Pfad)		x	x	x
Originaldateiname	Dateiname vor der Umbenennung in Lightroom (so wie die Dateien aus der Kamera kommen, z.B. DSC_4565)		x	x	x
Originalsuffix (Nummer)	Suffix des Originaldateinamens, z.B. »4565«		x	x	x
Name der Kopie	Metadatenfeld für Kopienname, nützlich für virtuelle Kopien, z.B. »Kopie 1«		x	x	x
IPTC-Daten			x	x	x

A.3 Adobe-Ressourcen

Ein wichtiger Ort für alle Arten von Erweiterungen für Lightroom (Entwicklungsvorgaben, Zusatzmodule, Webgalerie-Engines etc.) ist Lightroom Exchange:
http://www.adobe.com/de/exchange/
(unter »Lightroom«)

Support-Seiten von Adobe, hier erhältlich ist z.B. die Liste der unterstützten Objektive für die automatische Objektivkorrektur:
http://www.adobe.com/support/photoshoplightroom/

Zusatzmodule selbst programmieren: Dokumentation und SDK:
http://www.adobe.com/devnet/photoshoplightroom/

Wer ausführlichere Informationen zu Lightroom sucht, wird vielleicht in den Adobe User-to-User-Foren zum Thema Lightroom fündig:
http://www.adobe.com/support/forums/

DNG Profile Editor zur Erstellung eigener DNG-Profile:
http://labs.adobe.com/wiki/index.php/DNG_Profiles

Lens Profile Creator zur Erstellung von eigenen Objektivkorrekturprofilen und Lens Profile Downloader zum Herunterladen von Profilen, die von anderen Benutzern erstellt wurden:
http://labs.adobe.com/technologies/lensprofile_creator/

Lightroom Journal, das Blog der Lightroom-Entwickler:
http://blogs.adobe.com/lightroomjournal/

Adobe DNG Converter:
http://www.adobe.com/de/products/dng/

Windows-Codec für DNG:
http://labs.adobe.com/wiki/index.php/DNG_Codec

A.4 Andere Webseiten

Generell empfehlenswert für Neuigkeiten rund um Lightroom sind die englischen Seiten Lightroom-News:
http://lightroom-news.com/

Auf dpunkt.foto gibt es ein deutschsprachiges Portal für Fotografie mit der Online-Zeitschrift Fotoespresso:
http://www.fotoespresso.de/

www.forum-lightroom.de
ist ein deutschsprachiges Lightroom-Forum

Auf www.lightroom-tutorial.de
finden Sie Tutorials und Neuigkeiten über Lightroom.

Viele interessante Informationen über Entstehung und technologische Hintergründe von Lightroom sowie nützliche Tutorials findet man in den englischen Lightroom-Podcasts von George Jardine, entweder unter
http://www.mulita.com/blog/
oder per Suche nach »Lightroom« in iTunes.

Mehr zur Entwicklungsgeschichte von Lightroom finden Sie in einem Artikel von Jeff Schewe auf Photoshop-News
http://photoshopnews.com/2006/01/09/the-shadowlandlightroom-development-story/.

A.5 Bücher

Viel Wissenswertes über Raw-Konvertierung in Camera Raw, die ja in Lightroom dieselbe ist, und wie man mit Camera Raw und Bridge arbeitet (nur in Englisch):

- Bruce Fraser, Jeff Schewe: *Real World Camera Raw with Adobe Photoshop CS4* (Peachpit Press 2008)

Lesenswertes Buch über Bildverwaltung und Workflow:

- Peter Krogh: *Professionelle Bildverwaltung für Fotografen. Organisation, Abläufe, Werkzeuge* (dpunkt.verlag 2007)

Hierzu die wesentlich bessere Neuauflage des englischen Originalbuchs mit einem Kapitel über Lightroom:

- Peter Krogh: *The DAM Book. Digital Asset Management for Photographers. Second Edition* (O'Reilly Media 2009)

Im folgenden Buch finden Sie u. a. die Theorie hinter Lightrooms Schärfungsansatz (nur in Englisch):

- Bruce Fraser, Jeff Schewe: *Real World Image Sharpening with Adobe Photoshop, Camera Raw and Lightroom (2nd Edition)* (Peachpit Press 2009)

Zum Thema Farbmanagement gibt es im Deutschen mehrere Bücher:

- Christoph Künne, Christoph Gamper: *Farbmanagement für Fotografen* (Addison Wesley 2006)

- Andreas Kunert: *Farbmanagement in der Digitalfotografie* (MITP-Verlag 2006)

- Tim Grey: *Farbmanagement für Fotografen* (dpunkt.verlag 2005)

Weitere empfehlenswerte Bücher:

- Jürgen Gulbins, Uwe Steinmüller: *Fine Art Printing für Fotografen. Hochwertige Fotodrucke mit Inkjet-Druckern*, 2. Auflage (dpunkt.verlag 2009)

- Uwe Steinmüller, Jürgen Gulbins: *Handbuch Digitale Dunkelkammer. Vom Kamera-File zum perfekten Print: Arbeitsschritte und Werkzeuge in der Digitalfotografie* (dpunkt.verlag 2010)

A.6 Software

A.6.1 Fotoverwaltung / Kataloge / Archivierung / Metadaten

LRViewer:
Kostenlose Software zum Kataloge ansehen (Metadaten und Vorschauen) ohne Lightroom (Windows und Mac):
http://imageingester.com/

IDimager:
neuere Bildverwaltungssoftware für Windows mit guter XMP-Unterstützung:
http://www.idimager.com/

Expression Media 2:
bewährte Bildverwaltungssoftware für Windows und Mac:
http://www.phaseone.com/expressionmedia2/

Professionelles kontrolliertes Vokabular in englischer Sprache für Bildagenturen von David Riecks:
http://www.controlledvocabulary.com/

Kontrolliertes Vokabular von Coolcolours Photography auf Deutsch:
http://www.coolcolours.ch/

A.6.2 Übertragung und Geotagging

ImageIngester:
Software zum Downloaden für Windows und Mac:
http://imageingester.com/

Downloader Pro:
Download-Software für Windows: http://www.breezesys.com/Downloader/

Microsoft Pro Photo Tools:
Kostenlose Software fürs Geotagging (Windows):
http://www.microsoft.com/downloads/
(dann Suche nach »Pro Photo Tools«)

GPSPhotoLinker:
Kostenlose Geotagging-Software für den Mac:
http://www.earlyinnovations.com/gpsphotolinker/

A.6.3 Sicherung

SyncBack (Free):
Backup-/Synchronisationssoftware für Windows:
http://www.2brightsparks.com/syncback/

ChronoSync:
Backup-/Synchronisationssoftware für den Mac:
http://www.econtechnologies.com/pages/cs/chrono_overview.html

Smartmontools:
Überprüfung des SMART-Status von Festplatten (Windows, Mac):
http://smartmontools.sourceforge.net/

CDBurnerXP:
Kostenloses Brennprogramm für Windows:
http://cdburnerxp.se/

ImageVerifier:
Programm u. a. zur Erzeugung, Verwaltung und Überprüfung von Prüfsummen (Windows, Mac):
http://imageingester.com/

FastSum:
Prüfsummen-Programm für Windows:
http://www.fastsum.com/

Mozy Backup:
Internet-Backupservice (Windows, Mac):
http://mozy.com/

A.6.4 Sonstiges

DNG Recover Edges:
Kann einige Pixel an den Rändern von DNG-Dateien hervorholen:
http://www.luminous-landscape.com/contents/DNG-Recover-Edges.shtml

X-Rite-Lösung zur Kamerakalibrierung:
http://www.xritephoto.com/

iRed Lite:
Software zur Programmierung der Apple Remote (Apple-Fernsteuerung):
http://www.filewell.com/iRedLite/

A.6.5 Zusatzmodule

Metadata-Viewer Preset Editor:
Ein Zusatzmodul, um in der Metadaten-Palette eigene Zusammenstellungen/Ansichten zu erstellen:
http://regex.info/blog/lightroom-goodies/metadata-presets

Snapshotter:
Virtuelle Kopien automatisch in Schnappschüsse konvertieren:
http://thephotogeek.com/lightroom/snapshotter/

Mapi Mailer:
Fotos über den Exportieren-Dialog per E-Mail verschicken (Windows):
http://sbsutherland.com/

LR2/Mogrify:
stellt Bildbearbeitungsfunktionen zur Verfügung, z.B. Ränder, Texteinblendungen und Farbanpassungen wie z.B. Sättigung, Kontrast, usw.:
http://www.photographers-toolbox.com/
(unter »Image manipulation plugins«)

Metadata Wrangler:
Kontrolle von Metadaten in exportierten Bilddateien:
http://regex.info/blog/lightroom-goodies

Snapshot on Export:
Schnappschüsse automatisch bei Export erzeugen:
http://regex.info/blog/lightroom-goodies

A.6.6 Webgalerien

Airtight Interactive:
http://www.airtightinteractive.com/

The Turning Gate:
http://theturninggate.net/

LRB Portfolio:
http://lrbportfolio.com/

Webgalerien von Timothy Armes:
http://www.photographers-toolbox.com/

Index

1:1-Ansicht 66, 365
1:1-Vorschauen 120
8/16 bit. *Siehe* Bittiefe

A

A-B-C-System.
  Siehe Bewertungssysteme
Aberrationen. *Siehe*
  Chromatische Aberrationen
Abgelehnte Fotos löschen 171,
  179
Abkömmling. *Siehe* Derivate
Ablehnen von Fotos. *Siehe*
  Flaggenmarkierungen
Addons. *Siehe* Zusatzmodule
Ad-hoc-Entwicklung-Palette
  145
Adobe
  Bridge 16, 138
  Camera Raw 47, 339
  DNG Converter 103
  Gamma 190
  Lens Profile Creator 262
  Reader 303
Adobe-RGB 25
Adobe Standard 274
Airtight Interactive 330
Aktives Foto 77
Als Katalog exportieren 123
Alt-Taste 12
Android 284
Antivirenprogramme 113
Apple Remote 303
Arbeitsabläufe. *Siehe* Workflow
Arbeitsfarbraum 347

Arbeitsfläche im Entwickeln-
  Modul 189
Arbeitsfotos 57, 183, 360, 363
Arbeitskatalog 363
Archivfotos 184, 363
Archivierung 363
Archivkatalog 363
Attributteil (Filterleiste) 74
Aufhelllicht-Regler 145, 219
Aufnahmedatum 99
Aufnahmezeit 173
  korrigieren 134
Ausgabemodule 295
Ausgabeprofile. *Siehe*
  Farbprofile
Ausgabeschärfung. *Siehe*
  Schärfung
Aus Katalog importieren 126,
  367
Ausrichten 227
Ausschnitt.
  Siehe Freistellen-Werkzeug
Auswahl 77, 169, 185
Automatik
  Schwarz-Weiß 205, 236
  Tonwert 146, 205, 221
  Weißabgleich 145, 212
Automatisch
  maskieren 253
  nach Aufnahmezeit stapeln
    173
  synchronisieren 79, 206

B

Backup 351
  additiv 370
  der Arbeitsdateien 360
  des Archivs 370
  im Importieren-Dialog 94
  Medien 352
  schreibgeschützt 370
Backup-Programm 356, 367
Bedienfelder 3
Behandlung-Einstellung 234
Belichtungen angleichen 217
Belichtung-Regler 145, 214
Belichtungsautomatik 146
Belichtungsdienst 322
Benutzerfehler 351
Benutzeroberfläche.
  Siehe Oberfläche
Benutzerreihenfolge.
  Siehe Sortierung
Benutzer-Verzeichnis 112
Bereichsreparatur-Werkzeug
  267
Beschnittanzeige 195, 215
Beschriftungen.
  Siehe Farbetiketten
Betrag-Regler 247
Bewertungssterne 81, 140
Bewertungssysteme 140
Bibble 5 49
Bibliothek-Modul 60
Bildbeschreibung 151, 286
Bilddateien 26, 110, 111, 354
  Einstellungen für exportierte
    287, 340, 343
Bildschirmmodus 3

Bildstile 32, 274
Bildtitel. *Siehe* Titel
Binäre Bewertungen.
   Siehe Bewertungssysteme
Bittiefe 22
Blu-ray.
   Siehe Optische Datenträger
Brennweite 134
Bridge. *Siehe* Adobe Bridge
Bucket system.
   Siehe Eimer-System

C

Camera Raw.
   Siehe Adobe Camera Raw
Camera-Raw-Cache 188
CD.
   Siehe Optische Datenträger
CDBurnerXP 357
Chromatische Aberrationen
   261, 264
Chronosync 356
Client-Server-Ansatz 365
Clipping.
   Siehe Tonwertbeschnitt
Color Bleeding 259
Colorchecker 277
Copyright
   Angaben 153, 332
   Wasserzeichen 292, 332
Cross-Entwicklung-Look 237

D

Dateiauflösung 322
Dateien, die Lightroom
   unterstützt 87
Dateiformat 341
Dateinamen 96, 105, 287, 343,
   344
Dateinamenvorlagen 96, 373
Dateioperationen 117
Dateisystem 16
   überprüfen 358
Datenintegrität 95, 354, 363
Datumsordner 100
DCP-Profile. *Siehe* DNG-Profile
Derivate 20
   archivieren 369
   erstellen 336, 343
Details-Palette 239, 257
Diafilm 32
Diashow im Bibliothek-Modul
   186
Diashow-Modul 294
   Abspielen-Palette 300
   Diashow als Video exportieren
      303
   Gestaltung der Diafolie 297
   Konfiguration 300
   Layout-Palette 297
   Musikbegleitung 302
   Optionen-Palette 298
   Titel-Palette 300
   Überlagerungen-Palette 298
Dichte-Einstellung 253
Diebstahl 351
Digest-Datei.
   Siehe Prüfsummen
Digital Asset Management.
   Siehe Katalogprogramme
Digital Camera Profile (DCP).
   Siehe DNG-Profile

Digital Negative Format.
   Siehe DNG-Format
Dithering 348
DNG-Format 48, 365
DNG-Konvertierung 102
DNG-Profile 274
DNG Profile Editor 276
DNG-Vorschauen 103, 365
   aktualisieren 166
Drehen. *Siehe* Ausrichten
Drehen-Regler 265
Drehen um 90° 133
Drittel-Regel.
   Siehe Kompositionshilfen
Druckauflösung 317
Drucken im Entwurfsmodus
   319
Drucken-Modul 306
   Bildeinstellungen-Palette 311
   Druckauftrag-Palette 315
   Druckertreibereinstellungen
      317
   Hilfslinien-Palette 315
   JPEG-Ausgabe 321
   Layout-Palette 310
   Layoutstil-Palette 309
   Profil installieren 308
   Seiteneinrichtung 308
   Seite-Palette 314
   Vorlagen 308
   Zellen-Palette 311
Druckqualität 317
Duplikate 94
DVD.
   Siehe Optische Datenträger
Dynamik-Regler 146, 223
Dynamikumfang.
   Siehe Kontrastumfang

E

Ebenenkomposition erstellen 340
Effekte-Palette 270
Eimer-System 371
E-Mail 281
Englische Begriffe und Webdienste 286
Entfernen von Fotos 118, 124
Entwickeln-Modul 188
Entwicklungseinstellungen 42, 144, 210
und RGB-Dateien 166
Entwicklungsvorgaben 145, 200
Erkennungstafeln 5
eSATA 358
EXIF. *Siehe* Metadaten
Exportieren-Dialog 278, 343
Exportvorgaben 281
Expression Media 364
Extensible Metadata Platform. *Siehe* XMP
Eye-One Display 2 190

F

Facebook 284
Farbbeschriftungen. *Siehe* Farbetiketten
Farbbeschriftungssatz 138
Farbe-Palette 233
Farbetiketten 81, 137
Farbfilter für die Schwarz-Weiß-Fotografie 201, 235
Farbkorrektur 54, 233
Farbmanagement 22, 319, 321, 332
Farbmetrisch 318, 323, 348
Farbprofile 348
für Digitalkameras. *Siehe* DNG-Profile
Farbraumkonvertierung 348
Farbrauschen. *Siehe* Rauschen
Farbsäume entfernen 267
Farbtemperatur. *Siehe* Weißabgleich
Farbtiefe. *Siehe* Bittiefe
Farbton 54, 233, 236
Farbwähler
im Entwickeln-Modul 238
in den Ausgabemodulen 298
Favorit. *Siehe* Vergleichsansicht
Fehlende Bilddateien 122
Fehlerhafte Dateien. *Siehe* Datenintegrität
Festplatten 352, 357
Feuer 351
Filialdateien. *Siehe* XMP-Sidecar
Filmkorn 272
Filmstreifen 9, 85
Filtersperre 75
Filterung
Filterleiste 73
im Filmstreifen 72
Filtervorgaben 74
Firefox 332
FireWire 358
Flaggenmarkierungen 81, 126, 168, 178
Flash 328
Flickr 284
Fluss-Einstellung 252
Folgenummer 100
Fotobrowser 16
Fotobücher 312
Foto-Dienstleister 321
Fotos aus Unterelementen einschließen 115
Fotos in Unterordnern anzeigen 72
Fotostream 285
Fotos verbessern 170
Freistellen-Werkzeug 225
FTP-Server 333

G

Gamma 349
Geotagging. *Siehe* GPS-Daten
Geschwindigkeit steigern
im Bibliothek-Modul 113
im Entwickeln-Modul 188
Gesperrt-Modus 70
Gimp 337
Goldener Schnitt. *Siehe* Kompositionshilfen
Google Maps 136
GPS-Daten 135
GPSPhotoLinker 135
Gradationskurve 51, 214
parametrisch 229
Punktkurve 231
Gradationskurve-Palette 229
Grafiktablett 252
Größe
Physikalische Maße 23
Pixelabmessungen 23
Grundeinstellungen-Palette 191, 211, 213
Grundfarben 20

H

H.264-Codec 303
Halos 56
Hardwareprofilierung. *Siehe* Monitorprofilierung
Hautunreinheiten entfernen. *Siehe* Bereichsreparatur-Werkzeug
Haut weichzeichnen 248
HDR-Fotos 220, 340
HDR-Teilbilder. *Siehe* Teilbilder markieren
Helligkeit-Regler 146, 218
Helligkeitsrauschen. *Siehe* Rauschen

Hilfslinien 297, 315
Histogramm 50, 147, 195
Hochformat 227
Hochfrequente Fotos 242
Horizont ausrichten 265
HSL-Farbmodell 54
HSL-Palette 233
HTML 328

I
IDimager 365
ImageIngester 90
ImageVerifier 359
Importieren 18, 86, 354
 Automatischer Import 108
 Erster Import 61
Importieren-Dialog 87
Importvorgaben 87
Indexnummer 83
Integrität.
 Siehe Datenintegrität
Internet-Backup 352
iPhone 284
IPTC. *Siehe* Metadaten
ISO-Zahl 257

J
Ja-/Nein-Bewertungen.
 Siehe Bewertungssysteme
Job-Kennung 151
JPEG-Format 27
 Diashow als JPEG-Dateien
 exportieren 304

K
Kalibrierung
 Kamera 277
 Monitor.
 Siehe Monitorprofilierung
Kamerafernsteuerung 104
Kamerahersteller 274
Kamerakalibrierung-Palette

Farbregler 277
Profil-Einstellung 274
Prozessversion-Einstellung
 207
Kamerasensor 35
Kameraseriennummer 205
Kamerauhr 134
Kantenmaske 242
Katalogdatei 110
Kataloge 18, 110, 361
 abgleichen 126
 aktualisieren 61
 archivieren 369
 Export 123
 Mit mehreren Katalogen
 arbeiten 126
 Neuen Katalog erstellen 110
 öffnen 110
 Startkatalog 61
 Szenarien 128
 teilen 365
Katalogeinstellungen 114
Katalog optimieren 113
Katalogorganisationsmittel 18,
 168
Katalog-Palette 61
Katalogprogramme 16, 364
Kelvin 213
Klarheit-Regler 146, 221
Kommentare-Palette 287
Kompositionshilfen 227
Komprimierung 341, 369
Kontextmenüs 5
Kontrast-Regler 146, 218
Kontrastumfang 28
Kontrolliertes Vokabular
 159
Kopieren/Einfügen.
 Siehe Synchronisieren
Kopierstempel 267
Körnung. *Siehe* Filmkorn
Korrekturpinsel 245, 247

L
Landschaftsfotos 243
Laptop-Workflow 130
Laufwerk 116
Lebendigkeit.
 Siehe Dynamik-Regler
Lens Profile Creator. *Siehe*
 Adobe Lens Profile Creator
Licht dämpfen 4
Lichter 53, 214, 236
Lightroom Exchange 13
Lineal 315
Linearität 27
Live-Modus 70
Live-View 104
Logische Verknüpfungen 73,
 181
Löschen von Fotos 125, 171
Löschkandidaten 126, 139, 171
Lr/Mogrify 293
LRViewer 121
Luminanz 54, 233
 Rauschen. *Siehe* Rauschen
Lupenansicht 65, 84
 auf Sekundäranzeige 70
 im Importieren-Dialog 91
LZW. *Siehe* Komprimierung

M
M4A/AAC-Format 302
Mapimailer 281
Markierungen.
 Siehe Flaggenmarkierungen
Masken 55
 Korrekturpinsel 250
 Schärfung 242
 Verlaufsfilter 255
Masterfoto 175
MD5. *Siehe* Prüfsummen
Mediaplayer 284
Mehrbenutzer-Betrieb 129, 365
Melissa-RGB 44

Metadata-Viewer Preset Editor 150
Metadata Wrangler 292
Metadaten 33, 79, 81, 182, 345
　aus Datei(en) lesen 165
　automatisch speichern 166
　bei den Bilddateien speichern 41, 164, 368
　EXIF 36, 133, 150
　in der Filterleiste 74
　in exportierten Dateien 292
　Inkonsistenzen vermeiden 153
　IPTC 38, 149
　IPTC Extension 153
　Migrierbarkeit 41
　nur für Zielfoto anzeigen 150
　Ort (Location) 151
　Status 166
　vergeben 92, 132
Metadaten-Palette 149
Metadatenvorgaben 154
Microsoft ProPhoto Tools 135
Mikrokontrast.
　Siehe Klarheit-Regler
Miniaturen 64, 70, 85
　im Importieren-Dialog 90
Miniaturkennzeichen 83
Mitteltöne 51, 214
Module 7
Modulwähler 3
Monitorfarbraum 24
Monitorprofilierung 190
MozyBackup 362
MP3-Format 302
Multithreading 10

N

Name der Fotosession 97
Name der Kopie 175, 344
Namensystem 99, 100
Navigator-Palette 66, 199

Negativfilm 32
Netzlaufwerke 89, 112
Nichtdestruktive Bildbearbeitung
　in Photoshop 339
Niederfrequente Fotos 242
Nikon
　Camera Control 108
　Capture 49
Nullwert 201, 202
nVidia-Grafikkarten 254

O

Oberfläche 2
Objektivkorrekturen
　automatisch 262
　manuell 263
Objektivkorrekturen-Palette 260
Objektivprofile 262
ODER-Verknüpfung. *Siehe* Logische Verknüpfungen
Offline-Backup 351
Offline-Verwaltung 122
Offsite-Backup 351
Online-Backup.
　Siehe Internet-Backup
Option-Taste. *Siehe* Alt-Taste
Optische Datenträger 352, 357, 371
Optische Korrekturen 260
Ordner neu zuweisen 118
Ordner-Palette 115, 165, 170
Ordner synchronisieren 117
Ordnersystem 100
Organisation im Katalog. *Siehe* Katalogorganisationsmittel
Original-Bilddateien 366
Originalgröße.
　Siehe 1:1-Ansicht
Ortsmetadaten.
　Siehe Metadaten

P

Paletten 10
　im Entwickeln-Modul 191
Panorama-Fotos 340, 346
Panorama-Teilbilder.
　Siehe Teilbilder markieren
Pantone Huey 190
Papiersorte 317
Parametrische Bildbearbeitung 42
Partition 356, 367
PDF-Format 303
Perspektivkorrekturen 265
Perzeptiv 318, 322, 348
Photoshop 322, 338
　Aktionen 345
　Droplets 345
　Eingebettete Profile beibehalten 346
　Farbmanagement 345
　Farbumfangwarnung 324
　In Profil umwandeln 348
　Proof einrichten 322
Photoshop Elements 61
Physikalische Maße 289
PicasaWeb 281
Pins
　für Korrekturpinsel 251
　für Verlaufsfilter 255
Pinsel-Eigenschaften 251
Pinsel-Vorgaben 249
Pixel 20
Pixelabmessungen 289
Pixel pro Zoll 23
Plugins. *Siehe* Zusatzmodule
PNG-Format 290
Porträtfotos 245
Präsenz-Teil 221
Projektor 301
Projektordner 101, 366
Proof. *Siehe* Softproofing
ProPhoto-RGB 25

Protokoll-Palette 196, 199
Prozessversion 207
Prüfsummen 359, 370
PSD-Format 341

Q

Qualitative Metadaten 38
Quellen 63
   im Importieren-Dialog 88
Quellenanzeige
   auf Sekundäranzeige 69
   im Filmstreifen 62
Querformat 227
QuickInfos 85

R

Radiergummi 251
Rand-entfernen-Einstellung 265
Rasteransicht 64, 81
   auf Sekundäranzeige 69
   im Importieren-Dialog 91
Rauschen 34
Rauschreduzierung
   Farbe 259
   Luminanz 257
Raw-Format 26, 27
Raw-Fotos optimal belichten 34
Raw-Konvertierung 26
Raw-Profile. *Siehe* DNG-Profile
Raw- und JPEG-Workflow 94
Redundanz 351
Regeln für Smart-Sammlungen 180
Relativ farbmetrisch.
   Siehe Farbmetrisch
Renderpriorität 319, 322, 348
Retuschen 267
RGB-Dateien 26
RGB-Farbmodell 20
RGB-Wert-Anzeige 195

Rohdatenformat.
   Siehe Raw-Format
Rohlinge 357
Rote-Augen-Werkzeug 270
Rückgängig machen 9

S

Saal Digital 321
Sammlungen 170, 176, 285
   für die Ausgabe 295
Sammlungen-Palette 179
Sammlungssätze 179
Sättigung 54, 233, 236
Sättigung-Regler 146, 223
Schärfen-Regler 146
Schärfung 54, 238
   für die Ausgabe 289, 317, 332
Schatten 51, 214, 236
Scheduling 356
Schema.
   Siehe Dateinamenvorlagen
Schlagwörter. *Siehe* Stichwörter
Schnappschüsse 197, 199
Schnellsammlung 76, 178
Schnellsammlungsmarker 76, 83
Schriftart 290
Schriftgröße 315
Schwarzpunkt 214
Schwarz-Regler 146, 214
Schwarz-Weiß-Drucke 319
Schwarz-Weiß-Palette 235
Schwarz-Weiß-Umsetzung 145, 235
Seitenverhältnis 145, 226, 311, 312
Sekundäranzeige 4, 69, 187
Sensordaten 26
Sepia-Effekt 201
Sichere Übertragung 356, 367
Sicherung 350

Sicherungskopien.
   Siehe Backup
Sichtung 142
   vor dem Import 90
Sitzungsname 105
Skalieren von Fotos 23, 288
S-Kurve 53, 214
SMART 358
Smart-Objekte 339
Smartphone 284
Smart-Sammlungen 180, 285
Snapshotter 199
Softproofing 322
Softwareprofilierung.
   Siehe Monitorprofilierung
Solomodus 10
Sonderzeichen 98
Sortierung 71
Speicherkarten 89, 95
Spiegel-Backup 360
Spiegelbildmodus 65
Spiegeln von Fotos 133
Spitzlichter 267
Sprühdose-Werkzeug 80
Spyder3 190
sRGB 25
Standardeinstellungen für
   Objektivprofile 263
Standardentwicklungs-
   einstellungen 202
   an Seriennummer ausrichten 205
   ISO-spezifische 205
Standardfarbräume 25
Standardvorschauen 120
Stapel 172
Stapelumbenennung 97
Stapelverarbeitung 58
Startlaufwerk 113
Staub entfernen. *Siehe*
   Bereichsreparatur-Werkzeug

Stichwörter 156
 als Lightroom-Hierarchie schreiben 345
 Exportoptionen 162
 hierarchisch speichern 167
 importieren 161
 in exportierten Fotos 162
 Strategie 159
 Suche 163
 Synonyme 160, 163, 345
Stichworthierarchien 159
 importieren und exportieren 161
 in Arbeits- und Archivkatalog 160
Stichwortkürzel 158, 162
Stichwortliste-Palette 159
Stichwortsätze 156
Stichwortvorschläge 156
Suche 73
SyncBack 356
Synchronisationsprogramm.
 Siehe Backup-Programm
Synchronisieren
 Entwicklungseinstellungen 147, 206
 Metadaten 155
 Schnappschüsse 207
 Stichwörter 159
Synonyme. *Siehe* Stichwörter
Synthetische Farbräume.
 Siehe Standardfarbräume

T

Tastaturkürzel im Entwickeln-Modul 191
Teilbilder markieren 139
Teiltonung-Palette 236
Tether-Aufnahme.
 Siehe Kamerafernsteuerung
Textsuche. *Siehe* Suche
Textvorlagen 299, 315, 373
The Turning Gate 330
Thumbnails. *Siehe* Miniaturen
Tiefenkompensierung 323, 348
TIFF-Format 341
Time Machine 353
Titel 151, 286
Tonung.
 Siehe Teiltonung-Palette
Tonwertbereiche 231
Tonwertbeschnitt 50, 195
Tonwerte 20, 195
Tonwertkorrektur 49, 145, 213, 229
Tonwertmuster 228
Transformieren 263

U

Übergabe
 an externe Programme 336, 345
 an Photoshop 338
Überschwemmung 351
Übersichtsansicht 184
Übertragen.
 Siehe Synchronisieren
Übertragungsprogramme 90
Übertragung und Import 57, 86
UND-Verknüpfung. *Siehe*
 Logische Verknüpfungen
Urheberrecht. *Siehe* Copyright
USB 284, 358

V

Varianten.
 Siehe Virtuelle Kopien
Velvia 32
Vergleichsansicht 68, 84
 Systematisch vergleichen 143
Vergrößerung 65
Verifizierung 356
Verlaufsfilter 245, 255
Veröffentlichungsdienste 282
Veröffentlichungsmanager 284
Versionen
 von Bilddateien.
  Siehe Virtuelle Kopien
 von Katalogen sichern 361
Verzeichnung 261, 264
Verzerrung. *Siehe* Verzeichnung
Videos 108, 166
Vignette nach Freistellen 270
Vignettierung 261, 264
Virtuelle Kopien 130, 174, 177, 199
Vollbildmodus.
 Siehe Bildschirmmodus
Voreinstellungen 13
Vorgaben 14, 59
 katalogspezifische 115
Vorgaben-Palette 200
Vorherige-Funktion 148
Vorher-Nachher-Ansicht 199
Vorlagenbrowser 296
Vorschaudateien 110, 121
Vorschauen 18, 119, 302
 in Standardgröße rendern 119
 während des Importierens erstellen 93
Vorschau-Palette 296

W

Wasserzeichen-Editor 290
Web-Modul 326
    Einstellungen für das
      Hochladen 333
    Erscheinungsbild-Palette 330
    Farbmanagement 332
    Farbpalette 331
    Index-Galerien 330
    Layoutstil-Palette 326
    Lightroom-Flash-Galerien
      327
    Lightroom-HTML-Galerien
      327
    Third-Party-Galerien 330
Webserver. *Siehe* FTP-Server
Weiche Kante 251, 271
Weißabgleich 29, 145, 211
Weißabgleichauswahl 212
Weißpunkt 215
Werkzeugleiste 11, 81
Werkzeugstreifen 194
Wiederherstellung-Regler 145, 219
Workflow 57, 133

X

XMP 41
XMP-Sidecar 41

Z

Zeitzone 134
Zelltypen für Miniaturen 64, 81
Ziel im Importieren-Dialog 90
Zielkorrektur-Werkzeug 230, 231
Zielsammlung 177
Zip. *Siehe* Komprimierung
Zoomen. *Siehe* Vergrößerung
Zoomen, um Rahmen zu füllen 297
Zurücksetzen von
    Entwicklungseinstellungen 146, 192
Zusatzmodule 12, 281, 292
Zusatzmodul-Manager 12
Zweimonitorbetrieb.
    Siehe Sekundäranzeige
Zwischenfarbräume.
    Siehe Standardfarbräume